KB159279

절대민주주의

절대민주주의 Absolute Democracy

지은이 조정환
펴낸이 조정환
책임운영 신은주
편집 김정연
표지 디자인 조문영
홍보 김하은
프리뷰 이성혁 · 이수영 · 이정섭 · 전성욱

펴낸곳 도서출판 갈무리 등록일 1994. 3. 3. 등록번호 제17-0161호
초판인쇄 2017년 5월 8일 초판발행 2017년 5월 12일
종이 화인페이퍼 인쇄 예원프린팅 라미네이팅 금성산업 제본 은정제책

주소 서울 마포구 동교로18길 9-13 [서교동 464-56]
전화 02-325-1485 팩스 02-325-1407
website http://galmuri.co.kr e-mail galmuri94@gmail.com

ISBN 978-89-6195-161-6 94300
도서분류 1. 정치철학 2. 사회과학 3. 철학 4. 정치학 5. 사회학 6. 경제학

값 25,000원

이 도서의 국립중앙도서관 출판예정도서목록(CIP)은 서지정보유통지원시스템 홈페이지(http://seoji.nl.go.kr)와 국가자료공동목록시스템(http://www.nl.go.kr/kolisnet)에서 이용하실 수 있습니다.(CIP제어번호: CIP2017010478)

절대민주주의

조정환 지음

Absolute Democracy

신자유주의 이후의 생명과 혁명

갈무리

일러두기

1. 인명, 도서명 등은 필요한 경우 한 번만 원어를 병기하였다.
2. 외래어로 굳어진 외국어는 표준 표기대로 하고 기타 고유명사나 음역하는 외국어는 발음에 가장 가깝게 표기하였다.
3. 단행본, 전집, 정기간행물, 보고서에는 겹낫표(『』)를, 논문, 논설, 기고문 등에는 홑낫표(「」)를 사용하였다.
4. 단체, 당, 학회, 협회, 연구소, 재단, 법률, 조약 및 협약에는 필요한 경우 가랑이표(< >)를 사용하였다.
5. 본문에 사용한 이미지의 출처는 참고문헌에 수록하였다.

어떤 정치체제는

그 구성원들 모두의 권리를 내적으로 구체화하여

이의(異議)의 토대를 최소화한 정도만큼 절대적이다.

귀족제는 대체로 군주제보다 더 절대적이지만,

민주주의는 완전히 절대적인 지배,

즉 모든 사람의 자치적 공통체이다.

차례

절대민주주의

이 책이 출판되기까지 힘을 보태준 분들을 모두 헤아리는 것은 아마도 불가능할 것입니다. 이 모든 분들께 감사드리면서 몇몇 단체들, 조직들, 사람들에게 감사와 연대의 말을 전하고 싶습니다.

이 책을 구성한 원고들을 게재해준 『오늘의 문예비평』, 『비평』, 『現代思想』, 『News from Nowhere』 그리고 지난 14년 동안 함께 해 온 맑스코뮤날레 조직위원회, 2009년 이후 거의 8년 동안 매주 일요일에 〈다중지성의 정원〉에서 열린 '생명과 혁명' 세미나에 참가해서 함께 토론했던 세미나회원 님들, 니혼대학에서 열린 '2011 : 접속의 정치학 2' 심포지엄에서 대안세계화 문제를 발표하도록 초청하고 통번역의 도움을 준 고영란·김은애 님, 세월호 주제의 열린토론회에 초청해 준 『말과활』과 〈인문학협동조합〉, 원고를 미리 읽고 피드백을 준 프리뷰어 이성혁·이수영·이정섭·전성욱 님, 이들을 포함하여 제8회 맑스코뮤날레 〈다중지성의 정원〉 세션에서 촛불다중혁명을 주제로 한 심포지엄을 공동으로 준비한 권범철·김미정·김지원·박찬울·박해민·손보미·윤인로·윤동민·이성혁·이수영·이정섭·정용택 님, 그리고 무엇보다도 아픔 속에서도 당당한 모습으로 이 책에 주제적 영감을 지속적으로 불어넣어 준 쌍용자동차 파업투쟁, 세월호 진실규명투쟁, 촛불투쟁의 노동자와 시민, 그리고 그 가족분들께 감사와 연대의 인사를 드립니다.

끝으로 이 책의 출판에 매진한 도서출판 갈무리 운영책임 신은주 님과 김정연·조문영·김하은 활동가님들에게도 이 자리를 빌려 깊은 고마움을 전합니다.

위로부터의 헌정질서 유린인 '국정농단' 사건은 2016년 말에서 2017년 초에 걸쳐 집중적으로 폭로되었다. 그것에 대한 분노가 아래로부터 결집된 '촛불혁명' 사건은 모든 사람으로 하여금 대한민국이 어떤 나라이고 누구의 나라이며 구체적으로 어떻게 기능하는 질서인지, 또 그것은 어떤 혁신과 재구성을 필요로 하고 있는지를 돌아보고 또 상상하게 하는 중요한 역사적 계기가 되었다. 이 사건에는 광장 시민의 '박근혜 즉각퇴진' 요구를 국회가 '대통령에 대한 탄핵소추'라는 방식으로 받아내고 헌법재판소가 그 소추를 인용하여 대통령에 대한 '파면' 주문을 내리는 정치적 심판과정이 수반되었고 법원이 검찰과 특검의 수사와 영장청구를 받아들여 대통령을 구속하는 사법적 과정이 그에 뒤따랐다. 권력을 위임해 준 국민의 신뢰를 저버린 채 헌법과 법률을 위반하고도 진정한 자기성찰이 없는 대통령, 그래서 국가를 맡겨두기에는 부적절하다고 판단된 대통령을 '국가수반'의 자리에서 물러나도록 만들기 위해 국회, 검찰, 헌법재판소 등 주요 헌법기관들이 집중적으로 가동되어야 했다. 또 이 헌법기관들이 국민의 뜻과 요구를 제대로 대의하도록 만들기 위해 무려 1,700만 명에 달하는 시민들이 5개월에 가까운 시간 동안 겨울 메트로폴리스의 광장들과 도로들을 점거한 채, 청와대에 즉각퇴진을 명령함은 물론이고 그 주요 헌법기관들을 포위하는 시위를 벌여야 했다. 또 이 기간에는 제도언론들과 SNS를 비롯한 시민자치언론들이 자신의 말과 글 대부분을 이 문제를 다루는 데 할애해야 했다. 그럼에도 불구하고 80%에 달하는 압도적 다수의 국민들이 요구한 대통령의 '즉각퇴진'은 받아들여지지 않았고 그것을 대리표현한 대통령에 대한 '파면'은 국민이 아니라 국회와 사법기관들의 권력을 국민들에게 현시하는 방식으로, 즉 국민들을 구경꾼으로 만들면서 그 권력을 생생하게 입증하는 스펙타클적 방식으로 이루어졌다. 대한민국이 어떤 질서이기에 국가수반이 국가구성원인 국민을 배신하는 사태가 벌어지며 국민의 의지의 정치적 표현과 관철이 왜 이토록 어려운 것인가?

정치가들 및 정치정당들의 목적이나 활동을 규율하는 근거가 되는 대한민국의 '민주적 기본질서'(8조)는 대한민국 헌법 전문前文과 4조에서는 '자유'민주적 기본질서로 좀 더 엄밀하게 성격 규정된다. '민주'를 한정하기 위해 사용되었고 현행 헌법에 스물두 번 등장하는 이 '자유'라는 말이 의미하는 것이 무엇일까? 우리들과 우리 자손들이 누려야 할 것으로, 헌법이 '자유'라는 말을 사용하여 표현하고 있는 것은 신체의 자유, 거주이전의 자유, 직업선택의 자유, 주거의 자유, 사생활의 자유, 언론·출판·집회·결사의 자유, 정당설립의 자유, 종교의 자유, 양심의 자유, 학문과 예술의 자유 등이다. 또 헌법에 열거되어 있지 않다고 해서 국민의 자유는 경시될 수 있는 것이 아니라고 헌법은 말한다. 또 헌법에 따르면, 대통령은 이러한 국민의 자유를 증진하기 위해 노력하겠다는 선서를 해야 한다. 국민은 이처럼 다양한 자유를 보장받을 권리를 가졌다.

하지만 국민들은 기본권 조항 바로 다음부터 그 자유의 제한이라는 장벽에 부딪힌다. 공공필요(23조 3항), 방위산업(33조 2항) 등이 권리제한의 **특수한** 조건으로 등장한다. 그리고 헌법 37조 2항은 자유를 제한할 **일반적** 조건들을 제시한다. "제한하는 경우에도 자유와 권리의 본질적인 내용을 침해할 수 없다"는 단서가 붙어있긴 하지만 "국가안전보장, 질서유지, 또는 공공복리"를 위하여 "필요한 경우에" 국민의 "모든 자유와 권리"는 "제한될 수 있"다고 쓰고 있다. 현행 헌법에서 국민의 자유는 이렇

2016년 11월 26일 제5차 범국민행동. 서울 광화문에서 "아무것도 하지 말고 박근혜는 즉각 퇴진하라" 플래카드를 들고 행진하는 촛불 시민들. 이 날 주최 측 추산 190만 명의 시민이 집회에 참여했다.

듯 상대적이다. 그러면 무엇으로 국민의 자유를 제한할 수 있는가? 현행 헌법은 국민의 자유는 '법률'에 의해서만 제한될 수 있다고 하여 국민 위에 법률을 두고 있다. 그런데 그 법률을 제정할 수 있는 권력, 즉 입법권은 국민 일반에게 주어져 있는 것이 아니라 국민을 대의하는 사람들인 국회의원에게만 주어져 있다(40조). 결국 대한민국 국민의 자유는 본질적으로 국회권력에 의해 제한될 수 있는 상대적 자유이다. 국회 외에 국민의 자유를 상대적인 것으로 만들 수 있는 또 하나의 권력이 있다. 그것은 대통령이다. 헌법 76조 1항과 2항에 따라 대통령은 법률의 효력을 가지는 '명령'을 내릴 수 있다. 그 조건은 "내우, 외환, 천재, 지변 또는 중대한 재정, 경제상의 위기에 있어서 국가의 안전보장 또는 공공의 안녕질서를 유지하기 위하여 긴급한 조치가 필요하고 국회의 집회를 기다릴 여유가 없을 때" 혹은 "국가의 안위에 관계되는 중대한 교전상태에 있어서 국가를 보위하기 위하여 긴급한 조치가 필요하고 국회의 집회가 불가능한 때"이다. 이때의 긴급명령은 법률의 효력을 가지므로 국민의 자유는 이에 의해 제한될 수 있다. 한 걸음 더 나아가 대통령은 전시, 사변 또는 이에

준하는 국가비상사태에 있어서 공공의 안녕질서를 유지하기 위하여는 계엄을 선포하고 군대를 동원할 수 있다. 이런 경우에 대통령은 언론·출판·집회·결사의 자유, 영장제도, 정부나 법원의 권한에 관해 특별한 조치를 내릴 수 있다. 이럴 때 국민의 자유에 대한 제한은 상당히 포괄적일 수 있다. 이처럼 대한민국에서 국민의 자유는 국회가 제정하는 법률과 대통령이 발하는 명령에 의해 제한될 수 있는 상대적인 것이다.

국민의 자유가 상대화되는 만큼 대통령의 권력은 절대화된다. 77조 4항과 5항은 대통령의 계엄 권한에 1) 국회 통고 의무, 2) 국회 재적의원 과반수 이상의 찬성에 의한 계엄 해제 요구가 있을 시 해제 의무 등 두 가지 조건을 달아두고 있다. 하지만 집권 여당이 국회의 과반수 이상인 경우 이 상대화의 조건은 무력화될 수 있다. 즉 대통령의 권력은 그 권력 원천인 국민으로부터 절대적으로 '자유'로워질 수 있다. 이런 식으로 현행 헌법은, '자유민주적 기본질서'라는 말로 질서의 기본성격을 규정하고 있으면서도 실제로는 1972년 이후 유신질서에서 나타났던 대통령 독재, 절대적으로 자유로운 군주제 질서로 전환할 수 있는 길을 열어두고 있다. 대통령의 '즉각퇴진'을 요구하는 촛불혁명의 와중에, 태극기 집회 참가자들은 "계엄이 답이다"라고 반복해서 외쳤는데, 이 길이 실현되지 않았던 것은 2016년 4·13 총선 이후 조성된 '여소야대'의 특정한 정치적 조건 때문일 뿐 원칙적으로 불가능했던 것이 아니다. 그러므로 '자유민주적 기본질서'에서 '자유'의 의미는 양의적이다. 첫째로 그 질서는 국민의 기본적 자유에 대한 승인을 담고 있다. 둘째로 그 질서는 국민의 기본적 자유가 대통령·국회와 같은 대의하는 특수기관들의 권력에 의해 상대화되는 질서, 그래서 국민으로부터 군주의 절대적 자유의 가능성과 국민의 상대적 부자유의 가능성을 용인하고 그것의 실현을 보장하는 질서이다.

이런 의미에서 대한민국 헌법은 국민으로부터 절대적으로 자유로워진 대통령, 즉 자유군주제적 경향과 그것의 바탕인 자유민주적 기본질서 사이의 긴장 속에서 운동하고 있다. 그런데 군주의 절대화를 저지하고 있는 것, 군주권력을 상대화하고 있는 헌법적 권력은 국회이지 국민이 아니다. 국회는 자신에게 속한 입법권으로 대통령의 권한에 일정한 제한을 가할 수 있다.[1] 국회는 국가예산안을 심의할 수 있다. 정부가 국채를 모집하거나 국가에 부담이 될 계약을 체결하려 할 때에는 국회의 의결을 얻어야 한다. 정부가 중요한 국제조약들을 체결·비준할 때에도 국회의 동의가 필요하다. 정부는 선전 포고나 군대 파견, 외국군의 국내 주둔에 대해서도 국회의 동의를 받아야 한다. 국정감사, 국무총리나 국무위원·감사원장·대법원장·대법관 임명동의권 및 해임건의권, 헌법개정안 발의권 그리고 무엇보다도 대통령을 포함한 주요 공무원에 대한 국회의 탄핵소추권도 군주권력을 상대화하는 장치다. 대통령의 긴급조치권과 계엄권, 사면권도 국회에 의해 일정하게 제한된다. 이런 의미에서 국회와 그 의원들은 국민을 대신하여 군주권력에 일정한 제한을 가하는 귀족집단을 형성한다. 이 귀족집단이 군주와 연합하고 있는 경우에 국민은 군주권력을 제한할 수 있는 어떠한 제도적 수단도 갖지 못한다. 21조에 보장된 언론·출판의 자유를 통해 자신의 요구를 주장하거나 집회·결사의 자유를 근거로 집회와 시위를 함으로써 대의권력을 압박하는 것만이 가능하다. 이러한 압박에도 대의권력이 굴복하지 않는다면 국민은 헌법의 테두리 밖으로 나갈 수밖에 없게 되고 혁명이 불가피해지게 된다.

그렇기 때문에 헌법 속에 정말 '민주'가 있는지는 의문이다. 헌법이 주권이 국민에게 있다고 말하더라도 국민이 주권자로서 행위하는 것이 불가능하거나 그것을 상대화하는 제한들이 있다면 주권이 국민에게 있다

---

1. 대통령이 국회에서 의결한 법률안에 대해 재의를 요구할 수 있지만, 다시 의결되는 경우 법률안은 그대로 확정된다.

는 말은 선언이나 수사에 지나지 않게 된다. 모든 권력이 국민으로부터 나온다고 헌법이 말하더라도, 국민이 단순한 권력 원천일 뿐 권력 행사에 제한을 받고 실제로는 대의권력들의 통치대상으로만 기능한다면 국민은 자유로운 것이 아니라 권력으로부터 소외되고 있다고 말하는 것이 옳다. 대한민국 헌법 속에서 국민들의 지위가 바로 그러하다. 헌법에서 국민은 두 개의 헌법기관 즉 국회(의원)와 대통령을 '직접' 선출하게 되어 있다. 이것은 자신의 정치적 의사를 선출된 자에게 위임하는 위임민주주의적 절차이다. 이후 대의민주주의적 과정이 개시되는데 국민은 이 과정에서 이루어지는 대의자의 행동에 대한 어떤 통제권도 갖고 있지 못하다. 위임이 양도로 나타난다. 특히 국회의원의 경우는 권력의 위임이 철저하게 권력의 양도로 되는 경우다. 국회의원은 직무상 행한 발언과 표결에 관하여 국회 밖에서 책임을 지지 않는다. 회기 중에는 국회의 동의 없이는 체포·구금도 되지 않는다. 심지어 국회의원은 탄핵소추권을 행사만 할 뿐 탄핵소추의 대상이 되지 않는다. 이처럼 국민은 자신이 선출한 군주권력이 자신들로부터 절대적으로 자유로워질 위험에 노출되어 있을 뿐만 아니라 자신이 선출한 귀족권력의 자의恣意를 방관해야 하는 구경꾼으로 실추된다. '민주'는 군주제적이고 과두귀족제적인 '실제질서'로부터 멀어지고 그것에 의해 억압된 '기본질서'로서만, 달리 표현하면 일종의 '잠재질서'로서만 남아 있다. 민주적 잠재질서가 과두귀족제에 의해 뒷받침되는 군주제적 질서로 현실화되고 있는 것이다.

하지만 민주가 잠재질서라는 것은 다른 측면을 갖는다. 즉 그 질서가 민民초월적 주권으로 구성된 현실질서를 해체하고 재구성할 잠재력이 있다는 의미이다. 한자 '민'民은 눈먼 사람을 지시하는 상형문자에서 기원하여 노동에 종사하는 노예를 뜻하는 말로 사용되었고, 점차 통치계급인 '인'人의 통치를 받는 피통치 집단을 칭하는 말로 발전했으며 이제는 '국민'

에서처럼 피통치자는 물론이고 통치 집단과 최고 통치자까지 포함하는 '사람들' 일반을 지칭하는 말로 진화해 왔다.[2] 즉 '민'은 역사적 시간을 따라 사회의 저 바탕에서 점차 위로 그 외연을 확장해 나간 생산적 역능에 붙여진 이름이다. '민주'에서 뒷글자 '주'主는 어원상, 라틴어 '-cratia'에 기원을 둔 것으로 '지배'를 뜻하는 'de-

전서(篆書) '主'

mocracy'에서의 '-cracy'와는 의미가 조금 다르다. 이 단어는, 하늘(一)과 땅(一)과 사람(一)을 두루 꿰뚫어(丨) 다스리는 지배자를 뜻하는 '왕'(王)과도 상관이 없다. 그것은 촛대(王) 위에서 등불이 타는 모양(丨)을 본뜬 것이다. 이런 어원을 고려하면 '민주'란 아래로부터 피어오르면서 세상을 밝히는 모든 존재의 불빛, 내재적 창조의 역능을 의미한다. 전통적으로 '민'은 군주인 '왕'은 물론이고 귀족인 '인'에 의해서도 천시되어 온 인간 집단이며 '눈먼 자이므로 무지몽매하다'라는 낙인 속에서 계몽과 채찍질의 대상으로 되어 왔고 지금도 착취와 수탈의 대상으로 남아 있는 집단임이 틀림없다. 하지만, 〈416 세월호 참사 희생자·실종자·생존자 가족대책위원회〉(이하 〈가대위〉)의 진실규명 운동이나 촛불혁명에서 보이듯이 이제 바로 그 '민'이 진실, 양심, 윤리, 연대, 혁명을 밀고 나갈 유일한 밝음-존재로 되어가고 있는 것이 지금의 현실이다. 군주나 귀족집단이 모조리 돈과 권력에 글자 그대로 '눈이 멀어 버린' 시대에, 그들이 '눈먼 존재'로 비하했던 바로 그 '민'이 세상을 밝힐 등불을 들고 있는 것(主)이다. 지난 십수 년간 단속적이지만 점점 더 큰 규모로 출현했던 촛불집회와 그것의

2. 민(民)의 어원과 그 어의의 변화에 대해서는 장현근, 「민(民)의 어원과 의미에 대한 고찰」, 『정치사상연구』 제15집 1호, 2009년 5월, 131~157쪽 참조.

촛불혁명으로의 전진은 민주의 그 절대적 잠재력이 무수한 방향으로 폭발하면서도 그물망처럼 연결되어 기존의 초월적 주권질서 너머를 가리키는 삶정치적 형상의 구축과정이 되고 있다.

이렇게 해석된 '민'은 초월적 주권의 정치적 소비자로서의 서구 자유주의적 대중과 다르고, 초월적 주권을 세워 그 피호보자가 됨으로써 자신을 보호하고자 하는 파시즘적 신민과도 다르며, 그 스스로 새로운 유형의 초월적 주권자, 집단적 군주로 되고자 하는 동구 사회주의적 인민과도 다르다. 이 세 주체성들은 초월적 주권의 성립과 존속에 의지한다는 점에서 공통된다. 그런데 '민'은 초월적 주권의 소비자가 아니라 그것을 한계 짓는 힘이며, 초월적 주권의 피보호자가 아니라 그것의 근거이고, 집단적 초월주권이 아니라 내재적 주권, 절대적 구성력이기 때문이다. '민'의 그 능력의 현실적 한계 지점에서 주권이 발생하지만 거꾸로 주권의 한계는 민의 잠재적 구성력 그 자체이다. '민'의 구성력은 자연/우주의 창조력으로서 존재자들을 도약시키는 생명력이다. 이 생명력은 자신을 구성하는 힘이 증가함에 따라 더욱더 복잡해지는 열린 실재 자체로서 스스로 발전하고 스스로 유지하는 힘이다. '민'은 매 순간 자신의 욕망, 정동에 따라 서로 다른 이익들과 의지들을 추구하고 표현하는 힘들의 절대적 연합이다. 이런 의미에서 '민'은 공통되기의 경향 속에 있는 특이성들을 가리키는 이름인 '다중'에 다름 아니다. '민주'는 이 절대적 연합으로서의 '민-다중'이 더 큰 완전함을 추구하면서 물리적 능력을 절합하는 노력이자 운동이다. '민'의 이 절대적 연합은 결코 자신의 내재적 주권력과 구성력을 양도하지 않고 또 양도할 수 없으며 현실의 한계를 부단히 극복하고 존재를 더 완전하게 변화시키는 공통되는 운동체, 즉 공통체로 실재한다.

그렇다면 대한민국 헌법의 '민'이 이러한 '민'일까? 대한민국 헌법에서

'민'은 '국민'으로 나타난다. 그것은 주권의 내재적 소재지이며 권력의 원천이라는 점에서 '민-다중'이고 '다중-민'이며 절대민주적 잠재력이다. 하지만 현실의 정치구도에서 이 '민'은 초월적 주권자들을 선출하여 자신의 권력을 위임할 뿐만 아니라 그것을 양도하는 존재로 나타난다. '민'은 '대의자'들과 접속하되 분리되는 방식으로 접속한다. '민'은 대의자들을 선출할 때에만 대의자들과 접속한다. 하지만 '민'은 선출행위가 끝나고 나면 대의자로부터 분리된다. '불통'의 대의자가 출현하는 것이다. 이 분리접속적disjunctive 대의과정으로 인해 '민'의 구성력은 대의자들의 권력 행사의 필요에 따라 그때그때 상대적으로 제한될 수 있을 뿐만 아니라 군주가 필요하다고 생각하고 귀족의 동의를 얻을 수 있는 경우에는 아예 절대적으로 제한될 수 있는 위험 속에 노출되어 있다. 민주적 잠재력과 군주적 현실태 사이의 이 간극이 헌법의 긴장이다. '민'의 제헌권력pouvoir constituant과 군주·귀족의 제정된 권력pouvoir constitué 사이에 커다란 간극과 긴장이 놓여 있다. 절대민주의 잠재력이 위임민주제, 대의민주제를 거쳐 굴절되고 국민투표와 같은 직접민주제마저 이것들을 재생산하는 장치로 형해화된 상태에서의 법치주의는 법을 삶/생명 위에 놓게 된다. 법치가 생명에 대한 위험으로 될 상황에 놓이는 것이다. 그러므로 우리에게 주어진 문제는, '본질적으로 기속羈束[3]적이어야 할 대의적 위임이 자유대의제적 양도로 나타나는 현행의 대의민주적 법치주의 속에서, 은폐되고 억압되어 결국 소실되고 망각되어 온 절대민주적 구성력을 재발견하여 그것의 잠재력을 더 완전하게 실현시킬 구도를 어떻게 발명할 것인가'하는 것이다.

3. 기속적 대의에 관해서는 이 책의 394쪽 각주 4를 참조.

이 책은 이런 문제의식을 갖고 생명, 세계화, 대안세계화 그리고 민주주의 문제를 다룬다. 여기에서 생명은 절대민주주의의 존재론적 토대로서 다루어진다. 이 관점에서 보면 아래로부터 다중의 대안세계화 운동이 위로부터 전개되는 자본의 신자유주의적 세계화를 거부하되 세계화로부터의 후퇴도 거부하면서 도달하고자 하는 '세계인류'는 민주주의의 더 큰 완전화와 절대화의 조건이다. 그러므로 간헐적이지만 지속적으로 전 세계에서 표출되는 다양한 혁명적 사건들은, 이 책에서는, 모든 유형의 또 모든 차원의 민주주의를 민주화하는 힘인 절대민주주의적 잠재력의 세계사적 실현 과정으로 이해된다.

1부 '절대민주주의의 존재론 : 생명'은 민주주의를 생명에 정초하려는 시도이다. 정치적 우파는 주지하다시피 민주주의를 주로 통치(랑시에르의 언어로는 치안police)의 차원에서 이해한다. 이러한 의미의 민주주의는 주로 대의적 정당정치에 의해 실행되어 왔고 그것의 반복이 가져온 대의제적 문화와 관행은 민주주의를 통치의 차원에서 이해하는 통념의 조건이 되고 있다. 우파 정당들은 대중을 대변하는 변호인, 대중의 이익을 실현할 기업가, 대중의 보호자를 자처하면서 국가권력을 장악하고 이를 통해 대중에게 특정한 감각을 분배하는 기관으로 기능했다. 그런데 이러한 과정은 국민대중 전체의 이익으로 귀결되는 것이 아니라 '부르주아지'라고 불리는 소수 자산계급의 이익으로 귀결되었다. 이 사실을 직시한 사람들은 좌파 정당을 구성하여 대중을 이끄는 전위, 대중을 깨우치는 계몽가, 대중을 치료하는 의사로서의 역할을 수행했다. 하지만 좌파 정당에서 대중에게 특정한 감각을 분배하는 기관이라는 정당의 기본성격이 달라진 것은 아니다. 좌파는 대의 그 자체가 문제라고 보기보다 충분하지 못한 대의가 문제라고 보았다. 주류 정당들이 주로 부르주아지 계급의 이해관계를 대변함으로써 노동계급을 비롯한 민중들이 정치권에서 충분히 대의되지 못하는 것, 이 충분히 대의되지 못함이 경제적 영역에서 민중들이 겪는 열세를 정치적 영역에서 더욱 악화하는 결과를 가져온다는 것을 문제로 삼았다. 그 대안은 혁명정당, 노동당, 공산당 등 국가권력의 장악을 통해 대의되지 못한 집단들을 대의할 새로운 대의 정당의 창당으로 나타났다. 이렇게 좌파 대안이 우파의 거울 이미지를 따라 정치적 대의 정당의 창당과 집권의 문제에 집중함으로써 민주주의는 좌우파 모두에서 통치 차원의 문제로 이해되었다. 2008년에 반정당적 경향을 보였던 촛불정치가 2016년에는 〈우리가주인이당(우주당)〉처럼 대의 정당과는 성격이 다른 표현적 당들의 구성을 시도하기 시작한 것은 정당정치의 이러한 역사적 문제점에 대한 비판적 대안의 실험 과정으로 읽을 수 있을 것이다. 1부에 실린 글은 민주주의를 통치/치안의 차원에서 끌어내려 정치적인 것에, 나아가 삶정치적인 것과 생명적인 것에 정초함으로써 민주주의를 자연사의 일부로 이해하려는 시도이다.[4] 1부 본문에서 설명하게 되겠지만, 민주주의를 자연사의 일부로 이해한다는 것은 민주주의를 물질적인 것으로 환원한다는 의미가 아니다. 베르그손을 따라 물질을 시간의 이완으로, 생명을 시간의 수축으로 이해할 때, 민주주의는 시간을 정치적으로 수축시키는, 그리하여 새로운 질서를 창출하는 다중의 노력으로 이해될 수 있다. 생명산업과 생명권력이 생명을 바라보는 전형적인 시각이 생명을 물질적인 것으로 파악하는 것이다. 이러한 이해 방식은, 생명력의 고유한 능력을 산업적 회로나 권력적 회로 안에서 흐르게

4. 변증법이 자연을 설명하는 데서 한계를 드러내는 자연변증법론의 위기 상황에서 20세기 맑스주의자들(대표적으로는 『역사와 계급의식』의 루카치)은 역사를 변증법의 타당한 적용영역으로 보면서 변증법적 유물론을 역사유물론에 한정하는 경향을 보인다. 변증법의 타당성을 보존하기 위해 선택한 역사에의 이러한 영역 제한은 자연을 이해할 수 있는 능력을, 그리고 민주주의와 혁명을 자연사적 과정으로 이해할 수 있는 능력을 현저히 축소하는 것으로 작용했다.

2011년 2월 9일 저녁 이집트 타흐리르 광장. 아랍의 봄은 2010년 12월 튀니지에서 시작되어 리비아, 이집트, 예멘, 시리아, 이라크 등 주변국으로 번졌다. 이 사진이 찍힌 날로부터 이틀 후인 2월 11일에 부통령 오마르 술레이만이 무바라크 대통령의 사임을 발표하게 된다.

함으로써 포획하는 생명산업과 생명권력의 사물화하는 인지양식에서 주어진다. 생명을 민주주의의 잠재력으로 파악하기 위해서는 생명산업과 생명권력의 이러한 생명관을 극복하면서 생명을 시간적 수축과 민주적 재구성의 잠재력으로 이해할 필요가 있다는 것이 1부의 핵심 주장이다.

2부와 3부는 세계화라는 탈근대적 현상 속의 두 가지 경향과 그것들 사이의 적대를 다룬다. 2부 '절대군주화 : 자본의 세계화'는 20세기 말부터 자본이 주도한 세계화 과정이 1968년 혁명에 대한 반혁명적 대응이면서 전쟁의 세계화, 가난의 세계화를 가져왔다고 서술한다. 자본의 제국주의와 노동의 국제주의를 금융자본의 이익을 중심으로 종합하는 신자유주의적 세계화는 다중의 삶을 가치적 언어로 포획하는 삶권력과 삶자본을 출현시켰다. 3부 '절대민주화 : 생명의 세계화'는 금융자본이 위로부터 주도한 세계화에 맞서면서 다른 세계화를 모색하는 힘을 탐색한다. 그것은 자본의 세계화에 노동의 세계화를 대치시키고, 양극화의 세계화에 소득보장(기본소득)의 세계화를 대치시키고, 생산된 가치로부터 다중을 배제하는 세계화 대신에 다양한 생산수단들에 대한 보편적 접근의 가능성을 확대하는 세계화를 대치시키며, 사유화의 세계화에 생산자들의 협력의 세계화를 대치시킨다. 2008년의 경제위기가 2010년 전후로 세계 주요 나라들의 재정위기로 비화하면서 제1세계의 주변화와 제3세계화라는 새로운 상황이 전개되었을 때, 우파의 긴축, 중도파의 복지, 급진파의 점거라는 세 가지 대안 사이에서 격렬한 논쟁이 벌어졌다. 3부는 2011년에 개시된 아랍혁명과 전 지구적 점거 투쟁이 생명과 존엄, 그리고 혁명을 세계화하는 중요한 방향이었음을 밝히고 이에 부연하여 아시아에서 이러한 방향의 가능성이 어떤 형태로 실재했는지를 살핀다.

4부 '절대민주주의의 성좌 : 민주주의들의 민주화'는 1부에서 서술된 생명 이론과 2, 3부에서 서술된 대안 세계화론을 디딤돌로 삼아, 다양한 유형의 민주주의들을 발본적으로 민주화할 힘이 어디에 어떻게 실재하며, 그것이 현실의 모순을 타파하는 운동으로 어떻게 움직여 왔는지를 살핀다. 이 부의 첫 두 장(「2009 : 공통적인 것의 제헌」과 「2011 : 후쿠시마와 생명」)에서는 2009년의 용산 투쟁과 쌍용자동차 투쟁의 제헌적 성격, 2011년 3월 11일 후쿠시마 대지진 및 원전 폭발과 같은 재난 속에서 생명과 민주주의가 어떻게 가능할 것인가를 탐구한다. 세 번째 장 「2014 : 세월호의 '진실'과 생명정부」에서는 2014년 4월 16일 세월호가 침몰한 가운데 그 비극의 가장 직접적인 당사자들의 연합체인 〈가대위〉가 어떻게 우리 사회의 가장 강력한 진실 주체로 탄생하고 공식 정부와는 별개의 생명정부를 구성했는지, 또 이 이중 권력의 상황에서 그 주체성이 어떤 방식으로 진실헤게모니를 행사했는지를 살핀다. 마지막 장 「2016 : 절대군주제의 '즉각퇴진'과 절대민주주의」는 한국 사회가 군주제, 귀족제, 민주제라는 세 개의 각축하는 제도들로 혼종되었다고 보면서 각제도의 주요 구성 집단이 2016년 말에서 2017년 초 사이에 어떤 동기에서 어떤 목적을 갖고 어떤 정치적 대응 행동을 했는가를 살핀다. 이 과정에서 민주적 구성력의 표출인 촛불혁명은 즉각퇴진 투쟁을 통해 박근혜 정권의 군주제 헤게모니를 해체하고 민주제 헤게모니의 능력을 제시했지만, 광장 점거와 집회 및 직접행동 등 집회적 직접민주주의가 약화하거나 시야에서 사라지게 되면, 둘 사이에 놓인 귀족집단의 태도가 결정적일 수밖에 없고 이 귀족집단의 향방에 따라, 즉 이들이 군주제와 연합할 것인가 민주제와 연합할 것인가에 따라 향후의 정치질서가 달라질 것이다.[5] 그러므로 직접민주주의를 혁신하고 일상화할 실제공간과 가상공간의 플랫폼 구축, 대의자들이 실제로 주권 다중들의 공통된 잠재력을 표현하는 공적 심부름꾼으로 기능하도록 만들 대의민주주의의 혁신 방향 등이 이 장에서 암묵적으로 모색된다.

이 책은 비교적 일관된 관점하에 서술된 단일한 저작이기도 하지만 그것을 구성하는 각각의 장들은 구체적인 정치상황에 대한 이론적 개입 과정에서 탄생했다. 물론 이 책에 실린 최종 판본은 처음 탄생했던 그 형태와 내용 그대로가 아니다. 이 책의 주제가 꽤 긴 시간 동안에 다듬어져 온 탓에 내용상의 업데이트와 업그레이드, 그리고 일정한 형식적 체계화가 필수적으로 요구되었다. 그러므로 각 부, 각 장의 글들은 처음 작성될 때의 문제의식들이 주조음을 이루면서도 현재의 시간이 요구하는 시의

5. 이러한 위험에 대한 대응으로 140개 시민사회단체들과 5천여 명의 시민이 참여한 〈촛불시민혁명대헌장 제정 범국민협의회〉가 군주제와 귀족제를 국민이 직접 통제할 수 있도록 만들 몇 가지 민주제적 정치 재구성 요구를 담은 촛불대헌장(초안)을 5개 제도 정당들에 제안했으나 〈정의당〉만이 적극적 동의와 함께 이에 서명했고 〈민주당〉과 〈국민의당〉은 일부 조항이 대선 공약과 배치된다는 이유로 서명을 보류했으며 〈바른정당〉과 〈자유한국당〉은 2017년 4월 24일 마감 시간까지 아무런 응답을 주지 않았다. 11개 조항으로 된 대헌장(초안) 전문은 이 책의 부록으로 실려 있다.

성을 갖기 위해 그 주조음들이 당시와는 다른 음색, 다른 음률을 갖게 되었다.

하나의 장으로 구성된 1부의 1장은, 생명공학이 발달하고 생명정치가 부상하며 생태위기가 심화되는 상황에서 쓴 글로, 생명에 대한 적실한 관점과 그에 기초한 대안운동을 준비하기 위해 마련된 2011년 제5회 맑스코뮤날레에 토론문으로 제출된 것이다. 이 글은 맑스코뮤날레 조직위원회가 출간한 『현대자본주의와 생명』(그린비, 2011)에 처음 수록되었다.

2부에 실린 2장, 3장과 3부의 처음에 실린 4장은 2006년 2월 3일 한미 FTA에 관한 첫 협상이 선언되고, 2009년 4월 22일 한미 FTA 비준동의안이 대한민국 국회 외교통상통일위원회를 통과하기까지 신자유주의적 세계화가 어떤 모습으로 나타나고(2장) 그것의 기원과 동력이 무엇이며(3장) 그에 대한 아래로부터의 대안이 어떻게 준비되고 또 실행되어야 할 것이며 또 어떻게 실행되고 있는지 등의 문제를 계간 『비평』(생각의 나무)의 독자들에게 쉽게 설명할 목적으로 2006년부터 연속 지상강좌의 형태로 연재되기 시작했다. 6회의 연재가 끝난 후에는 '問라이브러리' 문고본 시리즈의 한 권으로 발행할 것을 전제로 한 것이었지만, 2009년 여름호인 『비평』 23호가 이 잡지의 종간호가 됨으로써 그 호에 3회째 발표한 (이 책의 4장) 「세계화의 이중성과 대안세계화의 길」로 지상강좌는 중단되었다. 이 책 2부의 후반부에 실린 글들은 그때 구상되었으나 『비평』지를 통해서는 다하지 못한 이야기를 다른 지면에, 다른 형식으로 계속한 것들이다.

3부의 둘째 장인 5장은 자본의 세계화에 맞서는 혁명의 세계화라는 관점에서 2011년 북아프리카에서 폭발하여 중동·남유럽·중유럽을 거쳐 북미로 확산되어 갔던 반란의 세계화를 다루는데, 이것은 『오늘의 문예비평』(81호, 2011년 여름호)에 발표되었다. 6장은 사회적 반란이 유럽

2016년 12월 10일 광화문 촛불집회에서 진행된 '박근혜 구속을 외치는 게릴라 버스킹.' 이 날 집회의 주최 측 추산 참가인원은 104만 명이었다.

으로 확산 중이던 2011년 3월 11일에 일본 동북부 후쿠시마 일대에서 대지진이 폭발하고 그것이 원자력 발전소를 타격하여 유사 이래 전례 없는 규모의 방사능이 지구 전체로 확산되면서 일본에서 대규모의 반원전 시위가 솟구치던 시기에 쓰였다. 이 글은 일본의 니혼대학에서 그해 12월 10일에 열린 심포지엄 '2011 : 접속의 정치학 2'에서 처음 발표되었고 이듬해인 2012년에 일본어로 번역되어 월간 『現代思想』(2012年 2月)에 처음 발표되었다. 그러므로 한글본으로는 이 책에 처음 발표되는 셈이다.

7장은 2008년 금융위기의 폭발을 앞두고 신자유주의적 세계화가 절정을 이루고 있었고 노무현 정부가 제안한 동아시아 금융허브론이 아시아 지역화 담론을 자극하여 학계와 진보운동 영역에서 유럽연합EU을 모델로 하는 대안지역화 담론이 붐을 이루고 있던 2006년 전후에 작성되기 시작하여 미완으로 남아 있던 것을 이 책의 주제에 맞게 가다듬은 미발표 원고이다.

1, 2, 3부에 실린 글들이 이론적 색채가 강하다면 4부에 실린 글들은 경험적 색깔이 강하다. 실제로 이 부에 실린 글들 대부분은 나 자신의 참여적 경험의 자극을 받아 이루어진 이론적 성찰들이다.

4부의 처음에 실린 8장은 2009년 5월 22일부터 8월 6일까지 76일 동안 평택시 칠괴동에서 전개되었던 쌍용자동차 노동자들의 옥쇄파업 투쟁을 노동의 경제 투쟁이라는 관점을 넘어 제헌적 구성이라는 관점에서 고찰한다. 이 점에서 이 장은 2009년 5월에 출간한 『미네르바의 촛불』(갈무리)의 연장선상에 있다. 9장의 경우, 본문 속에 이미 집필의 정황과 집필의 동기를 담아두었지만 후쿠시마에서의 대진재大震災가 우리의 삶과 정서를 충격적으로 바꾸어 놓고 있는 현실에서 생명/삶의 가능성을 타진하는 글이다. 이 글은 종말이후적 시나리오 위에서 예술의 사회적 역할과 기능을 사유하기 위한 전준호·문경원 작가의 전시프로젝트의 일환이었던 『News from Nowehere』(workroom press, 2012)에 영문본으로 먼저 기고되었고 대재난을 가져온 후쿠시마를 주제로 여러 분야의 사람들이 여러 가지 방식으로 공동 참여한 기획단행본 『후쿠시마에서 부는 바람』(갈무리, 2012)에 한글본으로 발표되었다. 10장은 2014년 4월 16일 세월호가 전 세계 시민을 숨 막히게 하는 가운데 수백 명의 생명과 함께 진도 앞바다에 침몰한 안타까운 상황에서, 도저히 이해할 수 없었던 정부의 구조 대응에 대한 가족 및 시민들의 규탄에 조금이라도 힘을 싣고, 아무것도 할 수 없게 만드는 무력함의 상황을 타개하려는 아래로부터의 움직임들에 연대하기 위해 작성하기 시작한 페이스북 포스팅들에 기초를 두고 있다. 〈가대위〉와 '진실' 문제를 중심으로 포스팅들을 선별하고 논리적으로 재서술한 이 장은 2014년 6월 18일 격월간 『말과활』, 〈인문학협동조합〉, 학습공동체 〈가장자리〉가 주최한 제1회 열린토론회의 기조 발제문 형태로 처음 발표되었다. 후쿠시마의 원전 폭발처럼 세월호의 침몰도 재난의 형태로 주어진 경고였고 그 재난의 중심에 생명의 진실과 민주주의의 문제가 놓여 있다는 것을 보여 준 이 장에 이어지는 마지막 11장은 2016년 10월부터 2017년 3월까지 약 5개월여에 걸친 '박근혜-최순실 게이트'의 폭발과 전개를 촛불투쟁을 중심으로 고찰한다. 이 책의 종장을 염두에 두고 쓴 이 장은 2017년 5월 12~14일 성공회대학교에서 '혁명과 이행'을 전체 주제로 내건 제8회 맑스코뮤날레의 〈다중지성의 정원〉 세션 '2016촛불다중혁명과 한국 사회의 이행'을 위해서도 작성되었다. 이 장을 쓰면서 나는 내가 지난 10여년 동안 추구해 온 문제의 윤곽을 좀 더 확실히 그릴 수 있었다. 꽤 긴 시간 동안 '신자유주의 이후의 생명과 혁명'이라는 제목을 염두에 두고 조금씩 준비해 온 이 책의 제목을 『절대민주주의』로 확정하고 애초에 구상했던 제목을 부제로 돌리게 된 것은, 분명 이 책 자체를 상황개입적 사유로, 이론적 전투의 무기로 만들고자 하는 욕망의 표현이기도 하지만, 촛불의 바다 한가운데에서 이 마지막 논문을 작성하면서 도달했던 정치적 깨달음 때문이기도 했다. 다시 문제는 민주주의다!

2017년 5월 1일

조정환

1부 절대민주주의의 존재론 : 생명

1장 | 생명과 혁명

권력-자본-과학 신성동맹의 생명담론에 맞서

일상적 생활경험을 넘어서는 것으로서의 생명 자체라는 문제는 오랫동안 종교적 접근의 대상으로 남아 있었다. 그것은 신의 독점적 관할 영역이거나 자연 그 자체의 영역으로서 지성적 접근을 허용하지 않는 성역으로 놓여 있었다. 또 생명에 대한 담론은 신화나 신학의 독점물이었다. 하지만 과학과 실험, 그리고 기술의 발전은 상황을 바꾸어 놓았다. 미시적이고 거시적인 생물세계를 향한 탐험과 거대한 우주공간에 대한 탐험이 축적되면서 생명에 대한 과학적 접근은 놀라운 속도로 전진하고 있을 뿐만 아니라 하루하루 새로운 영역을 개척하면서 빠르게 세분되고 있다. 생물학은 식물학, 동물학을 넘어 미시생물학, 진화생물학, 유전학 등등으로 분화하고 생물리학, 생화학, 생리학, 우주생물학 등이 발전하고 있다. 특히 주목할 것은, 생명에 대한 과학들이 공학적으로 응용되어 생명공학의 다양한 영역들을 열어 내고 있다는 것이다. 생명에 대한 기술이 발전하고 생명에 대한 지식이 축적되면서, 인간이 생명현상을 자신의 의지에 따라 조작할 수 있을 뿐만 아니라 생명체나 생명 종을 창조하기에 이르렀다.

생명의 산업화는 생명에 대한 이 과학기술적 접근의 귀결이면서 동시에 그것의 원인으로 작용한다. 산업만이 생명에 대한 과학기술적 접근을 자극하고 있는 것이 아니다. 전 지구적 갈등의 증대와 군사경쟁적 필요는 생명의 무기화를 촉진하여 생물무기 개발 경쟁을 유발하고 있다. 이렇게 산업과 군사의 필요에 따른 기술발전 과정에서 생명에 대한 과학적이고 지성적인 접근은 이제 그 누구도 도전할 수 없는 대세로 자리 잡았다. 권력-자본-과학의 신성동맹은 점점 공고해지면서 과학은 권력과 자본의 생산력으로 자리 잡는다. 광우병, 용산 남일당 발화, 천안함, 4대강 개발

등의 국내정치적 쟁점이나 기후온난화, 후쿠시마 원전 사고 같은 국제정치적 쟁점에서 과학논쟁이 수반되고 이것이 경제적 수익 문제와 불가분하게 연결되는 것은 이 때문이다.[1] 생명까지 권력-자본-과학 동맹의 포획물로 되면서 이 동맹은 우리 시대의 신으로 되고 과학은 우리 시대의 신학으로 자리 잡는다. 그 결과 현대의 과학적 접근은 생명에 대한 다른 접근의 가능성을 차단한다. 우리가 이러한 상황을 바꿀 수 있을까? 우리가 권력-자본-과학의 이 공고한 동맹의 울타리를 뚫을 수 있을까? 이 문제는 생명을 자본의 포획에서 벗겨내 혁명의 동력으로 편성하는 작업을 필요로 한다. 그리고 이 문제는, 권력의 신학으로 기능하는 과학을, 생명의 자기생성을 사유하는 다른 과학으로 기능전환하는 작업을 필요로 한다. 베르그손은 일찍이 생명에 대한 지성적 접근들(예컨대 기계론과 목적론)을 비판하면서 생명에 대한 직관적이고 철학적인 접근의 필요성을 제안했다. 프리고진, 마굴리스, 세이건, 슈뢰딩거, 마뚜라나와 바렐라 등의 과학자들은 생명에 대한 분석적·요소론적 접근을 비판하면서 생명을 유동적 연결망으로 이해할 것을 제안했다. 하지만 이것만으로는 자본에 포획되어 고통에 떨고 있는 생명의 현실을 타개해 나갈 수 없다. 나는 이 대안적 접근들의 도움을 받고 또 지배적인 과학적 접근의 성과를 비판적으로 재전유하기 위해서는 정치철학적 관점이 필수적으로 요청된다고 생각한다. 정치철학의 관점에서 보면, 생명은 혁명으로 나아가야 하고 혁명은 생명에서 그 동력을 구해야 한다. 생명은 혁명으로 되어야 하고 혁명은 생명으로 되어야 한다. 절대민주주의의 존재론을 생명의 지평에서 탐구하는 이 장에서는 생명, 과학, 착취의 문제를 중심적으로 다루면서 생명과 혁명의 공통되기의 가능성과 그 경로에 대해 살펴볼 것이다. 이것은

1. 과학적인 것과 정치적인 것의 얽힘에 대해서는 조정환, 『인지자본주의』, 갈무리, 2011, 400쪽 참조.

이 책의 2, 3, 4부에서 전개될 고찰, 즉 생명과 지구, 그리고 혁명을 잇는 절대민주주의적 대안 연결망에 대한 고찰의 이론적 준비작업이다.

베르그손의 '생명의 존재론'

『창조적 진화』에서 베르그손은 생명에 대한 목적론적 접근과 기계론적 분석의 한계를 살피면서 생명에 대한 존재론적 사유의 가능성을 섬세하게 탐구했다.[2] 그것은 창조와 진화라는 모순되어 보이는 두 개념이 결합될 수 있는 새로운 평면을 발견하려는 시도로 나타났다. 창조적 진화의 평면에서 존재론적 지속은, 목적론적으로 결정된 것이든 기계론적으로 결정된 것이든 간에 이미 결정된 어떤 것의 한계를 넘어서는 자유의 잠재력으로 나타난다. 진화에서 확인되는 변이의 자유는, 노력과 운동을 통한 이 잠재력의 지속적 실현에 다름 아니다. 베르그손에게서 생명은 요컨대 약동하는 지속이다. 이 과정에서 의식은 결정적 역할을 수행한다. 의식은 과거에서 현재로 연장되며 미래로 전진하는 생명과정의 역사적 운동 전체를 기억(생식을 통한 체질, 성격, 성향 등의 유전)으로 응축하면서 새로운 생명적 특질을 창조하는 능력이다. 이런 의미에서 생명과정은 의식과정 그 자체이다. 그런데 기계론에서 의식은 무엇보다 지각과 지성으로 나타난다. 베르그손은, 지각과 지성이 생명체의 능력이면서도 주로 물질과 관계하며, 물질을 그 흐름의 전체로서 드러내는 것이 아니라 물체라는 공간적으로 구분된 형식으로 인지하고, 물질의 변화를 이 물체들의 기계적으로 결정되는 위치이동의 현상으로만 파악한다

2. 앙리 베르그손, 『창조적 진화』, 황수영 옮김, 아카넷, 2005.

고 보았다. 기계론과 대립하는 목적론도, 물질의 변화를 이미 수립된 계획의 실현 과정으로 파악하는 지성적 태도를 공유한다. 기계론과 목적론의 이러한 지성적 태도는 생명이 물질에 대면하여 그것으로부터 에너지를 취하면서 행동할 필요성에서 발생한다. 기계론의 장인적 태도와 목적론의 기하학적 태도는 서로를 보완하는 물질중심적이고 실용주의적인 의식형태이다.

이러한 의식형태로는 생명을 이해할 수 없다. 생명은 물질운동에 의해 제약되지만 끊임없이 그것을 초월하는 도약의 능력이기 때문이다. 베르그손은 물체의 자기동일성, 자기개체화를 인정하지 않는다.[3] 그는 물체의 개체성은 생명체의 지각에 의존하지만 생명체는 스스로 동일성을 기억하고 재생산하는 개체라고 보았다. 각각의 생명 개체는 환경과 상호작용하면서 자연적으로 폐쇄된 체계를 구축하는 능력을 갖는다. 하지만 이 자기폐쇄성은 공간 속에서 완벽함을 추구하려는 노력의 표현이다. 시간 속에서 생명 개체는 물질대사를 통해서는 환경세계와 끊임없이 교류하고 생식을 통해서는 자기를 다른 개체 속에 이입하는 열린 체계로 운동한다. 그렇기 때문에 어떤 생명 개체나 생명 종은 그것이 아무리 자기동일적이라 할지라도 지속하는 시간 속의 한 과정이자 창조적으로 현실화하고 있는 진화적 지속의 한 경향일 뿐 고정된 실체일 수 없다.

식물과 동물, 그리고 인간은 각기 다른 방식으로 진화하는 생명 형태들이다. 물질의 흡수와 합성을 통해 유기물을 만들어 에너지를 축적하는 식물은 무감각하고 무의식적이며 고착적인 삶의 방식을 선택한다. 동물은 다른 생명체로부터 에너지를 채취하여 소비하는 삶의 방식을 선택

---

3. 질베르 시몽동은, 베르그손이 부인했던 '물질의 개체화'를 인정함으로써 개체화를 물질·생명·정신·집단에 걸친 범존재론적 구성원리로 확장한다. 이에 대해서는 황수영, 『베르그손, 생성으로 생명을 사유하기』, 갈무리, 2014, 226~228쪽 참조.

하기 때문에 환경에 대응하기 위한 감각운동 신경계의 발전을 보인다. 하지만 그것의 발전양상은 다양하다. 성게와 같은 극피동물, 개불과 같은 환형동물, 달팽이와 같은 연체동물은 운동성의 퇴화로 의식기능의 마비를 보인다. 거미와 같은 절지동물은 본능에 따른 진화를 선택한다. 본능은 생명체가 자신을 유기적으로 조직하는 능력으로 신체의 유기적 도구들을 사용하거나 구성한다. 그것은 학습되지 않고 작용하는 선천적 능력이기 때문에 정언명법의 형식을 띤다. 본능은 생명을 내부로부터 인식하지만 반성적 의식으로 내재화되지 않고 행동으로 고갈된다. 또 그것은 특정한 대상에게만 고정되어 있어 일반화할 수 없다. 이와 달리 척추동물은 지성을 통해 물질적 환경에서 필요한 에너지를 취한다. 지성은 가언명법에 따른 추론, 과거경험의 응용, 새로운 용법의 발견 등을 수행하면서 인위적 대상을 제작하고 이를 변형한다. 인위적으로 제작한 도구를 사용함으로써 지성은 유기적 도구의 기능한계를 넘는 새로운 기능과 새로운 관계를 창출할 수 있다. 비결정성과 자유도는 그만큼 증대한다. 하지만 지성의 자유는 제작의 자유이고 제작은 관계하는 제 요소들을 부동의 고체, 연장실체로 다룬다. 지성에게 이 요소들은 서로 외재적이고 불연속적이며 분할가능하고 침투불가능한 실체들로 나타난다. 베

앙리 베르그손(Henri Bergson, 1859~1941). 베르그손은 1927년에 『창조적 진화』로 노벨 문학상을 받았다.

르그손은, 제작적 지성은 물질을 조작가능한 재료로만 생각할 뿐, 그것의 내적 지속성과 흐름을 볼 수 없다고 말한다. 지성의 이러한 습관은 생명을 다룰 때에도 그대로 나타난다. 즉 지성은 생명을 외적 대상으로서만, 즉 부동의 요소들의 관계로서만 다룰 수 있다.

본능과 지성이 갖는 각각 다른 이 한계들을 넘어서는 방향의 진화를 개척하고 있는 것이 인간이다. 베르그손은 인간의 각성한 의식이 특정 대상에 고정된 본능을 일반화하고 외부화의 습관에 사로잡힌 지성을 내재화하여 이것들을 유용성의 틀에서 해방시킴으로써 사심 없고 자기의식적이며 일반화된 의식을 발전시킬 수 있다고 생각한다. 이것이, 그가 말하는 직관이다. 그리고 그는 예술가의 창조적 직관을 그 예로 든다. 그는 직관이 지성의 경직성을 보완하면서 지성을, 제작적 자유를 넘어 의식적 자유를 실현하는 길로 인도할 수 있다고 본다. 직관 속에서 물질과 생명의 대립은 사라져 지속, 흐름, 운동 그 자체로 이해된다. 물질이 이완 속에서 해체되는 운동이라면, 생명은 수축 속에서 생성하는 운동이라는 점에 차이가 있을 뿐이다. 생명체는, 이 두 방향의 운동이 이루는 일종의 타협안이다. 생명체의 개체적 유한성을, 종의 영속성을 매개로 하여 무한한 생명의 약동과 연결되는 흐름으로 이해할 수 있는 것은 직관이다.

『베르그송주의』에서 질 들뢰즈는 베르그손의 이 직관의 방법을 세 가지의 규칙으로 정식화한다. 첫 번째 규칙은 문제의 제기와 창조에 관련되는 것이다: "문제들 그 자체를 참과 거짓의 시험에 맡기고 거짓 문제는 비판하고 진리와 창조를 문제의 수준에서 조화시켜라."[4] 문제를 결정하고 구성할 수 있는 능력이야말로 진정한 자유를 가능케 하는 힘이다. 이것은 이미 존재하는 것에 관계하는 발견의 능력에 기초하면서도 그것을

---

4. 질 들뢰즈, 『베르그송주의』, 김재인 옮김, 문학과지성사, 1996, 12쪽.

넘어서 아직 존재하지 않는 것을 발명하는 능력이다. 창조적 문제제기는 문제해결의 문을 여는 행위이다. 실제로 인간의 역사는 문제제기의 역사이며 이를 통해 자유를 구성해 온 역사이다. 창조적 문제제기를 지속하는 역사적 행위는 생명의 표현이면서 동시에 생명의 진화를 결정해 온 힘이다. 이 창조적 문제제기는, 본성에서 차이가 나는 두 질서, 두 존재, 두 실존을, '더'와 '덜'이라는 정도의 견지에서 생각함으로써 발생하는 거짓된 문제제기와 투쟁하는 능력, 즉 참과 거짓을 구별하는 능력이다.

두 번째 규칙은, 바로 여기에서 나오는 것으로, 진정한 본성상의 차이를 발견하는 것이다. 그것은 "환상과 싸우고 진정한 본성상의 차이들 또는 실재의 마디들을 재발견하라"는 명제로 표현된다.[5] 이것은, 경험 속에서 뒤섞여서 마치 정도의 차이처럼 나타나지만 실제로는 본성상의 차이를 갖는 두 계열, 즉 물질-객관성-공간-지각의 계열과 생명-주관성-시간-기억의 계열을 나누고 다시 그것을 수렴시킴으로써, 인간적 경험을 넘어 경험의 조건을 발견하는 것으로, 즉 지속이라는 비인간적인 것을 발견하는 것으로 나아가는 것이다.

세 번째 규칙은 참된 시간에 대한 이해와 관련된 것으로서, "공간보다는 시간의 견지에서 문제를 제기하고 풀어라"[6]는 명제로 표현된다. 이것은 본성상의 차이를 발견하기 위해 택해야 할 방법이다. 왜냐하면 공간은 정도상의 차이의 장소, 환경, 총합임에 반해 지속만이 본성상의 차이들 즉 다양성의 장소, 환경, 총합이기 때문이다. 그런데 문제가 공간의 질서에서 제기되는 것, 즉 거짓되게 제기되는 것은 결코 우연이 아니고 필연적이다. 그것은 물질적 생존의 필요, 환경에 맞는 지각의 필요, 효과적인 대응 행동의 필요, 요컨대 사회의 필요들에 근거한다. 우리의 경험이 속해

5. 앙리 베르그손, 앞의 책, 22쪽.
6. 같은 책, 36쪽.

있는 물질 그 자체가 정도상의 차이들만을 나타내기 때문에, 물질에서 에너지를 획득해야 할 사회적 필요들을 충족하는 의식체계인 상식과 지성의 질서는 시간(지속)이 아니라 공간의 관점에서 거짓 문제제기를 하게 된다. 이 거짓 문제제기에서 환상이 발생하는데, 환상은 그러므로 정도상의 차이의 장소이고 인간이 거주하는 장소인 공간적 세계로부터, 그리고 살아가기 위해 이 공간적 세계에 대응해야 하는 인간적 필요들로부터 양분을 제공받는다. 그렇기 때문에 환상과 진리의 대립은 사실은 지속이 갖는 두 측면의 대립이다. 지속은 철학에 의해서는 직관된 정신으로 나타나고 과학에 의해서는 인식된 물질로 나타난다. 후자의 환상은 전자에 의해 억제될 수 있다.

그런데 억제만이 직관과 지성이 취할 수 있는 유일한 관계양식일까? 스피노자는 『에티카』에서 양자 사이의 협력의 모델을 제시한 바 있다. 두뇌의 지각은 지각되는 두 요소 사이에 간격을 도입하지만 이성은 분리된 두 요소 사이의 관계를 사유할 수 있게 한다. 즉 지각되고 경험된 것들 사이에서 공통적인 것을 사유할 수 있게 한다. 이성은 이런 방식으로 베르그손의 지속을 드러내는 방향으로 한 걸음 나아간다. 그리고 스피노자는 『에티카』 1, 2부에서 상상을 수동과 슬픔을 가져오는 1종의 인식형태로 규정했지만 『신학정치론』에서는 그것을, 직접적으로 존재의 다양성을 사유할 수 있는 능력으로 이해한다. 상상은 다양성의 세계에 던지는 구성의 그물이다. 상상은 다양성으로부터 새로운 세계를 구성할 요소들을 가져와 새로운 세계의 집을 짓는다. "상상은 지성의 자취를 따르면서, 자신의 상들과 단어들을 정연하게 서로 연결한다."[7] 스피노자의 이러한 상상 개념을 받아들이면서 네그리는, 정치학은 상상의 형이상학이

7. 안토니오 네그리, 『야만적 별종』, 윤수종 옮김, 푸른숲, 1997, 212쪽에서 인용.

며 현실 세계의 인간적 구성의 형이상학이라고 말한다. 진리는 상상의 세계 안에 살아 있다. 상상을 통해 우리는 현실에 열려 있고 현실을 구성하는 철저하게 참된 타당한 관념들을 가질 수 있다. 상상을 통해 의식은 구성적으로 되고 존재는 실체를 넘어 활동 역능으로 된다. 상상은 세계의 진리와 인간 행동에 긍정성, 생산성, 사회성을 구축한다.[8] 들뢰즈는, 상상의 이 구성적 능력이 『에티카』에서도 이미 나타나고 있는 것으로 독해한다. 경험 속에서 슬픔과 기쁨을 구분하고 기쁨을 축적하는 능력은 상상 속에 이미 존재하며 이성은 그것을 관계의 인식을 통해 안정화시키는 것이기 때문이다. 공통적인 것을 구축하는 과정에 참여하는 것은 이성만이 아니다. 상상도 거기에 참여한다. 『신학정치론』에서 스피노자에 의해 서술되는 상상은 베르그손이 동물의 본능이라고 부른 것과 유사한 역할을 수행한다. 인식의 평면에서 대립하고 억제하는 관계에 놓였던 상상과 이성은 공통적인 것의 구축이라는 실천의 평면에서는 서로 협력한다. 창조적 진화의 평면에서 본능과 지성이 서로 협력하여 직관의 능력을 구성하듯이(베르그손), 인식에서 구성으로, 관조에서 실천으로 이행함으로써 상상과 이성은 서로 협력하여 직관의 인식을 구축한다(스피노자). 이런

바뤼흐 스피노자(Baruch Spinoza, 1632~ 1677)

8. 같은 책, 231쪽.

의미에서 우리는, 베르그손의 자유와 스피노자의 구원이, 실천의 평면에서 인지능력들이 수행하는 협업의 생산물이라고 할 수 있다.

베르그손이 자신의 직관의 형이상학을 전개하면서 부단히 과학의 도움을 받은 것이나 오늘날 과학적 사유가 존재론적 사유에 도움을 청하고 있는 것은 필연적이고 또 바람직하다. 본능과 지성이, 상상과 이성이 서로 도우면서 발전할 필요성은 이 양자 사이의 간극이 커진 그만큼 절실하다. 과연 우리가 분리된 이 사유능력들을 협력관계 속으로 가져가면서, 위기에 처한 인류와 생명에게 새로운 진화의 경로를 열어 줄 기회를 만들 수 있을까?

오늘날의 과학과 생명

베르그손의 존재론적 생명관은 이후의 진지한 과학적 탐구에서 나침반의 역할을 수행했다. 가령 물리학자 슈뢰딩거가 생명체를 평형상태로의 파멸을 벗어나기 위해 물질로부터 음의 에너지를 먹으면서 환경으로부터 질서를 추출하는 유기체로 이해할 때,[9] 여기서 우리는 베르그손 생명철학의 깊은 반향을 느낄 수 있다. 그렇다면 오늘날의 과학은, 베르그손이 말한 직관을 내재화했고 생명에 대한 철학적 이해와 더 이상 갈등하지 않는 것일까? 베르그손이 철학에 할당했던 무사심하고 자기의식적이며 일반화된 의식능력이 이제 과학에도 할당되어야 하는 것일까? 베르그손은 말했다: "우리의 지성은 행동을 조명하고, 우리가 사물에 대해 작용하도록 준비하며, 주어진 상황에 잇따르는 사건들의 유리함이나 불

9. 에르빈 슈뢰딩거, 『생명이란 무엇인가』, 전대호 옮김, 궁리, 118~123쪽 참조.

리함을 예측하는 것을 본질적 기능으로 한다. 따라서 지성은 한 상황에서 기지(旣知)의 것과 유사한 것을 본능적으로 분리해 낸다."[10] 그리고 그는 과학에 대해 이렇게 단언했다: "과학의 목적은 우리에게 사물의 근본을 드러내는 것이 아니라 그것들에 작용하는 가장 좋은 방법을 제공하는 것이다. 생명체는 우리가 그것을 물리학과 화학의 과정으로 취급할 때에만 우리의 작용에 부응한다. 따라서 유기화 작업은 유기체가 우선 기계와 동일시되었을 때만 과학적으로 연구될 수 있다. 세포들은 기계의 부품들이며 유기체는 그것들의 집합이다. 그리고 부분들을 유기화한 요소적 작업들은 전체를 유기화한 작업의 실제적 요소들로 간주될 것이다. 과학의 관점은 바로 그러하다."[11] 이제 지성과 과학에 대한 베르그손의 이 규정을 시효가 상실된 것으로 보아도 좋을 것인가?

앞서 말했듯이, 생명에 대한 지성적이고 과학적인 접근은 인간의 사회적 필요에 의해 이루어진다. 예컨대 나날이 개체를 보존할 필요, 인구증가에 따른 생산성 향상의 필요, 질병과 치유의 필요 등이 그것이다. 이러한 필요들에 의해 추동된 과학적 생명접근들이 커다란 성과를 거두고 있는 것은 분명하다. 농업은 자연의 한계를 넘는 생산을 가능케 했고 생의학은 불치의 것으로 알려진 많은 질병들을 치유가능한 것으로 만들었다. 그런데 문제가 있다. 인간이라는 사회적 존재가 적대로 균열되어 있는 상황에서 '인간의 사회적 필요'가 보편성을 갖지 않는다는 것이 그것이다. 많은 경우 그것은 지배계급, 지배권력의 필요에 의해 규정된다. 지배계급이나 지배권력은 생명의 내적 요구에 상응하는 필요를 갖기 어렵다. 왜냐하면 지배계급이나 지배권력은 생명운동을 착취하고 통제하고 포획하는 것을 자신의 생존수단으로 삼기 때문이다. 과학은 이 문제에 대

10. 앙리 베르그손, 앞의 책, 62쪽.
11. 같은 책, 151쪽.

프리다 칼로, 〈살아있는 자연〉, 1952

해 침묵한다. 그래서 오늘날 더 많은 생명과학이 산업의 필요, 전쟁의 필요, 지배의 필요에 의해 이끌리고 있다. 그리하여 생명에 대한 과학적 접근과 그것의 결과는 너무나 자주 생명의 내적 요구와 대립하게 된다. 생명과학이 발전하면 할수록 지구가 더 생명에 부적합한 것으로 변모하고 사회적 삶이 반생명적인 양상을 띠어가는 것은, 인간의 필요의 이 내적 균열과 적대 때문이며, 그리고 생명체의 내적 필요가 아니라 생명체를 지배할 필요라는 생명체 외적 필요에 과학이 종속되어 있는 현실의 효과이다.

그렇다면 생명체의 내적 필요란 무엇인가? 생명체는 물질과의 열린 관계 속에서 지속하는 자기생성적이고 자기조직적인 닫힌 개체화의 과정이다. 이 과정을 통해 생명체는 생명을 지속한다. 여기서 생명에 대한 베르그손의 존재론적 접근이 어떻게 생명체의 문제를 다루는지 살펴보자. 그에게서 생명은 지속의 실현이다. 어떻게 그것이 가능할까? 지속은 과거가 미래를 잠식하고, 전진하면서 부풀어 가는 부단한 과정이며 과거가 끊임없이 증식되기 때문에 또한 무한히 보존되는 잠재력이다.[12] 앞서 말했듯이 지속은 두 방향으로 분화된다. 하나는 이완되고 해체되는 경향 속에 있는 지속력으로서의 물질이다. 또 하나는 긴장하고 수축하면서 자

12. 같은 책, 24쪽.

기생성하고 자기조직하는 지속력으로서의 생명이다. 이를 위해서 생명은 물질로부터 에너지를 특정한 방식으로 섭취하여 그것을 특정한 방식으로 소비한다. 이 섭취와 소비의 방식에 따라 생명은 다양한 생명류, 생명 종, 생명체들로 분화한다.[13] 우선 생명은 식물과 동물로 분화하는데, 식물은 흡수와 합성을 통해 에너지를 축적하며 호흡을 통해 소비한다. 동물은 물질로부터 에너지를 가져오는 점에서는 공통되지만, 비인간-동물이 에너지를 자연상태에서 채취함에 비해 인간은 자연으로부터 에너지를 채취할 뿐만 아니라 그것을 사회적으로 생산하고 재생산한다는 점에서 차이가 있다. 맑스의 생각을 참조해 보자. "노동자는 자연 곧 감각적인 외부 세계 없이는 아무것도 생산할 수 없다. 자연은 노동자의 노동이 현실화되고 활동하는 질료이다. 노동은 그 질료로부터, 그리고 그 질료를 매개로 하여 생산한다."[14] 인간이 자연을 생존의 근거로 삼는 한에서 자연은 인간의 몸이다. 인간은 사멸하지 않기 위해서 항구적인 과정을 통해 이 자연적 몸(물질세계)과 더불어 존속할 수밖에 없다. 이때 자연은 인간의 직접적 생활수단이기도 하고 인간의 생명활동을 위한 물질, 대상, 도구이기도 하다. 이런 이유 때문에 맑스는 자연이 인간의 비유기적 몸이고 인간은 자연의 일부라고 말한다.[15] 그런데 인간이 자연의 일부인 것은 식물이나 동물이 자연의 일부인 것과는 다른 차원을 갖는다. 분명히 인간의 경우에도 노동, 생명활동, 생산적 활동이 욕망, 곧 신체적 생존의 보존이라는 욕망을 충족시키기 위한 수단으로 나타난다. 생산 역시

---

13. "동화발생적 에너지는 무기물질을 동화하여 하급한 에너지를 자신의 본래 수준까지 끌어올리는 것이다. 그것이 조직을 구성하는 것이다. 반대로 생명이 기능하는 방식 자체는 (단 동화, 성장, 생식의 작용들은 제외하고) 더 이상 상승하는 것이 아니고 하강하는 에너지인 이화발생에 속한다. 물리화학이 효력을 갖는 것은 단지 이러한 이화발생적 질서에 속하는 사실들, 즉 죽은 것에 관해서이지 산 것에 관해서는 아니다."(같은 책, 72쪽)

14. 칼 맑스, 『경제학-철학 수고』, 김태경 옮김, 이론과실천, 1987, 57쪽.

15. 같은 책, 61쪽.

물질계로부터 에너지를 섭취하는 하나의 방식, 인간적 방식에 지나지 않는다. 하지만, 인간의 생산적인 생활은 욕망 충족을 넘어 새로운 생활양식, 새로운 생명활동을 산출하는 활동으로 나타난다. 그것은 생명활동이 유적이고 사회적인 성격을 가진 행위로 나타남으로써, 그리고 생산이 언어를 매개로 하는 의식적이고 공동적인 활동으로 됨으로써 가능해진다. 청년 맑스는 동물과 인간을 이렇게 구분 짓는다.

> 동물은 생명활동과 구별되지 않는다. 동물은 생명활동이다. 인간은 자기의 생명활동 자체를 자기의 의지와 의식의 대상으로 만든다. 인간은 의식적인 생명활동을 갖고 있다. 인간이 직접 휩쓸려 들어가는 피규정성은 존재하지 않는다. 의식적인 생명활동은 인간을 동물적인 생명활동으로부터 직접 구별한다. 바로 이러한 구별을 통해서만 인간은 유적 존재로서 존재한다. 다른 말로 표현하자면, 인간은 오로지 의식적인 존재로서만 존재한다. 다시 말하자면 인간 자신의 생활은 인간에게 대상으로서 존재한다. 왜냐하면 인간은 유적 존재이기 때문이다. 바로 그렇기 때문에 인간의 활동은 자유로운 활동이다.[16]

여기서 주의해야 할 것은 '의식'이라는 단어의 용법이다. 맑스는, 베르그손과는 달리, 의식이라는 용어를 '자기의 생명활동 자체를 자기의 의지와 의식의 대상으로 만들 수 있는' 인지능력이라는 의미로 사용한다. 일반적인 의미의 의식, 즉 인지능력은 인간만이 갖는 것이 아니고 생명 일반이 갖고 있다. 뒤에서 보겠지만 인지과정은 생명과정과 구분할 수 없으며 생명과정의 고유한 특질이다. 그래서 생명과정은 곧 인지과정이라고 말할

16. 같은 책, 61쪽.

수 있다. 하지만 피드백 구조를 갖춘 이 자기의식, 즉 유적 의식은 생명 일반의 인지 능력이 아니다. 이것은 언어적 생물체계인 신경계의 고도한 발전을 요구하며 나아가 사회적 언어의 구축과 언어사회의 형성을 통해 가능해진다. 언어생활에 의해 매개되는 생산활동은 생명의 지속과 생성 과정이 더 큰 자유도를 갖게 됨을 의미한다. 이것은 반복을 넘는 새로운 세계의 생산과 새로운 삶의 생산을 가능케 한다.[17]

쥐스트 드 쥐스트, 〈인간 피라미드〉, 1540~1550

과학은 언어에 의해 구축되는 인간적 의식활동의 하나이다. 과학적 앎은 인간 유기체가 환경과 맺는 감각작용적 상관관계에 기초한다. 그것은, 인간 유기체가 환경과 맺는 구조접속과정에서 표현하는 인지적 자기생성의 산물이다. 그런데 인간의 앎은 그 자체가 사회적 앎이다. 왜냐하면 인간유기체의 개체발생은 개체와 환경의 직접적 관계를 통해 이루어지지 않고 3차 등급의 개체를 이루면서 산출하는 공동개체발생적 그물체 안에서 이루어지기 때문이다.[18] 그렇기 때문에 과학은 사회적 존재로

17. 계급사회에서 이 새로운 평면, 자유도의 평면의 창출 과정은 잉여 혹은 잉여가치 생산으로 물화되어 아이러니하게도 생산자의 자유에 대한 더 큰 억압, 더 큰 부자유의 평면의 창출로 귀결된다.

18. 움베르또 마뚜라나·프란시스코 바렐라, 『앎의 나무』, 최호영 옮김, 갈무리, 2007, 217쪽.

서의 인간이 환경과 구조접속하는 과정에서 사회적 행동을 조정하기 위해 수행하는 공동개체발생적 언어적 의사소통 행동의 한 형태라고 할 수 있다. 여기서 언어는 공동개체발생관계를 확장시킴으로써 물질적 필연성으로부터 더 많은 자유를 달성하기 위한 장치로 기능한다. 즉 언어적 영역의 발전은 사회적 인간의 자유 가능성을 확대시킨다.

그러나 인간 사회가 적대에 의해 관통되고 인간의 의식이 지배계급의 의식으로 될 때 이 관계는 전도된다. 거듭 말하거니와 생명은 물질계(생명계도 한 측면에서는 그 물질계의 일부이다)로부터 에너지를 섭취함으로써만 자기생성과 자기조직을 지속할 수 있다. 그리고 새로운 생활양식의 생산은 물질적 생명활동을 대상으로 삼는 자유로운 의식의 작용에 의해 가능해진다. 그런데 오늘날 권력은 생명체들의 이 에너지 요구에 인위적인 제한을 가하고 의식의 자유로운 진화에 경제적·정치적 법적인 울타리들을 설치함으로써 생명체들의 자유로운 진화를 저지하고 생명체들을 자신의 지배필요에 종속시킨다. 맑스가 '자본주의적 생산관계가 사회적 생산력을 질곡에 빠뜨린다'고 말할 때 지시하는 바가 바로 이것이다. 그 결과 생명생산 활동으로서의 노동은 자유의 생산이 아니라 소외의 생산으로 된다. 그리하여 인간이 의식적인 존재로 되면 될수록 인간의 생명활동은 자유로운 활동이기는커녕 단순한 생명활동으로조차 되지 못하고 심지어는 타인의 생존을 위한 하나의 도구로 추락해 버린다. 이렇게 됨으로써 생명활동은 자기조직적이고 자기생성적인 성격을 잃고 죽음으로 바싹 가까이 다가간다. 이 과정은 언어적 행동의 성격도 변화시킨다. 공동개체발생적 생명활동의 매개로서 탄생한 언어활동이 타인의 강요에 의해 수행되게 될 때 그것은 가능한 자유의 영역을 축소하고 물질적 필연성에 언어를 종속시킨다. 이럴 때 공동체 구성원들의 특이한 언어적 역량은 축소되고 개체들은 체계에 종속된다. 이것은 인간들의 사회체를 곤충들의 사회체에, 나아가 단순한 유기체에 접근시키는 결과를 가져온다.

오늘날 생명과학이 그러한 위치에 놓여 있다. 산업과 자본에 포섭된 생명과학은 생명체의 자기생성적 욕망보다는 생명체를 이용하여 축적을 하려는 자본의 필요에 의해 이끌린다. 과학적 앎은 결코 중립적인 것이 아니다. 모든 인식은 관찰자의 물음에 의해 영향을 받는다. 인식은 특정 맥락에서 효과적인 행동에 대한 관찰이며 이 특정맥락이란 관찰자가 직접적으로 혹은 간접적으로 던진 물음에 따라 규정되기 때문이다.[19] 그런데 인식 주체가 인간 자신이 아니라 자본으로 된 상황에서는 자본의 이해관심사가 그 맥락을 규정하게 된다. 생명과학이 자본에 포섭되어 있는 오늘날의 조건에서는 이해관계에 따라 자본이 제기한 물음이 생명과학을 규정하게 되고 생명과학자는 그 물음에 유의미한 것만을 과학적 사실로 인식하게 된다. 이것은 무엇을 의미하는가? 과학과 철학의 일치는 말할 것도 없고 그것들의 협력조차 어려운 위기에 직면해 있다. 이 위기는 베르그손이 느낀 것보다 한층 더 심각한 것이다. 베르그손은 과학이 속한 인간적 유용성을 인간 일반의 유용성으로 고찰했다. 그는 생명이 물질이라는 장애물을 넘어서야 함을 알고 있었지만 생명을 직접적으로 포획하려는 자본이라는 장애물을 넘어서야 한다는 사실에는 별다른 관심을 갖지 않았다. 적대가 생명계를 가로지를 때 철학은 무엇을 할 수 있는가? 또 무엇을 해야 하는가? 그것이 무사심할 수 있는가? 여기서 자기의식적이고 일반적인 의식능력으로서의 철학이, 생명의 자유로운 실현을 가로막는 비물질적 장애물로서의 자본관계를 극복해 나가는 정치활동과 결합될 필요성이 제기된다. 이것이 생명에 대한 정치철학적 접근의 필

19. 같은 책, 195쪽.

요성이다. 생명에 대한 정치철학적 접근은 생명에 대한 과학적 접근이나 철학적 접근으로 환원될 수 없는 독자성을 가지면서도 이 서로 다른 접근법들이 실제로 협력할 수 있는 가능조건을 탐구하는 역할까지 부여받는다.

생명의 물질화와 생명에 대한 착취

생명과학의 자본주의적 이용이 생명과학에 남긴 그림자 중에서 가장 치명적인 것은 생명현상을 물질현상과 동일한 것으로 간주하는 것이다. 다시 말해 생명의 고유성을 삭제하는 것이다. 이렇게 함으로써 생명현상을 물질의 논리에 따라 해석하는 것이다. 생명현상을 물질현상과 동일시할 때 생물은 운동하는 물체로 나타난다. 우선 생명이 생명체로 환원되고 다시 생명체는 외부의 자극에 대한 반응으로 운동을 하는 물질적 존재로 나타난다. 예를 들어 식물은 두 가지 유형의 운동을 한다. 세포분열을 통한 생장운동이 식물의 대표적 운동이다. 일부의 세포가 자극을 받아 다른 부분의 조직세포보다 빨리 생장하는 굴신[성]운동은 생장운동의 하나이다. 열이나 빛 등의 자극으로 일부 조직세포의 팽압이 달라져 나타나는 팽압운동은 다른 하나이다. 식물의 기공이 낮에는 열리고 밤에는 닫힌다거나 미모사 잎이 자극에 반응하여 오므라드는 것 등이 그 예이다.

식물과 달리 감각기관, 신경계, 운동기관을 갖춘 동물의 운동運動은 근수축의 형태로 자극에 반응한다. 과학의 시선이 동물의 운동을 다루는 방식은 사전적으로는 다음과 같이 표현된다.

생물의 운동에는 반사운동과 수의운동이 있다. 반사 운동은 그 명령이 대뇌 피질 이외의 중추 부위에서 나오는 것으로, 이는 감각기에서 나온 정보가 대뇌 피질의 운동령을 경유하지 않고 운동 신경에 보내짐으로써 일어난다. 그래서 감각기에서 나온 구심성 흥분 전파가 뇌의 어느 부분에서 되돌아 나와 원심성 운동 신경로에 단락하는지에 따라 반사 운동을 분류할 수도 있다. 가장 짧은 경로를 취하는 것은 척수의 회백질에서 돌아 나오는 척수 반사이다. 많이 알려진 슬개건膝蓋腱 반사는 그 대표적인 것으로, 그 밖에 근육을 당기면 강한 수축을 일으키는 신장伸張 반사, 복부를 쓰다듬으면 복직근腹直筋이 수축하는 복벽腹壁 반사, 수면 중에 발바닥을 건드리면 엄지발가락을 뒤로 젖히는 바빈스키 반사 등 여러 가지가 있다. 감각기에서 온 정보가 연수까지 갔다가 되돌아오는 것이 연수 반사로, 여러 가지 자세 반사가 있다. 예를 들어 머리를 왼쪽으로 돌리면 왼쪽 팔과 다리가 강하게 뻗쳐지고, 오른쪽 팔과 다리는 강하게 구부러진다. 또 반대로 머리를 오른쪽으로 돌리면 그 반대 운동이 일어나는 긴장성 목반사 등이 있다. 고양이를 거꾸로 해서 떨어뜨리면 공중에서 몸을 회전시켜 바른 자세로 착지하는데, 이것을 직립 반사라고 한다. 직립 반사를 위해서는 중뇌 또는 간뇌가 건강한 존재가 필요하다.[20]

과학의 시선을 채택한 근대의 자본은 동물의 하나인 인간 생명체의 이와 같은 물리적 운동을 착취한다. 자본이 포획하는 인간의 노동은 생명력을 물리적 운동력으로 환원할 때 나타나는 것이다. 개별 자본들은 사회적 분업에 따라 공장에 집결된 노동력의 합력과 협력(즉 국지적인 사회적 노동력)을 물리적 시간에 따라 운동하게 함으로써 대상화된 상품을

20. "운동 (생물)", 〈위키피디아〉, http://ko.wikipedia.org/wiki/운동_(생물).

생산했다. 생산수단의 부르주아적 사적 소유라는 조건하에서 노동이 생산하는 대상 곧 노동의 생산물은 낯선 존재로서, 생산자와 무관한 권력으로서 노동과 맞섰다. 노동의 생산물이 하나의 대상 속에 고정되고 객관화된 노동으로 되는 것이 노동의 대상화이다.[21] 맑스는, 이렇게 노동의 현실화가 노동의 대상화로 되는 산업자본주의적 소외과정을 자신의 비판의 주요한 표적으로 삼았다. 이때 자본은, 노동이 대상화되는 시간을 필요노동시간과 잉여노동시간으로 분할하여 착취하는 힘으로 나타난다. 이때도 노동력은 개별성과 국지성을 넘어 사회화되는 경향이 있었다. 즉 노동이 사회적 시간의 표현으로 되는 경향이 있었다. 하지만, 그 경향은 시장이라는 회로를 따라 상품이 유통하면서 발생하는 평균화에 의해 추상적으로만 실현되었다.

노동력의 물리적 운동은 기계로 대체할 수 있는 성질의 것이다. 심지어 그것의 질인 솜씨조차도 기계화될 수 있는 것이다. 자본주의의 발전과정에서 노동자가 기계로 광범위하게 대체되는 현상은 이러한 조건 때문에 발생한다. 그런데 탈근대의 자본은 노동력의 물리적 운동과 물리적 시간의 착취에만 의존하지 않는다. 탈근대의 자본은 인지화된 노동력과 모든 노동의 인지화를 자신의 발전의 동력으로 삼는다.[22] 이를 위해 자본은, 지난 세기에 이루어진 물리학, 화학, 전기학, 전자학의 발전은 물론이고 생명과학의 성과까지 생산과정에 직접적으로 이용한다. 지난 세기에 생명과학의 가장 큰 관심은, 마치 물리학자들이 물질의 최소구성체를 찾으려 한 것과 마찬가지로, 생명의 최소구성체를 찾고 그것의 구조를 파악하는 것에 두어져 있었다. 유전자라 불리는 것이 그것이다. 유전자

---

21. 칼 맑스, 앞의 책, 56쪽.
22. 이러한 과정과 그것의 정치문화적 의미에 대해서는 조정환, 앞의 책, 3장 「인지자본주의로의 이행」(55~94쪽) 참조.

를 찾기 위한 과학적 탐험과정은 자본에 봉사하는 인지노동의 하나로 이루어졌다. 그 결과 그것은 생명의 고유성을 부정하고 생명을 생명체, 즉 물질화된 생명현상과 동일시하는 인식론적 왜곡을 가져왔다.

빌리 바우마이스터, 〈나선형 느낌의 기계 인간〉, 1930

과학의 이 경쟁적 연구과정에서 효과적인 인지적 발견이 없었던 것은 아니다. 이 발견들에 따르면, 유전자는 염색체의 특정한 위치에 자리 잡고 있다(모건). 유전자는 하나의 효소를 지정하여 생성하며(조지 웰스 비들과 에드워드 로리 테이툼) 유전자 정보는 DNA에 있다(오즈월드 에이버리, 콜린 먼로 매클라우드, 매클라인 매카시). 하나의 유전자가 하나의 효소를 지정하여 생성하는 것은, 실제로는, DNA의 염기서열에 의한 것이다(제임스 D. 왓슨과 프랜시스 크릭). 이런 발견들을 통해 과학은 DNA의 구조를 설명하고 유전자 서열을 판독하여(월터 피어스의 연구팀) 그것의 전체 서열인 게놈 지도를 그려내기에 이르렀다. 2007년 8월 햅맵 프로젝트는 마침내 인간의 게놈 지도를 판독하였고 이듬해에는 개체차를 반영한 인간의 게놈 판독지도가 발표되었다. 이러한 성과들은 생명현상을 물질현상과 동일시함으로써 얻은 성과이다. 이런 생물학적 '발견'의 과정은 생명체를 물질에 기초한 하나의 정보기계로 환원함으로써 달성되었다. 이 환원의 방법에서 생명은 유전적 정보기계의 속성으로 이해된다. 그 결과 생명력을 착취하는 오늘날의 자본주의는 정보를 착취의 주요 기반으로 삼는 인지자본주의의 형태를 취한다.

하지만 이러한 성과들은 인간을 생명에 대한 살아 있는 의식에서 멀리 분리시켰다. 생명이, 내부에서가 아니라 철저하게 외부에서 인식되는 인식틀이 공고하게 다듬어졌기 때문이다. 나중에 살펴보겠지만, 베르그손적 관점에서 볼 때에는, 유전물질인 DNA와 그 가운데서의 정보저장 부분인 유전자들은 생명의 최소구성체가 아니라, 생명체가 생명의 지속의 잠재력을 실현하기 위해 취하는 기억장치들에 불과하다. 생명과학은 이 장치를 실체화할 뿐만 아니라 생명의 결정적 구성요소로 서술함으로써 결국 생명을 다룰 수 없게 된다. 이런 상황에서 필요한 정치철학적 생명접근의 길을 열기 위해, 이러한 상황을 진지하게 문제 삼고 있는 몇 가지 분석과 탐구의 방향들에 대한 검토를 통해 나아가 보도록 하자.

생명착취시대의 가치론

지금까지 서술했듯이 생명과학의 자본주의적 발전과 생명에 대한 인지과학적 접근은 생명에 대한 정보기계론적 관점을 대대적으로 부흥시키고 그것의 승리를 돌이키기 어려운 것으로 만들어 놓았다. 신체기계로서의 고전적 생명체기계인 노동자를 착취하던 산업은 이제 정보기계인 새로운 생명체기계를 착취할 수 있게 된다. 이러한 상황 속에서, 자본이 과학과 동맹하여 생명체 기계의 운동을 착취하고 이를 통해 '생명력 자체를 착취할 수 있게 된 [이] 시대'를 어떻게 이해할 것이냐는 중요한 문제가 등장한다.[23] 이 문제를 풀기 위해 이진경은 '만약 생명산업이 장기이

---

23. 이 물음은, 이진경, 「생명의 잉여가치와 정치경제학 비판」(『문학동네』 65호, 2010 겨울, 408쪽)에서 제기된다. 앞서 언급한 나의 책 『인지자본주의』는 이러한 문제제기와의 공감 속에서 나름의 해(解)를 찾기 위한 노력의 표현이다.

식용 돼지[이것이 복제인간이라고 해도 좋다]의 신장을 상품화하는 데 성공한다면 그 신장의 판매를 통해 얻는 잉여가치는 누가 생산한 것일까?'라는 정치경제학적 문제를 설정한다. 이것은 가정된 문제이지만 현실적인 의미를 갖는 문제이기도 하다. 생물학적으로 보면 이식용 신장을 만들어 낸 것은 돼지이다. 그런데 정치경제학적으로 보면, 잉여가치를 생산한 것은 복제노동을 한 과학자와 양육노동을 한 노동자이며 그것을 수취하는 것은 자본가이다. 이진경은 이러한 상황으로부터, "그러나 이러한 결론을 쉽게 납득할 수 있을까? 결코 쉽지 않을 것 같다. 만약 그렇다고 말한다면 정치경제학은 이제 착취에 저항하는 이론적 사유가 아니라 복제인간의 착취를 은폐하는 이데올로기가 된 것이 아닌가 의심해야 하지 않을까? … 정치경제학과 노동가치론의 근본적인 개념들을 그대로 유지하려고 한다면 이 모든 사태에 대해 해명하거나 분석하기를 포기해야 한다. 정작 문제가 되는 것은 돼지나 복제인간의 착취임에도, 정치경제학은 복제인간을 클로닝하고 키운 사람들과 자본가 사이의 관계만을 보고 있을 뿐이기 때문이다."[24]라는 문제점을 도출한다. 그로부터 그는, "생명과 관련된 한, 생산과 가치, 착취와 소유에 대한 관념들 전체를 바꾸지 않으면 안 된다."는 하나의 풀이 방향을 제시한다. 이러한 방향제시는, 생명산업의 생산물이 "그것에 관여된 생명체들의 공동생산물임을, 따라서 고유재산임을 주장하는 쪽을 따라가야 하지 않을까? 그 모든 종자에 대해 모든 생명체가 자유롭게 사용할 수 있는 권리가 있음을 명확히 해야 하지 않을까?"[25]라는 물음에 기초하며, 다음과 같은 비판적 결론을 낳는다.

'자연적인 것' '날것'의 생명체와의 관계 또한 마찬가지다. 생명체들은 그

24. 이진경, 앞의 책, 409쪽.
25. 같은 책, 423쪽.

자신 안에서, 그리고 그것을 둘러싼 이웃한 생명체들과 서로 무언가를 주고받는다. 가치나 화폐가 개입되지 않은 순환 속에서 서로 공유한 것을 주고받는다. 인간이 화폐를 지불하지 않고 사용할 수 있는 것은 이런 순환적 관계의 공동성 속에서일 것이다. 종자회사가 그랬던 것처럼, 인간이 자신들이 생산한 것만이 가치를 갖는다고 주장한다면, 그 순환적 공동체에서 스스로를 분리한 이상 그것에 대한 '대가'를 지불해야 한다. 그러한 대가를 지불하지 않는 한, 그것은 명백히 '착취'라고 해야 한다. 생명력이 만들어 내는 어떤 생산물의 경제적 영유, 그것은 그 영유에 관여한 노동자를 착취한 것 이전에 무엇보다도 직접적인 이용대상인 그 생명체의 생명력을 착취한 것이다. 그러한 잉여가치의 착취를 일반화하려는 생명공학기업의 모든 시도에 대해, 인간의 손이 닿은 것을 손대지 않은 '날것'의 '원시적인' 유전자원과 대비하여 구하려는 시도는, 생명력 자체를 착취하는 것으로 확대된 자본의 권력에 대해 어떤 저항도, 어떠한 비판도 수행할 수 없을 것이다.[26]

이진경은 이렇게 자연적인 것과 날것의 생명체들이 순환적 관계의 공동성 속에서 가치를 창출한다는 것을 암시한 이후에 이 논리의 연장선상에서, "인간만이 아니라 토지도, 자연도 잉여가치를 생산한다."[27]는 주장을 제시하면서 맑스의 지대론이 이 주장을 뒷받침한다고 말한다. 어떻게 맑스의 지대론이 이 주장을 뒷받침하는 것으로 사용될까? 이진경에 따르면, 절대지대는 토지에 대한 독점적 소유권을 근거로 지대를 수취하는 것이고, 독점적 권리가 사라지면 평균화되거나 소멸하는 것이다. 그러므로 절대지대는, 자연이 생산한 잉여가치가 아니다. 이와 달리 상대지대는

26. 같은 책, 424쪽.
27. 같은 책, 426쪽.

토지의 비옥도 차이에 의해 생산된 잉여가치를 착취한 것이다. 그러므로 이 잉여가치는 경작자인 인간이 아니라 토지, 즉 자연이 생산한 것이다. 그에 따르면 이것은 생명공학과 생명산업에도 응용할 수 있다.

> 앞서 경작자의 예뿐 아니라 생명산업에서도 절대지대는 소유자가 노동한 사람의 잉여노동을 착취한 것이다. 반면 차액지대는 소유자가 자연의 추가적 생산물을 영유하는 것이므로 자연을 착취하는 것이다. 따라서 착취라는 개념이 단지 자본가와 노동자 사이에만 존재하는 게 아니라 중층적임을 확인할 필요가 있다. 생명산업에서 자본가는 자신의 기업에 고용된 노동자들, 유전자 조작을 하고 세포주를 배양하는 노동자들을 착취한다. 그러나 그것은 '생명'산업만이 아니라 산업 일반, 자본 일반에 공통된 것이며, 생명공학이 만들어낸 특별한 잉여가치와는 무관하다. 생명공학에 의해 영유하는 특별한 이득인 차액지대는 자연을, 자연의 생명력을 착취하여 얻어진 것이다. 물론 여기에 특허권을 이용한 절대지대가 부가된다. 이는 자연이 아니라 그 상품을 구매하는 인간을 착취하는 것이다.[28]

이러한 논거 위에서 그는 맑스의 지대론이 "비록 농지와 물방앗간이라는 더없이 소박한 사례를 통해 포착한 것이지만, 현재는 물론 미래의 생명산업 전체를 '가치화과정'Verwertungsprozeß(가치증식과정) 속에서 분석할 수 있는 기본적인 개념을 제공한다."고 생각하게 된다. 그리하여 그는, "지대론은 생명체는 말할 것도 없고, 토지와 같은 생명 없는 자연물 또한 단지 유용성이나 사용가치뿐 아니라 가치를 생산한다는 것을 명확하게 해명

---

28. 같은 책, 427쪽.

1919년 소비에트 선전 포스터. "자본주의를 죽이든지 자본주의에 짓밟혀 죽든지."

해준다. 이 점에서 지대론은 인간만이 가치를 생산한다는 노동가치론의 휴머니즘에 반하여, 자연의 생산을, 그것이 생산하는 잉여가치를, 그리고 자연에 대한 자본의 착취를 분석할 수 있는 지반을 제공한다."[29] 고 생각하게 된다. 이러한 단언으로부터, 자신의 신체적 자유에 대한 권리로서의 신체권, 혹은 생명을 지속할 권리로서의 생명권에 대한 요구와 이를 방어하고 실현하기 위한 투쟁의 필요성이라는 대안들이 도출되는 것도 주목할 점이다.

이상의 논리와 주장이 갖는 문제점과 난점을 살펴보면서 다른 이론적 가능성을 모색해 보자.

첫째, 생명산업의 등장에서 새로운 것은 생명체가 착취[수탈]의 대상으로 등장한다는 사실에 있지 않다. 초기 자본주의에서 양모산업을 위해 털이 깎였던 양이나 가구산업을 위해 줄기를 절단당했던 나무는, 장기를 절단당하는 생명산업의 돼지와 동일하게 산업의 대상이 되었던 생명체들이기 때문이다. 자본주의는 그 시작부터 동물 혹은 비인간 자연물을 무상으로 수탈해 왔다. 인간 노동력에 대한 착취 역시 생명과 자연에 대한 수탈의 연장선상에서 발생한다. 생명체인 인간 노동력의 생산물

29. 같은 책, 427쪽.

중의 불불不拂 부분을 자본이 무상으로 가져가기 때문이다. 그러므로 생명산업에서 생명체가 수탈된다는 사실 자체를 새로운 현상으로 보면서 그것으로부터 근대 정치경제학이 직면한 위기나 그것의 한계를 도출하는 것은 적절치 않다. 생명산업은, 생명과학자들의 인지노동을 지렛대로 하여, 더 이상 지속시간에 따라 분할할 수 없는, 생명체들의 연결망과 그것의 인지활동을 사유화하고 착취한다는 점에 새로움이 있다. 근대 정치경제학이 한계에 직면하는 것은 이 지점이다. 넓게 보면 정치경제학은 시작부터 위기와 한계를 함축한 채로 출발했으며 부르주아적 계급투쟁을 통해 그 위기의 폭발을 봉쇄하면서 그것을 파국이 아닌 위기로 재생산해 왔다고 말할 수도 있다. 하지만 위기는 동일하게 반복되지 않는다. 생명산업의 발전과 맞물려 진행되는 노동의 가속적 인지화와 공통된 인지적 생명활동에 대한 착취는 그 위기를 심화시킬 뿐만 아니라 질적으로 변경한다. 뒤에서 살펴보겠지만 마뚜라나와 바렐라에 따르면, 생명활동은 곧 인지활동이다. 많은 경우에 생명활동에 대한 착취와 수탈은 인지에 대한 소유권 주장, 즉 지적재산권을 통해 관철된다. 그런데 지적재산권은, 상품교환에 기초한 근대의 경제관계에 의해 어느 정도는 설명되는 물적 재산권에 비해 훨씬 납득하기 어려운 소유권이다. 그래서 그것은, 물적 재산권보다도 더 많이 정치적 강제력에 의존하지 않을 수 없다. 교환관계로는 인지노동을 충분히 이용할 수 없게 된 자본이, 예컨대 테러에 대한 전쟁에서처럼, 명령/복종 관계에 더 많이 호소하게 되는 것은 이 때문이다. 하지만 생명과 노동의 상시적으로 가능한 불복종의 가능성과 그것의 분출이 위기를 항상화시킨다는 데에 자본이 겪는 지배의 어려움이 있고 자본의 과학인 정치경제학이 합리성을 획득할 수 없는 어려움이 있다. 고전 정치경제학은 현대의 경제현실을 더 이상 설명할 수 없고 신자유주의 경제학은 일반적 환상장치로 기능하고 있다. 이러한 현실에서 정치경제학 비판이 혁신 없이 기능할 수 있으리라고 기대하기는 어렵다.

둘째, 이미 말한 것처럼 자본은 인간의 노동을 착취할 뿐만 아니라 자연도 '착취'하는데 이것은 이진경의 생각처럼 새로운 것이 아니라 오래된 것이다. 그런데 자본은 노동을 착취하듯이 자연을 '착취'하는 것이 아니다. 두 가지는 구별된다. 전자는 고용관계를 매개로 한 생산과정에서 발생함에 반해 후자는 고용관계와는 무관하게 발생한다. 전자는 교환관계를 매개로 이루어짐에 반해 후자는, 교환관계를 필수적으로 요구하는 것이 아니다. 전자는 가치에 대한 수취이지만 후자는 가치일 수도 있고 사용가치일 수도 있다. 맑스는 전자에 대해서는 exploitation(착취)이라는 용어를, 후자에 대해서는 expropriation(수탈)이라는 용어를 사용했다. 맑스의 이 용법에 충실하려면 자본은 자연을 '수탈'한다고 말하는 것이 옳다. 그런데 이진경은 자본이 자연을 (수탈하는 것이 아니라) '착취'한다고 주장하기 위해 "자연이 [사용가치만이 아니라 — 인용자] 가치를 생산한다."는 것을 입증하려고 한다. 자연이 가치를 생산한다는 생각이 정당화될 수 있을까? 맑스는, 비인간인 자연은 사용가치를 생산하지만 가치를 생산하지는 않는다고 보았다. 비인간인 자연물이 가치를 갖는 경우는, 그것이 노동생산물이기 때문이지 자연이 가치를 생산하기 때문이 아니다.

그런데 이진경은, 자연이 착취된다는 사실을 입증하기 위해, 자연이 (자본에 의해) 착취될 가치를 생산한다는 것을 증명하려고 하며 맑스의 차액지대론을, 그것을 입증해 줄 논거로 사용한다. 하지만 맑스의 차액지대론은 토지가 가치를 생산한다는 주장을 뒷받침하기 위해 만들어진 것이 아니라 정확히 그것의 반대를 위해, 즉 토지는 가치를 생산하지 않는다는 생각을 뒷받침하기 위해 만들어진 것이다. 맑스의 생각을 이처럼 정반대로 차용했음에도 불구하고, 비옥도가 높은 토지에서는 비옥도가 낮은 토지에 비해 더 많은 생산물이 생산되고 그 더 많은 생산량이 직접적으로 지대로 전환된다는 이진경의 단순한 정치경제학적 가정 때문에 그러한 차용이 마치 문제가 없는 것처럼 여겨지게 된다. 만약 농업생산이 자본주의적-부르주아적 생산이 아니라 소소유자적 생산인 경우라면 그러한 경우를 가정해 볼 수 있을지 모르겠다. 하지만 이때조차도 생산량의 차이가 곧바로 지대로 계산되는 것은 아니다. 게다가 시장유통을 매개로 해서 가치가 실현되는 부르주아적 농업생산에서는 비옥도 차이와 연관된 생산량의 차이가 곧바로 지대로 전환되는 일은 발생하지 않는다. 우선 농업생산물도, 여타의 상품들과 마찬가지로, 가치가 실현되려면 가격들(비용가격, 생산가격, 시장가격 등)로 전환되는 변형과정을 거치지 않으면 안 된다. 지대는 실현된 가치가 소득으로 전화되는 것이다. 임금은 다르지만, 다양한 유형의 자본가들의 소득들(이윤, 지대, 이자)은 가치의 실현 없이는 획득되지 않는다. 비옥도 차이가 가져오는 생산량의 차이를 곧바로 (차액)지대의 원인으로 계산하는 것은 자본주의적 유통과정 전체를 삭제함으로써 발생하는 오인이다. 차액지대는, 비옥도 차이가 가져오는 생산량의 차이에서 직접 발생하는 것이 아니라 해당 토지에서 생산된 가치와 평균이윤과의 차이에서 발생하는 것이다. 차액지대가 발생하려면 비옥도의 차이만으로는 부족하고 다른 조건들이 충족되어야 한다. 우선 역사적 조건으로서는, 절대지대에서처럼, 토지소유가 소수 지주들의 수중에 독점되어 있어야 한다.[30] 기술적 조건으로서는, 농업에서의

---

30. 이진경이 '생명에 의해 생산된 가치가 착취된다'고 생각하는 문제는, 그가 복제인간이나 무어의 사례를 드는 것에서 확인되듯, 실제로는 생명과학 및 생명공학의 특허권 문제이다. 특허라는 지적소유권에 의한 착취는, 공동영유물이어야 할 지식(이것은 비물질적이고 인지적인 토지로 간주할 수 있다)에 대한 소수의 소유독점에서 발생하는 것이기 때문에, 그 성격에서는 차액지대보다는 절대지대에 더 가깝다. 물론 모든 인지적 착취가 절대지대인 것은 아니다. 이 점에 대해서는 조정환, 『인지자본주의』, 138~142쪽 참조.

유기적 구성(기술집약도)이 공업에 비해 낮아 단위자본 당 더 많은 가치가 농업부문에서 생산되어야 한다. 정치경제적 조건으로서는, 토지소유의 독점이 자본이동을 제한함으로써 농업과 공업의 유기적 구성의 차이를 평균화시키지 않게 하는 장애로 작용해야 한다. 이 조건들이 서로 공동작용할 때에만 비옥도 차이가 낳는 생산량 차이가 비로소 차액지대를 낳는 조건으로 전화될 수 있다. 그렇지만 이런 조건의 공동작용 속에서 나오는 그 차액지대는, 토지(자연)가 생산한 것이 결코 아니다. 두 번째의 기술적 조건에서 서술되었듯이, 그것은, 인간의 농업노동에 의해 생산된 것이다.[31] 요컨대 자연이나 생명은 그 자체로 가치를 생산하지 않는다. 그러므로 토지도 가치를 생산하지 않는다. 그럼에도 그것들이 가치론적 의미를 갖는다면 그것은, 인간중심적으로 구축된 현재적 가치체제를 변형하도록, 즉 다른 가치체제로 나아가도록 촉구하는 힘으로서일 것이다.

셋째, 토지나 생물과 같은 자연물이 가치생산에 노동과 동등하게 참가한다는 잘못된 인식은, 신체권이나 생명권과 같은 권리 주장을 대안으로 내세우게 하는 지적 원인으로 작용한다. 현행의 가치 맥락에서 권리는 생산된 것에 대한 분배의 문제를 다투는 것이다. 이것은, "순환적 공동체에서 스스로를 분리한 이상 그것에 대한 '대가'를 지불해야 하며 대가를 지불하지 않는 한 착취라고 해야 한다"[32]는 생각과 연결되어 있다. 하지만 생명체는 물질로부터 에너지를 흡수하지 않고는 성립할 수 없으며 생명은 바로 물질 에너지를 흡수하여 자기생성하는 힘에 붙인 이름이다. 생명체도 물질세계 속으로 뭔가를 배설하지만 그것이 물질계로부터 흡수한 것에 대한 '대가' 제공행위는 결코 아니다. 생명은 물질과 '교류'(대사

31. 지대 문제와 그것의 현대적 의미에 대한 좀 더 상세한 서술로는 조정환, 같은 책, 123~142쪽 참조.
32. 이진경, 앞의 책, 424쪽.

작용)를 하지만 어떤 '교환'도 하지 않는다.[33] 그런데 생명체도 물체의 형태로 파악되는 한에서는 물질이지 생명 자체는 아니다. 생명이 흡수할 물질에너지가 생명체에서 오는가, 비생명체에서 오는가는 생명의 진화적 선택에 의해 결정되고 있다. 식물은 흡수와 합성의 방식으로 물질에너지를 축적하지만, 초식이건 육식이건 동물들은 모두 어느 정도는 물질로서의 생명체를 섭취한다. 요컨대 동식물을 가리지 않고 생명 자체는 물질에너지의 섭취를 생존근거이자 생존논리로 삼는다. 이런 점을 고려할 때, 동물에게 섭취되는 그 생명체(그것이 비생명 물체일 수도 있을 것이다)에게 가치론적으로 이해된 '대가'代價를 제공했는가, 제공하지 않았는가를 정당성 기준으로 삼는 것이 과연 합당한가? 생명의 섭취행위와 물질대사는, 대가를 주고받는 식으로 이루어지는, 물질과의 교환행위가 아니다. 그것은 보존하고 진화하려는 생명의 충동에서 비롯되는 행위이다. 이런 한에서, 이 관계에 원리적으로 타당한 내재적 기준이 있을 수 있다면, 그것은, '그 행위가 생명의 보존과 진화를 가능케 하는가 아닌가'라는 기준일 것이다.

대가를 지불하지 않는 것이 문제가 아니라면, 오늘날 자본의 생명수탈의 문제점이 무엇일까? 가치생산과 가치교환의 논리는 노동을 척도로 삼았으며 화폐를 공통어로 만들었다. 이것은 생산수단과 생산자의 분리를 조건으로 작동하는 메커니즘이었다. 그런데 정보기계로서의 생명체는 생명[생산]수단으로부터 분리할 수 없다. 그렇기 때문에 생명체들의 직접적 교류과정에서는 생산수단과 생산자의 분리관계에서 파생된 자본이 필수불가결한 요소가 아니다. 그래서 자본은, 생명체가 생산하는 가치를

---

33. 자본주의적 '교환'(Austausch)은 등가성을 전제한다는 점에서 등가성을 전제하지 않은 사회적 '교류'(Verkehr)와는 구분된다. 본래 후자는 공동체 내부의 공동체적 관계에, 후자는 공동체들 사이에서의 사회적 관계에 기초를 둔다.

착취하기 위해, 생명체들의 교류과정에 직접 개입하기보다 그것들의 공통된 생산물을 자본주의적 명령과 포획의 과정에 종속시키는 방법을 선택한다. 이것이 오늘날 노동가치 척도를 위기에 빠뜨리고 무력화하는 조건이다. 그리고 이것은 생명의 자기생성적 진화를 저해하고 생명 개체, 생명 종, 생태계를 파괴하는 파국적 결과를 가져오고 있다. 생물종들의 빠른 멸종으로 인한 생물 다양성의 상실, 기후온난화와 생태의 위기, 그리고 생명 개체들이 겪는 나날의 고통 등은 그것의 현상 형태이다. 문제는 여기에 있다. 이러한 상황에서 노동가치론 대신에 (혹은 그것과 더불어) 자연가치론을 제기하는 것이 유의미한가? 자본주의적 생명수탈관계를 대체할 다른 관계의 구현보다 신체권이나 생명권과 같은 자연의 권리들을 주장하는 것이 유효한 대안일 수 있는가? 그 어떤 가치론이건, 교환가치의 논리에 따라, 즉 가치화의 문법 속에서 현대 세계를 이해하는 한, 자본주의를 넘어설 수 없으며, 가치권리에 따라 문제의 해법을 제시하는 한, 부르주아적 체제의 게임룰을 재생산하게 된다.

넷째, 그러므로, 이와는 다른 게임룰을 발명하는 것이 필요하다. 그것은, 생명산업의 생산물이 생명체들의 공동생산물이라는 앞서의 직관에서 출발할 수 있다. 하지만 공동생산물이므로 공동분배가 필요하다는 식의 권리 주장으로 나아가는 것이 아니라 어떻게 공동생산과정을 착취관계에서 분리시킬 것인가, 어떻게 그 공동생산과정을 자기생성적이고 자율적인 생명원리에 충실할 수 있도록 만들 것인가의 문제로 제기되어야 한다. 이 대안은, 첫째로, 생명을 생명체로 환원하지 않는 사유방식을 필요로 한다. 생명체는 그 고유의 자기생성적 개체성을 갖지만 다른 한편에서는 지성과 과학이 설정한 생명의 단위이며 생명으로부터 절단해 낸 개체성이기도 하다. 오늘날 지구 전체를 자기생성하는 하나의 생명 개체로 파악하려는 관점(가이아 이론)이 점점 설득력을 얻어가고 있는 것은 개체성을 생명으로부터 절단해서 바라보는 관점의 한계 때문일 것이다. 둘째, 개개의 생명체는 물체이기 전에 연결망이다. 그렇기 때문에 생명의 공동생산과정을 꾸려나갈 공동체는 인간공동체를 넘는 (라투르적 의미의) 물物정치적 회집assembly 34일 수 있어야 하며 모든 생명체의 자기지배로서의 절대민주적 공통체일 수 있어야 한다. '생산자와 노동대상의 분할을 규정하는 휴머니즘적 전제들에 대해 근본적으로 다시 검토할 것을 요청한다.'는 이진경의 주장의 합리적 핵심은 여기에 있다.

〈텔레코뮤니스트들〉(Telekommunisten)은 정보의 정치경제학, 특히 인터넷과 소셜미디어의 발달 방식을 탐구하는 예술작업을 진행하는 단체이다. 『텔레코뮤니스트 선언』(갈무리, 2014)은 "저작권(copyright)의 핵심은 언제나 창작자를 착취하는 것"이라고 주장하면서 '카피파레프트'(copyfarleft)를 대안으로 제시한다. 위 그림은 이들이 2017년 2월 18일에 진행한 '텔레코뮤니스트 인터내셔널' 행사 홍보 포스터이다. "월드와이드웹의 노동자들이여 단결하라!"(WORKERS OF THE WWW UNITE!)

마지막 문제는 생명정치와 관련해 제기된다. 생명산업은 우선 생명의 물질화를 자극하고 그런 후에 그것의 사유화를 재촉한다. 법률, 행정, 사법 등의 국가장치들이, 생명을 일정한 가치회로를 따라 흐르도록 하는 운하로, 즉 착취와 수탈의 장치로 기능한다. 지적재산권은 그 장치의 주요한 작업기들 중의 하나이다. 이런 수단들을 통해 오늘날 권력은, 생명

34. 조정환, 앞의 책, 522쪽 참조.

체들과 생명 종들을 생산하고 통제하고 감시하는 생명권력으로 전화한다. 이것을 매개로 생명력, 생명에너지는 자본으로 축적되고 축적의 반복은 더 큰 명령을 부과할 수 있는 권력을 생산한다. 이 과정은 생명체들의 기존 망을 교란시키고 생태적 파국의 조건을 축적한다. 이렇게 생명권력이 생명의 물질화와 사유화를 꾀하면서 생명문제를 생명체의 문제로 환원하고 있는 현실에서 생명의 정치가 가능하다면, 그것은 공간적 생명체(의 권리)에 대한 사유에서 출발하기보다 대상화할 수 없는 시간의 힘으로서의 생명에 대한 사유를 복원하는 것에서 출발해야 할 것이다.

자연섭리적 생태주의의 목적론적 대응

생명권력은 생명을 대상화하고 기계화하고 사유私有함으로써 여러 생명 종들의 위기와 멸실을, 수많은 생명 개체들의 위기와 죽음을, 특히 인간의 사회적 삶의 위기와 파괴를 가져왔다. 이러한 상황에서 우리는, 생명에 대한 목적론적 접근이 부활하는 것을 발견할 수 있다. 목적론적 대응은 위와 아래 두 방향에서 나타난다. 위로부터의 목적론적 대응은 신자유주의를 신보수주의로 극단화하려는 시도로 나타난다. 네오콘과 테러에 대한 전쟁의 논리는 정의, 구원 등의 목적론적 논리를 전면에 내세운다. 21세기 벽두에 미국의 네오콘은 이른바 자유, 평등, 인권을 보편주의적 가치로 내세우면서 세계를, 이 가치들을 존중하는 선의 나라와 이 가치를 무시하는 악의 나라로 양분하고 악에 대한 전쟁을 선포했다. 이 선악 이분법 논리에서 전쟁에서의 승리는 구원에 이르는 길로 표상되었다. 네오콘만이 아니라 오바마의 미국까지도 전쟁을 이 목적론적 구원의 이미지에 따라 조직했다. 빈 라덴을 사살한 오바마는 "마침내 정의가 실현되었다."고 말한다. 이러한 구원론이 전쟁터를 신무기의 경연장이자 실험실로 만들고 기술과 기계를 구원의 무기로 삼는데, 여기서 기계론과 구원론의 노골적인 동맹이 확인된다.

이와는 다른, 아래로부터의 목적론적 대응도 있다. 그것은 생명의 산업화에 대한 저항 및 거부의 태도 속에서 나타난다. 산업화를 거부하는 목적론적 대응방식의 하나의 예는 다음과 같이 표현된다.

> 자연의 순리에 자신들의 삶의 욕구를 적응시키는 근본적으로 겸허한 태도와 감수성이야말로 지금 우리들에게 가장 절실히 요구되는 자질이다. 또, 그러한 감수성이야말로 모든 진정한 문학적 감수성의 본질일 것이다. 지금 보는 것처럼 오로지 기술의 힘에 의하여 위기를 해결하려고 한다든지, '안락을 위한 전체주의'를 유지하려고 한다든지 하는 것은 결국 인간성의 황폐화를 불가피한 귀결로 할 수밖에 없다는 사실을 심각히 생각하지 않으면 안 된다. 현대문명은 끊임없이 고치고 부수고 새로운 것을 만들어 내어 편리함과 효용성, 경제적 가치만이 현대문명이 섬기는 유일한 가치가 되었다. 이제 이러한 것에 대한 전면적·근원적 비판과 도전이 절실하다. 세계는 관리해야 하는 대상이 아니라 우리가 가만히 귀를 기울여야 할 존재다. 그것이 구원의 길이다. 모든 것을 일차원적인 유용성 속에서 평가하는 상황에서는 결국 자연도 황폐화되고, 인간도 타락할 수밖에 없다. 이제 '쓸모없는 것'을 기리고 찬미하는 정신적 공간을 확보할 필요가 있다. 이것은 인간이 과연 어떤 상황에서 가장 행복하고 자유로워질 수 있는가를 깊이 성찰하려는 노력과 결국 같은 것이다. 그동안 문명은 끊임없이 세계를 정복함으로써, 사회적 약자와 자연을 누르고 부려먹음으로써 행복의 크기를 증대시키려고 무작정 달려왔고, 그 결과는 지금과 같은 사회적·인간적·생태적 재앙으로 귀결되었다. 따라서

필요한 것은 근본적인 방향 전환이고, 그것을 위해서는 우리가 가지고 있는 상투적인 가정, 논리들을 철저히 뒤집지 않으면 안 된다. 지금 필요한 것은 '진보'가 아니라 개안開眼 혹은 회심回心이다. 그리고 이것이 불가능을 향한 문학의 도약대다.[35]

세계를 대상화하지 않고 그것에 귀 기울이기, '쓸모없는 것'을 기리고 찬미하는 정신적 공간을 확보하기, 효용성 가치로부터의 근본적 방향전환, '진보'가 아니라 개안開眼 혹은 회심回心 등의 제안은 듣는 이로 하여금 걸음을 멈추게 하는 매력을 갖고 있다. 베르그손의 존재론적 생명론도 이와 공명하는 가치들을 피력한다. 유용성 문맥을 넘는 직관, 주의를 기울이기, 진보적 관점의 상대화 등이 그것이다. 하지만 근본적 차이가 있다. 베르그손은 이 가치들을 생명의 공통된 약동에 연결시킴에 반해 김종철은 그 제안들을 궁극적으로, "자연의 순리에 자신들의 삶의 욕구를 적응시키는 근본적으로 겸허한 태도와 감수성"에 연결시킨다. 얼핏 보면 김종철의 자연은 러브록의 생태(가이아)와 유사하지만 자세히 살펴보면 그것과도 근본적으로 다르다. 러브록의 가이아는 자기생성하는 시스템이다. 그런데 김종철의 생태는 러브록의 '자기생성'이나 베르그손의 '생명의 약동'이 포함하는 창조라는 특성이 없다. 김종철의 자연은 생성하고 약동하고 창조하는 자연이 아니라 섭리에 따라 움직이는 자연이다. 인간이 갖추어야 할 덕목은 그 섭리에의 '적응'이고 그것을 위한 '겸허한 태도와 감수성'이다. 자연의 순리야말로 인간들이 자신의 삶의 욕구를 적응시켜야 할 근원적 이치로 설정된다. 물론 이것은 커다란 방향전환이다. 우리가 오늘날 자연의 순리가 아닌 다른 순리, 즉 자본의 법과 순리에

35. 김종철 강의안, 「대지를 떠난 문학」, 2010. 3. 25(목), 동대문도서관 시청각실.

"적응"하는 "겸허한 태도와 감수성"에 젖어 있기 때문이다. 축적하라, 축적하라, 축적하라는 명령 앞에서 우리들은 너무나 고분고분하고 겸손하다. 순종과 겸손의 덕목이라면 우리 시대의 인간들이 결코 뒤지는 덕목이 아니다. 부자가 되라는 명령을 떠받들기 위해서라면 혀 밑 근육을 자르고 장기를 잘라 팔고 온갖 위험을 무릅쓰며 신체를 자본이 요구하는 모양대로 성형하는 데 어떤 주저도 없다. 이것이 살아있는 자들의 죽은 삶을 규정한다. 김종철이 현대 문명이 경제적 가치에 의해 지배되고 있는 것을 비판할 때, 그것을 '현대 문명은 경제적 가치만을 섬긴다.'고 표현할 때, 그것은 바로 이 자본에 대한 섬김과 복종의 문화를 지칭한 것이리라. 그러므로 김종철의 제안은 자본에서 자연으로의 급진적 방향전환을 표시한다.

그런데 경제적 가치에 대한 섬김은, 김종철이 생각하는 것과는 달리, 유용성에 대한 섬김이 결코 아니다. 유용성이 경제적 가치, 교환가치(가치)의 축적에 종속되기 때문에 섬김의 대상은 유용성 그 자체라기보다 교환가치로서의 부다. 유용성은 가치창출과 가치축적의 수단이지 결코 목적이 아니다. 유용한 것들, 쓸모 있는 것들을 찬미하는 것과 현대 자본주의 문명은 직접적 관계가 없다. 또 축적은 "행복의 크기"를 증대하는 것과 아무런 관계도 없다. 가치는 사회적 개인들이 대화하는 방식이며 그 개인들의 언어이다. 우리의 사회는 양적 가치로서의 교환가치에 의해 조직되어 있다. 바로 이것이 생산된 가치의 더 많은 부분을 차지하려는 만인들 사이의 투쟁을 불러오고 만인들로 하여금 축적의 메달 따기에 전 삶을 바치도록 만든다. 아직 인간은 교환가치 외에 현대 사회를 조직할 다른 대안적 가치언어를 발명하지 못한 상태에 있다. 이것이 사회적, 인간적, 생태적 재앙이 지속되는 조건이다.

이러한 상황에서 김종철은 섬길 대상을 바꾸자고 제안한다. 자본에 대한 충성과 섬김 대신 자연에 대한 충성과 섬김을 대안으로 제시한다. 그러나 이 두 대안 모두에서 생성, 진화, 약동, 창조로서의 생명은 억압된다. 생명은 주어진 것에 순종하는 힘이 아니라 그것을 넘어서는 초과/잉여의 힘이다. 특히 인간은 생명과 자유의 논리에 따라서, 즉 주어진 자연을 "끊임없이 고치고 부수고 새로운 것을 만들어 내는" 방식으로 진화한 류類이다. 그것을 달성하는 수단 중의 하나가 기술이었다. 기술은 섬김을 거부하고 복종을 거부하면서 획득한 인간의 사회역사적 능력이다. 아니 기술은 생명이 스스로를 조직하는 방식이다. 광합성, 동화와 이화, DNA와 유전자, 개체형성 등은 생명이 진화를 위해 선택한 기술들이다. 인간은 여기에 언어라는 기술을 추가하고 유기체를 넘는 사회체로 진화했다. 이런 측면에서 인간은 기술존재이다. 그렇다고 해서 인간이 자연존재임을 벗어났는가? 결코 그렇지 않다. 인간은 새로운 자연이다. 김종철은 이 새로운 자연이 주어진 자연[36] 앞에 머리를 숙이는 길만이 개안의 길이라고 제안한다. 이것은 인간을 무력하게 하고 산 것을 죽이는 다른 방식이 아닐까? 타나토스(죽음)의 충동이 이 논리를 휘감고 있는 것이 아닐까? 생태, 생명의 이름으로 죽음과 무기력을 제안하는 것이지 않을까? 기술의 자본주의적 전유와 기술 일반을 혼동할 때, 자본주의적 문명과 문명 일반을 혼동할 때, 우리가 인간적 생명을 송두리째 제물로 내놓아야 하는 위험에 노출되는 것은 아닐까?

이처럼 산업화에 대해 자연섭리적 생태주의가 취하는 저항의 논리 속에서 우리는, 생명에 대한 목적론적 관점이 다른 형태로 부활하는 것을 목격한다. 지금까지 살펴본 "자연의 순리"가 그것이다. 자연에 이미 주어진 이치가 있다는 생각은, 물질계와 기존 생명 종들의 망網체제를 포

36. 엄밀한 의미에서는, '주어진 자연'이란 없고 모든 자연은 '만들어진 것'이다.

함하는 전통적 생태를 이미 결정된 기계장치로 이해하는 것이다. 이러한 이해 속에서 생태는 이미 결정된 하나의 거대한 기계적 프로그램을 갖는 체계로 표상된다. 이렇게 자연이라는 기계장치의 기존 프로그램을 받아들이고 섬기는 것을 삶의 논리로 받아들이게 되면 개체들은 미리 그려진 커다란 계획을 실현하는 장치들에 지나지 않는 것으로 이해될 것이고 삶은 그것의 반복과정으로 해석될 것이다. 이 거대 기계적 프로그램론의 입장에서 보았을 때 현대 생명산업의 문제는, 작은 기계적 프로그램으로 이미 주어진 커다란 기계적 프로그램인 자연순리를 거스르고 파괴하고 훼손하는 것으로 나타날 것이다.

프란티셰크 쿱카, 〈자유〉(Liberté), 1902. 1902년 1월 11일에 발행된 프랑스의 정치풍자 주간지 『라시엣뜨 오 뵈르』에 실린 그림.

이런 인식론적 틀로 인해서 자연섭리적 생태주의는 드물지 않게 뒤집어진 기계주의로 나타난다. 자연섭리적 생태주의 역시 과거와 미래를 모두 현재의 계산가능한 함수들로 다루며 생명체와는 구분되는 생명을 부정하곤 한다. 부케티츠의 말을 빌리면, 오랫동안 목적론은 생물학의 '애첩'의 지위에 놓여 있었다.[37] 기계론이 가져온 생태위기를 틈타 목적론이 자신을 생물학의 '본처'라고 주장하는 것은 정황상 자연스러운 것인지 모른다. 자연섭리적 생태주의는 기계주의의 진보주의에 보수주의를 대

37. 프란츠 부케티츠, 『자연의 재앙, 인간』, 박종대 옮김, 시아출판사, 2004, 158쪽.

치시킨다. 하지만 이 대치는 작은 기계주의에 큰 기계주의를 대치시키는 것에 지나지 않는다. 정치경제적으로 현재의 작은 기계주의가 부와 가난을 양극화하고 있다면 큰 기계주의는 아마도 가난을 보편화할 것(이른바 '고르게 가난한 삶')이라는 점에서 차이가 있을 뿐이다. 기계론과 목적론이 대립한다면, 그것은 지성이 생명에 관계하는 두 방식 사이의 허위적 대립이다. 이 양자는, 생명의 물질적 조건이나 생명의 특정한 작동양식을 생명으로 오인하거나, 생명적 작용의 결과나 잔재에 불과한 것을 생명으로 오인하는 방식으로 자신의 정당성을 주장한다. 이제 우리가 귀 기울여야 할 것은 섭리로서의 자연의 목소리가 아니라 창조를 통해 진화하는 생명의 목소리다.

과학과 근대성을 구출하기?

자연섭리적 생태주의와는 다른 길에 대한 제안은 최종덕의 글, 「생명유토피아의 진실」[38]에서 발견된다. 이 글에서 최종덕은 생명주의의 기계론 비판을 반비판하면서 생명과 과학에 대한 자신의 생각을 피력한다. 그는 "오늘의 인간위기 및 생태위기 등의 생명의 위기증상이 자연과학만의 부작용인지"를 되묻고 "생명의 위기를 현대의 첨단 과학기술의 부작용으로 간주하는 통속적 입장이 어디까지 신뢰할 수 있는 주장인지"를 살핀 후 생명을 빙자하여 개인의 안위에 몰두하면서 현실사회에 대해 침묵하는 일련의 관련 행동 체계들을 생명유토피아주의이자 생명주의를 빙자한 도피적 신비주의라고 진단한다.[39] 이것은 앞의 절에서 내가 수행한

38. 맑스코뮤날레 조직위원회 엮음, 『현대자본주의와 생명』, 그린비, 2011, 64~90쪽.
39. 같은 책, 64쪽.

작업과 공명하는 요소를 갖고 있다. 그의 비판의 요지는, 1970년대 이후 문명위기의 대안으로서 출발한 생명유토피아는 현대문명 위기의 핵심인 환경생태 위기와 인간소외 위기의 역사적 책임을 근대과학에 돌리면서 생명과 과학을 대립시켰는데, 이 과정에서 생명과 자본의 위험하고 불균형한 대립을 놓치고 있고, 신자유주의 시장이 석권한 현대 자본권력 앞에서 언어적 유희로 그치고 만다는 것으로 요약될 수 있다.

이러한 비판은 오늘날 생명이 자본관계에 포섭되어 있고 자본관계가 생명 진화의 조건이자 실질적 장애물로 나타나고 있는 현실에 주목하게 한다는 점에서 타당하다. 나는 앞에서 생명에 대한 정치철학적 접근이 필요하다고 하면서 이와 동일한 생각을 밝힌 바 있다. 그런데 근대과학이 아니라 자본관계가 적이라는 이 비판은, 뉴턴에서 시작되는 근대과학정신을 완성하는 것이 과제라는 때론 암묵적이면서 때론 명시적인 실천적 제안을 포함한다. 이러한 방향 제시가, 생명주의의 맹점에 대해 비판하는 가운데 지금까지 생명주의적 사유와 실천들이 달성해 온 긍정적 성과조차 허물어 버리는 것이지 않을까? 특히 이러한 제안은, 우리 시대에 자본관계가 과학을 포섭하면서 자본과 과학이 기우뚱한 동맹관계를 맺고 이 동맹체제가 생명진화의 장애물로 되고 있는 현실 – 앞에서 내가 분석한 이진경의 글은 바로 이것을 표적으로 삼았다 – 을 은폐하는 효과를 가져오지 않을까? 이 물음들에 답하기 위해 조금 더 구체적으로 그의 논거를 살펴보도록 하자.

우선 최종덕은, 생명이 "그 자체로 생명의 존속을 이어가는 내적 동력을 갖고 있"고 "외부로부터의 힘이 아닌 내부로부터의 힘에 의해 탄생과 존속을 발생시"키며 "이 점은 생명의 가장 두드러진 특징"이라고 말한다. 이런 전제 위에서 그는 "외부로부터의 힘에 의해 생명을 설명하는 방법", 즉 "만물 생명의 생성과 주재를 담당하는 우월적 존재를 가정하는 관점"을 외재적 시선이라고 부른다. 여기에는 두 가지 유형이 있는데 하나는 초월적 접근이고 다른 하나는 과학적 접근이다. 초월적 접근은 "생명의 생성과 주재를 담당하는 초월적 가상존재를 설정하는 방식"이며 "다른 하나는 첨단의 과학기술을 통해서 생명의 생성과 제어가 가능하다는 설명방식"이다. 이 외재적 접근들에 그는 내재적 시선을 대치시킨다. 내재적 시선은, 생명의 시원을 이루는 생명원형과 그 이후의 존속을 가능하게 하는 원동력이 생명 안에 내장되어 있다는 관점이다. 이 관점도 두 가지 유형으로 구분된다. 하나는, 생명 탄생의 주관자를 가정하는 점에서 형식적으로는 외재적 시선이지만 그 주관자가 특정한 존재양상을 갖지 않는다는 점에서 내용적으로는 자연 내재적인 접근, 즉 신화적 접근이다. 다른 하나는 생명을 생태적이며 순환적인 세계관으로 바라보면서 자연물과 동물 및 인간을 포함하여 개체의 생명들 사이에 생명네트워크가 설정되어 있음을 전제하는 전일적 자연주의 접근이다.

그는 이 두 가지 내재적 접근을 고려하면서 다른 내재적 접근이 가능한지를 타진하는 길을 따라간다. 이 과정에서 그가 주목하는 것은, 기계론과 원자론 및 반목적론의 세계관을 정초한 뉴턴의 과학철학이다. 뉴턴은 자연계의 흐름을 기계론적 법칙을 따르는 운동들의 현상이라고 보았고 질점質點, mass point의 개념으로 물질의 위치와 질량을 수학적으로 표현했다. 그리고 뉴턴은 아리스토텔레스와는 달리 외부에서 최초의 운동력이나 지속적 힘이 주어짐이 없이도 사물이 운동할 수 있다고 설명했다. 최종덕은, 힘을 설명하는 데 있어서 아리스토텔레스에서 뉴턴으로의 이러한 변화는, 철학적으로 목적론적 운동법칙을 과감히 버리는 대신, 목적이 배제된 기계론적 운동법칙을 도입한 것으로 해석한다. 이것은 물질에서 정신적 의지를 완전히 소거함으로써 가능해지는데, 이 때문에 뉴턴은, 인간과 신을 제외한 동물 이하의 존재를 기계적인 활동성으로 간주했던 데카르트와는 달리, 생물적 대상 일체를 질점으로 표현할 수 없는 것으로 보고 물질로부터 생물학적 의지를 제거시켰다. 그는 입자와 입자, 에테르와 에테르, 나아가 행성과 행성 사이에서 서로 밀고 당기는 힘의 원인을 탐구하는 대신 그 힘들 사이의 작용관계를 수학적으로 밝혀내는 데 집중했다.[40] 이것은, 생기론적 관점과의 투쟁을 수행하는 방식이었다. 이 목적론적 사유의 배제를 최종덕은 "당시로는 거의 혁명에 가까운 사유의 전환"으로 높이 평가한다.

어쨌든 이제 작은 결론을 내릴 수 있다. 뉴턴에게서 사물을 다루는 물체의 운동원리와 의지를 다루는 생명의 운동원리는 서로 독립적인 별개의 수준이라고 간주된다. 물체의 운동원리는 기계론적 구조를 가지며, 뉴턴은 이 구조를 수학적으로 기술할 수 있었다. 반면 생명의 운동원리는 불가지론의 대상으로 남겨두었다. 이런 점에서 뉴턴의 자연관은 데카르트의 자연관과 상이하다. 데카르트는 인간의 자유와 영혼을 제외한 일체의 생명적인 것을 기계적인 것으로 환원시킬 수 있다고 보았다. 그러나 뉴턴은 그런 물질적 환원주의와 거리가 멀었다. 그는 오로지 그가 경험적으로 탐구할 수 있었던 땅과 하늘의 사물운동에 대해서만 연구를 했고 결국 그에 대한 놀랄 만한 성과를 내었다. 그러나 생명에 대해서는 그런 방식으로 접근할 수 없다는 것을 인지하고 있었다. 물론 그는 생명의 운동원리가 존재하지 않는다고 한 적이 없었으며, 단지 생명의 운동원리에 접근하지 않았을 뿐이다.[41]

40. "내가 여기서 인력이라는 낱말을 사용하는데, 그것은 어떤 물체가 다른 것에 접근하는 노력이 무엇이건 간에 그 힘을 가리키는 표현이다. 그러한 노력이 **물체들에서 방출되는 정기**에 의해서 서로를 향하게 되는가 혹은 끌어당기게 되는 것과 같이 **물체들 자체의 작용**에서 생기는지, 그것이 **에테르나 공기 혹은 어떤 매체**로부터 생기는지, 그것이 정신적인 것이건 물질적인 것이건 물체들을 어떤 방식으로 잡아당기는가는 **상관없다**."(같은 책, 75쪽; 강조는 인용자)

윌리엄 블레이크, 〈뉴턴〉, 1795

최종덕은, 뉴턴이 물질과 생명을 서로 다른 원리에 따라 운동하는 것으로 보았고 생명 원리를 기계론에 따라 파악하지 않았던 점을 고려하면, 현재의 생태위기와 연관하여, "현대 과학기술 문명을 살아가는 오늘날 점점 심각해져 가는 인간 자유의지의 위기, 나아가 전 지구적 생명 몰시 증상이 뉴턴 과학혁명의 부작용이었다."는 주장은 통속적이며 오류를 포함하는 것이라고 평가한다. 그것의 오류는 뉴턴과학의 산업적, 자본주의적 이용을 주목하지 않는 것에 있다. 17세기 뉴턴과학은 18~19세기 들어서 기술과 자본 그리고 권력과 만나면서 산업혁명과 자본축적의 도구로 되었다. 최종덕은 현대 문명 위기의 책임이 과학에 있기보다 산업화, 과학기술의 산업화, 자본축적으로 이어지는 "악순환"의 구조, 즉 인간을 자본에 예속시키는 구조에 그 책임이 있다고 말한다. 이것은 과학이나 철학이 탐구를 끝내는 바로 그 장소에서 문제에 대한 사유를 새로 시작해야 한다는 유의미한 제안이다. 그는 "인간이 기계에 소외당하는 상실감에 앞서 인간이 자본에 소외당하는 상실감이 더 중요한 인간 위기의 원인"이라고 말하면서, 오늘날 자본이 권력과 결합하여 인간 및 자연을 지배하는 실질적인 왕국으로 된 것이야말로, 우리가 다투어야 할 실제적 문제라고 본다. 이렇게 "인간소외, 생태위기 등의 전반적 문명위기의 원인은 근대과학이기보다는 과학기술을 산업화한 자본권력"이라는

---

41. 같은 책, 76쪽.

관점에 서서 필자는, 환경위기와 인간위기의 문명사적 원인을 뉴턴 근대 과학과 데카르트의 기계론적 철학에 돌리는 관점들, 특히 심층생태론을 비판한다. 이 비판을 통해 그는, "문명위기와 근대성은 철학적으로 밀접"한 것이 아니라 오히려 "우리에게 근대는 정착된 적이 없"고 오히려 과제로 남아 있다는 명제를 제시하는 것으로 나아간다.[42] 여기서 근대성의 정착이란 생명의 논리와 물질의 논리를 뒤섞지 말고 철저히 구분하면서 과학을 물질의 운동에 대한 설명으로 보는 뉴턴적 방법을 완성하는 일일 것이다. 최종덕에게서 그것은, 생명을 신비화하는 마술정치 및 생명유토피아와 싸우는 것을 과제로 받아들이는 윤리정치로 나타난다. 그러나 이러한 방법은, 현실에서 밀접하게 연관된 생명과 물질을 인위적으로 분리하고, 또 뉴턴이 그러했듯이, 생명에 대해서는 불가지론을 유지하는 것으로 될 수밖에 없지 않은가? 생명/생태주의는, 이러한 방법이야말로 생명의 자기논리를 접어둠으로써 생명에 물리의 논리를 폭력적으로 부과할 수 있도록 방조해 온 바로 그 방법이라고 비판해 왔다. 지성의 논리가 직관의 논리를, 물질의 논리가 생명의 논리를 지배하게 된 것이 뉴턴 효과라고 말하는 것이 과연 부당한가? 특히 뉴턴적 과학이 자본과 권력의 지배장치로 된 것은 이를 입증하는 것이지 않는가?

자본의 지배가 인간위기의 직접적 원인이라는 최종덕의 생각은 과학의 지배가 그것의 원인이라는 생각보다는 사회적 층위에 대한 더 깊은 고려를 담고 있다. 하지만 자본의 지배와 과학의 지배 사이에서 선택하도록 만드는 이러한 양자택일적 논법은 자본의 지배가 가져온 위기효과

---

42. 이것은 브뤼노 라투르의 『우리는 결코 근대인이었던 적이 없다』(홍철기 옮김, 갈무리, 2009)를 상기시키는 명제인데, 라투르와 최종덕의 생각이 서로 부합하는 것인지는 의문이다. 라투르가 말하는 근대성은 이분법이 아니라 하이브리드, 연결망의 증식을 의미하는데, 최종덕의 근대성은 물질과 생명의 엄격한 구분을 의미하고 있는 것으로 보이기 때문이다.

에 대해 숙고하도록 만드는 장점이 있지만, 인간의 사유능력 중에서 지성의 지배가 바로 그가 강조하는 자본의 지배에 길을 열어주었다는 사실을 묵과하도록 만든다. 실험도구의 발명이 낡은 생기론의 설 자리를 없앴듯이 뉴턴과학적 관점의 확대는 생명논리가 들어설 사유공간을 박탈했다. 그러므로 자본의 지배라는 현실에서의 변화는 지성의 지배라는 사유에서의 변화와 병행하는 것이지 책임을 자본에만 돌리는 것으로 과학이 그 책임을 피할 수 있는 것은 아니다.[43] 자본의 발전은 과학의 발전의 이면이고 그 역도 성립한다. 과학적 사유의 지배를 그대로 둔 상태에서 자본관계의 현실적 지배를 극복할 수 있는 것은 아니다. 그렇기 때문에 자본주의적 관계와는 다른 인간들의 사회적 관계를 발명하려는 노력은 지성의 지배와 과학적 사유의 헤게모니를 극복하면서 다른 사유능력을 발전시키려는 노력과 병행되지 않으면 안 된다. 특히 자본과 지성, 자본과 인지가 그 어느 때보다도 밀착해 있는 인지자본주의의 도래는 이러한 노력의 필요를 더욱 부각시킨다. 현실에서 인지에 대한 비판은 자본비판으로 될 수 있으며 자본비판은 인지비판으로 될 수 있다. 자본권력을 하나의 인지 형태, 인지 장치로 이해한다면 자본과 인지는 전혀 분리되는 것이 아니다.[44] 자본권력이 곧 인지권력으로 나타나기 때문이다. 인지력을 특정하게 조직하고 배치하며 포획하는 능력이 곧 자본이다. 오늘날에는 가치법칙조차도 인지를 조직하는 법칙이자 인지발전을 명령하는 법칙이다.

최종덕은 뉴턴적 이분법을 받아들이지만 그의 생각이 생명에 대한 불가지론에 머문다고 단정할 수는 없다. 그는 글의 후반부에서 생명에 대

---

43. 최종덕은 과학의 책임을 수사적으로는 인정하지만 실제적으로는 인정하지 않는 것으로 보인다.

44. 이에 대해서는 조정환, 「포획적 인지장치로서의 자본」(조정환·이정우·황수영·최호영 지음, 『인지와 자본』, 갈무리, 2011, 4장) 참조.

한 적극적 규정으로 나아간다. 그는 생명을, 자기를 보전하고 후대를 이어가는 활동성으로서, 동사로서 이해하는 것이 필요하다고 주장한다. 동사로서의 생명활동, 그 자체가 생명이라는 것이다. 이 규정에서 출발하여 그는, "생명을 생명답게 만드는 것은 생명 밖에 있는 것이 아니라 생명 안에 있"고 생명은 인위적인 인공물이 아니라 자연적인 자연물이라는 주장으로 나아간다.

> 동사로서의 생명의 특징은 그 스스로 있으며 저절로 있다는 점인데, 여기서 스스로와 저절로의 의미는 다른 환경에 독립적인 개체로서의 존재로 이해되어서는 안 된다. 동사로서의 생명이 스스로 그리고 저절로 활동한다는 뜻의 본질은 이 세계를 창조한 절대 권능의 초월적 대존재를 설정하지 않고서도 자족적으로 세상의 모든 생명존재들이 가능하다는 점이다. 또한 동사로서의 생명은 전체와 부분이 양방향으로 상호소통하는 체계의 특성을 지닌다. 동사로서의 생명은 항상 다른 생명과 섭동을 한다.[45]

스스로, 저절로 있는 것을 의미하는 '동사로서의 생명'. 이것이 그가 찾아낸, 생명에 대한 다른 내재적 접근에서 빚어진 개념이다. 최종덕은 생명은 신비롭지만 그 신비로움의 근거 역시 생명 안에서 찾아져야 한다고 보면서 생명의 신비는 삶의 일상 그 자체라고 말한다. 이 일상의 삶, 자본권력에 의해 철저히 소외된 대중의 이 공동체적 삶에서 유리된 생명유토피아는 그들의 언어와 달리 반생명적이라는 것이 그의 생각이다. 생명유토피아 일반은 현대문명의 위기라고 할 수 있는 환경생태 위기와 인간소외

45. 맑스코뮤날레 조직위원회 엮음, 앞의 책, 83쪽.

위기의 문명사적 그리고 사상사적 원인을 근대과학의 형이상학적 측면에서 찾을 뿐, 과학기술이 자본권력과 만나 그들만의 이익을 위한 독단적 음모를 행한 것에 대해서는 침묵함으로써 일상의 공동체적 삶에서 유리된다는 것이다.

이러한 논법에서 생명의 문제는 일상의 공동체적 삶의 문제로 치환된다. 즉 생명은 사회체의 문제로 치환되는데, 이러한 치환은 생명이 사회체뿐만 아니라 유기체, 생태계 등으로도 개체화되어 왔으며 다른 개체화의 여지까지 갖고 있는 잠재력임을 간과하도록 만든다. 자본권력은 사회체의 층위에서 움직이기 시작하지만 유기체나 생태계에 영향을 미치며 오늘날에는 그것에 점점 더 직접적으로 작용한다. 그렇기 때문에 생명에 대한 탐구는 일상의 공동체적 삶이 직면한 문제들에 대한 탐구로 치환될 수 없고 자본과 공동체의 접면接面에 대한 탐구로 그칠 수도 없다. 그렇기 때문에 일상의 공동체적 삶에 대한 탐구는 사회 내재적인 탐구일 수 있을지언정 생명 내재적인 탐구라고 할 수는 없다. 생명 내재적인 탐구는, 그것이 개체적인 것에 대한 탐구만이 아니라 전前개체적인 것에 대한 탐구를 필요로 하듯이, 사회적인 것에 대한 탐구만이 아니라 사회 이전의 것, 혹은 전前사회적인 것에 대한 폭넓은 탐구를 절대적으로 필요로 한다.

둘째, 동사로서의 생명이란 개념은 생명의 특질을 설명하기에는 부족한 개념이다. 그것은 스스로, 저절로, 있다는 의미만을 갖는데, 생명이라 할 수 없는 많은 기계들도 오늘날 스스로, 저절로, 있다. 생명이 동사라면 기계도 많은 경우에 동사이며, 물질도 어떤 의미에서는 스스로, 저절로, 있고 또 움직인다. 자기조직화하고 자기개체화하는 자기생성으로서의 생명이라는 지금까지 발전된 생명 개념에 비추어볼 때 '동사로서의 생명'이라는 개념은, 외부에서 바라본 특징묘사라면 모를까, 생명 자체에 대한 내재적 접근 개념으로서는 너무 열려있고 긴장감이 없는 정의로 느껴진다. 무엇보다 그것은 생성과 창조라는 생명의 고유한 특질을 함축하지 못한다.

셋째, 생명이 생명체로 개체화되어 있고 생명체가 물질의 측면을 갖는 한에서 물질과 생명을 이분화하고 전자의 논리만을 탐구하는 것은 불가능하다. 물질에서 의지를 삭제하려는 뉴턴적 작업방식은 물질인 생명체에도 적용될 수 있게 되는데 바로 이것이 근대과학과 현대의 생명과학이 생명체를 취급하는 지배적 방식이다. 이런 점에서 뉴턴적 과학관과 과학혁명은 물질과 생명에 접근하는 지성적 태도의 하나로서, 물질을 자신의 계기로 삼는 하나의 전체로서의 생명을 다룰 수 없는 한계를 갖는다.

최종덕이 쓰고 있듯이, 뉴턴은 경험의 한계를 넘어선 그 무엇이 바로 신비한 힘의 영역이며 그것은 구체적으로 목적론적 방향성을 갖는 힘들의 총체이고 이 목적론적 힘은 의지나 생명적 기능의 인식론적 근거이다.[46] 최종덕은, 생명주의에 의한 생명의 신비주의화를 비판하면서도, '생명의 신비함에 대해 굳이 다루지 않겠지만, 생명은 신비롭다'고 함으로써 암묵적으로 생명이 목적론적 힘임을 승인하고 앞문으로 쫓아낸 신비주의가 다시 들어올 수 있도록 뒷문을 열어주고 있다. 이것이 네 번째 문제점이다. 최종덕이 인위와 자연의 구분에 기초하여 자연을 생명성의 기반으로 설정하고 있는 한에서 그것은, 앞서 살펴본, 자연섭리적 생태주의의 자연숭배와 연대하는 것이며 이를 통해서는 생명의 진화, 특히 인간 생명의 진화를 설명할 수 없다. 생명에 대한 내재적 접근에 대한 요구는 논리적 당위로서 제시되고 있을 뿐이다. 생명이 내재적이라면 어떤 내재성인가?, 자기를 보전하고 후대를 이어가는 활동성인 동사로서의 생명은 물

46. 같은 책, 72~73쪽.

브뤼노 라투르(Bruno Latour, 1947~)

질과 어떤 관계에 있는가? 등이 대답되지 않고 있기 때문이다. 내재성 요구가 삶의 공동체에 대한 관심으로 나타나고 있지만 그 공동체가 어떤 수준의 것인지 우리로서는 알 수가 없다. 인간 공동체인가, 인간과 생물의 공동체인가, 무생물까지 포함하는 공동체인가? 삶의 공동체가 단순히 인간 일상의 공동체로 나타나는 한에서, 심층생태론이 제기하는 근본생태, 근본생명의 문제의식, 생명이란 무엇인가에 대한 문제제기는 여전히 도전으로 남아 있으며 인간, 기계, 사물의 동맹을 주장하는 라투르식의 물Ding의 공동체론의 도전도 피할 수 없을 것이다.

다섯째, 생명유토피아론이 자본을, 그리고 자본과 과학기술의 연합을 비판하지 않는 것을 비판하는 것으로 근대과학철학의 유효성을 주장하는 것은 논리적으로 전도되어 있을 뿐만 아니라 우리가 직면한 현실과 부합하지도 않는다. 생명/생태주의들은 자본을 철저하게 비판하고 있지는 못하지만 자본과 동맹하는 경우는 드물다. 그런데 근대과학은 자본을 비판하지 않을 뿐만 아니라 오히려 자본과 동맹하고 있는 그 당사자이다. 생명유토피아가 일상의 공동체를 돌보지 않는다는 지적이 옳다고 가정한다 해도 이 점이 근대과학의 정당성을 입증해 주는 근거는 되지 못한다. 근대과학 역시 공동체를 돌보기는커녕 권력과 자본의 하인 노릇을 하고 있기 때문이다.

우리는 지금까지 생명권이나 자연의 섭리와 같은 생명주의적 접근법에 대해, 그리고 과학비판을 자본비판으로 전치하면서 생명에는 내재적 접근법을, 물질에는 기계적 접근법을 취해야 한다는 주장에 대해 검토했다. 이 어떤 주장들에서도 생명 그 자체에 대한 물음은 제기되지 않는다.

하지만 과학이 생명에 대한 물음에 가까이 접근하는 중요한 시도들도 우리는 발견할 수 있다. 앞서 우리가 살펴본 바 있는 마뚜라나와 바렐라의 인지적 생명론이 그것의 한 예이다. 이들은 생물을 자기생성조직으로 정의하고[47] 환경에 반응하는 그 생물의 구조접속 행동을 생명활동으로 파악하며 생물로서 존재하는 데에 효과적인 행위로서의 이 생명활동이 그 생물의 존재영역에서 일어나는 인식활동인 한에서 삶이 앎이며 생명이 곧 인지라고 말한다.[48] 이러한 이해 방식은 개체나 실체로서의 생물에 대한 이해를 넘어서 생물 이해를 삶과 앎의 과정으로, 다시 말해 기억하는 지속의 시간으로 한층 가까이 접근시킨다. 그렇지만 여기에서도 관심의 초점에 놓이는 것은 생물이지 생명은 아니다. 마뚜라나와 바렐라의 자기생성조직이라는 정의는 "곡선이 직선들로 구성되지 않은 것처럼 생명도 물리화학적 요소들로 이루어진 것이 아니다."[49]라는 비판이 적용될 수 있는 영역 밖에 구축되어 있다. 이들은 생명을 물리화학적 요소로 다루지 않고 인지적 과정을 통해 자기생성하는 조직 혹은 자기생성적 인지활동의 과정으로 다루기 때문이다. 그렇지만 이들이 내리고 있는 것은 생물에 대한 정의이지 생명에 대한 정의는 아니다. 또 이 정의는 생명이 표

47. 움베르또 마뚜라나·프란시스코 바렐라, 앞의 책, 56쪽.
48. 같은 책, 197쪽.
49. 앙리 베르그손, 앞의 책, 66쪽.

현되는 세 가지 중요 수준들 — 유기체, 생태계, 사회체 — 중에서 특히 유기체로부터 추상된 정의일 뿐 생태계와 사회체에 곧장 적용할 수 있는 정의는 아니다. 마뚜라나가, 자기생성 개념을 사회체에 직접적으로 적용하려는 니클라스 루만의 태도에 반대의사를 표명한 것은 자기생성 개념이 적용되는 영역에 한계가 있다는 자각 때문이었다. 마뚜라나는 사회체가 자기생성적인 것이 아니며 언어적 의사소통languaging을 통해 구성원들의 생물학적 자기생성을 실현시키는 매개물이라고 본다. 바렐라는 사회체를 조직적 닫힘이라는 좀 더 포괄적인 개념으로 정의하면서 생물의 자기생성을 이 조직적 닫힘의 특수한 경우로 이해하려 시도한다.[50]

이러한 사실은 생명체, 생태계, 사회체 등 현실화된 생명에 대한 규정과 생명 그 자체에 대한 규정을 구별해야 할 필요성을 느끼게 만든다. 생명은 유기체로 표현되지만 그것으로 환원될 수도 없다. 생명은 생태계나 사회체로 표현되지만 그것으로 환원될 수 있는 것도 아니다. 우주가 생명과 어떤 관계에 있는지 우리는 아직 충분히 알지 못한다. 아직까지 과학적 탐구들의 대부분은 생명체, 생태계, 사회체와 같은 현실화된 실재들을 설명하는 데 머물거나 그것들에 근거하여 생명의 본질을 귀납적으로 설명하려는 태도를 취하고 있다. 과학은 아직까지, 생명이 창조적 약동이라는 베르그손적 가설을 넘어서기보다 그것을 회피하고 다른 문제로 치환하는 방식으로, 혹은 그것이 형이상학적이라는 가정 위에서 그것을 기각하는 방식으로 반응하고 있다. 회피나 치환 혹은 기각은 가설에 대한 내재적 비판이 아니다. 그렇기 때문에 생명은 생명 개체나 생명 종으로 분출하고 생태계나 사회체를 구성하면서 현실화되고 있는 힘,

50. 이에 대해서는 프리초프 카프라, 『생명의 그물』, 김용정·김동광 옮김, 범양사출판부, 1998, 279~280쪽 참조. 카프라는 유기체, 생태계, 사회체가 모두 자기생성적 그물망이라고 생각하는 경향을 보인다.

즉 누승累乘되고 있는 잠재력, 발명하고 있는 지속이라는 베르그손의 약동 가설들과 명제들은 여전히 힘을 잃지 않고 생생하게 살아 있다. 베르그손에 따르면, 생명의 흐름은 물체들을 통과하고 그것들을 차례로 유기화하면서, 세대에서 세대를 거치고, 자신의 힘에서 아무것도 잃지 않고 오히려 전진함에 따라 더욱 강렬해지면서, 종들로 나누어지고 개체들로 흩어져 왔다.[51] 그리고 생명적 속성들은 결코 완전히 실현되지 않으며 언제나 실현 과정에 있다. 그래서 그것들은 "상태들états이기 보다는 경향들tendances"[52]이다. 그에 따르면, 생명은 해체하고 이완하는 경향의 물질과는 이질적인 지속, 즉 수축하는 경향의 지속이다.

생명체들의 지성은 주로 물질에 적응되어 있다. "두뇌의 운동기작機作은, 거의 모든 기억을 무의식 속에 억압하기 위해서, 그리고 의식 속에서 현재 상황을 조명하고 행동이 준비되는 것을 도와 결국에는 유용한 일을 낳을 수 있는 것만을 끌어들이기 위해서 만들어진 것이다."[53] 그래서 잉여의 기억들은 기껏해야 살짝 열린 문틈으로 몰래 통과할 뿐이다. 지성이 이렇게 생명의 기억을 억압하면서 생명을 물질로 치환함을 통해 우리에게 무엇인가를 알려주는 한에서 지성과 인식에 대한 비판 없이 우리가 생명에 도달할 수 있을까?

베르그손은 직관의 방법을 통해, 살아 있는 유기체가 일정한 물질적 대상이 아니라 물질적 우주의 전체와 동일하다고 말한다. 살아 있는 유기체는 전체로서의 우주와 마찬가지로 지속하며 역사를 갖는다. 그것의 과거 전체는 그것의 현재 속에 연장되어 거기서 현실화하고 작용한다.[54]

---

51. 앙리 베르그손, 앞의 책, 58쪽.
52. 같은 책, 38쪽.
53. 같은 책, 25쪽(한자는 인용자).
54. 같은 책, 42쪽.

오딜롱 르동, 〈배아 존재도 있었다〉, 1885

그렇다면 현재 속에 연장되고 있는 과거는 무엇인가? 베르그손은 그것이, 우리 의식적 존재의 근본인 기억이고, 작용하고 있는 비가역적 지속이라고 답한다.[55] 그러므로 생명체의 발달은 마치 배胚의 발달처럼 지속의 연속적인 기록이며 현재 속에 과거가 존속하는 것이고 유기적인 기억의 기록을 함축하는 것이다.[56] 이런 의미에서 생명의 진화는 과거가 현재 속에 실제적으로 연속되게 하는 것이고 이 과정에서 지속이 그 연결부호trait d'union로 작용하는 것이다.[57] 바꿔 말해 생명은, 개체 이전의 것인 지속이 개체로 실현되는 과정이다. 아감벤은 게니우스Genius 개념을 설명하면서, 인간을 사례로, 개체적인 것과 전개체적인 것의 이 경향적 타협을 요령 있게 서술한다.

> 게니우스에 내포된 인간의 개념을 이해한다는 것은 인간이 '자아'이자 개인적 의식일 뿐만 아니라 태어나서 죽을 때까지 비인격적·전개체적 요소가 늘 함께한다는 것을 이해한다는 뜻이다. 그러므로 인간은 두 개의 국

55. 같은 책, 44쪽.
56. 같은 책, 47쪽. 그러나 이 유기적으로 기록된 기억이 사회 속에서 권력에 의해 재가공되고 재생산된 인위적 기억인 역사(history)와 혼동되어서는 안 된다.
57. 같은 책, 52쪽

면으로 이뤄진 하나의 존재이다. 즉 아직은 개체화되지 않아 활성화되지 않은 부분과 운명이나 개인적 경험을 흔적으로 간직한 또 다른 부분 사이의 복잡한 변증법이 낳은 결과가 바로 인간이라는 존재이다.… 게니우스의 이 멀리할 수 없는 현전은 우리가 실체적인 동일성에 갇히는 것을 막으며 우리 자신만으로 충분하다고 하는 자아의 자만을 산산이 깨뜨려 버린다.[58]

이런 생각 위에서 아감벤은 게니우스와 함께 산다는 것은 비의식의 지대와 항구적으로 관계를 맺으며 낯선 존재와 내밀한 관계를 맺으며 살아간다는 것을 뜻한다고 말하면서 이 비의식의 지대를, 결국 증상과 신경증으로 폭발할 전위되고 억압된 것의 지대로 사고하지 말고, "우리에게 속해 있지 않은 한에서의 우리의 생명"[59]으로 받아들이는 것이 필요하다고 말한다. 이것은 프로이트의 억압가설과 다름은 물론이고 베르그손의 지성에 의한 억압론과도 뉘앙스를 달리하는 것이다. 프로이트의 억압가설이 억압된 것의 해방을 요청하는 것이라면 베르그손의 억압론은 지성과 직관의 협력을 요청하는 것이고 아감벤의 논리는 게니우스와 개체의 공존을 역설하기 때문이다. 이 논리를 계속할 때 우리는, 생명은 생명체에 속해 있지 않은 한에서 생명체의 생명을 구성한다고 말할 수 있다.

생명체는 자신에 속하지 않는 이 생명의 시간, 지속이라는 저 실재적 시간을 지각하지는 못하지만 그것을 체험할 수는 있다. 그 체험의 주체는 생명과 개체 사이의 역설적이고 긴장된 장 속에서 움직인다. 개체에 의한 실재적 시간의 체험은 지적 표상의 주위에 모호하고 불분명한 가장자리를 그린다. 그 모호한 가장자리에서 자신 안에 있으나 자신에 속하지 않

58. 조르조 아감벤, 『세속화 예찬』, 김상운 옮김, 난장, 2010, 12~13쪽.
59. 같은 책, 15쪽.

은 생명의 실재적 시간, 즉 지속이 주체 속에 나타난다. 주체가 그것을 파악하는 방식은 상상이고 그것을 느끼는 방식은 정동이다. 베르그손은 기계론과 목적론이, 이 모든 것을 물리치면서, 객관적 법칙이나 자연의 섭리와 같은 어떤 핵을 추상하여 그것을 진리라고 주장한다고 비판한다. 그 핵들은 실재적 시간을, 핵을 둘러싸고 있는 가장자리를 희생시키고 시간을 응축함으로써 도출되는 것이다. 이 과정에서 실재적 시간은 사라지고 주체성은 죽는다. 기계론과 목적론은, 생명의 내적 운동을 파악하기 위해서는 응축된 것인 핵만큼 또는 그 이상으로 지속의 유동하는 전체와 약동의 경향에 의지해야 한다는 사실을 잊고 있다.[60] 그렇기 때문에 체험에서 출현하는 상상이나 정동을 애써 제거하려는 지성의 메커니즘의 한계를 직시하는 것이 필요하다. 그러나 전前개체적인 것들을 제거하려는 지성의 노력은 개체를 보존하려는 노력의 표현인 만큼 결코 오류나 잘못으로 치부될 성질의 것이 아니다. 생명은 지성의 그러한 노력까지 감싸 안으면서도 그것에 갇히지 않고 실재적 시간으로 남아 진화하려는 의지행위이며 개체와 전개체적인 것 사이에서 벌어지는 주체성의 이 의지행위야말로 자유를 열어 내는 행위이다.[61]

이런 의미에서 생명은 약동의 연속이며 그 약동이 진화의 분기하는 노선들로 나누어지는 과정이다. 그 과정에서 일련의 창조가 연속적으로 부가되면서 생명은 성장하고 발전한다.[62] 생명은 특이한 자유의 행진이지만 결코 흩어지기만 하는 행진은 아니다. 그 행진들은 서로 공통적인 것을 간직하고 또 그 공통적인 것을 성장시킨다.[63] 각각의 부분들의 운동

60. 앙리 베르그손, 앞의 책, 87쪽.
61. 같은 책, 89쪽.
62. 같은 책, 98쪽.
63. 같은 책, 99쪽.

이 전체의 원초적 약동에 의해 계속되기 때문이다. 생명의 자발성은 다른 형태들을 잇따르는, 형태의 계속적인 창조로 나타난다.[64]

생물학자들은 이 창조가 유전자에 의해 결정되어 있다고 말하곤 한다. 베르그손은 다르게 생각한다. 그가 보기에 유전은 규칙이기보다는 예외이며 주어진 것이라기보다 노력의 산물이다. 유전자가 결정한다는 생각은 결과를 원인으로 오인함으로써 나타나는 것이다. 유전적이고 방향도 정해진 변화가 축적되어 가면서 스스로 구성되어 점점 더 복잡한 기계를 만들게 되는 것은 노력의 산물이다. 그런데 이 노력은 개체적인 노력보다 훨씬 심층적이고 환경에서 훨씬 독립적이며, 한 종의 대부분의 대표자들에게 공통적이고, 그것들의 [신체적] 물질substance보다는 그것들이 보유하는 배들에 내재적이어서 후손에게 유전될 것이 보장된 성격의 노력이다.[65] 생명의 약동은 배와 배 사이에서 연결부를 형성하는 성체를 매개로 한 세대에서 다음 세대로 흘러간다. 이 약동은 진화의 여러 노선들로 나뉘어 그 위에서 보존되면서 적어도 규칙적으로 유전되고 서로 첨가되어 신종을 창조하는 변이들의 심층적 원인이 된다. 그렇기 때문에 생명의 약동과 창조의 노력이 유전을 규정하는 것이지 유전자가 진화를 규정하는 것이 아니다. 일반적으로 종들이 공통의 뿌리에서 분기하기 시작하면, 그러한 분기는 진화를 향해 전진하면서 가속화된다. 그러나 약동은 공통적 기원을 갖는 공통적 노력이기 때문에 그것들은 일정한 지점 위에서 동일하게 진화할 수 있고 심지어는 그럴 수밖에 없다.[66]

오늘날 생명체들은 생명산업과 생명자본에 포획되어 있다. 하지만 생명은 (생명체들뿐만 아니라) 생명산업들을 가로지르고 있고 또 가르지를

64. 같은 책, 142쪽.
65. 같은 책, 143쪽.
66. 같은 책, 144쪽.

수 있는 힘이다. 생명의 주체화된 형태는 삶이다. 삶이라는 장에서 생명은 우선 물질이라는 장애물을 통과해야 한다. 그리고 다른 한편에서 생명은, 생명을 가치회로에 삽입하여 잉여가치를 축적하고 더 큰 축적으로 통제권력을 확장하려는 자본의 기도를 극복해야 한다. 삶정치의 참된 에너지는 개개의 생명체들을 통해 표현되겠지만 그것의 원천은 생명체들을 산출하면서 공동개체적 그물망을 이루며 진화하고 안으로 말리는 방식으로 내축involution하는 공통된 생명력이다.

그러나 이것은 생명체에 생명을 대립시킬 필요를 제기하는 것이 아니다. 생명의 생명체로의 환원을 거부하면서 생명체를 생명의 조건이자 기관으로 거꾸로 사고할 필요를 제기하는 것이다. 그러나 이것은 물질을 조작하는 데에서 발생한 지성을 통해서는 달성될 수 없다. 새로운 인지능력의 창출이 필요한 것은 이 때문이다. 오늘날 생명체의 위기는 인간의 인지에 고도의 능력을 요구한다. 이 요구는 지성이 속해있었던 유용성과 이해관심을 넘어서는 인지능력의 형성 없이는 충족될 수 없다. 지성의 사각에 빛을 비추어 지성의 약점을 보완할 수 있는 인지능력은 무엇인가? 베르그손은 그것을 각성된 본능으로서의 직관에서 찾았다. 직관은 지속을 상정하는 인지방법이다.[67] 그것은 단순한 행위이지만 질적 잠재적 다양성과 그것이 현실화되는 방향의 다양성을 내포하는 방법이다.

지성에 대한 비판과, 직관을 통한 생명의 인식을 통해, 인식론이 지성을 생명의 일반적 진화 속에 다시 위치시키게 되면, 그래서 고립된 계들을 전체에 통합시킬 수 있게 되면 비로소 인식론과 생명론의 호혜적 순환이 가능해질 것이다.[68] 앎이 삶인 한에서 이 인지적 혁명은 삶의 혁명들을 수반하지 않을 수 없다. 그것의 과제들은 오늘날 다양하게 주어지

67. 질 들뢰즈, 앞의 책, 9쪽.
68. 앙리 베르그손, 앞의 책, 13~14쪽.

고 있다. 생명산업의 기관들을 생명의 기관들로 재전유하기, 생명의 에너지를 자본으로 축적하도록 돕는 기계주의에 맞서 그 에너지를 생명의 진화적 에너지로 전용하기, 자연섭리적 생태주의와 달리 현재의 생태계를 넘는 새로운 생태계를 발명하기, 생명체들의 특이한 개체화가 (자본의 계획이나 자연의 계획의 실현으로서가 아니라) 그것들 사이의 공감적 소통과 상호함축과 침투[69]라는 내적 과정 속에서 이루어질 수 있도록 만들기 등. 이것들의 실현은 생명의 약동력을, 자본·권력·축적의 메커니즘이 아니라 창조·자율·혁명의 운동 속에 자리 잡게 하는 문제이다. 즉 창조, 자기생성, 혁명을 생명활동의 일부이자 생명을 실현하는 계기로 파악하는 문제이다. 이러한 생명의 존재론으로부터 정치적 실천의 비전을 도출하는 것이 가능할까? 이 책 전체를 관통하는 이 질문을 나는 4부의 중심 질문으로 삼으면서, 그것을 '모든 민주주의를 민주화하는 절대민주주의적 역량'이라는 문제설정 속에서 다룰 것이다. 대의민주주의적이거나 직접민주주의적인 제도활동들을 절대민주주의적 구성력과 제헌권력의 창조적 진화의 계기들로 배치하는 것이 필요하다는 문제의식에 기초한 4부의 경험분석은 2부와 3부에서 서술될 자본과 노동의 전 지구적인 확장과 분기, 이중성과 상호역전의 장을 통과하여 그 세계적 공간 한가운데 위치 지어짐으로써만, 개개의 사례들이 국가라는 틀 내에서 벌어진 경우에조차, 내셔널리즘 공간을 넘어 좀 더 보편적인 공간을 향해 열릴 것이고, 생명의 지평이라고 부를 수 있을 사유의 지평 속에서 되새김 될 수 있을 것이다.

---

69. 키스 안셀 피어슨, 『싹트는 생명』, 이정우 옮김, 산해, 2005, 88쪽.

2부 절대군주화 : 자본의 세계화

2장 | 세계화의 양상

부르주아지는 세계시장의 개발을 통해서 모든 나라들의 생산과 소비를 범세계적인 것으로 탈바꿈시켰다. 반동배에게는 대단히 유감스럽게도, 부르주아지는 공업의 발밑에서 그 민족적 기반을 빼내 가 버렸다. 오래된 민족적 공업들은 파멸되었고, 또 나날이 파멸되어 가고 있다. 이 공업들은, 그 도입이 모든 문명국가의 사활문제가 되고 있는 새로운 공업들에 의해, 즉 더 이상 현지 원료를 가공하지 않고 아주 멀리 떨어진 지역의 원료를 가공하는, 그리고 그 제품이 자국 내에서뿐만 아니라 모든 대륙들에서 동시에 소비되는 공업들에 의해 밀려나고 있다. 국산품에 의해 충족되었던 낡은 욕구들 대신에 새로운 욕구들이 등장하는데, 이 새로운 욕구들은 그 충족을 위하여 아주 멀리 떨어진 나라들 및 풍토들의 생산물들을 요구한다. 낡은 지방적 및 민족적 자급자족과 고립 대신에 민족들 상호 간의 전면적 교류와 전면적 의존이 등장한다. 그리고 이는 물질적 생산에서나 정신적 생산에서나 마찬가지이다. 개별민족들의 정신적 창작물은 공동재산이 된다. 민족적 일면성과 제한성은 더욱더 불가능하게 되고, 많은 민족적·지방적 문학들로부터 하나의 세계문학이 형성된다. — 칼 맑스

"부르주아지는 세계시장의 개발을 통해서 모든 나라들의 생산과 소비를 범세계적인 것으로 탈바꿈시켰다."는 맑스의 이 말은, 1848년에 발표된 것으로서, 이제는 너무나 널리 알려진 『공산당 선언』의 한 구절이다. 공업이 영국처럼 선진적인 몇몇 지역에 국한되어 있었고 전 세계의 공업지대가 광대한 농업지역으로 둘러싸여 있었던 당시에 맑스는 '세계시장'을 이미 완성된 공간형태인 것처럼 서술하고 있다. 앞의 인용구가 보여주듯이, 그는 이때에 이미 물질적 생산의 세계화뿐만 아니라 비물질적 생산의 세계화까지 마치 전개된 현실인 것처럼 서술하고 있다. 우리는 먼 미래의 사태까지 생생하게 그려내는 이 예리한 서술법이 현실의 밑바탕에서 움직이는 강력한 추세, 실재적 경향을 포착하는 맑스의 고유하고 강력한 방법론의 성과라는 것을 이해하고 있다.

당시에 오늘날과 같은 의미의 세계화는 강력한 추세이고 경향이었지만 실현된 것, 즉 현실은 아니었다. 하지만 이제 우리에게 '세계화'라는 말은 너무나 익숙한 생활어이자 동시에 경험적 현실이 되었다. 신문과 방송은 마치 '쌀'이나 '자동차'라는 말을 사용하듯이 주지의 사실로서 '세계화'라는 말을 사용하고 있다. 구글에서 한국어로 '세계화'라는 단어를 검색하면 4백만 개 이상의 검색결과가 나온다. 여기에 같은 의미로 사용되는 '지구화'라는 단어의 검색결과를 합치면 더 많은 검색결과를 얻을 수 있을 것이다. 이것은 무엇을 보여 주는가? '한국어의 세계화', '전쟁과 세계화', '기업과 세계화', '세계화와 한국영화', '노동기준의 세계화', '빈곤의 세계화', '세계화 시대의 국내정치', '세계화와 테크놀로지', '관광의 세계화', 심지어 '우리 떡의 세계화'… 등등. 기업, 대학, 군대, 도시, 농촌, 가정, 산림, 바다 등 삶의 모든 영역이 세계화라는 유령 같은 힘에 의해 지배되고 있다. 20여 년 전, '세계는 넓고 할 일은 많다'는 김우중의 슬로건에서 대중적 표현을 얻고 김영삼의 세계화 정치에서 힘을 얻은 후 세계화는 이제 우리

1848년 독일 혁명을 그린 그림. 『공산당 선언』은 1848년 독일 혁명에 큰 영향을 미쳤다.

생활 깊숙이 영향을 미치는 외부적 힘으로서뿐만 아니라 우리들 자신의 어떤 내적 욕망인 것처럼 작용하고 있다.

그러나 세계화의 정체가 무엇인지 그것이 어떤 역사적 위치를 갖는 것인지 그것이 우리 삶에 대해 갖는 의미가 무엇인지는 아직 오리무중이다. 말들이 무성하면 할수록 그 실체가 더욱 희미해지는 것 같다. 이는 아마도 세계화를 보는 시선과 그것에 대한 사람들의 태도가 가지각색으로 나타나고 있기 때문일 것이다. 아니 색깔이 다를 뿐만 아니라 의견들이 서로 대립하고 있다고 하는 것이 더 정확할지도 모르겠다. 10여 년 전 세계화 문제의 초미의 쟁점이었던 한미FTA, 즉 한국과 미국의 자유무역협정을 놓고 발생했던 대립적 이견들을 생각해 보자. 사활을 걸고 한미FTA를 추진한 노무현 정부처럼, 세계화는 싫거나 좋거나 간에 따르지 않을 수 없는 대세이고 세계화를 통해서만 한국 사회의 후진성과 취약성을 극복할 수 있다고 보는 사람들이 있었다. 한국 사회의 현 상태가 일종의 경제적 질병을 앓고 있다고 보면서 일종의 충격요법을 통해 그것을 치유하고 '국익'을 키우자는 것이었다. 동북아 중심국가로의 도약도 한미

FTA를 통해서 이룰 수 있다는 것이 이 주장의 후렴구였다. 반면에 〈한미FTA 저지 범국민운동본부〉와 그에 소속된 백 수십 개의 단체들은 세계화가 국익에 도움이 되기는커녕 농업과 서비스업을 비롯한 한국의 여러 산업의 붕괴를 가져올 것이며 비정규직의 확산 등 고용상태의 심각한 악화를 가져올 것이라고 주장했다. 그 결과 그것이 극소수의 수중에 부가 집중되는 20 대 80, 아니 10 대 90의 양극화된 사회를 가져옴으로써 대다수 사람들에게는 그것이 재앙이 될 것이라고 주장했다.

이러한 의견 차이가 거리에서의 물리적 충돌로 비화한 가운데 한국과 미국의 정부 간 협상이 진행되었다. 이 협상의 결과가 우리 삶에 중대한 결과를 초래했음은 분명하다. 그렇다면 대체 어느 쪽 주장이 더 진실에 가까웠을까? 어느 쪽 장단에 맞춰 춤을 추는 것이 우리의 삶을 더 행복하게 만들 수 있었을까? 이런 물음들에 답하기 위해 나는 세계화가 왜 발생하는가, 그것의 양상이 어떠했고 미래가 무엇인가, 그리고 그것의 인류사적 의미가 무엇인가에 대해 함께 생각해 보고자 한다. '무엇이 세계화에 대한 우리의 올바르고 효과적인 태도인가'라는 물음도 당연히 다루어지게 될 것이다. 그런데 한 가지 먼저 이야기해 두어야 할 것이 있다. 우리가 비록 '무엇이 올바른가'라고, 즉 '무엇이 진실에 가까운가'라고 묻겠지만, 사실 이 세상 누구나를 고루 만족시킬 수 있는 진리란 존재하지 않는다는 것이다. 한미FTA나 세계화를 둘러싸고 분분한 의견들이 나타나고 그것이 대립과 충돌로 발전하는 것은 우리 사회의 현실이 그만큼 다양한, 그리고 적대적인 이해관계에 의해 찢어져 있다는 것을 나타내는 징후 외에 다른 것이 아니다. 진리를 놓고 벌이는 싸움은, 그것이 아무리 객관적인 듯한 의상을 걸치고 나타난다고 할지라도, 일반적으로 자신의 이해관계 혹은 지향을 관철하려는 실제적 목표에 의해 지배된다. 여기서 펼칠 이야기도 사회적 이해관계나 정치적 지향에서 초월해 있다고 할 수는 없다. 그렇지만 현존하는 특수한 이해집단을 편드는 것이 우리의 관심사는 아니다. 갈라져 있는 이해관계와 지향들을 재구성하여 혁신적이고 새로운 삶의 관계를 만드는 것이 우리의 관심사이다. 즉 우리의 관심은 '현재의 삶을 어떻게 새롭게 재구성하는 것이 우리에게 유익한가'라는 관점에서, 세계화와 한국 사회의 문제를 검토하는 데 있다. 이 때문에 여기에서 세계화를 보는 시각과 태도는, 단지 현 상태에서 자신의 실제적 이해관계를 관철하려는 사람들의 눈과 마음가짐이 아니라, 전적으로 우리의 삶을 혁신하는 일에 관심이 있는 사람들의 눈과 마음가짐에 조율되어 있다. 조금 더 철학적으로 표현하면 현실적인 사회가 아니라 가능한 사회가 이 이야기를 풀어감에 있어서 의미를 만들어가는 준거로 작용할 것이다.

세계화의 얼굴들

이미 세계화의 몇 가지 양상들에 대해 언급한 셈이지만 이제부터는 세계화가 어떤 얼굴로 우리에게 나타나고 있는지를 좀 더 구체적으로 살펴보자. 세계화의 얼굴을 그리는 일은 쉬운 일이 아니다. 왜냐하면 때로는 그것이 분명한 모습으로 나타나지만 때로는 가면을 쓰고 은밀하게 나타나기 때문이다. 그래서 세계화와 전혀 무관한 듯이 보이는 어떤 풍경이 실제로는 세계화의 특정한 모습인 경우가 흔히 발견된다. 그러므로 세계화의 전체적 얼굴은 나중에 그려 보기로 하고, 일단 그것이 우리의 사회적 삶에서 어떤 감각 가능한 현상으로 나타나고 있는지를 먼저 그려보도록 하자. 물론 그것의 전체적 상을 잡는 데 꼭 필요한 세계화의 원인들, 의미들에 대한 분석 역시 뒤로 미루도록 하자. 여기서는 세계화를 담론의 세계에서 끌어내 와서 우리가 겪고 있는 경험적 현실로서 느끼게 하

존 워너 바버, 〈1839년 7월, 아미스타드 선장 페레의 죽음〉, 1798~1885. 노예선 〈아미스타드〉의 선상반란을 그렸다.

는 것이 중요하다.

사회주의의 붕괴와 국가 간 체제의 해체

어떤 사람들은 세계화가 자본주의와 더불어 일찍이 시작된 것이라고 주장하면서 오늘날의 세계화에 특별한 의미를 부여하지 않으려 한다. 초기 자본주의가 식민주의적 세계무역을 통해 발전했고 19세기 말 이후의 자본주의가 제국주의적 식민화를 통해 발전한 것을 고려하면 터무니없다고는 할 수 없는 주장이다. 그래서 이런 사람들은 신자유주의적 세계화도 제국주의의 연장으로 이해하곤 한다. 그렇지만 역사에 대한 이런 그림은 너무 헐렁하다. 세계화라는 사건이 자본주의 역사에서 일관되게 쭉 지속되어 온 것으로 이해하기 때문에 우리 시대의 세계화가 이전 시대의 세계화와 무엇이 공통되고 무엇이 다른지에 대한 구체적 그림을 전혀 제시해 주지 못하는 것이다. 이 그림은 국민국가를 기축으로 하여 자국의 산업과 자본을 국경 너머로 확장하는 가운데 발생한 국제적 교류와 갈등을, 오늘날 국민국가를 넘어서 혹은 국민국가와 맞서며 전개되는 세계화와 같은 색으로 그린다. 다시 말해 국제화(즉 국가 간 관계)라고 부를 수 있는 사건과 세계화(단일한 세계 관계)라고 불러야 할 사건 사이의 차이를 삭제한다. 자본이 국민국가를 기축으로 하여 국경의 확장을 위해 움직이던 시대의 국제화와는 달리 세계화는 초국적 자본이 국민국가의 상위에서 그것을 자신의 하위 대행자로 삼으면서 자유롭게 운동하고 싶어 한다는 점에서 분명한 차이를 보인다. 후자에 해당하는 협의의 세계화의 역사는 전 지구적 규모에서 보다 엄밀하게 규정되어야 하겠지만 — 서구를 중심으로 보면 그것은 일반적으로 1968년 혁명 이후 그 여파로 시작되는 것으로 평가된다 — 나는 여기서 한국 사회를 중심으로, 즉 한국 사회가 세계화를 직접 경험하고 그것을 자신의 동학으로 받아들이기 시작한 1990년대부터를 '한국 사회에 유의미한 세계화의 시대'로 규정하고자 한다.

이런 조건 속에서 가장 먼저 이야기해야 할 것은 1990년을 전후하여 닥친 사회주의 국가들의 해체와 붕괴다. 사회주의 사회들은 20세기에 강한 국민국가 체제를 발전시켰다. 국가가 자본의 계획 주체일 뿐만 아니라 소유 주체이자 또 동시에 생산의 주체로서 국민통합의 중심 역할을 수행했다. 그러나 유럽에서 세계화가 개시되는 20세기 후반 이래로 강한 국민국가 체제는 이전의 진보적 기능을 상실하면서 점점 보수적인 체제로 되었다. 소련의 경우, 1980년대 중반에 고르바초프가 개혁(페레스트로이카)과 개방(글라스노스트) 정책을 시도하면서 교류와 생산의 세계화에 대응할 수 있는 유연한 국민국가로의 전화를 시도했지만 결국 1991년 사회주의 소련이 해체되고 동구형 신자유주의화가 시작되었다. 이에 앞서 1989년에 독일을 동과 서로 나누던 베를린 장벽이 붕괴되었는데, 사실상 이것은 사회주의에서 신자유주의 세계화로의 이행을 알리는 신호탄이었던 셈이었다.

세계화가 동구 사회주의 체제의 해체를 가져온 것을 증거로 들면서, 세계화는 서구 제국주의가 사회주의를 침략하기 위해 채택한 정책일 뿐이라고 이해하려는 사람들이 있다. 그러나 문제는 그렇게 단순하지 않다. 동구가 사회주의적일 때 서구는 사회민주주의적이었고, 동구의 사회주의가 붕괴하면서 실질적으로는 서구의 사회민주주의 체제들도 붕괴했기 때문이다. 20세기 후반에 서구형 복지체제를 지탱하던 중요한 축인 노동조합이 급격히 약화되었고, 이에 따라 노동계급을 국민으로 통합하는 역할을 떠맡고 있던 국가의 역할 역시 따라서 약화되면서 노사정의 타협체제가 깨지고 자본의 독주가 시작되었다. 이것은 국가에 의한 국민통합 체제에서 배제된 사회집단들, 즉 보장받지 못한 사회집단들이 1968년에 노동조합의 지도를 거부하면서 봉기했던 사건과 연관되어 있다. 사회의 밑바닥에 억눌려 있던 지층이 움직이기 시작하자 그 위에 얹혀 있던 보장노동자, 자본가, 그리고 국가의 삼위일체 체제가 깨지기 시작했다. 통합적 국민국가 체제로부터의 이탈 움직임은 사실상 동구에서 먼저 시작되었는지도 모른다. 1968년 5월의 파리에 앞서, 1953년에 동독, 1956년에 헝가리, 그리고 1968년에 체코슬로바키아에서 노동자와 민중들이 국민통합적 체제에 대한 저항과 정치적 탈주를 시작했기 때문이다. 하여튼 이후에 서구에서, 영국을 필두로 신자유주의를 수용한 '제3의 길'이 대두하기 시작한 것은 서구가 세계화의 흐름 속에서 국민국가 중심의 전통적 체제를 유지할 수 없게 되었음을 고백하는 사건이었다. 즉 20세기 후반에 서구가 세계화를 통해 동구를 신자유주의로 재편한 것이 아니라, 동구의 사회주의가 신자유주의로 이행한 것과 동시적으로 서구 사회민주주의도 신자유주의로 이행해 갔다고 하는 것이 더 설득력이 있다.

이 시기는 제3세계였던 한국에서도 거대한 체제변환의 시기이다. 한국에서 오래된 권위주의 국가체제를 붕괴시킨 사회변형의 추동력은 아래로부터의 거대한 민중적 힘에 의해 주어졌다. 이는 1980년 전후의 부산, 마산, 사북, 고한, 특히 광주에서의 민중항쟁들, 1987년 전후의 시민항쟁과 노동자투쟁이 증명해 주고 있다. 하지만 그 이후 노태우, 김영삼, 김대중, 노무현 정부로 이어진 역사가 '민주화'나 '사회화'보다는 '자유화'

에 의해 더 깊이 규정되어 왔다는 점을 우리는 놓치지 말아야 한다. 1987년에 등장한 민주화 세력 가운데 주류 부분은 자신을 자유화의 행동 부대로 자임하는 데 아무런 주저함이 없었다. 유시민은 노무현 정권의 탄생과 〈열린우리당〉의 다수당화를 통해 1987년 혁명이 완성되었다고 했다. 그렇다. 1987년 혁명은 자유화의 방향으로, 다시 말해 그 스스로 신자유주의의 첨병이 되는 방식으로 완성되었다. 이로써 권위주의는 신자유주의로 대체되었다. 신자유주의적 세계화는 이처럼 동/서와 남/북을 막론한 전 지구적 사건으로 출현했다.

새로운 세계질서와 전쟁의 세계화

1991년 소련이 붕괴하고 나서 부시 1세는 재빨리 '새로운 세계질서'를 선언했다. 놀랍게도 그 새로운 질서의 탄생을 알리는 축포는 걸프만에서 터졌다. 이라크가 쿠웨이트를 침공하자 미국이 이라크의 철군을 요구하며 전쟁을 일으킨 것이다. 미국은 이라크를 불과 3주 만에 쿠웨이트에서 몰아냈다. 그러나 그것의 결과는 전쟁의 종식이 아니라 전쟁의 전염병화였다. 미국이 전 세계를 무대로 전쟁을 벌임으로써, 아프리카, 발칸반도, 팔레스타인으로 이어지는 장기 전쟁의 시대가 개시되었다. 21세기가 9·11로 열렸을 때 미국은 마치 준비라도 했던 것처럼 아프가니스탄을 침공했다. 그리고 이때에 구체화된 '테러에 대한 전쟁' 논리가 지금 온 세상을 휩쓸고 있다. '테러에 대한 전쟁'은 유례를 찾아보기 힘든 예방전쟁의 논리다. 임의의 적을 설정하고 그것의 잠재적 위험성에 대해 전쟁을 벌이는 것이다. 부시는 스스로를 전쟁대통령이라고 자랑했다. 그는 자신의 입맛에 맞지 않는 나라들을 '불량국가' 리스트에 올려 영구전쟁의 표적으로 삼았다. 2002년 당시 미국이 지목한 대표적인 불량국가(즉 '악의 축')에는 이라크, 이란, 시리아에 북한이 더해졌다. 1차 걸프전 당시 미국의

2012년 3월 18일 미국 시카고에서 열린 반전 데모. "아프가니스탄에서 나가라!" "이란 전쟁 반대." "이란 진압 반대."

군사 공격을 받았고 이후에도 오랫동안 경제 제재를 당해야 했던 이라크가 첫 번째 표적이 되어 2003년 미국의 침공을 받았다. 미국은 1차 걸프전에서와는 달리 일방주의적으로 행동했다. 유엔의 승인도 없이 한국, 일본과 같은 동맹국들, 혹은 협력의 대가에 눈먼 몇몇 나라의 지지를 끌어내어 사실상의 단독 행동을 했다. 이 2차 걸프전은 1차 걸프전 때와는 다른 결과를 가져왔다. 1차 걸프전은 미국의 승리로 돌아갔으면서도 민중에 대한 후세인의 권력을 강화시켰던 반면, 2차 걸프전은 후세인을 권좌에서 끌어내리는 데 성공했으면서도 민중의 장기적 저항과 도전에 직면한 것이다. 미국에 의해 종전이 선언된 후에도 전쟁은 실질적으로 더 격렬하게 계속되었다. 미군의 사상자는 전쟁 때보다도 종전 이후에 훨씬 더 많이 생겨났다. 이런 상황에서 미국은 이란과의 새로운 전쟁을 준비했고 북한에 대해서도 전쟁위협을 중단하지 않았다. 아프가니스탄 전쟁도 수렁에 빠져들었다. 미국은 세계의 여러 곳에서 동시적으로 전선을 만들어 내면서 전쟁을 통해 먹고사는 전쟁국가로서의 실체를 백일하에 드러냈다. 1990년대 초 부시 1세가 선언한 새로운 세계질서는 부시 2세에 와서 영구적 전쟁질서로 그 실상이 드러났다. 세계화는 전쟁질서를 가져왔으며 전쟁의 세계화를 가져왔다. 지금 세계의 모든 나라 사람들은 전장에서 겪는 끔찍한 고통, 소스라치게 만드는 참상, 언제 닥칠지 모르는 전쟁의 불안을 한시도 벗어날 수 없는 상태에 있다. 미국인이라고 해서 예외가 아니다. 9·11 이후 미국 역시도 전장으로 변했다. 부시 정부가 9·11을 '새로운 진주만'으로, 미국 본토가 침략당했으므로 보복전쟁을 해야 한다는 전쟁논리의 근거로 이용하고 있기 때문이다.

대체 이 전쟁은 어떤 전쟁일까? 미국 자본의 해외수출과 미국 상품의 해외판매를 확장하고 원유와 같은 값싼 원료를 확보하기 위한 제국주의 전쟁일까? 미국이 국가의 이름으로 행동하는 한, 이러한 국민경제적 성격이 없다고는 할 수 없을 것이다. 분명히 미국의 하루하루의 삶은 중동의 석유에 크게 의존하고 있고 값싼 석유의 안정적 확보는 국민국가 미국의 존립에 절박한 요소임이 분명하다. 또 전쟁을 통해 미국의 무기를 소비하고 판매하는 것은 자본주의 미국으로서는 중요한 문제임이 분명하다. 하지만 지금의 전쟁의 본질적 성격은 그러한 것에 있지 않다. 전통적 제국주의 전쟁에서는 경제가 정치를 규정하고 정치가 전쟁을 규정했지만 지금의 정확히 역순이다. 전쟁이 정치를 규정하고, 정치가 다시 경제를 규정한다. 미국은, 자신이 절대군주 노릇을 하는 세계 권력들의 네트워크 질서를 유지하기 위해 이 질서의 아웃사이더들을 공격한다. 이렇게 해서 이 질서의 기반인 다중에게 공포를 조장하고 분열시켜 저항할 힘을 빼앗는다. 그래서 지금의 전쟁은 국민국가 간의 제국주의 전쟁이라기보다 전 지구적 절대군주 권력과 그에 의해 억압되는 다중들 사이의 내전에 더 가깝다. 전쟁은 이제 정치의 예외가 아니라 현대 사회의 정상이다. 오히려 고전적 의미의 경제와 정치가, 전 지구적 영구전쟁에 의해 규정되는, 일종의 예외로 뒤바뀌었다.

가난의 세계화

다시 말하지만, 지금의 전쟁은 내전이다. 그래서 전쟁은 폭탄이 날고 터지는 군사전선에서만 나타나고 있는 것이 아니다. 그것은 우리의 삶 깊숙이에서 나날이 전개되고 있다. 군사적 전쟁의 결과가 끔찍한 사망, 피 흘리는 부상, 집과 가족을 잃고 어떤 보호도 받지 못하는 상태로 떠돌기, 고아되기 등이라면 일상적 전쟁의 결과는 무엇보다 가난으로 나타난다. 가난은 군사적 폭력과는 다른 형태의 폭력의 결과다. 사회적 폭력, 특히 화폐적 폭력 말이다. 전통적으로 가난은 거주할 곳이 부실하고 먹을 것이 부실하고 입을 것이 부실한 것으로 나타났다. 사나운 정글에 던져진 아이처럼 벌거벗은 삶을 의미했다. 이제 신자유주의적 세계화와 세계화하는 지구가 이 벌거벗은 삶을 대량으로 생산하는 큰 공장으로 되었다. 권위주의 정부의 개발정치 때에는 오히려 예외적이었던 벌거벗은 삶이 노숙, 구걸, 부랑의 형태로 대규모로 창출되었다. 한국의 경우, 주지하다시피, 1997년 IMF가 그 전기轉機가 되었다. IMF 때에 대규모로 발생한 노숙의 삶은 지금도 사라지지 않고 계속되고 있다. 아니, 비정규직이 노동인구의 절대다수를 차지하게 됨으로써 노숙으로 가는 문턱이 더욱 낮아졌다. 비정규직의 사람들은 노숙의 벼랑으로 향하는 비탈에 놓여 있는 것과 같다. 폭탄으로 집이 부서져 오갈 곳이 없어진 이라크 사람들과 한국의 노숙자가 다를까? 이라크 피난민들이 살이 찢기는 아픔으로 고통받고 다음 폭격, 다음 테러에 대한 불안에 휩싸여 있다면 한국의 노숙자는 경찰들의 폭력, 같은 노숙자들로부터의 폭력, 추위 더위 폭우와 같은 자연의 폭력, 질병과 배고픔, 게다가 주위 사람들의 냉대로 인해 고통받고 있다.

전쟁 피난이 이제 사람들의 일상체험이듯이, 누구라도 언제든지 자신의 의지와는 무관하게 직간접적으로 겪는 체험이듯이, 노숙 역시 특별한 사람들의 특별한 체험이 아니다. 왜 이것이 우리의 일상이 되었을까? 현대의 전쟁질서는 그 질서의 유지를 위해 배제되는 사람들을 필요로 한다. 다시 말해 현대 질서는 부상당하고 병든 몸으로 거처마저 잃고 떠도는 사람들의 불안정과 위험을 통해 유지되는 질서다. 가난한 사람들의 체험이 처절하면 처절할수록, 또 그것이 공공연하게 노출되어 있으면 그럴수록, 그것을 피하기 위한, 즉 가난하지 않기 위한 사람들의 경쟁은 치열해진다. 이제 다시 그 경쟁이 현대의 총체적 전쟁질서에 기름을 부어주게 되며 그에 따라 피난민과 노숙자가 더욱 많이 생겨나게 되는 것이다. 전쟁과 경쟁은 우리의 삶을 위기의 삶으로 만드는 두 바퀴다.

노숙자들은 어떤 사람들인가? 노숙은 실업에 근거한다. 노동자들의 실업은 물론이고 작은 기업체를 운영하다가 파산하는 경우에도 사실상 그것은 실업에 속한다. 신자유주의적 세계화와 더불어 박정희, 전두환 정부 시절에 자랑하곤 했던 완전고용, 고용안정은 이제 옛말이 되었다. 점점 박정희 시절에 대한, 심지어는 일본 제국주의 시절에 대한 향수가 커지고 있는 것은 신자유주의적 세계화 이후의 삶이 그만큼 팍팍하고 거칠고 살벌하기 때문일 것이다. 이 살벌함과 긴장은 언제든지 자신의 직장에서 해고될 수 있다는 저 보편적인 불안에서 주어진다. 우리는 지금 사회적으로 보장된 시민들의 도시에서 살고 있지 않다. 우리는 언제 가스실로 끌려가 시체로 변할지 모르는 곳, 즉 강제수용소에 살고 있다. KTX 여승무원들이 이미 겪었듯이, 어느 날 아침에 갑자기 날아온 문자메시지가 당신의 해고를 알릴 수 있기 때문이다. 실업은, 사회적 보장장치들이 취약하기 그지없는 한국에서는, 사실상, 우리가 '삶'이라고 부를만한 가치를 갖는 최소한의 그 무엇조차 끝나는 시간이다. 사람들이 실업을 하늘이 무너져 내리는 것에 비교하곤 하는 것은 이 때문이 아닐까?

이런 실업이 세계화와 더불어 점점 체계화되고 제도화되고 있다. 김대중 정부와 노무현 정부 들어서 제정된 각종 법적·제도적 장치들이 실업을 점점 더 간단한 절차로 가능하게 만들더니 2006년 9월 12일에 민주노총을 배제하고 노사정 간에 합의된 노사관계 로드맵은 60일이었던 정리해고 사전통보기간을 기업 사정에 따라 30일까지 차등조정할 수 있다고 규정했다. 게다가 외국인 투자유치를 위한 지역에서는 이런 조건들조차 없애버리는 것이 예사다. 신자유주의적 세계화의 주동자들은 자본이 국가경쟁력을 높이고 국익을 선양하는 주체인 한에서 자본의 활동 자유를 구속하는 것들은 최대한 억제하고 폐기해야 한다는 생각에 따라 행동한다. '자본은 구세주다. 그러므로 자본은 전적으로 자유로워야 한다.' 이것이 신자유주의적 세계화의 기본강령이다.[1] 자본이 자유롭기 위해서는 노동하는 사람들이 오직 **자본의 자유**를 위한 수단으로 간주되어야 한다. 필요할 때 사용하고 불필요할 때 버릴 수 있는 것이어야 한다. 오늘날 입법과 사법을 포함한 법과정은 이러한 논리를 구축하고 사회 속에 관철하기 위해 존재하고 있다. 다시 말해 그것은 한편에 부, 다른 한편에 가난이라는 양극화의 현실을 가져오는 기계장치로 작동되고 있다. 권력은 '성장'과 나란히 개혁을 외친다. 하지만 그것은 이 기계장치에 오작동이 없도록 업그레이드하는 것 외에 다른 것이 아니다.

신자유주의 세계화에서는 정말 어떤 개인이든지 순식간에 가난해질 수 있다. 그리고 어떤 기업이든지 순식간에 붕괴할 수 있다. 심지어 어떤 국가라도 갑자기 붕괴하여 가난의 땅으로 전락할 수 있다. 세계 제2의 강대국이었던 소련의 해체에서 우리는 이미 이것을 목격했다. 그것을 '마땅

---

1. 2017년 대선에서 구 〈새누리당〉인 〈자유한국당〉의 홍준표는 자본의 이러한 신자유주의 기본강령을 어떤 주저나 숨김도 없이 공약화했다. '규제는 기업에 대한 정부의 통제 수단이므로 모든 규제를 풀겠다, 기업에 정규직 채용을 강요하는 것은 시장질서에 위배된다, 기업의 경쟁력을 약화시키는 강성노조를 타파해야 한다' 등등. 이는 2012년 대선에서 구 〈새누리당〉의 박근혜가 동일한 규제 완화를 '경제민주화'라는 보자기에 싸서 공약으로 내놓았던 것과 대조된다.

히 붕괴되어야 할 악의 제국'의 붕괴로 덮어 두어야 할까? 결코 그렇지 않다. 부채에 의지하여 돌아가는 세계에서 부채상환능력의 상실은 언제 어디에서건 나타날 수 있는 현상이다. 부채는 신용이며 신용은 미래를 건 도박이다. 미래가 자신의 뜻대로 되지 않을 가능성은 어떠한 개인이나 기업, 국가를 불문하고 아니 인류 자체에 주어져 있다. 아시아의 용 한국이 붕괴한 것은 1997년이었고 남미의 급속하게 발전하던 국가 아르헨티나가 붕괴된 것은 2000년이었다. 미국이라고 해서 예외일까? 아마 그렇지 않을 것이다. 미국은 무역적자와 재정적자로, 세계에서 가장 큰 부채를 짊어지고 있는 나라다. 상상하기 어려울 정도의 부채를 짊어지고서 미국이 하루하루 돌아가는 것이 경제학적으로는 풀기 어려운 신비일 정도다. 세계를 뒤덮고 있는 미국의 군사력이 달러기축 체제를 지키지 못한다면, 달러기축 체제 덕분에 세계의 잉여자본이 달러화되어 미국으로 유입되지 않는다면, 미국은 순식간에 붕괴할 수 있다. 이미 세계의 유수한 연구기관들이 미국의 붕괴를 점치면서 포스트달러 체제에 대한 대비를 주문하고 있다. 이처럼 가난은 모든 개인, 모든 기업, 모든 국가가 겪을 수 있는 보편적 가능성으로 되었다.

그렇다면 부는 누구의 수중에 집중된다는 것인가? 지금 그것은 특정한 영토에 얽매이지 않은 초국적 금융자본 형태로 집중되고 있다. 미국의 군사력도 미국 시민보다는 초국적 금융자본을 지키기 위해 봉사한다고 할 수 있을 것이다. 이들이 지금 세계자본주의의 주요 행위자들이다. 이들이 세계 권력을 장악하고 있는 주체들이다. 세계의 산업자본들은 기관화된 초국적 금융자본에 의존하고 있다. 그러면 이들은 세계 프롤레타리아와 구분되는 세계 부르주아지인가? 확실히 이들은 유일한 지배계급으로서의 세계 부르주아지이다. 하지만 이들은 프롤레타리아와 인적으로 구분되는 인간 집단이 아니다. 빌 게이츠, 소로스 등등의 이름을 열거하는 것으로 초국적 금융자본을 설명할 수는 없다. 그것은 전 세계의 기술적·인간적·자연적 힘들이 맺는 특정한 사회적 관계양식이기 때문이다. 이해를 돕기 위해, 노동이 초국적 금융자본과 맺는 관계만 간단히 살펴보자. 놀랍게도 지금 세계의 노동자들의 소득은 초국적 금융자본을 구성하는 중요한 부분이다. 이들의 근로소득 중의 일부는 원천적으로 각종 연금이나 보험의 형태로 징수되어 기관투자가의 수중에 집중된다. 이것이 초국적 금융자본의 형태로 지구를 떠돌며 착취, 수탈, 축적을 행한다. '있을 수 있는 질병', '노후'와 같은 미래 삶을 사회가 책임져 주지 않는 환경에서 점차 많은 사람들은 신용기관에 자신의 미래를 의탁할 수밖에 없게 되었다. 미래를 위해 노동자들이 자신의 현재소득 중 일부를 부득이 신용 및 보험 기관에 위탁하지 않을 수 없게 될수록 초국적 금융자본이 점점 비대해 지는 것이다. 오늘날의 양극화는 이처럼, 한쪽에는 부의 탈영토적 집중이 나타나고 다른 쪽에는 모든 사람들의 가난이 축적되는 새로운 세계적 현상이다. 오늘날 집중된 부의 규모가 유례없을 뿐만 아니라 최근에 등장한 가난도 인류에게 유례없는 현상이라 해야 할 것이다. 왜냐하면 그것은, 공동체적 보호막을 완전히 벗어버린 가난, 즉 처절한 비참이기 때문이다.

전 지구적 정보화

1990년대 들어 우리 사회에 세계화와 더불어 확산된 것은 정보화이다. 신문에 이어 라디오가 낡은 매체가 된 지 오래지 않아서 텔레비전이 벌써 낡은 매체로 되어가고 있다. 무엇이 그것들을 낡게 만들고 있는가? 휴대폰, 인터넷, 위성미디어. 오늘날 거리를 걷는 사람들은 휴대폰으로 누군가에게 뭔가를 말하거나 들으면서 걷고 있다. 집에 들어오면 무섭게 인터넷에 접속한다. 인터넷에 접속한 채 아예 집 밖을 나가지 않으려

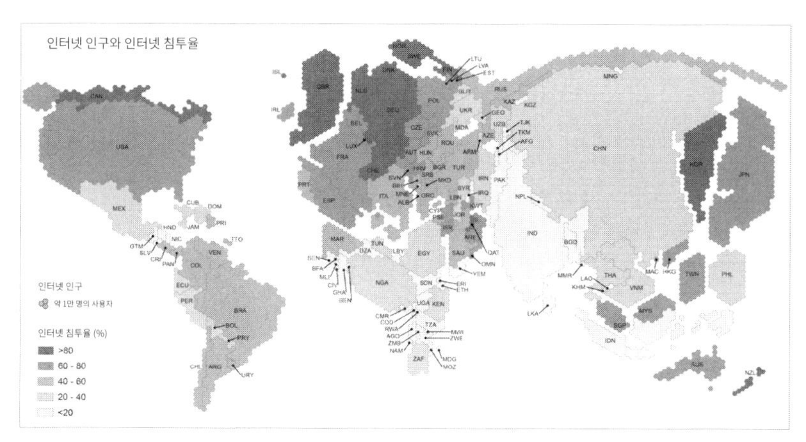

지구적인 정보불평등 현황을 확인할 수 있는 지도

는 사람들이 늘어나고 있다. 또 GPS에서 보이듯이, 인공위성은 오늘날 전쟁, 노동, 일상, 여가를 잇는 망으로 되고 있다. 모든 것이 이제 위성과 인터넷으로 연결되었다. 개인의 가정이 전 지구적 정보네트워크에 연결된 지는 오래되었다. 기업이 연결되었다. 공장이 연결되었다. 학교가 연결되었다. 교회가 연결되었다. 농촌이 연결되었다. 군대가 연결되었다. 달리는 자동차가 연결되고 이동하는 개개인들이 정보네트워크에 연결되었다. 그 결과 감옥조차도 전자장치를 통한 원격통제로 그 모습을 바꾸어 가고 있다. 그 결과 현대의 생산은 분리된 공간에서 고립되어 행위하는 공장과 농촌의 노동자들의 생산활동이 아니라 정보네트워크를 통해 전 지구적으로 연결된 지구인들의 정보적 생산활동이다.

세계화는 이렇듯 정보의 세계화와 함께 진행되고 있다. 그런데 그것은 안타깝게도 뚜렷한 위계질서로 조직되고 있다. 정보 부자와 정보 빈자의 격차가 심각하게 나타나고 있는 것이다. 세계의 전자적 정보네트워크는 불평등하게 분포되어 있다. 미국과 유럽이 중심이 되고 아시아와 남미 등이 이를 둘러싸고 아프리카와 중동 등이 주변에 놓이는 전통적 위계구조가 여기서도 재생산되고 있다. 이것은 여러 가지 조건에 의해 규정된다. 하드웨어, 소프트웨어, 언어 등이 모두 그 조건을 구성한다. 아프리카나 아시아의 많은 지역에는 가장 기본적인 하드웨어인 컴퓨터나 핸드폰을 갖지 못한 사람이 매우 많다. 인도 같은 곳은 전화조차 없는 가구가 압도적 다수이다. 요행히 이것들을 한 번 가졌다 할지라도 주기적으로 갱신되고 있는, 그리고 그 주기가 점점 짧아지고 있는 하드웨어의 업그레이드를 따라갈 수 없게 된다. 소프트웨어의 경우는 더 심각하다. 지적재산권법은 정보 기득권 세력인 서구의 소수 강자들을 위한 법률로 되어, 가난한 사용자들의 접근을 가로막는 높은 문턱을 만들어 가고 있다. 또 현재 정보네트워크가 포함하는 콘텐츠의 점점 더 많은 부분이 영어로 작성되어 가고 있다. 그래서 영어를 사용할 능력이 없는 사람들은 정보네트워크상에서도 배제된다. 토익이나 토플 혹은 GRE와 같은 영어 자격고사의 성적을 입시에 반영하는 대학이 늘어났다. 세계의 권력 구조를 우리들의 삶 속에 각인하는 일을 대학이 앞장서서 수행한다. 물론 민족어들로는 지구세계의 다양한 삶의 요구들을 충족시켜줄 수 없다는 것이 분명하다. 하지만 영어라는 민족어가 국제공통어로 될 때, 언어세계의 불평등은 더욱 커지고 그것이 다시 현실의 불평등을 더욱 심화시킬 것이다. 에스페란토처럼 좀 더 수평적인 언어를 세계 공통어로 도입함으로써 영어와 같은 특정 민족어의 세계 공용어화가 가져오고 있는 차별과 불평등을 억제하고 세계시민의 삶을 실제적으로 공통되도록 만들려는 노력이 절실한 때이다.

생태파괴의 세계화

이제 세계화가 가져오는 생태문제에 대해 살펴보도록 하자. 돌아보면 생태라는 문제는 세계화와 그것의 결과를 통해서 가장 크게 주목된 개념인 것 같다. 서울 대기오염의 주범으로 알려져 온 자동차 운행에 따른 오염 영향은 15% 미만인 반면 중국발 오염물질이 서울 미세먼지의 50% 이상을 차지한다는 보고[2]는 대기나 물이 국경을 따라 나뉘어 있지 않고 끊임없이 유동하고 있음을 보여 준다. 각국이 근대적 산업화를 향해 치달던 20세기에 생태문제는, 식별된 경우에조차, 전문가들만의 관심사로 남아 있었다. 그런데 신자유주의적 세계화가 자본주의의 반생태적 결과를 세계 전역에 빠르게 이식하고 전염시키면서 갑자기 생태 문제는 누구도 외면하거나 회피할 수 없는 절박한 문제로 대두되었다. 지금 우리는 물을 사서 먹는 것에 이미 익숙해졌지만 인류 역사에서 이것처럼 새로운 현상은 없을 것이다. 지구상에 있는 물의 양은 14억㎦이지만 그중에서 민물은 2.6%에 불과하다. 그리고 인간이 쓸 수 있는 물, 즉 '흐르는 물'의 양은 0.77%뿐이다. 하지만 세계 물 소비량은 20년마다 2배로 늘고 있다. 선진국일수록 물 소비량의 증가폭이 크다. 통계에 의하면 경제개발협력기구OECD 회원국들의 1인당 물 소비량은 사하라 이남 아프리카 지역의 15배에 이른다고 한다. 자본주의의 신자유주의적 세계화는 물의 상품화를 가속화했고 이제 물의 가격이 폭등하고 물을 공급받지 못하는 인구가 급증하고 있다. 이제 다중들은 물을 먹기 위해 기업들과 투쟁을 해야 하는 상황이다. 이미 볼리비아, 멕시코시티 등지에서 주민들이 물의 상품화에 반대하고 물의 자치를 위해 투쟁을 벌인 바 있다.

신자유주의적 세계화는 이처럼 생태파괴의 세계화이다. 물과 대기뿐만 아니라 많은 동식물들이 이 급속한 자본주의적 세계화를 견디지 못하고 죽어가고 있다. 프란츠 브로스위머는, 1970년 이후 전 세계의 숲이 거의 절반으로 줄었고, 물고기의 4분의 1이 사라졌다고 밝히고 있다. 공

---

2. 서울대 보건대학원 백도명 교수팀이 환경부에 제출한 용역보고서 : 박은호, 「[심층진단-수도권 대기개선책 (상)] 예산 4조원 '경유차 대책' 실효성 의문」, 『서울신문』, 2006년 9월 4일 4면, http://www.seoul.co.kr/news/newsView.php?id=20060904004002.

룡이 멸종하고 나서 6,500만 년 동안 멸종 생물은 연평균 10종 이내였지만 최근에는 매일 100여 종의 생물이 사라지고 있다고 한다. 인류는 생태계 자원에 의존하는 존재다. 따라서 인류가 생태계를 파괴한다는 것은 자신의 존재조건을 파괴하는 것이다. 지금의 생태파괴는, 인류가 다른 동식물에 대한 대량학살뿐만 아니라 인류 자신의 집단자살을 가져올 길로 달려가고 있음을 보여 준다. 이것은 누가 보아도 끝이 막힌 길이다. 생태문제가 이제 전문가나 활동가의 관심사를 넘어 다중 자신의 절박한 문제로 되고 있는 것은 이 점이 누구에게나 너무나 명확한 것으로 인식되고 있기 때문일 것이다. 산업폐기물, 핵폐기물, 음식물 쓰레기 등 온갖 폐기물들이 사회적 갈등의 초점이 되고 있다. 신체의 건강이 대기, 물에 의존함은 물론이고 우리가 입고 먹고 사용하는 상품들의 물리화학적 구성에 의존하고 있다는 사실은 이제 다중의 상식으로 되어가고 있다. 이렇게 생태에 대한 고려 없는 어떤 개발도 정당화될 수 없음이 명확해졌음에도 불구하고 생태를 돌보지 않는 자본주의 축적기계는 멈추지 않고 오히려 더 빠르게 돌아가고 있다. 생태를 치유불가능할 정도로 철저히 파괴하는 이 자본주의적 축적기계는 인류를 생태에 기생하는 암세포로 만들어 가고 있다. 죽어야 하는데 죽지 않고 살아남아, 다른 세포를 잡아먹으며 증식하는 세포 말이다.

세계화 비판의 양상

투쟁의 세계화와 전략 문제

지금까지 우리는 세계화가 가져온 인류의 어두운 얼굴을 살펴보았다. 전쟁, 가난, 정보위계, 그리고 생태파괴, 이것들은 중요한 문제들이다. 여기서 다루지 않은 것 중에서 대규모 이주노동자의 문제도 아주 중요한 문제에 속할 것이다. 한국의 경우에도 이제 이민이나 이주노동자의 문제는 딴 나라의 이야기에 속하지 않는다. 벌써 40만 이상의 이주노동자가 한국에서 일하고 있다. 사실상 더럽고 어렵고 위험한 일들 대부분이 이주노동자들에 의해 수행되고 있다고 해도 과언이 아닐 정도다. 2004년 이주노동자의 방송으로 설립되어 2011년 이주민 방송으로 확장했고 라디오에서 TV로 발전한 이주민 방송국은 베트남, 몽골, 인도네시아, 미얀마 등 여러 나라의 언어로 방송을 진행한다. 이주노동자는 이제 우리 노동세계의 일부일 뿐만 아니라 생활세계의 일부다. 그런데도 한국의 정치와 법은 이들을 배제하는 데 열중하고 있다. 물론 그 배제의 태도는 모순으로 가득 차 있다. 한편에서는 이주노동자에게, '합법적이지 않으면 한국에서 떠나라!'며 험상궂은 얼굴로 위협한다. 여기에는 경찰의 거리심문과 추적과 체포가 실제로 따른다. 이주노동자는 이 때문에 노동의 위험 외에 정치의 위험까지 무릅쓰며 살아야 한다. 다른 한편에서 한국의 정부와 기업은 이주노동자들을 절실하게 갈망하고 있다. 그들이 필요한 것이다. 기업 세계의 하층에서 이루어지는 밑바닥 노동은 이제 이주노동자 없이 수행될 수 없다. 주로 한국인 노동자들이 담당하는 좀 더 상층의 다른 노동형태는 이러한 노동에 의존하고 있다. 그래서 한국 정부는 이주노동자를 정문으로 내쫓고 뒷문으로 받아들이기를 계속하고 있는 것이다.

초국적의 화폐자본들이 거들먹거리면서 사회의 상층을 주름잡고 해외에서 건너온 옷이나 가전도구와 같은 상품들도 의젓한 자격을 얻어 시장의 한 자리를 당당하게 차지하고 있는데 노동력만은 단속반에 쫓겨 뒷골목으로 숨어 다니고 도망치다 발목뼈가 부러지고 감옥으로 연행되고 심지어는 스스로 노동력으로서의 가치 자체, 즉 목숨을 아예 끊는 일조

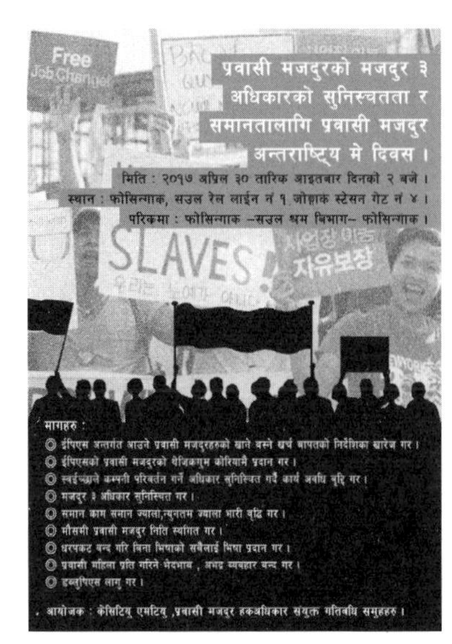

2017년 4월 30일 이주노동자 메이데이 집회 공지 포스터. 〈이주노동자노동조합〉은 이 포스터를 한국어, 영어, 네팔어 등 세 개의 언어로 제작해 홈페이지에 게시하였다.

차 속출하고 있다. 자본주의적 기준으로 보더라도 금융상품이나 소비상품과 다를 바 없이 사고팔리는, 동일한 상품인데도 말이다. 참으로 고르지 못한 세계화다. 그래서 이주노동자들의 삶은 세계화가 우리 사회에 가져온 어둡고 어두운 얼굴들 중의 하나이다.

하지만 이주노동자들은 어둡기만 한 얼굴은 아니다. 이들은 우리 사회의 새로운 주체성이다. 오래 억눌려 살다가 일어선 여성들처럼, 이주노동자들도 점차 자신들의 생활상의 고통과 불만을 사회적 개혁의 요구로 정식화하여 제기하면서 주체화되고 있다. 단속추방을 중단시키고 노동허가제를 쟁취하고, 노동비자를 획득하고, 이주노동자를 전면 합법화하기 위한 노력을 시작했다. 이를 위해 이주노동자들은 노동조합을 결성하고[3] 서로의 단결을 강화하는 한편 한국 사회와 세계의 다른 노동조직들과의 협력을 강화하기 위한 노력을 기울이고 있다.

이주노동자들의 조직화는 세계화 속에서 탄생하는 다른 얼굴이다. 그것은 어두운 얼굴에 가려 잘 보이지 않는다. 하지만 세계화 과정에는 우리가 앞에서 묘사한 것과는 전혀 다른 얼굴이 숨어 있다. 나는 이것을 투

3. 2005년 4월 24일 이주노동자 100여 명이 〈이주노동자노동조합〉을 출범한 후, 법정 안팎에서 10여 년에 걸친 지난한 투쟁을 거쳐 2015년 8월 20일 노동조합 설립필증을 받고 합법화되었다.

쟁의 세계화라고 부르고 싶다. 이것은 신자유주의적 세계화가 직접적으로 가져오는 것이 아니라 그것에 대항하면서 자라나고 있는 일종의 탄생, 즉 생성하는 얼굴이다. 투쟁의 세계화는 지금까지 일국적 한계 속에서 발전해 온 투쟁들의 성격을 바꾸어 놓는다. 신자유주의적 세계화에 대항하는 투쟁 속에서 그것들은 우리가 완전히 다른 유형의 세계화를 향한 길을 상상하지 않을 수 없도록 자극하고 있다.

세계화는 지구상에서 얼굴도 없이 살아가던 수많은 사람들을 투쟁의 길로 나서지 않을 수 없도록 강제했다. 1994년 1월 1일에는 멕시코 치아빠스 주 라깡도나 정글에서 원수민들이 봉기했다. 우리가 이름을 알지 못했을 뿐 아니라 그 존재 자체를 몰랐던 사람들이다. 이들은 미국과 멕시코의 자유무역협정에 반대하면서 그것을 신자유주의에 대한 반대로 상승시키고 다시 그것을 개념상의 인류를 실질적 인류로 구축하기 위한 투쟁으로 발전시켰다. 1995년 라깡도나 정글에서는 치아빠스 원주민을 비롯하여 전 세계에서 모인 수천 명의 시민, 예술가, 기자, 활동가 등이 '신자유주의에 반대하고 인류를 수호하기 위한 대륙 간 회의'를 열었다. 이 회의는 자본의 세계화가 어떻게 투쟁의 세계화를 촉발하는가를 보여 주는 중대한 역사적 사건이었다. 사빠띠스따 외에도 우리는, 20세기에 투쟁의 주체로 간주되지 않았거나 그저 노동계급의 지도를 받아야 할 것으로 간주되었던 사회집단들이 신자유주의적 세계화에 반대하고 다른 대안을 모색하는 주체적 투쟁의 길로 나서는 것을 목격했다. 핵폐기물 쓰레기장 건설에 반대하는 세계 각지의 주민들, 토지를 점거하는 행동에 나선 브라질의 토지 없는 농민들, 1999년 WTO 협정에 반대하기 위해 시애틀에 결집했던 페미니스트들, 동성애자들, 아나키스트들, 또 2000년 아르헨티나에서 모습을 나타냈던 비정규직 노동자들과 실업 노동자들의 집단인 저항 삐께떼로들, 이탈리아의 실업자·비정규직 노동자들의 조직인 디

스오베디엔띠disobedienti 등등이 그들이다. 신자유주의적 세계화의 얼굴이 어둡고 거친 만큼 그것에 저항하면서 새로운 삶을 찾는 투쟁들도 절박한 만큼 새로운 희망을 향한 열정으로 움직였다. 이 투쟁들의 힘에 기대어 21세기 첫 10년 동안에 남미에서는 이른바 좌파적 경향의 정당들이 여러 곳에서 집권했다. 그중에는 칠레에서처럼 여성이 대통령이 되는 경우도 있었고, 볼리비아에서처럼 원주민이 대통령이 되는 경우도 있었다. 베네수엘라에서는 이제는 고인이 된 우고 차베스가 빈민들의 지지로 대통령이 되었고 여러 번에 걸친 미국의 쿠데타 시도에도 불구하고 빈민과 민중들의 지지로 정권을 유지하는 데 성공한 바 있다. 그는 쿠바와 손을 잡고 신자유주의적 세계화와는 다른 세계화의 방안으로 남미 수준에서의 볼리바르 협정ALBA을 추진하기도 했다.

세계화 : 정책인가, 발전단계인가, 사회구성인가

그런데 투쟁의 세계화라는 움직임 속에는 크게 보아 두 가지의 흐름이 있었음을 간과해서는 안 될 것이다. 하나는 세계화에 반대하고 지역화를 추구하는 흐름이다. 신자유주의적 세계화를 극복할 수 있는 대안은 지역화이지 세계화가 아니라는 것이다. 이 흐름은, '세계화가 이토록 참혹한 결과를 가져오고 있는데 다시 무슨 세계화란 말인가?'라고 반문한다. 지금 지역화가 아니라 세계화를 주장하는 것은, 그것이 어떤 종류의 것일지라도, 그것의 참혹한 결과를 지속하자는 주장에 다름 아니라고 비판한다. 이 흐름도 자세히 살펴보면 다시 작은 흐름들로 나뉘어 있는 것을 볼 수 있다. 그중에서 지배적인 것은 현재의 민족국가를 자본가 계급의 수중에서 빼앗아서 그것을 노동계급과 민중을 보호하는 데에 사용하자는 생각이다. 이것은 전통적으로 사회주의를 지지했던 좌파 조류가 제시하는 방향이다. 이들에게서 지역화는 영토화로, 즉 국가화로 인식된다. 이들은, 세계화보다는, 노동계급이 지배하는 영토적으로 분할된 국가들을 먼저 세우고 그 후에 이들 사이의 연합이 있을 수 있다고 생각한다. 전통적이고 오래된 국제화의 발상이다. 또 하나의 흐름은 지역화를 국가보다 훨씬 작은 규모의 지역공동체들의 분산적 구축으로 이해하는 흐름이다. 이것은, 중앙집권적 국가 자체가 생태파괴의 주범으로 기능해 왔다는 문제의식 속에서, 오직 분산된 생태공동체들과 그들 사이의 연합만이 생태를 지키면서 지속가능한 발전을 이루어나갈 수 있는 대안이라고 주장한다. 아나키즘의 연방주의도 이러한 흐름의 일부이다.

지역화의 흐름이라고 부를 수 있는 앞의 두 흐름과는 다른 두 번째 흐름이 있다. 이 흐름은 지금의 참혹하고 어두운 결과는 세계화 자체의 결과가 아니라 신자유주의적 자본주의 세계화의 결과로 이해한다. 그것은 재구성된 노동의 힘을 흡수하기 위해 자본 주도로 위로부터 추진된 신자유주의적 세계화와는 다른 방향에서, 즉 아래로부터 세계화를 추진하자고 주장한다. 이 흐름은, 반세계화 방향의 지역화 노선과 구별 지어 대안세계화 흐름이라고 불리고 있다. 현재 진행되는 세계화 흐름에 대한 대항과 그것의 전복적 전유를 통해서 다른 세계화가 완수될 수 있다고 보는 이러한 생각은 우선 첫 번째 흐름, 즉 지역화 노선이 세계화에 대한 하나의 대안이되 능동적 대안이 아니라 수동적 대안이며 진보적 대안이 아니라 보수적 대안이라는 판단에 기초하고 있다. 이 흐름은 신자유주의적 세계화를 자본이 취하는 하나의 정책으로 이해하는 경향이 있다. 세계화의 이러저러한 결과들이 특정 주체들(초국적 금융자본, 특정 국가, 특정한 정당, 특정한 집단 등등)에 의해 선택된 정책들의 효과라고 보는 것이다. 그래서 지역화(혹은 국가화)와 같은 다른 정책의 선택을 통해 세계화 정책의 나쁜 효과들을 억제하자는 생각을 제시한다. 지역화와 국가화가 성공한다면 세계화의 나쁜 결과들을 억제하는 데 도움이 될 수 있으리라는 생각은 분명 설득력을 갖는다. 특히 현행의 세계화가 갖는 생태파괴의 문제는 생태적 지역화를 통해서 억제되거나 극복될 수 있을 가능성이 있다. 그리고 지금의 세계화가 심화시키고 있는 양극화의 문제는 복지적 국가화를 통해서 일정하게 억제될 수 있을 가능성이 있다. 그러나 자본주의는 지역에서 출현하여 국가화로 나아갔고 지역 수준에서의 자본주의나 국가 수준의 자본주의도 세계화와 마찬가지로 그 나름의 고유한 문제를 드러낸 바 있음을 잊어서는 안 될 것이다. 엄밀하게 말하면 재지역화나 재국가화라고 해야 할 지금의 지역화나 국가화 논의가 (그 구체적 내용에서 과거의 것과 차이가 있다 하더라도) 보수적이라는 것은 이런 의미에서다. 게다가 신자유주의적 세계화가 지역화나 국가화를 이용하는 경우도 드물지 않음에 유의해야 할 것이다.

하여튼 지역화 및 국가화 논의는 현재의 세계화를 잘못 선택된 정책으로 보고 정책 방향을 지역이나 국가를 중심으로 설정함으로써 신자유주의적 세계화의 문제를 해결할 수 있다고 본다. 때로는 대안세계화 논의에서도 세계화를 정책의 문제로 사고하는 경향이 있다. 다른 점이 있다면 여기서는 세계화가 아니라 신자유주의를 문제적인 정책으로 보면서 그와는 다른 정책을 설정함으로써 다른 세계화를 가져올 수 있다고 보는 점이다. 그런데 여기서 우리는 물어야 한다. 과연 세계화나 신자유주의, 혹은 신자유주의적 세계화가 하나의 정책 꾸러미일까? 그래서 정책의 변경을 통해 해결될 수 있는 문제일까?

이 물음은 '지금의 세계화하는 자본주의를 어떻게 이해할 것인가'라는 좀 더 근본적인 문제에 연결되어 있다. 1916년에 레닌은 전쟁이 한창인 상황에서 그 전쟁이 어디서 연유하고 있고 그 전쟁의 성격이 무엇이며 그것의 역사적 위치가 무엇인지를 연구했다. 이것을 통해서 그는 당대의 전쟁을 제국주의 전쟁으로, 즉 제국주의 나라들이 세계영토의 재분할을 놓고 치르는 전쟁으로 이해했다. 그의 이해에 따르면 제국주의는 독점자본주의 단계의 자본주의다. 물론 독점자본주의는 자유경쟁, 자유무역과 대립되는 것이 아니라 자유경쟁을 바닥에 깔고 앉아 그 위에서 정립되는 독점자본주의이다. 산업자본 수준에서의 무한 경쟁이 독점자본을 낳고 이들은 은행자본과 융합하여 트러스트나 카르텔과 같은 독점체들을 결성한다. 이들은 국내에서 자신이 생산한 잉여가치를 실현할 수가 없기 때문에 해외로 나가지 않을 수 없다. 자본을 수출할, 싼값의 원료를 확보할, 다시 그 원료로 만든 상품을 판매할 식민지가 필요했던 것이다. 결국 이들은 국가의 무장력을 앞세워 세계 영토의 재분할을 위한 전쟁에 나서게 된다. 독점체들 사이의 자유경쟁이 전쟁의 형태로 나타나는 것이다. 이런 의미에서 전쟁은 레닌에게는 필연적인 것으로 이해되었다. 그의 통찰력은 이 필연적인 전쟁의 시대를 혁명의 필연성으로 전환시키려는 곳에서 나타난다. 그는 제국주의를 자본주의의 최근 단계로 이해하면서 '제국주의 전쟁을 내전으로' 전환시켜야 한다고 주장했다.

반면 카우츠키는 전쟁이 각국의 병합정책으로 인해 발생한다고 보았다. 제국주의를 산업자본주의 국가들이 취하는 일종의 병합정책으로 이해한 것이다. 그는, 레닌과는 달리, 카르텔을 자본 간 전쟁의 필연성의 토대가 아니라 자본의 초제국주의적 연합의 토대로 이해했다. 이것은 자본 간 평화의 가능성을 시사한 것이다. 또 이것은 초제국주의가 성립되면 프롤레타리아가 그것을 장악하여 유럽공화국으로 만들 수 있고 그러면 사회주의로의 평화적 이행이 가능할 수 있다는 생각을 시사했다. 그래서 그는 국내에서의 자유경쟁과 국제 자유무역에 기초한 민주주의의 강화를 사회주의로의 평화적 이행 대안으로 사고했다. 카우츠키의 생각에 따르면 제국주의의 병합정책은 초제국주의적 연합정책으로 바뀔 수 있는 것이고 이런 의미에서 전쟁은 우연적인 성격을 갖는 것이었다.

1904년 8월 14일 네덜란드 암스테르담에서 열린 제2인터내셔널 6차 회의에 참석한 인사들. 맨 뒷줄 오른쪽에서 세 번째 사람이 독일을 대표로 참석한 카우츠키이다. 그의 왼편으로 오스트리아의 빅터 아들러와 폴란드 대표로 참석한 로자 룩셈부르크가 있다. 맨 앞줄의 동양인은 일본 대표 가타야마 센이다.

우리는, 오늘날 이 두 사람이 직면했던 것과 동일한 문제, 다시 말해 '전쟁을 어떻게 이해할 것인가'라는 문제에 직면해 있다. 세계화가 전쟁의 세계화로 나타나고 있기 때문이다. 하지만 카우츠키와 레닌의 논쟁내용을 지금의 시대에 기계적으로 대입하는 것은 위험하다. 전쟁이 일상화되었지만 1910년대와는 달리 독점자본주의 나라들 사이의 팽팽한 전쟁이 아니라 세계 강대국들의 연합체와 세계질서의 주변에 놓인 혹은 그것에서 배제된 약하디약한 나라(의 민중) 사이의 전쟁이라는 비대칭 전쟁의 형태를 띠고 있기 때문이다. 그렇지만 우리에게도, 이 전쟁이 우연적인가 필연적인가, 특정한 정치 주체들이 선택한 정책이 낳는 효과인가 자본주의의 특정 단계가 강제하는 정치형태인가를 판단하는 것은 중요한 문제다. 이에 대한 판단에 근거해서만 실제적인 대안을 사고할 수 있을 것이기 때문이다.

21세기의 전쟁은 고전적 의미의 제국주의 전쟁으로 볼 수 없다. 또 자본주의가 사회주의를 향한 어떤 필연적 단계들을 거쳐 가고 있다고 볼 수도 없다. 또 경제적 독점이라는 문제가 현대 자본주의의 핵심 문제라고도 보기 어렵다. 나중에 다루게 되겠지만, 현대 자본주의를 이해하기 위해서는 레닌과는 다른 개념틀이 필요하다. 하지만 분명한 것은, 세계화가 분명 정책적 수준에서 이해될 수 있는 차원의 문제가 아니라는 점이다. 세계화에 지역화나 국가화를 대치시키고 신자유주의에 케인즈주의나 사회(민주)주의를 대치시키는 방식으로 대안이 정립될 수는 없다. 세계화는 하나의 정책 꾸러미가 아니다. 제국주의를 정책으로 이해하는 것은 '경제와 정치를 분리시켜 이해하는 것이다'라는 레닌의 생각은 우리 시대에도 중요한 시사를 준다. 지금의 세계화는 정치의 수준에서만 이해될 수 없고 경제의 수준에서도 이해되어야 하며 더 나아가 우리의 노동과 삶의 수준에서도 이해되어야 한다. 전쟁의 세계화, 가난의 세계화, 정보의 세계화, 그리고 생태파괴의 세계화는 복합적으로 이해되어야 한다. 다시 말해 세계화는 우리가 사는 시대의 **독특한 사회구성**으로, 요컨대 전지구적 정치구성, 자본구성, 계급구성, 노동구성의 수준에서 동시에 이해되어야 한다. 그리고 대안의 문제도 이 복합적 수준에서 찾아져야 한다. 이곳에서, 우리에게 필요한 것은 새로운 정책이 아니라 새로운 사회혁명이라고 성급히 주장할 수도 있겠지만 이런 주장은 구체적 분석을 통해서 뒷받침되지 않으면 공허한 구호로 떨어지기에 십상이다. 그러므로 이제 세계화의 기원과 동력에 대한 좀 더 구체적인 분석으로 나아가 보자.

3장 | 세계화의 기원과 동력

2장에서 우리는 세계화가 사실의 차원에서 어떤 모습으로 나타나고 있는지를 살펴보았다. 우리가 경험하고 있는 세계화는 무엇보다도 전쟁의 세계화, 가난의 세계화, 전 지구적 정보화, 생태파괴의 세계화로 나타났다. 그런데 세계화가 왜 이런 모습들로 나타나게 되었을까? 이것들이 세계화의 필연적이고 유일한 경로이자 귀착점일까? 다른 모습의 세계화는 불가능할까? 이 물음들에 답하기 위해서는 세계화의 현상형태들을 그 밑에서 움직이고 있는 에너지 흐름과 연결시켜서 살펴보지 않으면 안 된다. 다시 말해 사실적 경험의 차원을 넘어서는 심층의 발생 메커니즘과 그 동력을 살펴보아야 한다. 이렇게 함으로써 우리는 한편으로, 지금의 세계화가 자연 파괴, 사람들 사이의 위계의 심화, 전 지구적 갈등의 격화 등으로 나타나는 것이 결코 우연적인 것이 아님을 더 잘 이해할 수 있을 것이다. 그리고 다른 한편으로 우리는, 지금의 세계화가 가져오는 현상들이 세계화의 유일한 모습도 최종적 모습도 아니며 다른 세계화의 잠재력이 지금의 세계화 과정 속에서 그것에 대항하며 움직이고 있음을 확인할 수 있을 것이다. 지금의 세계화는 분명 전쟁과 비참의 타율적 세계화로 나타나고 있지만 그것은 지금의 세계화가 사회적 적대 속에서 그리고 자본의 독재를 위하여 진행되고 있기 때문에 나타나는 결과다. 그렇기 때문에 이 적대적 과정 속에서 다른 세계화, 즉 연대와 희망의 자율적 세계화의 실재적 가능성을 찾아내고 이것의 동태를 구체적으로 그려내는 것은 매우 중요하고 절박한 일로 되고 있다. 왜냐하면 세계와 삶의 실질적 변화는 바로 이 실재적 가능성과 경향의 현실화 이외에 다른 어떤 것도 아니기 때문이다.

세계화의 두 가지 기원

우리가 속해 있는 자본주의 사회는 강제노동을 통해 잉여가치를 생산하고 또 그것을 착취하는 체제다. 주체와 대상을 좀 더 명확하게 표현하면 그것은, 자본이 잉여가치의 착취를 위해 모든 사람에게 노동을 강제하는 체제다. 그런데 이 체제가 가동되기 위해서 자본은 몇 가지 중요한 문제들을 극복해 나가지 않으면 안 된다. 그 문제들이 무엇일까?

자본의 제국주의

첫째로 잉여가치를 창출하기 위해서 자본은 먼저 노동하지 않으면 안 되는 사람들을 만들어 내야 한다. 주지하다시피 잉여가치란 노동력의 재생산비(즉 노동하는 사람들이 생존을 위해 필요로 하는 가치) 이상으로 생산된 가치를 가리킨다. 잉여가치가 생산되기 위해서는 무엇보다도 그 가치를 생산할 노동자들이 있어야 한다. 그러나 자연상태에는 자본을 위해 노동할 사람들이 존재하지 않는다. 그리고 사람들은 살아남기 위해서 자신을 팔지 않으면 안 되는 상황에 있지 않은 한, 타인을 위해 노동하려고 하지 않는다. 그렇기 때문에 잉여가치를 창출하기 위해서 자본은 누군가가 자신을 위해 노동하도록 만들어야 하고 그러기 위해서는 그가 노동하지 않을 수 없는 상황으로 몰아넣어야 한다. 이 상황이란 누군가에게 고용되지 않고서는 생활에 필요한 물품을 획득할 수 없는 상황인데, 그것은 생산수단이 박탈된 상황을 의미한다. 이것이 자본주의의 첫 번째 문턱이자 근본문제이다. 그래서 자본은, 그들 자신의 생산수단을 갖고 일하는 사람들(예컨대 자영농민들)을 그 생산수단으로부터 무자비한 방식으로 분리시켜야 했다. 흔히 시초축적이라 불리는 이 과정은 무자비한 폭력을 수반하는 것이었다. 이때 국가가 생산자와 생산수단의 폭력적 분리를 위한 도구로 이용되었다. 그런데 시초축적은 계속된다. 왜냐하면 최초의 시초축적으로 충분한 것이 아니며 이후에도 일상적으로 생산수단과 생산자의 결합을 저지하고 그 분리를 유지하는 데 성공해야 하기 때문이다. 그렇지 못하면 고용노동이 사라지게 되고 임금이나 잉여가치라는 범주 자체가 성립될 수 없게 되며 자본주의 역시 재생산될 수 없기 때문이다. 이 분리작업은 특정 지역이 아니라 사회 전체의 수준으로 확대되지 않으면 안 되는데 역시 폭력을 독점한 국가가 이 분리를 생산하고 유지하는 효율적인 장치로 자본에 의해 이용되어 왔다.

자본이 직면하는 두 번째 문제가 있다. 노동력이 노동수단에서 강제적으로 분리되고 노동수단이 자본에 독점되어 노동력 자체가 자유롭게 사고팔 수 있는 상품으로 된 한에서, 그래서 노동력이 자본에 의해 자유롭게 구매할 수 있는 물품으로 된 한에서 노동력의 가치는 노동력의 재생산비에 의해 결정된다. 왜냐하면 모든 상품은 그것을 재생산하는 데 필요한 사회적 노동시간에 의해 결정되기 때문이다. 자본은 노동력의 재생산비(즉 노동력을 보전하면서 노동자가 사회적으로 생존하는 데 필요한 최소비용인 임금)를 주고 노동자는 노동할 수 있는 능력을 제공한다. 이 경우에 자본과 노동력 사이의 교환은 서로 줄 것을 주고받을 것을 받는다는 형식, 즉 등가교환의 형식을 통해 어떤 강제도 없이 자유롭게 이루어지는 것으로 보인다. 판매된 노동력은 노동과정에 들어가게 되는데 이곳이 자본에게는 가치생산의 과정이다. 자본이 노동력을 구입하는 이유는, 그것이 노동과정을 통해 자신의 가치(필요노동시간) 이상의 가치(잉여노동시간)를 생산하는 특수한 상품이기 때문이다. 여기에서 필요노동의 가치와 잉여노동의 가치는 반비례한다. 그런데 노동자가 사회적으로 생존하는 데 필요한 비용이 어느 정도인지가 객관적으로 주어지지 않으며 그것이 항상 역사적 문화적 도덕적 조건에 의해 좌우되는 가변적 양이라는 데 문제가 있다. 노동자가 기계가 아니라 인간인 한에서 더 좋은 옷을 입고 더 좋은 곳에서 자고 책을 읽거나 영화를 보는 것 등이 노

1945년 인도 〈캘커타전차선로노동조합〉 파업. 파업은 9일간 지속되었다.

동력을 보전하면서 살아가는 데 필요한 것인가 아닌가는 객관적 기준에 따라 결정될 수 없기 때문이다. 더구나 노동이 근력을 사용하는 활동을 넘어서 점점 더 많은 지적 정서적 힘을 요구함에 따라 잉여가치의 양도 위협받게 된다. 자본에 주어지는 잉여가치의 양을 위협하는 것은 필요노동의 가치만이 아니다. 총 노동시간도 쟁론영역이다. 왜냐하면 노동자는 노동할 수 있는 잠재력으로서의 노동력을 팔았지 노동 자체를 팔지는 않았기 때문에 작업장에서 노동자로 하여금 그의 노동력을 노동으로 현실화하도록 만드는 문제, 그리고 어느 정도 현실화하도록 만들 것인가 하는 문제는 자본과 노동 사이의 갈등영역으로 나타나게 된다. 자본 측에서 규율의 부과와 감독, 노동 측에서 저항·도피·사보타지 등이 나타나게 되는 것은 이 때문이다. 이렇듯 노동력의 재생산비 이상의 가치로서의 잉여가치는 끊임없이 노동자와 자본 사이의 그때그때의 역관계에 의해 규정되는 것으로 남게 된다. 자본과 노동 사이에 투쟁과 협상이 그치지 않고 있고 임금과 이윤의 수준이 계급들 사이의 투쟁의 문제로 되고 있는 것은 이 때문이다. 이 과정에서 노동도 국가의 중재와 그 힘에 의한 재분배를 기대하지만 오히려 자본이 국가를 노동과의 투쟁에서 승리하기 위한, 즉 잉여가치의 창출에 성공하고 그 양을 가급적 높은 수준에서 결정되도록 만들기 위한 결정적 무기로 이용한다.

자본이 생산자를 생산수단으로부터 분리시켜 노동하는 인간 집단을 만드는 데 일단 성공했고 또 노동과의 투쟁에서 일정하게 승리하여 생산과정에서 잉여가치를 창출하는 데 성공했다고 가정하자. 이것으로 만사가 해결되는 것이 아니다. 자본은 이렇게 생산된 잉여가치를 이윤, 이자, 지대의 형태로 실현하지 않으면 안 된다. 왜냐하면 잉여가치는 일반적으로는 창고에 쌓인 상품들의 형태로 나타날 것이기 때문이다. 여기에 자본이 직면하는 세 번째 문제가 있다. 생산된 잉여가치가 유통과정에서 소비되어 이윤으로 환원되지 않는 한 생산과정에서의 승리는 결실을 거두지 못하고 물거품으로 되고 말 것이다. 과잉생산 공황은 바로 이러한 사태가 나타나는 전형적 모습이다. 그래서 자본은 필사적으로 생산된 잉여가치를 실현해야 한다. 그런데 일국의 자본에게는 문제가 있다. 국경 내의 총자본이 생산한 잉여가치는 그것이 잉여가치인 한에서 (즉 자국 노동자들의 필요 이상의 가치인 한에서) 자국의 노동자들에 의해 소비될 수 없기 때문이다. 잉여가치 실현을 위한 시장은 국경 외부에서 구해질 수밖에 없다. 그래서 자본은 이윤 실현을 위해 끊임없이 외부를 필요로 하게 되고 외부를 내부화하기 위해 국경 너머로 나아가게 된다. 식민주의가 자본의 이러한 외부로의 이동경향을 표현했고 이후의 제국주의에서는 아예 국가가 자본의 국외 이동의 첨병이 되어 상품시장 뿐만 아니라 원료시장과 자본수출 시장을 개척하게 된다. 그래서 외부를 식민지로 만들어 내부화하면서 살아가는 제국주의는 자본에 내재적인 경향이라고 말해도 좋을 것이다. 또 일국의 자본들이 각국에서 잉여가치를 창출하고 이것을 실현할 시장을 확보하기 위해 해외로 진출할 수밖에 없는 한에서 자본주의에서 국가들 사이의 전쟁은 필연적인 것이라 해야 할 것이다.

노동의 국제주의

요컨대 잉여가치를 착취하고 축적하기 위한 체제로서의 자본주의는 그것이 국민국가를 경계로 하면서 발전하는 한에서 일국 내부에서는 노동에 대한 자본의 독재로, 대외적으로는 제국주의로 나타날 수밖에 없다. 그래서 어떤 사람들은 오늘날의 세계화 과정에서 나타나는 억압과 전쟁, 양극화 등을 자본주의의 이 내적 경향의 연속적 발전으로 이해하곤 한다. 그런데 오늘날의 세계화는 자본 내재적인 이 경향들의 연속적 발현이면서도 독특한 변형 속에서의 발현이다. 이 변형이 무엇인가를 파악해야만 현대의 세계화의 고유성이 구체적으로 파악될 수 있고 그래야 현재를 넘어설 구체적 길을 찾을 수 있을 것이다.

무엇보다도 현대의 세계화는 전통적인 제국주의와는 달리 탐식할 외부가 더 이상 존재하지 않는 조건 속에서 전개되고 있다. 제국주의가 필요로 하는 자본주의의 외부, 전前자본주의적 공간은 더 이상 존재하지 않는다. 심지어 2차 세계대전 이후에는 이전의 식민지들조차도 독립하여 자본주의적 경쟁의 대오에 뛰어들었다. 과거에 전쟁은 정치의 예외적 연속이었는데, 이제는 정치가 전쟁의 예외적 연속일 정도로 전쟁이 항상화되었다. 하지만 오늘날의 전쟁은 식민지 영토분할을 위한 국가 간, 특히 강대국 간의 전쟁과는 너무나 다른 것으로 나타나고 있다. 이라크 전쟁에서 보이듯이 연합한 강대국들이 취약한 약소국을 공격하는 비대칭 전쟁이 전형적인 양상으로 되고 있기 때문이다. 이 점에서 오늘날의 세계화는 오히려 자본의 전 지구적 연합이라는 색다른 특질을 드러내고 있다. 국제연합UN의 구축과 그 지위의 상승, 그리고 다양한 정치적, 군사적, 경제적 국제기구의 발전은 이것의 대표적 사례들이라고 할 수 있겠다. 자본에 내재적인 제국주의가 이러한 연합 현상을 가져올 수는 없다. 이것은 분명히 다른 것에서 기원하는 것이다. 그렇다면 그 기원은 무엇일까?

여기서 우리는 자본과의 투쟁 속에서 노동이 제기해 온 국제주의를 생각하지 않을 수 없다. 자본에 대항하기 위한 노동의 투쟁은 출발부터 국제주의적이었다. 공산주의자 동맹, 제1인터내셔널, 제2인터내셔널, 그리고 제3인터내셔널 등은 국경을 넘는 노동자들의 혁명적 단결을 목표로 만들어졌다. 이외에도 〈세계의 산업노동자들〉IWW을 비롯하여 다양한 노동자 조직들이 국제적 수준에서 구축되었고 지금도 구축되고 있다. 자본이 국가를 노동에 대한 독재를 위한 무기로 활용하기 위하여 국가주의적일 때에, 그래서 국가 간의 전쟁을 자신의 발전의 논리로 삼고 있을 때, 노동은 프롤레타리아들 사이의 평화와 우애와 단결을 주장하고 실천했다. "만국의 프롤레타리아여, 단결하라!"는 맑스의 구호는 이것을 잘 표현하고 있다. 자본이 제국주의적일 때 노동은 오직 국제적 수준에서 단결함으로써만 자본에 대항한 투쟁에서 승리할 수 있었다. 왜냐하면 제국주의는 프롤레타리아를 국경을 따라 분할하여 지배하는 정치전략이었기 때문이다. 노동이 국경의 한계 속에서 승리할 수 없다는 것은 분명했다. 1차 세계대전 당시 유럽의 사회민주주의자들이 애국주의로 돌아섬으로써 자본에 통합되어 버린 사례는 이 점을 잘 보여 준다. 레닌은 이런 시류에 맞서 프롤레타리아 국제주의의 기치하에서 사회애국주의와 투쟁함으로써 러시아 혁명을 승리로 이끌 수 있었다.

그런데 노동의 국제주의는 자본에 대항하기 위한 방법일 뿐만 아니라 노동 그 자체에 내재적인 경향의 표현이기도 하다. 자본은 본질적으로 축적을 위한 **경쟁관계**이지만 노동은 근본적으로 **사회적 협력**이다. 생산과정은 자본에게는 교환가치를 생산하는 과정이지만 노동에게는 사용가치를 생산하는 과정이다. 노동력 시장에서 개별 노동자들이 경쟁적일 때조차 실제의 노동과정은 협력의 과정이고 협력 속에서만 노동의 사용가치 생산능력이 최대한 발휘될 수 있다. 국제주의는 노동의 이 보편적 협력의 성격을 자본의 제국주의에 대립시키면서 정치적으로 표현하기 위한 기치였다. 그러나 노동의 혁명적 국제주의는 러시아 혁명 이후에 비참한 패배를 맞이하게 된다. 외부적으로 보면 그것은 혁명의 국제적 파급을 저지하기 위해 자본이 노동의 국제주의를 포위·압박한 것의 효과이기도 했다. 하지만 내부적으로 보면 그것은 노동이 국가 관념을 내면화하고 국가를 중심으로 사회주의를 발전시키는 길을 선택한 것의 결과이기도 하다. 스탈린의 이른바 일국 사회주의는 노동의 혁명적 국제주의의 총체적 패배를 뚜렷이 보여 준다.

역전逆轉 1 : 자본의 국제주의와 노동의 일국주의

그러나 러시아 혁명에서 보여 준 프롤레타리아의 혁명적 국제주의는 자본을 놀라게 하기에 충분했다. 그래서 자본은 노동의 기치였던 국제주의를 반혁명의 기치로 전용轉用한다. 1차 세계대전 이후 창설된 국제연맹은 그 사례라 할 것이다. 그러나 당시 자본의 이 국제주의가 얼마나 무력한 것이었는가는 2차 세계대전의 발발이 웅변적으로 증명하는 바이다. 자본에 내재적인 제국주의가 자본의 국제주의 틀을 깨며 분출되어 나왔던 것이다. 그렇지만 자본의 국제주의는 분명 새로운 현상이었으며 노동의 일국주의 역시 새로운 현상이었다. 자본이 국제주의로 전향할 때, 노동이 일국주의로 돌아서는 이 역설적 광경은 지금의 신자유주의하에서도 동일한 구도로 벌어지고 있다. 자본이 세계화를 주장하고 실행할 때,

노동에 기반을 둔 좌파의 일부는 국가화 혹은 지역화를 대안으로 내세우고 있기 때문이다. 진보와 보수가 뒤바뀌는 이 현상의 기원은 스탈린주의에 있는 것일까? 분명 스탈린주의는 노동과 국가를 긴밀하게 묶어서 일국사회주의를 주장하고 역사적으로 일반화한 데 대해 책임이 있다. 이 점에서는 국제사회주의자들의 스탈린주의 비판이 정당성을 갖는다. 하지만 노동 속에 국가가 내면화된 역사는 스탈린 시대보다 훨씬 오래되었다. 이미 언급한 바 있는 사회애국주의는 국제사회주의 운동사에서 스탈린 체제의 등장 전에 국가가 노동운동 속에 내면화된 아주 분명한 한 사례일 것이다. 레닌은 1916년에 쓴 『국가와 혁명』에서 프롤레타리아트가 기존의 국가기관을 장악하여 그대로 사용할 수 없다는 맑스의 생각을 발전시켜 혁명은 기존 국가기관의 분쇄를 필요로 한다고 썼다. 하지만 그는 1917년에 있었던 실제의 혁명과정에 이 생각을 적용하지는 않았다. 즉 기존의 국가기관을 장악하여 그것을 분쇄함이 없이 사용했다. 노동 속에 국가가 내면화된 역사는 더 소급할 수 있다. 실제로 제2인터내셔널은 노동계급에 의한 국가의 장악과 민주화를 기본 강령으로 삼고 있었으며 20세기 초 사회애국주의의 출현은 이 기본강령이 전쟁기에 극단적인 모습으로 나타난 것에 다름 아니라고 말할 수 있다. 그렇다면 맑스와 엥겔스는 어떠했을까? 두 사람이 함께 쓴 『공산당 선언』에는 이후 사회민주주의 정당들이 강령화하는 것과 큰 차이가 없는 국가권력 장악과 국가 민주화를 위한 계획이 명확하게 나타난다. 1848년 혁명 당시 이들은 노동의 사회적 해방을 위해서는 국가의 장악을 통한 정치적 해방이 선행되어야 한다고 보았다. 그러나 1870년 파리코뮌 경험을 거치면서 맑스는 자신의 이러한 견해가 낡은 것이 되었다고 말한다. 노동의 정치적 해방조차도 기존의 국가기관을 장악하여 사용하는 것으로 달성될 수 없으며 노동계급의 정부는 기존 국가를 분쇄하면서 나타나는 일종의 반半

1871년 5월 16일 파리 방돔 광장의 무너진 나폴레옹 조각상과 코뮈나르들

국가로서의 코뮌이라고 말이다. 이 전환과 수정이 결정적이었음에도 불구하고 이러한 생각은 주류 사회주의 운동의 역사에서는 단절되고 소수적 흐름 속에서만 살아남았다. 다시 말해 그 생각은 1916년에서 1917년 초의 레닌, 일부의 평의회 공산주의자들, 국제상황주의자들, 자율주의자들 등에게만 중요한 것으로 받아들여졌을 뿐이고 주류 사회주의 운동은 기존 국가의 장악과 이용을 사회변혁의 핵심적 문제로 사고했다.

이러한 역사는 무엇을 의미하는가? 생산의 영역에서 노동이 국경의 울타리 안에서 이루어지고 국제관계는 주로 유통의 영역에서만 나타나는 시기에 노동은 기존의 국가를 해체의 대상이 아니라 이용의 대상으로 받아들인다는 것이다. 그래서 노동은 부르주아 사회에 대항하는 투쟁을 국가로 조직된 노동, 즉 민중 권력을 통해 수행하려고 한다. 그 결과 근대 국민국가의 기초가 된 혈통, 언어, 영토, 문화 등이 민족 관념을 매개로 하여 고스란히 노동에 내면화되어 왔다. 이런 한에서 노동은 그것이 아무리 민족주의에 대한 이론적 비판의 태도를 취한다 할지라도 실제에 있어서는 언제든지 민족주의에 동화될 수밖에 없었다. 민족주의에 동화된 노동의 정치는 스탈린주의로뿐만 아니라 파시즘으로도 나타났다. 나아가 20세기 서구를 지배한 사회민주주의 정치 역시 동일한 경향의 표현이었다고 할 수 있다. 또 제국주의에 대항하여 나타난 민족해방 운동들의 초점도 민중을 어떻게 **독립된 국가**로 조직할 것인가에 놓여 있었다. 이렇게 국가, 국민, 민족이 부르주아 정치뿐만 아니라 프롤레타리아 정치의 초점으로 된 상황을 정당화하는 논리가 유행했는데, 국가는 상대적으로 자율적이며 중립적인 것으로 누가 그것을 장악하여 이용하느냐에 따라 성격이 달라진다는 주장이 그것이었다.

그런데 이러한 상황 속에서도 국가는 더욱 노골적으로 자본으로서의 자신의 정체를 드러냈다. 지구의 동서나 남북을 불문하고 국가는 직접적 자본으로 전화되었는데 이른바 제1세계인 서구나 제2세계인 동구, 그리고 제3세계들에서 자본의 지배적 형태로 나타난 국가자본이 바로 그것이다. 국가자본은 국가가 단순한 정치적 계획 주체를 넘어, 그 자체가 경제적 소유 주체로 또 이윤 생산의 주체로 전화한 단계의 자본이다. 이 단계에서 국가는 더 이상 사회로부터 분리된 환상적 공동체가 아니며 사회 속에서 움직이는 **자본 그 자체**이다. 이 단계에서 사회의 공동체적 필요는 사회로부터 분리된 환상적 공동체인 국가에 의해서가 아니라 사회 속의 자본에 의해 직접 충족되어야 한다. 국가는 점점 기업으로 되며 기업은 점점 국가처럼 되는 수렴작용이 발생하게 되었다. 아울러 이 시기에 자본의 제국주의는 그 전통적이고 전형적인 형태에서 벗어난 변형태로 나타나게 된다. 냉전을 그 동력으로 삼아 은폐된 형태로 발전한 20세기 후반의 제국주의들이 그것이다.

1968년 혁명과 노동의 새로운 국제주의

그렇다면 프롤레타리아트의 국제주의는 사라져 버린 것일까? 그렇지 않다. 1968년의 혁명은 새로운 국제주의의 출현을 보여 준다. 이 혁명은 프랑스에서 시작되어 유럽으로 확산되었을 뿐만 아니라 놀랍게도 유럽 범위를 넘어 세계 전역에서 동시다발적으로 전개되었다. 이 무렵 지구 전역에 혁명의 파도가 덮치지 않은 곳이 드물었다고 해도 과언이 아닐 정도였다. 1917년 이전의 프롤레타리아 국제주의가 전위들, 당들의 국제주의로 나타났고 그것이 국가 간의 국제주의를 예비하고 있었다면, 그래서 부르주아지가 쉽게 전유할 수 있는 형태를 띠었다면 1968년 이후의 국제주의는 대중 수준에서의 국제주의로, 사회운동 사이의 직접적 연대로, 국가에서 독립적인 국제주의로 나타났다. 그러므로 엄밀한 의미에서 이것은 국가 간 관계를 의미하는 '국제國際'라는 말에 부합하지 않는 것으로 국가를 넘는 노동의 유대의 새로운 유형이 개시된 것을 의미한다. 노동의 국제주의의 이 제2차 파도를 우리는 아래로부터 사회운동의 세계화(혹은 지구화)라고 부를 수 있을 것이다.

흔히 1917년의 혁명은 승리한 혁명으로 1968년의 혁명은 패배한 것으로 설명되지만 이것은 결코 역사적 현실에 대한 유효한 설명이 아니다. 1968년 혁명의 파급 효과는 그야말로 전 지구적이고 전 사회적이었다. 오히려 그것은 1917년 혁명보다도 더 심원한 영향을 미쳤다. 누가 이러한 사태를 끌고 나갔던 것일까? 좁게 말한다면 보장받지 못하는 노동자들이었다. 임금노동에서 주변화되어 있으나 노동체제에 묶여 있던 실업자, 가사노동을 하면서도 노동으로 인정받지 못하는 여성, 노동력으로 양성되는 과정에 있으면서 어떠한 보장도 받지 못하고 비정규직 아르바이트로 생활하던 학생들, 법률적 인정을 받지 못하고 불법체류자로 떠돌던 이주노동자들, 공장 내의 하층 미조직 노동자들 등이 그들이었다. 이들은 노동과 자본의 타협체제인 복지국가의 최하층에서 삶이 아니라 생존을 영위하는 데 급급한 비참의 상태에 있었다. 이들은, 모든 사람들을 강제로 노동하게 하면서 동시에 노동에서 배제된 집단들을 인위적으로 형성하여 차별하는 체제, 즉 일반화된 노동체제에 도전했고 노동거부를 통해 이 체제를 해체시키고자 했다. 이러한 투쟁은 무엇보다도 국가를 중심으로 자본 우위에서 노동과 자본이 타협하고 있던 체제를 균열시켰다. 비보장의 노동자층을 통제하여 산업평화를 달성하는 것의 대가로 체제로부터 특권적 대우를 받았던 조직들, 즉 국가와 일체화된 노동당들이나 노동조합 조직들의 권위는 심각하게 실추되었다. 왜냐하면 비보장 노동자층이 더 이상 보장 노동자층의 통제를 받아들이지 않으려 한다는 것을 보여 준 1968년 혁명은, 이들 전통적인 보장 노동자 조직들이 실업자나 비정규직을 포함하는 노동계급 전체를 더 이상 통제할 수 없다는 사실을 명확하게 보여 주었기 때문이다. 이후 노동당과 노동조합에 주어지던 국고지원이 급격하게 축소되는데, 이것은, 이 전통적 조직들이 자본주의 체제를 유지하는 데 더 이상 중요한 역할을 할 수 없게 된 것에 대한 자본권력의 정치적 정리해고 조치였다.

"대중 권력". 68혁명의 포스터

역전 2 : 신자유주의적 세계화와 삶권력

조직된 노동자들을 포섭함으로써 프롤레타리아트 전체를 통제하는 것은 케인즈주의적 통제의 주요한 축이었다. 이 수단을 잃어버린 자본은 직접 노동과 대결하지 않으면 안 되는 상황으로 내몰렸다. 자본이 선택한 투쟁수단 중에서 가장 중요한 것이 바로 직장폐쇄와 자본이동이다. 오늘날 자본의 세계화는 바로 여기에 그 기원을 두고 있다. 전투적인 노동에 대한 통제가 쉽지 않은 상황에서 산업자본가들은 직장을 폐쇄하고 자본을 화폐화시켜 IMF와 같은 국제적 금융기관에 예치시켰다. 화폐자본은 가장 이동하기 쉬운 형태의 자본이다. IMF에 축적된 화폐자본에는 물론 산업자본으로부터 금융자본으로 전환된 것만 있었던 것은 아니다. 1970년대 초에 노동계급에 대한 공격정책의 일환으로 채택된 고유가 정책으로 인해 산유국이 벌어들인 오일달러도 IMF 기금 형성에서 큰 몫을 차지했다. 이렇게 해서 거대해진 금융자본은 아프리카, 남아메리카, 아시아 등에 투기적으로 투자되어 지구의 산업지도를 바꾸어 놓게 된다. 남아메리카와 아시아에서 신흥의 공업 지역이 생성되면서 해당 국가들이 급성장을 했던 반면 서유럽의 경우는 저항적 노동자들이 일자리를 잃고 실업자가 되거나 첨단산업으로의 산업구조 재편에 발맞춰 새로운 노동능력을 갖추도록 강요되었다. 요컨대 서구 자본의 직장폐쇄와 금융자본화, 그리고 상대적으로 저항이 약했던 지역으로의 자본이동은 1968년에 등장한 새로운 유형의 저항적 노동자 집단들과 그들의 노동거부 요구를 무력한 것으로 만듦으로써 그들을 순치시키는 무기로 사용되었다. 한국의 경우는 1960년대~1980년대에 급성장을 했다. 이 현상이 흔히는 군사정부들이 채택한 개발정책의 효과로 이해되지만 그것은 일면적인 판단이다. 실제로 이 현상에 대한 온전한 이해는 전 지구 차원에서 나타난 계급 간 투쟁의 맥락 속에서만 이해될 수 있다. 박정희 정권기에 있었던 대규모의 차관으로부터 1997년 국제금융기구의 갑작스런 차환 거부와 외환위기 사태에 이르기까지 지속적으로 증가되었던 국가 및 민간 차원의 대외부채야말로 급속한 개발 현상을 뒷받침한 전 지구적 금융연결망을 보여 준다.

영국 대처 정권의 통화주의를 비롯하여 미국 레이건 정권의 공급중심 정책은 자본이 20세기 중반에 정착된 케인즈주의적 노사정 타협 노선을 버리고 신자유주의로 나아가는 과정에서 나타난 정책 형태들이다. 신자유주의 정책은 케인즈주의와는 달리 한 나라가 아니라 직접적으로 세계 전체를 정책 대상으로 삼는다. 무엇을 얼마나 생산할 것인가(산업구조, 기술 등), 무엇을 어떻게 유통시킬 것인가(무역), 생산과 유통과 분배의 좋은 조건을 어떻게 마련할 것인가(노동관계, 환율, 금리 등), 그리고 궁극적으로 어떻게 많이 축적할 것인가 등의 문제가 직접적으로 전 세계를 무대로 고려되고 분석되며 결정된다. 이것은 주로 유통의 국면에서만 세계가 고려되었고 언제나 국가가 정책결정의 중심에 놓였던 이전 단계의 자본주의로부터의 커다란 전환을 보여 준다. 실제로 신자유주의 하에서 주요 정책들은 초국적 기관들에 의해 입안되고 발의되며 그것이 국가 간 협상의 형태를 띨 때조차도 가장 우선적으로 고려되는 것은 초국적 자본 자체의 이해관계이다. 이에 따라 주요국들의 군사정책도 지구 전체를 대상으로 수립된다.

이상의 사실들을 통해 우리는 자본의 신자유주의적 세계화가, 국가에 포섭되기를 거부한 신국제주의적 노동의 투쟁을 자본의 발전동력으로 포섭했음을 알 수 있다. 물론 노동의 투쟁이 신자유주의적 세계화 자체를 요구하고 제기한 것은 결코 아니다. 노동의 투쟁은, 국가 혹은 국가자본에 의한 삶의 훈육체제가 결코 행복을 가져오지 않으며 제1세계에는 권태를 제3세계에는 생존 자체의 위기를 가져옴으로서 세계적 수준에서 삶을 괴롭히는 체제임을 고발하면서 민중의 전 세계적 연대의 필요성을 제기했을 뿐이다. 노동은 국가를 넘어서는 아래로부터의 탈국민적, 세계시민적 연대를 상상했고 이로부터 국가에 의해 강제되는 노동체제에 대한 거부의 운동이 폭발해 나왔던 것이다. 이것은 당시 **노동의 실재하는 재구성 경향의 표현**이었다. 이런 움직임에 대한 대응으로 자본은 세계화를 통해 스스로 국민국가의 경계를 넘어섬으로써 노동이 상상한 전 지구적 세계상을 자기의 것으로 전용했다. 이것은 자본의 지배형태가 **노동의 재구성 경향**을 **재현**하면서 재구성되어 간다는 것을 뚜렷이 보여 주는 또 하나의 사례라고 할 것이다. 이처럼 자본은 노동구성이 일국적일 때는 국가를 주요한 지배형태로 배치했고 노동구성이 일국범위를 넘어설 때 국가를 넘는 지배형태를 구축했다.

세계화와 주권문제

그런데 자본이 국가를 넘어서 노동의 세계화 운동을 재현하는 방식은 노동의 표현적 요구와는 배치되는 아주 중요한 특징을 갖고 있다. 국가를 넘어서되 초월적 주권을 포기하지는 않는다는 것이 그것이다. 근대 이후 주권은 국가의 형태로 구축되었고 국가는 초월적 주권의 최종 심급이었다. 국가가 국민을 주권 원천으로 삼는다고 규정하면서도 국가의 자율성이 일단 형성되고 나면 그 국가의 자율성이 국민적 자율의 근거로 규정되었기 때문이다. '국가 없이 국민 없다'는 국가주의적 사유가 좌파에게도 계승되어 민중의 해방은 국가의 자립, 독립을 통해서만 달성될 수 있다는 생각을 낳았다. 그런데 지금까지의 역사가 경험적으로 말해 주는 것은, 국가의 자율성은 사실상 해당 영토에 살고 있는 사람들에 대해 자본이 누릴 수 있는 착취의 독점권이자 자유권을 의미하는 것에 다름 아니라는 것이다. 독립된 그래서 주권을 가진 국가에서 노동하는 사람들은 스스로 주권을 가지고 있다는 환상을 가질 수는 있었지만 실제로는 사실상의 주권자인 자본의 노예로 살아야 했다. 주권이 군주권의 유산으로서 하나(그것이 개인이든, 특정 정당이든, 아니면 권력 연합체든)의 지배로 나타나는 한에 있어서 그것은 사회를 지배자와 피지배자로 첨예하게 가르는 원리로 기능했기 때문이다.

1968년 혁명에서 노동자들이 노동을 거부함과 더불어 국가주권을 거부한 것은 이 때문이다. 이 혁명은 이전의 혁명과는 달리 국가권력의 장악을 목표로 삼지 않았다. 1994년에 봉기를 일으킨 사빠띠스따들이 정부군에 선전 포고를 하고 무장봉기를 일으키면서 '우리는 멕시코 국가권력을 장악하는 것을 목표로 삼지 않는다'고 명시한 것을 주목할 필요가 있다. 이것은 1968년 혁명 경험의 의식적인 체득이자 명료한 표현이다. 1969년에 이탈리아에서 발생하여 10년을 지속한 노동자, 학생, 여성, 이민, 동성애자 등의 투쟁은 공산당과 사회당이 국가권력과 타협하면서 국가주권의 일부로 자리 잡은 것에 반대했다. 아직도 전통적 견해를 가진 적지 않은 사람들이 있어 국가권력을 장악하는 것만이 사회변형의 지름길이라고 주장하고 있지만 우리는 지난 40여 년 동안에 이러한 생각이 얼마나 심각하게 침식되었는지를 여러 곳에서 확인할 수 있다. 운동을 '하나'의 지배로서의 국가주권으로 전화시키려는 모든 시도는 다양하고 유동적인 정체성을 가진 다중들의 도전에 직면하고 있다. 오히려 다중들은 초월적 주권으로부터의 이탈, 탈주, 빼기의 방식으로 싸운다. 이것은 사회를 지배자와 피지배자로 분리하는 초월적 주권(절대군주권)의 경직된 권력을 해체시키는 것으로 작용한다. 특히 70여 년에 걸친 사회주의들의 역사는 주권(사회주의에서는 공산당이, 지배하는 '하나'로 나타났다)의 길이 사회 속에 화해 불가능한 적대를 유지하고 또 새롭게 도입했음을 분명히 보여줌으로써, 다중은 국가주권의 형태로는 연합할 수 없고 오직 그 다양성 및 이질성의 긍정과 혼종을 통해서만, 초월적 '하나'의 지배 대신 모든 사람에 의한 모든 사람의 자기지배, 즉 내재주권과 절대민주주의적 자율을 통해서만 연합할 수 있다는 사실을 가르쳐 주었다. 1968년의 혁명기에 대학이나 공장이나 거리의 벽에 '자치'라는 말이 그토록 많이 나붙었던 것은 그 징후였다.

이처럼 노동이 초월주권에 대한 거부 위에서 국경을 넘어선 전 지구인들의 수평적 연합을 주장했다면 이 새로운 국제주의를 전용한 자본의 세계화는 국경을 넘어서면서도 초월주권을 결코 포기하지 않았다. 그것은 초월주권을 해체한 것이 아니라 초국가적 초월주권, 즉 세계 전체에 대한 초월적 '하나'의 지배를 공고하게 만드는 방향으로 나아갔다. 그 결과 신자유주의적으로 세계화된 지구는 인류의 자유공간이 아니라 자본의 독재가 관철되는 수탈과 착취의 장으로 나타나고 있다. 다중을 체제 재생산의 동력으로 봉인하는 데에서 국가가 한계를 드러내자 자본은 자신의 독재를 세계 수준에서 재구축하기 위한 지렛대로 국가를 이용한다. 신자유주의는 흔히 국가로부터 시장과 기업으로의 권력 이전이라고 이야기되지만 사실상 그것은 자본의 독재를 세계시장의 수준에서 재구축하는 일에 국가의 힘을 이용하는 논리에 지나지 않는다. 이 재구축의 결과로 세계시장을 무대로 활동하는 세계기업들이 주요한 행위자로 등장한다. 이때 세계시장은 세계공장이기도 하다. 왜냐하면 그것은 유통수준에서뿐만 아니라 생산의 수준에서도 전 지구적으로 작동하기 때문이다. 기업 역시 전 지구적 수준에서 움직이는 초국적 기업이다. 여기에서 개별 국가는 자본의 활동 무대를 세계시장으로 바꾸고 자본의 핵심 행위자를 기업으로 바꾸는 데 기여하면서 그 자신도 기업체의 모습을 닮아 간다. 대통령은 상품 마케터로 되고 의회는 기업 총회를 닮아가고 법률은 기업체의 정관을 닮아가며 군대와 경찰은 구사대를 닮아간다. 기업들 사이에는 분명 치열한 경쟁이 전개되지만 그러면서도 이들은 다중을 대상으로 할 때는 서로 연합한다.

지난 수십 년간 이 연합이 어떤 방식으로 이루어져 왔을까? 예컨대 유엔UN을 생각해 보자. 여기에서 국민국가들의 연합이 이루어진다. 물론 유엔은 수평적 연합체가 아니다. 유엔은 2차 세계대전의 승전국인 미국, 러시아, 중국, 영국, 프랑스 5개국의 독점적 지배하에 놓여 있다. 이른바 안전보장이사회 상임이사국들의 독재가 관철되고 있는 것이다. 이 중에서도 미국의 지위는 압도적이다. 그런데 신자유주의적 세계화는 국가들의 연합만이 아니다. 무엇보다도 그것은 기업들의 연합, 자본 간의 연합이다. IMF, 세계은행과 같은 초국적 금융기관이나 NATO와 같은 초국적 군사기구, WTO와 같은 초국적 무역기구의 연합 권력은 세계화에서 막강한 힘을 행사한다. 기업화한 개별 국민국가는 해당 국민들을 신자유주의적 세계화의 지지자로 동원하기 위해 오래된 국가기구나 제도들을 활용하고 있으며 거대 미디어들도 다중을 자본주도 세계화의 길로 끌어들이고 있다. NGO들 중에서도 신자유주의적 주권 구축의 하위마디로 기능하는 것들이 적지 않다. 크게 보아 신자유주의적 주권은 다양한 수준의 권력체들의 네트워크적 연합이다. 물론 그것은 수직적 위계제에 의해 제한되는 네트워크이다.

이 주권체는 다중을 대의하지도 않고 대의할 수도 없다. 그것은 잔존하는 대의장치들을 주권통합의 수단으로만 이용한다. 국민국가, 미디어, NGO 수준에서 이루어진 모의적 대의가 기업연합체, 지역연합체, 국가연합체에 절합되고 이것이 다시 압도적으로 많은 돈과 핵과 정보를 가진 군주권력에 통합됨으로써 거대한 제국적 주권이 모양을 갖추게 된다. 비록 이 주권이 한눈으로 확인할 수 있을 정도의 가시적 형태를 갖추고 있지는 않지만 우리는 1991년의 걸프전 이후 다양한 계기들에서 이것이 전 지구적 사안을 다루는 중심적 주권체로서 등장하곤 하는 것을 볼 수 있었다. 예컨대 미국 같은 나라는 단독적으로 움직이기보다 여러 권력체들을 함께 움직이는 방식으로 지배하려고 했다. 이후 2003년 2차 이라크 전쟁에서 미국은 단독 행동을 했지만 그것은 군사적 승리 속의 실제적 패배라는 혹독한 대가를 요구받았다. 단독 행동의 이러한 좌절의 경험은 자본 속에 서로 연합하여 행동하려는 동기를 키우는 계기로 작용할 것이다.

삶권력으로서의 제국 주권

초월주권의 형태를 보존하면서 자본의 독재를 전 지구적 수준에서 재구축하는 이러한 과정이 정치와 권력을 새롭게 정의하는 것임이 주목되어야 한다. 이전까지 국가를 중심으로 하는 대의주의적 과정으로 나타났던 정치와 권력은 **직접** 삶 속으로 파고든다. 시장과 기업의 권력은 사람들의 삶 그 자체를 직접적인 정치의 장으로 전환시킨다. 텔레비전 광고의 변화는 이 변화를 실감나게 보여 주는 사례이다. 정치가 국가의 수준에서 이루어질 때 광고는 경제적 행위로서 상품을 선전하는 것이었다. 그런데 정치가 기업적 행위로 되었을 때 그것은 기업이 상상하는 삶과 세계의 이미지를 전파하고 전염시킨다. 그것은 대중에게 '이렇게 살자'고 유혹하고 '이렇게 살아야 한다'고 명령한다. 이렇게 텔레비전 광고는 누구나가 따라야 할 **삶의 양식**을 매일매일 생산하는 **정치행위**로 되고 있다. 이것은, 군대와 학교에 의한 훈육보다도 더 강력하게, 대중의 삶 속으로 특정한 삶의 양식을 도입한다. 그리고 그 삶의 양식은 자본주의, 즉 소수에 의한 부의 전유와 노동하는 다수의 배제를 뼛속 깊이 긍정하는 틀 속에서 변조modulation된다.

세계화하는 새로운 주권 형태는 이렇게 삶 속에서 삶 자체를 정치의 본령으로 삼는 **삶권력**으로 나타난다. 그 권력은 이전과는 달리 비집중적이고 비가시적인 방식으로 움직인다. 그래서 표적화하기가 쉽지 않다. 흔히 많은 사람들이 미국을 집중적 표적으로 삼곤 하지만 과연 미국이 지금 새로운 삶권력적 주권을 움직이는 핵심표적인지는 불명확하다. 미국이 아닌 어떤 다른 나라가 더 주요한 표적일 수 있다는 이야기가 아니다. 특정한 국민국가가 현재의 전 지구적 권력체제를 움직이고 있지 않다는 이야기다. 미국은 분명 새로운 주권체제의 핵심적 행위자이지만 그것은 지구상에서 움직이는 무수한 기업들, 그 형태조차 파악하기 힘든 세계시장의 다양한 행위자들의 네트워크의 한 마디로서만 지금의 기능을 수행할 수 있다. 삶권력은 사회 위에 옹립되어 있는 독립된 실체가 아니라 사회 속에서 움직이는 **욕망 양식과 삶 양식의 변조과정**modulation으로 실재한다. 물론 그것은 기업화된 국가들, 그 연합체들, 사적 기업체들, 미디어들, NGO들, 학교와 학원들, 교회들, 지식인들 등 삶권력의 무수한 행위자들에 의해 나날이 생산되고 재생산되는 양식이다. 삶권력은 우리의 나날의 지각과 욕망과 사유와 행위의 양식을 변조하는 **흐름의 권력**이다. 이것은 역사상의 그 어느 때보다도 우리의 몸과 두뇌에 내면화되어 있는 권력이다. 그래서 구원주의, 위계주의, 선별주의, 인종주의 등등은 개인 외부의 권력의 행위로 나타나기보다 개개인들의 자발적 욕망의 형태로 나타난다. 이제 자본의 세계화는 국경을 넘어선 자본의 이동이라는 공간적 표상에

"보기를 멈추고 살기 시작하라!"

의해 충분히 이해될 수 없는 것으로 되고 있다. 그것은 직접적으로 주체성의 수준에서, 즉 시간의 수준에서 작동하는 권력이다.

확실히 자본주의 주권은 이제 일종의 밈meme처럼, 즉 사람들 사이를 이동하는 문화적 정보단위처럼 미시화된 권력으로서 삶 깊숙이에서 움직인다. 자본의 권력이 무슨 능력으로 이렇게 사람들의 내면 깊숙이 침투할 수 있었을까? 우리는 오늘날 자본의 새로운 권력이 행사되는 두 가지 기반을 그려볼 수 있다. 하나는 공포의 생산이다. 자본은 끊임없이 전쟁을 유발하고 죽음을 생산하고 적대를 생산하면서 이것을 통해 공포를 생산한다. 이 공포의 정점에 인류절멸의 절대적 공포로서 핵공포를 축적한다. 이것은 더 나은 삶을 바라는 사람들의 욕망에 절대적 한계를 부여한다. 핵을 배후에 놓고 벌이는 복잡다단한 전쟁은 삶에 '여기까지는 되고 여기부터는 안 돼'를 결정한다. 둘째, 자본은 일상 속에서 작은 가능성들을 부단히 제공한다. 기술 발전은 가능성들을 보여 주는 실제적 힘이다. 특히 정보기술은 일상생활을 나날이 혁신하는 힘으로 나타나고 있다. 어제와는 다른 삶의 가능성에 관한 이야기들이 물리적 화학적 생물학적 정보적 기술의 발전을 통해 설득력을 얻게 된다. 일상에서 나날이 발생하는 새로운 경험들은 공포의 축이 제한한 틀 속에서이지만 지금과는 다른 삶을 살 수 있으리라는 희망을 제공한다. 그래서 사람들은 근본적으로 '다른 대안은 없다'는 생각을 받아들이게 되는데 이것이 곧장 절망으로 되지 않는 것은 바로 현존하는 틀 속에서 나날이 제공되는 자잘한 희망들 때문이다.

이렇게 놓고 보면 자본은 실제로 우리가 도무지 극복할 수 없을 무기들을 수중에 갖고 있는 것처럼 보인다. 그러나 뒤집어서 생각해보면 자본의 권력은 역사상의 그 어느 때보다도 사람들의 삶에 깊이 의존하고 있다. 먼저 희망의 축에 대해 생각해 보자. 기술의 발전은 자본의 소유물로 나타나지만 실제로는 노동의 능력이다. 자본 자신은 예나 지금이나 기술을 발전시킬 능력을 갖고 있지 않다. 그것은 과학자, 연구자, 기술자, 노동자 개개인 및 그들의 공동체의 부단한 활동의 산물이다. 더 나은 삶의 가능성은 사람들의 더 폭넓고 심원한 협력에 의해 주어지는 것이지 자본이 만들어 내는 것이 아니다. 사람들의 협력의 폭이 특정 지역에 한정되어 있을 때보다 전국적일 때 삶의 가능성은 그만큼 커졌다. 이제 사람들의 협력의 폭이 국가를 넘어 전 세계 수준으로 확대되고 또 제한 없는 시간 속에서의 지적·정동적 협력으로 됨으로써 삶의 가능성은 측정 불가능할 만큼 커지고 있다. 인류의 보편적 협력이 가져올 가능성의 극한이 어떤 모습일지는 실로 상상하기 어렵다. 그러므로 자본이 오늘날 제공하고 있는 가능성은 사실상, 인류의 보편적 협력의 잠재적 가능성의 극히 일부가 마치 자본 자체의 가능성인 것처럼 물구나무 선 모습으로 나타나는 것이라 할 수 있다. 그렇다면 공포의 축은 어떨까? 자본은 지구를 몇 번이나 파괴할 수 있는 폭력을 축적하고 있다. 그러나 그 폭력 역시 자본 자신의 것이 아니다. 핵무기를 예로 든다면 그것은 본질적으로는 인류 지성능력의 축적이다. 다만 그 능력이 위협적인 형태로 조직되어 있을 뿐이다. 핵이 인류 지성의 조직화이고 농축인 한에서 인류는 이것을 다른 형태로 재조직하고 전환할 능력 역시 갖고 있다. 요컨대 공포의 무기들은 인류의 능력이 자본주의적 경쟁체제에 적응된 방식으로 조직된 것에 지나지 않는다.

인류적 공통사회의 가능성

자본은 이 두 축 사이에 형성된 공간 속에서 화폐를 축적한다. 화폐는 인간들 사이의 교환, 교류의 양식이다. 그것은 인류가 서로 의존하고 있고 인류의 삶이 근원적으로 공통적인 것임을 반영한다. 물론 화폐는 실제로는 사적으로 소유 불가능한 이 공통적 삶이 사적으로 소유 가능하도록 만들어진 물화된 제도형태이다. 이 물화는 사람들의 자연스런 필요에서 기인했다고 할 수도 있다. 하지만 그것이 사회 전체의 교류양식으로 정착되고 보편화되고 유지되기 위해서는 거대한 폭력의 사용을 필요로 했다. 오늘날의 금융자본은 핵 및 정보와 더불어 자본의 새로운 주권의 핵심적 권력으로 기능한다. 그것의 지배는 결코 사람들의 필요에 따른 자연스런 과정의 결과가 아니다. 하지만 초국적 금융자본은 그 물화된 형태 속에서 지역과 국가를 넘는 인간교류의 보편성을 명확히 보여 준다. 그리고 오늘날 그것은 점점 더 대중의 소득에 의존하는 것으로 되고 있다. 초국적 금융자본은 그 형성기에 자본의 재산을 중심으로 구축되었지만 이제 그것의 더 많은 부분이 전 세계 노동자들과 시민들의 연금, 기금으로 구성되고 있다. 이 경향은 점점 더 뚜렷해져 가고 있다. 금융자본 그 자체가 인류의 사회적 삶의 공통성의 반영물일 뿐만 아니라 그것의 사실적 내용조차 인류의 다수 구성원들의 소득으로 재구성되어 가고 있는 것이다.

국가체를 넘는 공통체

물론 이 과정이 자동적으로 자본관계를 해체하고 무력하게 만들지는 않을 것이다. 하지만 자본의 힘이 극단적으로 강화되고 있는 것으로 보이는 자본의 세계화 속에서 역설적이지만 인류의 공통적 가능성이 그 어느 때보다도 분명하게 그 모습을 드러내고 있는 것 또한 사실이다. 지금까지 우리가 살펴보았듯이 자본의 세계화가, 지금까지 자본주의를 구성하고 발전시키는 데 적극적 역할을 수행한 국가를 넘어서고 있는 것은 자본의 일방적 자기필요에 따른 것이 아니다. 그것은 자본과 노동 사이의 부단한 투쟁의 산물, 즉 역사적 과정의 결과이다. 이 과정에서 노동은 그 실질적 내용을 창조하고 자본은 그것에 역사적 형태를 부여해 왔다. 자본은 본질적으로 국경 외부를 자신 속에 내부화해야 할 필요성을 갖고 있지만 그것은 국가의 해체가 아니라 국가의 확장을 통해 충족 가능한 필요였다. 국가들 간의 경쟁과 전쟁을 낳는 이 경향에 대한 도전은 노동자들에 의해 주어졌다. 그것이 민중의 국가들 사이의 형제적 연대로서의 프롤레타리아 국제주의이다. 이렇게 자본의 제국주의와 프롤레타리아 국제주의는 모두 국가를 그 중심에 놓고 있었다. 1917년 혁명 이후의 역사적 과정은 두 가지의 역설적 결과를 가져왔다. 하나는 사회주의 운동에서 프롤레타리아 국제주의를 약화시키고 일국 사회주의를 부상시킨 것이고 또 하나는 자본의 제국주의를 약화시키고 자본의 국제주의를 강화시킨 것이다. 자본이 노동의 국제주의 요구를 자신의 발전 동력으로 포섭함으로써 나타난 결과가 이것이다. 1968혁명은 국가를 중심에 놓지 않는 새로운 국제주의의 탄생을 보여 주었다. 아래로부터 다중의 이 투쟁은 노동의 새로운 질에 근거한 것이었다. 자본은 1970년대의 신자유주의적 반혁명을 통해 노동의 이 새로운 질과 그들의 요구를 자본주의의 혁신을 위한 발전동력으로 포섭하는데 이것이 지금 우리가 경

1895년에 출판된 〈인터내셔널가〉 악보 표지. 각국의 노동자들이 깃발을 들고 행진하고 있다.

험하고 있는 세계화다.

이 과정은 거꾸로 되돌릴 수 없다. 자본의 세계화를 노동의 세계화로, **사회적 인류**의 실질적 구축으로 전진시키는 것만이 유일하게 가능한 길이다. 다시 국가에 의지하고, 그것을 핵심수단으로 삼으려는 시도들은 보수적이고 패배주의적인 노력이다. 그것은 절망에 기초한 전략이다. 필요한 것은 오늘날 노동의 전 지구적 재구성과 그 인류적 공통화에 상응하는 정치적 요구를, 국가체를 넘는 공통체의 요구를 제기하는 것이다. 그것은 돌이킬 수 없을 정도로 확고하게 세계를 자신의 무대로 삼아야 할 뿐만 아니라 우리의 삶시간 전체를 투여하는 적극적 기획이어야 한다. 우리가 이것을 **아래로부터의 삶정치**라고 부를 때 그것은 우리들의 노력을 집중시켜 제거해야 할 **집약적 표적**을 갖고 있지 않다. 그것은 오히려 매순간 우리의 지각의 양식, 정동의 양식, 행위의 양식 등 이른바 삶의 양식 자체를 능동적으로 혁신하고 그것들을 연결시키려는 개별적이고 집단적인 노력이어야 한다. 이것은 현존하는 삶 속에 이미 나타나는 노동의 공통화하는 경향, 그 실재하는 공통화의 경향을 가속시킴과 더불어 그것을 자본주의적 역전의 메커니즘에서 분리시켜내는 이중적 작업이 될 것이다. 이를 위해 우리는 노동의 현재적 공통화가 어떻게 구축되어 있으며 어디서 막혀 있는지, 그것을 한정하고 그것을 절단하며 흡입하는 자본의 밈이 어떻게 작용하는지를 예민하게 감지하고 구체적으로 밝혀내야 한다. 인류의 삶의 근원적 공통성에 대한 직관과 더불어 우리의 삶에 대한 면밀한 조사는 **인류인주의적**homaranisma **삶정치**의 긴급한 요청이다. 욕망과 행위의 현재적 관성에서 벗어날 길을 좀 더 분명히 찾기 위해서 이 요청을 진지하게 받아들이는 것이 필요하지 않을까?

3부 절대민주화 : 생명의 세계화

4장 | 세계화의 이중성과 대안세계화의 길

세계화는 인류 진화의 새로운 국면을 나타낸다. 국가화, 즉 지역들에 기초했던 전자본주의적 공동체에서 국경과 영토를 기초로 한 자본주의적 국가공동체로의 이행이 그 이전의 국면이었다. 국가화와는 달리 세계화는 국경의 상대화, 즉 국경이 큰 의미를 갖지 않는 새로운 인간공동체의 구축과정을 나타낸다. 근대에서 탈근대로의 이행이라고 부를 때 우리가 지시하는 것은 바로 이것이다. 이런 의미에서 본다면 세계화는 인류의 진화적 자기선택이며 삶의 내적 요구의 실현 과정이다. 세계화가 국경을 넘고 국경을 무의미하게 만드는 새로운 공동체 구성의 과정이라면, 그것은 '프롤레타리아에게는 조국이 없다', '만국의 프롤레타리아여 단결하라'는 맑스와 엥겔스의 단언과 호소 속에 깃들어 있었던 어떤 요청의 실현이 아닌가? 그것은 거의 두 세기 전에 정식화되었던 혁명적 요청과 코뮤니즘적 비전의 아주 뒤늦은 실현이 아닌가?

하지만 프롤레타리아의 혁명적 비전과 세계화를 연결지으려 하는 순간, 세계화의 완전히 다른 얼굴이 나타난다. 오늘날의 세계화가 혁명과 코뮤니즘의 모습을 하고 있기는커녕 지난 두 세기에 걸친 혁명들의 철저한 역전과 반혁명, 그리고 머리끝에서 발끝까지 피를 뚝뚝 흘리는 잔혹한 자본주의의 모습으로 나타나고 있기 때문이다. 세계화는 조국 없는 프롤레타리아의 만국적 연합으로 나타나기는커녕 오히려 프롤레타리아트의 철저한 와해, 즉 전 지구적 경쟁, 배제, 추방, 폐기를 겪는 '호모 사케르'의 확산으로 나타나고 있기 때문이다. 프롤레타리아의 만국적 연합 없는 세계화 속에서 연합하고 있는 것은 오히려 초국적 자본들과 권력들이다. 자본은 금융자본의 헤게모니하에서 국경을 비롯한 경계들을 자유롭게 넘나들며 빠른 속도로 세계 무대를 활보한다. 국가권력들, 시장권력들, 문화권력들은 협소해진 국가주권을 넘는 세계주권의 구축에 공동보조를 취한다. 우리가 외부의 병합을 생리로 하는 제국주의적 주권에서 권

"블랙 라이브스 매터." 아프리카계 미국인을 향한 제도적 인종주의에 반대하는 국제적인 사회운동.

력들의 네트워크에 기초한 지구적 제국 주권으로의 이행이라고 부른 것이 바로 이것이다. 권력들 사이의 이 전 지구적 연합은, 이전 시대에 하나의 보편계급으로 가정되었던 프롤레타리아트가 정규직과 비정규직으로, 취업자와 실업자로, 백인과 흑인으로, 기독교도와 이슬람교도로, 저항하는 사람들과 권력에 몸을 파는 '알바'로, 남성과 여성으로 … 갈기갈기 찢겨서 서로를 누르거나 상처내거나 죽이며 비명을 내지르는 아비규환阿鼻叫喚의 늪으로 빠져들고 있는 것과 뚜렷한 대조를 이룬다.

세계화가 이렇듯 프롤레타리아를 분열과 도탄塗炭에 빠뜨리는 것이라면 우리는 세계화로부터 물러나서 그것이 아닌 다른 길을 선택해야 하는 것이 아닌가? 세계화가 한때는 노동자들이 제기했던 혁명적 요구였더라도 지금은 반동이며 반혁명이라고 단언해야 하지 않는가? 그러므로 세계화 대신에 반세계화를, 재국가화나 재지역화를 선택하고 그것들을 옹호해야 하는 것이 아닌가? 세계화를 더 철저하게 가속하고 전진시킬 것인가, 세계화로부터 물러나 국가나 지역으로 돌아갈 것인가? 이 문제야말로 오늘날 신자유주의적 세계화에 직면한 우리들에게 던져진 가장 큰 이론적 문제이며, 실제로 대안을 추구하는 사람들 사이에 가장 첨예한 쟁점을 불러일으키고 있는 문제이다.

실제로 현대 세계의 소수 기득권층이 물불을 가리지 않고 세계화를 옹호해 왔고 심지어 신자유주의적 세계화의 종말로 받아들여진 2008년의 금융위기에도 불구하고 세계화 외에 다른 대안이 과연 있는가 의문으로 여겨지고 있는 현실에서, 그간의 세계화로 인해 고통받는 많은 사람들이 세계화 대신 재국가화나 재지역화를 희망하는 것은 자연스러운 것으로 보인다. 이에 부응하여 좌파운동이나 생태운동 속에서 세계화로부터의 이러한 물러남을 정당화하는 이론들이 제기되는 것 역시 자연스러운 것으로 보인다.[1] 그러므로 운동들이 반세계화인가 대안세계화인가, 재국가화인가 발본적 세계화인가 사이에서 고뇌하고 갈등하고 논쟁하는 것은 인류의 창조적 진화를 위한 피할 수 없는 진통이라고 할 수 있을 것이다.

나는 여기에서 세계화에 반세계화나 재국가화나 재지역화를 대치시키는 것은 세계화가 낳는 고통에 대한 즉자적 대응 이상이 아니며 공포에 기초한 정치학이라는 관점에서 이 문제에 접근할 것이다. 내가 보기에 이런 의미에서의 반세계화 대안은 대안이라기보다 도피이며 해결책이라기보다는 미봉책이고 전진이기보다는 퇴행이다. 물론 우리는 반세계화 대안의 문제의식, 즉 신자유주의적 세계화가 낳는 결과에 대한 비판에 전적으로 공감한다. 하지만 그것이 지시하는 방향에 동의할 수는 없다. 우리는 오늘날의 세계화가 끔찍한 결과들을 낳고 있다는 사실을 한 치의 유보도 없이 인정할 수 있다. 하지만 세계화에 반대하는 것이 우리를 자유롭게 할 수 있다는 주장에는 동조할 수 없다.

1. 2016년 영국의 브렉시트 결정, 그리고 2017년 미국 트럼프 정부에서 국가보호주의의 등장 등은 세계화로 인해 고통받는다고 느끼고 세계화로부터 물러나려는 사람들이 세계의 하위집단이나 주변집단만은 아니라는 것을 보여 준다. 이런 사태들을 통해, 상대적으로 중심적인 집단에 편입되었던 영미의 백인들과 조직된 노동자 집단들도 자신들을 세계화의 희생자로 인식하고 있다는 사실이 드러났기 때문이다.

어떤 근거에서 이렇게 말할 수 있는가? 오늘날의 세계화는 단선적이지 않고 이중적이기 때문이다. 오늘날의 신자유주의적 세계화는 자본의 세계화로 나타나고 있지만 바로 그만큼 노동의 세계화이며, 축적의 세계화로 나타나고 있지만 그만큼 생산의 세계화이고, 위기의 세계화로 나타나고 있지만 그만큼 해방의 세계화이고, 전쟁의 세계화로 나타나고 있지만 그만큼 저항의 세계화이며, 죽음의 세계화로 나타나고 있지만 그만큼 삶의 세계화이기 때문이다. 좀 더 정확하게 표현하면 세계화는 바로 이 두 개의 적대적 세계화 경향들의 갈등과 충돌의 현장(공간)이자 과정(시간) 그 자체이기 때문이다. 그러므로 대안의 예비적 형상들은 세계화 과정의 외부에서 찾아져서는 안 되고 그 과정 내부에서 찾아져야 한다. 세계화로부터 물러나는 것이 아니라 세계화를 다르게 더 전진시키는 것에서 찾아져야 한다. 신자유주의적 세계화는, 그것의 근저에서 다른 세계화를 요구하고 주장하면서 세계화하고 있는 실재적 세계화의 다른 경향들을 억압하고 제한한다. 통념과는 달리 신자유주의적 세계화는 반反세계화를 함축하는 반半세계화의 정치이다. 그러므로 신자유주의적 세계화에 억눌려 보이지 않는 형태로 잠재하고 있는 다른 세계화의 경향들을 찾아내어 그것을 실현시킬 방안을 창출하는 것이 필요하다.

자본의 세계화 대 노동의 세계화

표면에서 세계화는 자본의 세계화로 나타난다. 이것은 특히 금융자본화를 통해 가속되었다. 유연화된 자본인 금융자본은 국경을 넘어 광속으로 세계 전체를 이동한다. 축적의 시공간이 압축되고 거대한 금융적 부가 축적된다. 하지만 그것이 전부는 아니다. 금융자본화는 노동의 사회화에 의존한다. 금융자본은 대부, 생산영역에의 투자, 노동시간으로부터의 잉여가치 창출, 금리의 분배로 이어지는 고전적 활동양식을 따르지 않는다. 이자율은 가치법칙에 따라 규정되기보다 사전에 정치적으로 규정되어 하나의 명령으로서 주어진다. 오늘날 금융자본의 축적은 노동시간에 대한 착취를 통해 이루어진다기보다 사회화된 노동을 통해 구축되는 공통적인 것의 포획을 통해 이루어진다.

이 과정의 바탕에 노동의 비물질화가 놓여 있다. 노동의 인지화, 정보화, 정동화 과정은 노동을 소통 혹은 삶 자체와 구별하기 어려운 것으로 만들었다. 이것은 노동의 전 지구적 사회화를 가속한다. 삶의 생산과 재생산은 전 지구적 규모에서 이루어지는 사람들의 인지적, 정보적, 정동적 소통의 산물로 된다. 금융자본의 투기는 직접적으로는 이자를 노리지만, 이자는 전 지구적으로 사회화된 노동의 지속에 의존한다. 즉 금융투기는 바로 이 전 지구적으로 사회화하는 노동의 미래 활동에 거는 내기이다. 국경을 넘어 사회화하는 노동의 지속에 대한 믿음과 그것이 생산하는 가치를 포획하는 것에 성공할 수 있다는 믿음이 금융자본을 떠받친다. 이런 한에서 금융세계화는 필연적으로 **노동의 세계화**이며 노동의 세계화 없이 금융세계화는 가능하지 않다.

노동의 세계화는 고용의 세계화를 의미하지는 않는다. 노동의 세계화는 오히려 **고용의 유연화**라는 형식으로 이루어지고 있기 때문이다. 한편에서 정규고용은 점점 줄어들고 다른 한편에서 비정규고용은 늘어나며 고용으로부터의 배제(실업)도 늘어난다. 금융세계화가 고용된 노동시간을 줄이면서도 거대한 부를 축적할 수 있는 것은 노동의 비물질화로 인해 고용이 노동의 필수조건이 아니게 되고 고용 없는 가치생산이 가능해졌기 때문이다. 금융자본은 화폐명령을 통해 고용된 노동만이 아니라 비고용의 노동까지 포획의 대상으로 삼는다. 이 과정에서 고용된 노동은

〈알바노조〉 주최로 2016년 11월 9일 서강대학교, 11월 13일 청계천에서 열린 제3회 전국알바노동자대회 포스터

점점 비고용의 노동을 포획하는 지렛대로 전화한다. 사회화된 노동을 고용노동, 임시고용노동, 비고용노동 등으로 분할함으로써 노동의 사회적 네트워크 속에 차별과 위계가 도입된다. 차별과 위계를 통한 분할, 이것은 노동에 대한 자본의 지배를 용이하게 만든다.

이에 대한 즉자적 대응은 '총고용'이다. 비고용이나 비정규적 고용을 없애라는 것이다. 이것은 비고용이나 비정규적 고용에 소득이 주어지지 않거나 낮게 주어지는 현실에 대한 즉각적인 그러나 즉자적인 대응이다. 이 대응은 노동, 고용, 소득이라는 각기 다른 문제를 고용 문제로 환원하는 것에, 즉 고용되어야 노동이 있고 고용되어야 소득이 있다는 논리 위에 정립한다. 하지만 그 논리는 자본이 강제한 환원 논리일 뿐이다. 오늘날처럼 전 지구적으로 사회화된 노동네트워크에서 노동은 고용에 종속되지 않는다. 엄밀한 의미에서 노동하지 않는 인간은 존재하지 않는다. 모든 사람들이 노동네트워크에 연결되어 있다. 정규직이나 비정규직은 말할 것도 없고 어린이, 여성, 노인, 심지어 실업자까지 사회화된 노동네트워크의 일부로 편입되어 있다. 생산뿐만 아니라 분배와 유통, 심지어 소비까지 사회화된 노동네트워크의 마디들로 되었기 때문이다. 요컨대 오늘날 사람들은 글자 그대로 '총노동'의 상태에 있다. 그렇지만 '총노동'은 '총고용'의 형태를 취하고 있지 않으며 '총소득', 즉 누구나 보편적으로 기본소득을 보장받고 있는 상태는 더욱 아니다. 고용과 노동이 어긋날 뿐만 아니라 고용과 소득도 어긋난다. 오늘날 소득은 가치법칙이 아니라 정치역학에 따라 규정된다. 소득은 노동 일반에 주어지는 것이 아니라 고용노동에만 (그것도 차별적으로) 주어지며 동일한 고용노동에 대해서도 차등적 임금이 지급된다.

자본은 정규직 고용노동을 매개로 비정규직 고용노동을 수탈하고 고용노동을 매개로 비고용노동을 포획한다. 이 위계적 수탈과 포획의 정치양식은 노동의 비물질화와 노동의 보편적 사회화 및 세계화라는 실재와 배치된다. 이것은 기업적 고용 및 사적 임금 형태가 노동의 현재적 사회화 수준에 적합하지 않다는 것을 의미한다. 노동의 비물질화와 노동의 사회화는 직접적으로 사회적인 노동과 사회적 소득 형태를 요구한다. 이것은 구체적 고용상태나 구체적 노동형태와는 상관없이 보편적 기본소득을 쟁취할 수 있는 힘에 대한 요구, 즉 사회적으로 노동하는 사람들의 보편적인 정치적 연합과 자치에 대한 요구에 다름 아니다.

금융자본은 미래의 노동을 현재적인 것으로 만들며 잠재적 노동을 현실화하는 형식을 제공한다. 금융자본은 현재와 미래, 현실과 잠재 등 여러 수준에 걸쳐서 인간들의 보편적 연합의 필요성과 필연성을 표상할 수 있게 한다. 하지만 오늘날 금융자본은 인간들의 보편적 연합의 가능성을 기업의 틀 속에 제한하고 포획의 원리 아래에 종속시킨다. 생산하는 사람들의 전 지구적인 사회정치적 연합을 달성하는 것이 필요하다는 것을 상기시키는 것은 오히려 반복되면서 더욱 확장되는 금융위기들이다. 금융위기는 노동의 세계화와 금융지배 사이의 부적합성과 모순을 뚜렷이 증언하며 노동의 세계화에 걸맞은 다중의 전 지구적 자치형식을 발명할 필요성을 증언한다.

양극화의 세계화 대 소득보장의 세계화

노동이 전 지구적으로 사회화되어 (공장노동이 아니라) 지구촌노동으로 전화하고 있음에 반해 소득의 양극화는 더욱 심해지고 있다. 미셸 초스도프스키의 『빈곤의 세계화』는 이러한 현실을 고발한다. 지구의 한쪽에 천문학적인 금융적 부가 축적되는 반면 다른 한쪽에는 생존선 이하로 내몰리는 거대한 수의 가난한 대중들이 축적되고 있다. 역사상 유례없는 이 양극화는 주거를 잃은 노숙자의 증대, 일자리를 잃은 실업자의 증가, 안정된 소득을 잃은 비정규직의 양산 등의 모습으로 나타난다. 크게 보면 지구촌의 압도적 다수가 더욱 가난해 지고 있다. 생존선 이하의 절대적 빈곤에 빠지는 경우는 말할 것도 없지만 부가 점점 더 소수의 수중에 집중됨으로 말미암아 상대적 빈곤은 모든 사람의 일상적 체험으로 되고 있다. 그렇기 때문에 양극화는 지구촌의 대다수 사람들을 공통의 상황체험 속으로 인도한다. 가난은 세계화하는 시대에 사는 사람들의 공통체험이다.

양극화는 무엇보다도 소득의 양극화이다. 앞서 말했다시피 금융자본은 전 지구적으로 사회화된 노동을 포획할 수 있는 자본형태로 등장했다. 인류의 발명력, 창의성, 소통능력은 지적재산권 등 각종의 사유화 메커니즘을 거쳐 금융적 부로 집적되고 집중된다. 금융자본가들의 소득은 돈이 돈을 낳는 M…M' 변태의 반복을 통해 얻어진다. 금융지배하에서 화폐는 그 무엇보다도 부채로서, 정확히 말하면 부채에 대한 청구권으로서 발행되고 유통된다. 전 지구적으로 사회화된 노동은 채무의 고삐에 묶여 있다. 정부, 기업, 개인, 그 어느 것을 가릴 것 없이 모든 경제행위자들은 채권-채무관계 아래에서 움직인다. 그래서 양극화는 채권 대 채무의 양극화로 나타난다. 부의 집적은 채권의 집적으로, 가난의 집적은 채무의 집적으로 나타난다. 오늘날 빈곤의 세계화는 그 무엇보다도 채무의 세계화로 나타난다. 채권-채무 관계는 전 지구화된 사회적 노동을 속박하고 있는 틀이다.

채무자들의 체험이 이토록 세계적으로 공통되다면 왜 채무자들은 그 체험의 공통성을 정치적 공통성으로 만들지 못하고 있는가? 오늘날 자본은 공통된 체험을 하는 채무자들 사이에 미시적 위계들을 도입하는 권력이자 관계이다. 고용된 정규직 노동자는 상대적 빈곤감을 느낀다는 점에서는 가난한 사람들에 속하지만 그중의 일부는 노동력의 사회적 재생산비로 정의된 것으로서의 임금 이상을 받는다. 그 이상의 부분을 주식, 연기금, 부동산 등에 투자함으로써 이들은 사회적 잉여를 취득할 기회를 향유한다. 이런 의미에서 오늘날 정규직 노동자들의 임금은 본질적으로 지대의 성격을 분유分有한다. 정규직 노동자가 향유하는 임금 이상의 부분은 금융자본이 취득하는 지대와 마찬가지로 비정규직 고용 혹은 비고용 상태의 사회적 노동 생산물에 대한 정치적 포획의 일부이다. 반면 비정규직과 비고용의 사회적 노동자들의 소득은 노동력의 사회적 재생산비로서의 임금 이하이다. 사회적 노동자 내부에 이렇게 지대취득계층과 소외소득계층이 형성됨으로써 사회적 노동자들의 정치적 연합은 저해된다. 지대취득의 가능성이 안정적으로 주어지는 한에서 사회적 노동을 수행하는 개개인들은, 개별적 노력을 통해 지대취득층으로 상승하려는 유혹에 쉽게 노출된다. 그 결과 가난의 체험으로 나타나는 경제적 공동 체험이 정치적 공통화로 곧바로 전화하지 못한다. 경쟁이 연합보다 더 우세한 경향으로 나타난다. 계급 내 갈등이 커질수록 계급 간 갈등은 유예된다.

금융지대는 화폐를 사적으로 소유하고 있다는 사실로부터 직접적으로 강제되는 취득권이다. 그것은 토지를 사적으로 소유하고 있다는 사실로부터 강제되었던 취득권으로서의 절대지대에 가깝다. 금융지배 체제 하에서 이윤은 지대와 구분되기 어렵다. 심지어 임금도 지대의 성격을 띤다. 왜냐하면 임금이 [척도로서의] 가치법칙에 따라 규정되기보다는 정규직으로 고용되어 있다는 사실에 의해 정치적으로 규정되기 때문이다. 그래서 세계화는 절대지대의 세계화로 나타난다. 이것은 노동의 세계화 경향과 극단적으로 대립되는 경향이다. 노동은 전 지구적 규모에서 사회적으로 수행되는데 그것에 의해 생산된 가치는 절대적으로 사적인 방식으로 전유되기 때문이다. 사회적으로 생산된 가치의 사적 수취가 소득의 양극화를 규정한다.

그러나 사회적으로 생산된 가치의 사적 수취는 점점 인위적으로 되어가고 있다. 지적재산권이 대표적인 사례이다. 현행의 지적재산권은 다중의 집합적 지성의 산물을 사적으로 수취되도록 강제한다. 하지만 지적 부는 희소한 부가 아니고 풍부한 부이며 사회적으로 됨으로써 더욱 풍부해지는 부이다. 이러한 부의 사적 수취는 너무나 인위적이어서 설득력을 얻을 수 없다. 그래서 지적재산권은 그 어떤 재산권보다도 더 많은 분쟁 속에 놓이며 이것의 유지를 위해 물형적 재산권보다 더 많은 경찰력을 요구한다. 또한 지적재산권의 행사 자체가 지적재산권의 기반인 지적 생산을 침식한다. 이렇게 절대지대 체제는 점점 더 감시와 치안에 의존하게 되고 또 스스로의 입지를 축소시키는 모순 속에 놓인다. 이 모순 속에서 사회적 노동자들이 사회적 노동에 조응하는 사회적 소득을 제기하기 시작했다. 최저임금제에서 생활임금제로, 생활임금제에서 기본소득으로, 기본소득에서 다시 무조건적 보장소득으로 사회적 소득요구는 확대된다. 소득이 경제적 과정의 결과로 되지 않고 정치적 결정의 무대로 되자마자 소득의 문제는 소유나 고용으로부터 독립적인 정치적 계급투쟁의 무대로 등장한다. 이것은 양극화의 세계화 속에서 그것에 대항하여 전개되고 있는 소득보장의 세계화의 경향이다. 양극화의 세계화에 소득보장의 세계화가 대항하고 있다. 소득보장의 세계화 경향과 그것의 실현요구는 정규직과 비정규직, 고용과 비고용의 차별을 철폐하고 사회적으로 노동하는 사람들 사이의 정치적 분열을 극복하는 붉은 실로 기능할 수 있다.

배제의 세계화 대 접근의 세계화

절대지대 체제에서 사유화는 소득의 수준에서 집중적으로 나타나고 있지만 그것이 생산의 수준에 영향을 미치지 않는 것은 아니다. 현대의 주요한 생산수단은 공장에 집적된 기계류들이라기보다 세계사회 속에서 가동되고 있는 두뇌들과 몸들의 연결체이다. 요컨대 다중의 지적·정보적·정동적 소통체가 가장 중요한 생산수단이다. 금융자본은 이 세계사회의 생산수단에 대한 접근을 통제함으로써 가치의 사유화를 조장하고 광범한 배제의 층들을 만들어낸다. 물론 이 배제되고 비가시화된 사회집단들이 사회화된 노동기계에서 영구히 분리되는 것은 아니다. 이들은 가장 열악한 조건으로 사회적 노동체제에 재접속된다. 수감자들, 유괴된 어린이들, 광인으로 분류된 사람들, 취약계층의 여성들, 이주노동자들, 노약자들 등은 최악의 조건으로 이 사회적 노동네트워크에 연결된다. 비정규직 노동자들도 물론 상대적으로 나쁜 조건으로 노동네트워크에 연결된 사회집단이다. 사회적 노동네트워크에 모두가 연결된다고 해서 주요한 생산수단에 대한 접근권이 평등하게 주어지는 것은 아니다. 아니, 주요한 생산수단에 대한 접근의 불평등을 통해 소득의 불평등과 불안정이 정당화된다. 생산수단에 대한 접근의 제약은 생산수단 희소성의 자연적 결과가 아니라 인위적인 것이며 정치적 통제를 위한 것이다. 집단적 다중

2016년 7월 7일~9일 서울에서 열린 제16차 기본소득지구네트워크 대회 포스터

지성은 희소한 생산수단이 아니다. 그것은 더 많은 능력들의 결집을 통해 더욱 증폭되는 성격의 것이기 때문이다. 요컨대 우리시대의 생산수단인 다중지성이 사적 기업체제하에 배치됨으로써 그에 대한 접근은 인위적으로 통제되고 이것은 다시 인류의 생산적 가능성을 제약하는 것으로 된다. 정보공유운동은 이러한 문제를 극복하기 위해 나타난 대안적 운동이다. 이주민들에게 보편적인 시민권을 제공해야 한다는 요구 역시 배제와 차단이 아니라 접근과 공유가 필요하다는 인식에 기반한다. 차단의 세계화에 **접근의 세계화**가, 사유의 세계화에 **공유의 세계화**가 대항한다. 접근과 공유의 세계화는 앞서 말한 소득보장의 세계화를 실효화하는 조건이 될 수 있을 것이다.

주권의 세계화 대 협력의 세계화

오늘날 세계화의 또 다른 주요한 특징은 **주권의 세계화**이다. 과거의 주권은 민족국가 간의 경쟁과 병합에 의해 특징지어지는 제국주의적 주권이었다. 신자유주의의 도입은 국경을 넘는 자본의 자유로운 이동을 보장한다. 금융자본은 이 초국적 자본 이동을 가능케 하는 자본형식이다. 점점 국민국가들은 초국적 금융자본이 주도하는 전 지구적 축적체제의 정치적 마디들로 배치된다. 국민국가들의 상위에 전 지구적 네트워크 주권인 제국이 들어선다. 국민국가는 국내자본의 착취를 보장하기 위해 국민을 보호하는 것이 아니라 초국적 금융자본의 명령을 정치적으로 받아쓴다. 제국적 주권은, 국민국가들을 매개로 사람들의 능력과 욕망과 의지를 대의하고 그것을 세계시장 질서에 접합하며 이것을 다시 미국을 정점으로 하는 주권명령 아래에 통합했다. 다시 말해 제국주권은 민주제를 귀족제 아래에 접합하고 귀족제를 군주제 아래에 통합하는 피라미드적 주권체제였다. 이것이 주권의 세계화 형태이다. 주권의 세계화를 통해 지구 전체가 통일된 명령질서 아래에 복속되었다.

제국 주권은 이전의 국민국가 주권과는 달리 대의메커니즘에 의해 시민들과 연결되어 있지 않다. 어떠한 대의기제도 제국 주권의 구성에 본질적이지 않다. 제국의 군주국은 선출되지 않으며, 초국적 금융기업도 선출되지 않고 군사적·경제적·정치적 연합체들도 선출되지 않는다. 그들은 시민들에 대한 어떠한 대의책임도 갖고 있지 않으며 오직 사적 이익에만 충실하다. 제국의 관심은 사람들을 대의하는 것이 아니라 제국의 명령 아래에 복속시키는 것이다. 이를 위해 제국은 전쟁을 일상적 통치방식으로 사용한다. 전쟁이 일상화되고 정치는 예외화한다. 주권이 다중에 의존하는 한에서 다중들의 저항도 일상적으로 된다. 제국의 전쟁은 전 지구적 다중들의 다양한 유형의 도전들을 억압하는 것이며 저항들을 초토화하는 것이고 다중들의 삶을 제국 주권의 명령흐름 속으로 편입시키는 것이다. 이런 의미에서 현대의 모든 전쟁은 전 지구적 제국과 전 지구적 다중 사이의 내전이다. 주권의 세계화는 **내전의 세계화**를 가져온다.

국가가 보호자의 탈을 벗어버리고 초국적 제국명령의 순수한 집행인으로 나타날 때, 다중은 자신을 보호할 다른 수단을 찾지 않을 수 없다. 지금까지의 계급투쟁은 국가를 둘러싼 투쟁에서 정점에 이르렀다. 그러나 국가는 더 이상 다중들을 보호할 수 있는 효과적 장치가 아니다. 자신을 보호하기 위해 다중은 (주권 형성과 대의에 기초했던) 국민국가와는 다른 공동체 형식을 발명해야 한다. 지역화폐 운동이나 소공동체 실험들은 국가가 더 이상 삶의 최소한의 안전조차 보장할 수 없다는 사실에 대한 인식 위에서 출발하는 실험들이다. 하지만 이러한 실험들이 국지화와 분리주의에 갇히게 되면 그것들은 오늘날의 세계화 속에서 진행되는 생산의 세계화, 노동의 세계화의 가능성을 해방시킬 유효한 수단으로 되기 어렵다. 문제가 전진의 방향이 아니라 퇴행의 방향으로 배치될 것이기 때문이다. 필요한 것은 집적과 집중에 의해 빼앗긴 지역적 특이성들을 회복하면서도 그것을 생산의 세계화와 노동의 세계화와 연결하는 것이며 이에 걸맞은 다중의 전 지구적 자치형식을 발명하는 일이다. 1999년 이후 신자유주의적 세계화에 대항하는 투쟁들은 이러한 것을 발명하기 위한 행동적 실험이었고 세계사회포럼은 그것을 발명하기 위한 담론적 실험이었다. 21세기 초의 라틴 아메리카는 다른 실험이 펼쳐지는 공간이었다. 차베스의 베네수엘라, 모랄레스의 볼리비아는 금융자본의 명령집행기관으로 바뀐 국가장치를 다중의 자치적 운동에 복속시키려는 시도를 보여 주었다. 이 사례들에서 다중의 아래로부터의 운동들은 위로부터의 정치와 협정을 맺으면서 제국의 민주화를 추동한다.

이 과정이 운동의 정치에의 종속으로 귀착될 것인가 정치의 운동에의 복속으로 귀착될 것인가는 아직 미결정의 문제이다. 이 과정이 후자로 발전될 수 있다면 국가와 정치는 다중의 협력을 세계화하는 수단으로 배치될 수 있을 것이다. 이때 국가는 구래의 국민국가적 틀을 넘는 국가, 비국가적 국가, 대안주권적 국가 즉 다중의 코뮌으로 재구성될 수 있을 것이다. 전 지구적 수준에서 성취될 코뮌들의 코뮌, 네트워크들의 네트워크라는 새로운 정치형식 속에서 운동과 정치는 더 이상 구분하기 어렵게 될 것이다. 이 전 지구적 정치형식의 발명을 통해 다중은 자신들의 사회화된 노동의 잠재력을 실현할 민주주의의 절대화를 달성할 수 있을 것이다. 이처럼 주권의 세계화에 협력의 세계화가, 절대지대의 세계화에 절대 민주주의의 세계화가 대항하고 있다.

민족문화, 세계문화 대 소수적 인류인주의 문화

문화의 수준에서 세계화는 무엇을 낳고 있는가? 세계화 이전에 각국은 자국의 민족문화를 통해 민족자본과 국내시장을 옹호했다. 세계화는 민족문화를 세계문화의 일환으로 편입시키면서 초국적 자본의 이익이 지배하는 세계문화를 지배적 문화로 정착시킨다. 텔레비전과 광고는 세계문화를 형성하는 견인차의 역할을 담당한다. 인터넷도 점점 세계문화의 형성 공간으로 발전하고 있다. 다중들의 문화능력, 다중지성은 지금 세계문화 구축 과정의 원동력으로 흡수되고 있다. 세계문화 속에서 특이한 능력들은 억제되고 모든 것이 평균화된다. 미국 헤게모니하에서 이루어져 온 영어의 세계화는 이러한 평균화를 재촉하고 가속화한다. 영어의 세계화 속에서 민족어들은 점점 무력해지고 소수민족어의 소멸 속도는 점점 빨라지고 있다. 세계문화는 이제 제국의 문화형식이 되고 있다. 그것은 소수의 강자와 부자의 문화를 유일의 지배문화로 정착시키는 문화형식이다.

그러나 세계문화의 지배는 전일적이지 않고 전일적일 수도 없다. 기독교 문화에 대항하는 이슬람 문화, 미국 문화에 대항하는 중국문화의 도전은 세계문화의 지배가 결코 공고할 수 없음을 보여 준다. 세계문화에 대한 도전이 민족문화나 지역문화의 방식으로 나타나는 것은 세계문화 자체가 특정 민족문화, 특정 민족어의 지배를 포장하는 방식에 지나지

2016년 11월 12일 광화문 촛불집회의 "그만두유" 트럭

않기 때문이다. 하지만 다른 전통문화, 민족문화의 방어와 득세를 통해 세계문화를 극복하려는 시도는 극복이 아니라 게걸음치기에 지나지 않는다. 방어를 위한 것일 때조차 그것은 커다란 억압을 내포할 수밖에 없다. 이슬람문화의 방어시도는 이 점을 뚜렷이 보여 준다. 기독교문화에 대한 이슬람문화의 저항은 탈근대적 현상이면서도 퇴행성을 갖는다. 그것은 지역적 특수성을 살려낼 수는 있겠지만 생산의 세계화, 노동의 세계화, 협력의 세계화 경향에 조응하는 적합한 문화적 시도라고 보기는 어렵다.

세계문화의 대안은 민족문화가 아니라 소수적 인류인주의 문화에서 찾아야 한다. 여기서 소수성은 지배적 명령질서로부터의 이탈과 빼기를 함축한다. 특이성을 압살하는 명령질서로부터 이탈하면서 특이성을 세계화하는 것. 특이성은 풍자, 아이러니, 역설, 익살, 해학 등을 통해서 표현되는 힘이다. 하지만 특이성은 분리, 분자화만을 의미하는 것만은 아니다. 지배적인 명령질서로부터 분리되어 도주하면서도 도주하는 힘들 사이의 강력한 공명과 전염과 연결을 이루어낼 때만 그 힘들이 블랙홀로 빠지지 않을 수 있다. 특이한 인간적 능력들은 그 특이성이 해방되는 시간 속에서만 합주를 만들어낼 수 있다. 예컨대 카프카와 이상李箱은 세계의 서로 다른 지역에서 거의 동시기에 특이하게 나타난 힘들이다. 20세기 초에 이 특이한 힘들의 공명 가능성은 좁았다. 하지만 강하게 동질화하는 세계화의 이면에는 이러한 특이성들이 공명하고 또 공통화될 수 있는 폭넓고 깊은 가능성이 주어져 있다. 특이성이야말로 내재적 의미에서의 류적 인간, 즉 인류를 생산할 수 있는 힘이다. 소수적인 것은 인류적인 것을 생산할 수 있는 인류인주의적 능력이다. 대안적 세계화는 소수적 인류인주의 문화를 구성하는 과정이기도 하다.

이상에서 나는 세계화를 단일한 과정이 아니라 이중적 과정으로 볼 것을 제안했다. 세계화를 이중적 과정으로 본다는 것은 현대의 세계화를 표면의 현실태와 심층의 잠재력 사이의 갈등과 충돌의 현장이자 과정으로 파악하는 것을 의미한다. 이러한 시각에서 볼 때 세계화는 표면에서는 자본의 세계화이지만 잠재적으로는 노동과 삶의 세계화이며, 표면에서는 양극화와 위기의 세계화이지만 잠재적으로는 소득보장과 안전의 세계화이며 표면에서는 배제와 차단의 세계화이지만 잠재적으로는 접근과 공유의 세계화이며 표면에서는 주권의 세계화이지만 잠재적으로는 협력의 세계화이고 표면에서는 세계문화 구축과정이지만 잠재적으로는 소수적 인류인주의 문화의 구성과정이다. 지금의 세계화는 전자의 목록들에 의해 지배되고 있다. 대안세계화는 후자의 목록들이 지배적인 것으로 등장하도록 만들기 위한 투쟁이다. 이것은 현존하는 경향들을 발견하고 실현하면서 바로 이 경향에 걸맞은 생산형식, 정치형식, 문화형식을 발명하는 노력 이외에 다른 것일 수 없다. 이것이 전복을 함축하는 한에서 대안세계화는 대항세계화이자 역逆세계화이다.

5장 | 혁명의 세계화와 존엄의 인티파다[1]

포스트모더니즘을 뒤엎은 포스트모던 혁명

혁명은 항상 이론을 앞지르고 이론의 예상을 뒤엎는다. 1917년 러시아 혁명은, 선진자본주의 영국에서 혁명이 일어날 것이라는 맑스의 예상을 뒤엎었다. 1968년 혁명은, 서구에서의 혁명은 불가능하고 민족해방운동에만 가능성이 있다는 비판이론가들의 예상을 뒤엎었다. 그리고 아프리카와 중동에서의 혁명은, 더 이상 혁명은 불가능하다는 신자유주의자들, 포스트모더니스트들, 사회민주주의자들의 예상을 뒤엎고 혁명의 실재성과 가능성을 확인시켰다. 라틴 아메리카가 대중운동과 선거를 통해 세계질서를 뒤흔든 후 아프리카에서 시작되어 중동과 아시아로, 그리고 전 세계로 혁명의 카라반이 이어졌다.

아프리카와 중동 사람들의 삶은 보이지 않는 온갖 가닥들을 통해 우리의 삶과 연결되어 있다. 무역, 여행만으로 연결되는 것이 아니라 인터넷을 통한 실시간의 소통을 통해, 열망과 지향의 공통성을 통해, 부딪힌 역사적 문제의 동일성을 통해 우리와 긴밀하게 연결되어 있다. 이 때문에 아프리카와 중동에서의 혁명의 발전양상에 따라 우리의 삶도 달라질 수밖에 없다. 튀니지의 벤 알리, 이집트의 무바라크, 예멘의 알리 압둘라 살레를 퇴진시키고 시리아의 알 아사드를 궁지에 몰아넣은 아랍의 혁명은 미국의 운명과 직결되었다. 미국은 이미 남미에서 기반을 잃었고 유럽에서 세력이 약화된 가운데 아랍에서의 혁명으로 아프리카와 중동에서조차 확고한 기반을 상실하도록 만들었다. 이러한 추세는 중국의 부상과 결합되면서 한국과 일본을 중심으로 구축된 미국의 아시아 입지까지 위

1. intifada. 역사적으로는 1987년 12월 8일 가자 지구의 난민 캠프에 사는 4명의 청년이 이스라엘의 군용 트럭에 깔려 죽은 사건을 계기로 시작된 이스라엘에 대한 팔레스타인의 민중항쟁. 여기서는 아랍적 항쟁을 지칭하는 말로 사용한다.

튀니지 혁명의 도화선은 26세의 노점 상인 모하메드 부아지지의 분신이었다. 2011년 1월 22일 튀니지에서 예술가들이 부아지지의 초상화를 들고 시위하고 있다.

태롭게 한다. 트럼프의 등장에서 확인되듯, 미국이 태평양을 전략적 중심으로 재설정하면서 세계 패권보다 미국우선주의, 보호주의로 돌아서고 있는 것은 이러한 역학관계 변화와 무관하지 않다. 이러한 변화가 우리의 삶에 미치는 영향은 결코 작지 않다.

아프리카와 중동에서의 혁명은 신자유주의적 자본주의, 요컨대 현대자본주의에 대항하는 혁명적 주체성이 어디서 발생하고 그 힘들이 어떤 방향으로 역사를 전진시키는지를 보여 주며 혁명의 적들이 어떤 무기를 사용하여 어떤 방법으로 혁명을 포위하고 해산시키며 자본축적의 동력으로 재활용하려 했는지를 보여 주는 역사적 실험실이 되었다. 우리는 참으로 드문 이 역사적 순간으로부터, 혁명의 강점과 약점이 어디에 있는지, 무엇을 더 보충하고 어떤 점을 폐기해야 하는지를 경험을 통해 배울 수 있다. 일상이 혁명과 대립된다고 말할 수는 없지만 결정적 혁명의 순간은 드문 만큼 고귀하다.

우리는 트위터나 페이스북 같은 SNS를 통해, 유투브를 통해, 그리고 인터넷의 각종 블로그와 웹사이트 등을 통해 해외의 혁명을 실시간으로 체험하는 최초의 역사적 세대이다. 천안문 사건은 팩시밀리를 통해 외부에 알려졌고 사빠띠스따 봉기나 대항지구화 운동은 인터넷을 통해 유통되었으며 촛불봉기는 개인방송을 통해 실시간 중계되었다. 우리는 튀니지, 이집트, 리비아, 예멘, 시리아, 모로코 등에서의 혁명적 사건들을 실시간으로 읽고 듣고 보았을 뿐만 아니라 이집트 다중들의 숨결, 정신, 영혼을 함께 공유했다. 나아가 우리는 이 사태의 단순한 구경꾼을 넘어 참여자로 기능할 수 있었다. 혁명의 전개과정을 알리고 정신적으로 지지하는 트윗 활동과 블로그 및 웹 활동을 통해, 그리고 아랍 사람들의 요구를 지지하는 거리시위를 통해 아랍의 다중들의 투쟁에 정신적으로뿐만 아니라 물리적으로도 동참할 수 있었다. 아랍혁명의 초기 3개국인 튀니지, 이집트, 리비아를 중심으로 아랍혁명을 개괄하면서 그것의 세계사적 의미와 위치를 생각해 보고 혁명의 세계사적 진화 경향에 대해 살펴보자.

세계를 뒤흔든 100일

아랍혁명은 지난 세기에 전개되어 온 모든 정치형태들에 도전하고 그것의 폐지를 요구했다. 벤 알리(튀니지), 무바라크(이집트), 부테플리카(알제리), 살레(예맨), 압둘 아지즈(사우디) 등의 신자유주의 예외통치, 아야툴라 알라 호메이니(이란)의 근본주의 예외통치, 알 아사드(시리아)의 세속주의 예외통치 그리고 가다피의 부족주의 예외통치 등 아랍세계의 모든 통치형태들이 더 이상 지속될 수 없도록 만든 이 혁명은 어떤 조건에서 기폭되었을까?

이곳에서는 왕정인가 공화정인가를 불문하고 20~40년씩 독재가 이어져왔다. 이러한 독재체제가 직면하는 문제점은 체제의 평화적 후속이 어렵다는 점이다. 경쟁세력이나 실제적 후계세력들을 제거함으로써만 독재체제가 유지될 수 있고 그런 조건에서는 체제의 평화적 후속이 불가능하기 때문이다. 그래서 이 질서의 안정성은 지도자의 수명에 의해 좌우되는 경향이 있다. 지금 아랍정권들의 위기는 그 지도자들의 수명이 한계에 다다르면서 권력의 재생산을 둘러싼 지배계급 내의 갈등이 비화되고 있는 것과 무관하지 않다. 다중들은 이 위기를 혁명적 개입의 호기로 전화시키고 있다. 이것이 첫 번째 조건이다.

둘째로 아랍혁명은 제국적 지배의 가장 약한 고리를 뚫고 나온 것이다. 지배의 약한 고리는 지배력이 가장 약하다는 것을 의미하지 않는다. 그것은 지배세력이 비록 강하더라도 급속히 고립되는 반면 새로운 사회집단이 주변 사회세력의 지지를 받으면서 강력하게 출현할 때 나타나는 현상이다. 튀니지와 이집트, 예맨과 바레인, 알제리와 사우디아라비아 등의 경우가 바로 그러하다. 지배의 약한 고리에서 낡은 지배계급은 더 이상 낡은 방식으로는 통치할 수 없게 되고 지배계급 내부의 분열이 심화되며 새로운 사회계급은 더 이상 낡은 사회를 받아들이지 않겠다는 결의를 하게 된다.

튀니지와 이집트의 혁명은 이런 조건들에서 발생했다. 이 혁명은, 아프리카에서 외세의 개입 없이 정권을 전복한 전례 없는 혁명으로 기록될 것이다. 여기서 잠깐 혁명의 전개과정과 그 특징에 대해 생각해 보자. 혁명의 구체적 사실들에 대해서는 이미 널리 알려져 있으므로 그것의 커다란 흐름을 그려보는 것이 필요하다. 튀니지에서 혁명은 몇 개의 과정을 거쳤다. 청과물을 팔던 청년 부아지지가 경찰 단속과정에서 좌판을 빼앗기고 항의하던 중 여경에게 뺨을 맞는다. 부아지지는 인간의 존엄을 짓밟은 이러한 처사에 항의하여 시청 앞에서 분신을 한다. 이것이 튀니지 사회의 억제된 분노의 뇌관을 건드리면서 광범한 공분을 자아낸다. 튀니지 노동총동맹의 조합원까지 포함된 수많은 사람들이 시위에 나선다. 시위는 대통령 벤 알리의 퇴진을 요구하는 것으로 나아가고 벤 알리가 억압에서 양보로 정책을 선회한다. 프랑스의 사르코지, 영국의 블레어, 미

2011년 4월 25일 모리타니의 수도 누악쇼트에서 라그다프 총리의 사임, 사회 개혁, 노예제 철폐를 요구하는 모리타니 다중들의 시위가 벌어졌다

국의 오바마 등 제국주의자들이 안으로는 혁명의 무산을 획책하면서, 겉으로는 민주주의 수사학을 남발하는 기회주의적 위선의 태도를 보인다. 그럼에도 불구하고 혁명이 사회의 전 계층으로 확산되고 마침내 2011년 1월 14일 벤 알리가 국외로 도피한다. 간누치 과도정부가 수립된다. 시민들이 간누치 퇴진을 요구하는 시위 행동을 계속한다. 마침내 2월 27일 간누치가 퇴진하고 싸움은 계속된다. 아래로부터 시민들의 이 투쟁이 2011년 10월 입헌의회를 구성하고 2014년 1월 각 세력간의 협의와 타협을 통해 신헌법을 제정한 후, 그해 10월 (비록 구 집권세력인 입헌민주연합에게 정권이 넘어가긴 했지만) 신헌법에 따른 의회선거로 평화적 정권 교체를 치를 수 있었던 힘이다.[2]

---

2. 2011 튀니지 혁명의 흐름을 이어받아 튀니지의 4개 주요 시민단체는 2013년에 〈튀니지 국민4자 대화기구〉를 구성하여 다원적 민주주의를 원리로 하는 헌법 제정과 이에 따른 의회 선거를 이끌었다. 이 기구와 그것의 노력은 (비록 구 지배세력의 재부상으로 귀결되었지만) 평화적 정권 교체를 가져온 공로를 인정받아 2015년 10월 노벨상을 수상했다.

이와 같은 흐름으로 전개된 튀니지 혁명의 파고는 국경을 넘어 즉각 북서아프리카의 마그레브 지역을 비롯한 북아프리카 전역으로 확산되었다. 예멘에서는 벤 알리보다 더 오래, 즉 33년째 장기집권해 온 알리 압둘라 살레 정부를 붕괴 위기에 몰아넣는 시위가 발생했고, 알제리의 수도 알제에서도 분신이 잇따르면서 대규모 반정부시위가 재개됐다. 이외에 사우디아라비아, 오만, 요르단, 모리타니 등에서도 분신이 속출했다. 이 흐름은 동유럽의 알바니아, 중앙아시아의 카자흐스탄 등에까지 대중시위를 불러오는 강력한 확산성을 보여 주었다. 그중에서 가장 주목되는 것은 이집트이다. 이집트에서는 튀니지 혁명 성공의 여파로 2011년 1월 14일 민주화 활동가 중심의 시위가 시작되고 그것이 키파야[3] 운동과 접속되었다. 그것은 다시, 아래로부터 솟구친 가난한 사람들의 저항의지와 결합되었는데 1월 17일, 50대 빈민의 분신을 비롯하여 10여 건의 분신이 이어졌다. 결정적인 것은 청년들의 연결이다. SNS를 통해 시위정보가 확산되고 시위의지가 결집되어 1월 25일, 청년들이 주축이 된 대규모 시위가 열렸다. 이에 충격을 받은 무바라크는 일시 피신했다가 반격을 가한다. 정복경찰은 물론이고 고용된 깡패들, 사복 입은 경찰들, 심지어 낙타부대까지 동원해 시위대에 대한 무자비한 진압작전을 폈고 와일 고님을 비롯한 주도자를 체포하고 야권인사를 감금했으며 인터넷과 이동전화와 SNS 서비스를 봉쇄하고 알자지라의 취재까지 금지시켰다. 하지만 1월 28일 분노의 날에는 더 많은 군중이 시위에 참가했다. 여기에 노동자들의 파업투쟁까지 가세하자 결국 무바라크는 양보와 유화의 태도를 취할 수밖에 없었다. 1월 29일 부통령제를 신설하여, 군부의 지지를 받고 있는 술레이만을 임명하고 내각해산을 선포하면서 사회, 경제, 정치 개혁을 약

3. "이제는 충분하다"는 뜻으로, 2001년 아르헨티나에서 외쳐진 "야 바스타!"와 같은 뜻이다.

속한다. 그러나 무바라크의 퇴진을 요구하는 투쟁은 계속되고 무바라크의 가족들과 이집트의 엘리뜨들은 해외로 도피한다. 마침내 2월 12일 무바라크가 퇴진하고 부통령 술레이만이 이끄는 군사 평의회에 과도 권력이 이양되면서 군부와 청년, 야당들이 권력 재구성을 위한 협상테이블을 갖는다. 4월 14일에 무바라크와 그의 아들들은 구속되었다. 하지만 이집트의 다중들은 이집트에 대한 통제를 잃지 않으려는 미국, 그리고 그 미국에서 훈련된 이집트 장성들에 맞서 싸우면서 민주주의 이행을 달성해야 했다. 혁명적 다중들은 2003년 7월 13일 압델 파타 엘시시 국방장관의 반혁명적 쿠데타로 〈무슬림형제단〉의 무함마드 모르시가 대통령에서 축출되고 군부 정권이 다시 들어서기까지 커다란 인내심을 요구받는 장기적 개혁투쟁을 수행했다.

리비아는 혁명이 내전으로 비화한 경우다. 무바라크가 사임한 직후인 2월 15일에 벵가지에서 시위가 발생했다. 시위는 처음부터 가다피가 물러갈 것을 요구했다. 외국 언론이 없고 대부분의 미디어가 가다피의 아들에 의해 통제되고 있는 가운데 알자지라와 페이스북을 통해 시위와 시위 소식이 벵가지를 넘어 트리폴리까지 확산되었고 19일에는 정부군의 진압으로 12명이 살해되었다. 2월 21일 가다피의 아들 사이프가 "피의 강물"이 리비아를 기다리고 있다고 위협한 후인 24일부터 가다피는, 시위가 오사마 빈 라덴에 의해 조정되고 있다고 주장하면서 시위대에 발포하기 시작했다. 전투기를 동원한 가다피군의 공세에 반군이 벵가지로 밀린 가운데, 3월 17일 유엔이 리비아상공을 비행금지구역으로 선포했다. 이어 프랑스를 중심으로 한 NATO 군이 리비아 내전에 개입했고 이후 내전은 트리폴리와 벵가지 사이에서 일진일퇴하는 장기전으로 치달았다. 리비아의 이 1차 내전은 2011년 10월 20일 도주하던 가다피가 시민군에게 체포된 후 사살됨으로써 종식되었지만, 2014년 리비아가 트리폴리 정부와 투브루크 정부로 분할되고 대표회의 선출과정에 승복하지 않은 이슬람세력들이 반란을 일으키면서 복잡한 구도의 2차 내전이 전개되어 앞의 두 정부 사이에 국가협정정부로의 통일 합의가 이루어진 2016년 3월 이후에도 불안정성은 끝나지 않고 있다.

2011년 혁명의 가장 큰 성과는 아프리카와 중동의 다중들이 공포를 극복한 것이다. 공포는 두 가지 방향에서 오고 있었다. 하나는 서방과 연결된 신자유주의적 테러 독재에서 오는 것이었고, 다른 하나는 이슬람과 연결된 원리주의 독재와 근본주의적 테러 투쟁에서 오는 것이었다. 아랍의 다중들은 자신들의 힘으로 이 공포를 딛고 일어서 아래로부터의 다중민주주의적 혁명을 일으켜 세움으로써 두 가지 유형의 공포정치를 끝낼 수 있다는 자신감을 갖게 되었다. 여기에 크게 보아 세 가지의 유형이 있었다. 하나는 비폭력의 동시다발 대중 투쟁으로 대통령이 망명하거나 구속되는 등 정권 담당 층이 바뀐 경우이다. 비록 이후의 사회적 투쟁 과정에서 선거나 쿠데타로 구 세력이 복귀했지만 초기의 튀니지, 이집트가 그러한 성과를 보였다. 또 하나는 위로부터의 방어적 개혁조치나 강경한 채찍정책 혹은 국제반혁명 세력의 개입으로 대중투쟁의 예봉이 꺾인 경우이다. 사우디나 바레인의 경우가 그러했다. 셋째는 집권계급과 대중의 갈등이 장기적 내전으로 발전하는 경우이다. 리비아와 시리아가 그러한 경로를 밟았다. 미국을 비롯한 서방의 영향력이 작용하고 있거나 이슬람의 영향력이 약한 국가는 대체로 첫 번째나 두 번째 경로를 밟는다. 셋째의 경우는 리비아에서처럼 해당 지역 내부의 종교적·지역적 갈등이나 부족 간 갈등이 혁명 이전에 뚜렷이 실재했던 곳에서, 그리고 시리아에서처럼 해당 지역을 둘러싸고 강대국의 이해관계가 상충하는 곳[4]에서 나타났다.

---

4. 2011년 이후 엄청난 규모의 사상자를 내면서 전개 중인 시리아 내전은, 에너지 위기에 직면한 유럽에 가스를 판매·공급할 권리를 둘러싸고 '이란-이라크-시리아-레바논-지중해'를 잇는

신자유주의 위기 및 미국 헤게모니의 위기와 아랍혁명

아랍혁명은 결코 국지적 문제가 아니다. 그것은 세계사적 환경에서 터져 나오고 있다. 무엇보다 먼저 고려해야 할 것은, 2008년의 금융위기에서 표현된 세계자본주의 질서의 위기이다. 이것은 지난 3~40여 년 동안 세계를 지배한 신자유주의 지배방식의 지속불가능성을 체제 자체가 고백한 것이다. 이로써 제국의 군주국 미국은 사실상의 '불량국가'로 실추했다. 세계 최대의 채무국이며 달러를 찍어서 위기를 넘기는 국가이고 결제통화로서의 달러 패권을 지키기 위해 전쟁을 일삼는 나라이며 자본의 채무를 국민들에게 전가하는 국가이고 빈부격차가 가장 심한 나라이며 '불량대통령' 트럼프의 등장으로 이전의 그럴싸한 겉모습마저 벗어버리고 적나라함 이기심, 노골적인 폭력, 뻔뻔한 거짓말에 점점 더 많이 호소하면서 나라로서의 신뢰를 잃어가고 있는 나라가 바로 미국이라는 사실이 드러났기 때문이다.[5] 신자유주의의 위기는 1994년 사빠띠스따 봉기, 2001년 아르헨티나 피케떼로 반란 등에서 징후적으로 드러났었고 2005년 방리외 반란, 2006년의 CPE(최초고용계약) 투쟁, 2008년의 한국 촛불봉기, 2009년의 그리스 반란, 2010년의 영국 학생 투쟁 등의 연쇄적 반란 속에서 고발되었던 것이다. 이 고발과 비판이 마침내 2011년 아랍권의 총체적 혁명으로, 유럽의 분노와 실질민주주의 요구로, 미국의 점

파이프라인 프로젝트와 '카타르-사우디-요르단-시리아-터키'를 잇는 파이프라인 프로젝트 사이의 일종의 파이프라인 전쟁으로 전화했다. 모두가 시리아를 거치는 이 두 프로젝트 중에서 러시아가 전자를, 미국이 후자를 옹호하면서 아사드 정부군과 반군 사이의 내전은 러시아와 미국의 이해관계를 대리하는 전쟁으로서의 성격을 띠어갔다. 이에 대해서는 홍미정, 「시리아 위기와 석유·가스 파이프라인 경쟁」, (『중동문제연구』, 제14권 1호, 중동문제연구소, 2015, 27~72쪽) 참조.

5. 이것은, 2011년 4월 11일 스탠다드앤푸어스가 미국 국채의 신용등급을 '안정적'에서 '부정적'으로 하향 조정했던 것에서도 확인된다.

2017년 1월 20일 트럼프 취임 직후 시카고 트럼트 타워 근방에서 벌어진 반트럼프 시위

거운동으로 비화되었던 것이다.

심화되는 위기에 직면하여 자본이 선호하는 대응방식은 전쟁이다. 베를린 장벽의 붕괴 이후 냉전의 냉기가 채 사라지기도 전에 미국은 9·11을 빙자한 전 지구적 테러전쟁을 시작했다. 이 전쟁은 취약해지는 자신의 헤게모니를 군사적으로 만회하려는 방책이었다. 미국의 헤게모니 위기는, 유럽연합의 구축 이후 유럽의 부상과 이라크의 친유럽화, 러시아-이란 연합 축의 강화, 북한의 불안정화 속에서 중국의 경제적 헤게모니의 강화 등에 의해 가속되었다. 이에 미국은 유럽을 상징하는 이라크, 러시아를 상징하는 이란, 중국을 상징하는 북한 등을 3대 악의 축으로 설정하면서 패권 전쟁을 시작했고 이것에 테러와의 전쟁이라는 이름을 붙였다. 테러와의 전쟁 전략은, 이집트와 이스라엘, 그리고 점령 이라크를 기지로 유럽과 러시아/이란 축을 공략하고, 일본과 남한을 축으로 중국 축을 공략하는 것을 목표로 삼았다. 이에 더하여 미국은 유럽 남부와 중동, 그리고 북아프리카를 잇는 '지중해연합'의 구축을 통해 세계에너지 자원에 대한 통제권을 장악하고자 했다. 에너지 자원의 통제야말로 제국적 헤게모니를 공고하게 만들 기반이라고 보았기 때문이다.

이 연합을 구축하기 위해서는 지중해 역내域內의 계층화된 사회적 수준을 어느 정도 평균화하고 이질적인 정치형태를 동질화하는 것이 필요했다. 이를 위해서는 무엇보다 부패한 통치로 대중적 지지를 상실한 몇몇 국가들의 정치형태를 서구적인 것으로 순치할 필요가 있었다. 벤 알리나 무바라크 혹은 살레 정권은 그 대표적인 사례이다. 이 점에서 아랍혁명의 일차 목표는 미국의 이해관계와 합치하는 지점을 갖는다.[6] 하지만 혁명은 미국이 기획한 것이 결코 아니다. 혁명은, 미국에 이로운 정도의 개혁, 즉 '미국화'만을 바라는 미국의 기대를 훨씬 넘어 진전하면서 미국의 지중해 기획과 세계 전략 자체를 위기에 몰아넣었다.

아랍 예외성의 정체

이제 초점을 북아프리카와 중동을 포함한 아랍 세계에 맞춰 보자. 이럴 때 주목되는 것은 약 반세기 전부터 이 지역에서 이루어진 하나의 역사적 이행이다. 이 시기에 아랍세계는 제국주의적 지배나 민족주의적 지배의 위기를 겪었고, 이 상황에서 대개는 세계의 다른 지역들과 마찬가지로 신자유주의적 패러다임을 받아들였다. 이 이행의 전형은 이집트에서 나타난다. 낫세르의 아랍사회주의는 제국주의의 지배를 민족주의적 지배로 대체한 것이었다. 1970년대의 위기 속에서 낫세르를 이은 사다트는 이집트의 사회민족주의를 신자유주의적 지배로 전환한다. 이후 이집트는 소련이 1985년부터 걸을 길을 먼저 걸었다. 대외 문호개방(즉 글라스노스트)과 자유화 개혁(즉 뻬레스트로이카)이 그것이다. 이것은 친소에서 친미로의 정책전환을 가져왔다. 1977년 사다트의 이스라엘 방문, 지

6. 위키리크스에 따르면, 미국은 튀니지 혁명 발발 전부터 이집트에 정치 개혁을 이미 주문하고 있었다. 이집트 국영 방송이 봉기 기간 내내 그 움직임을 외국인들의 음모로 묘사한 것, 그리고 무바라크가 강제로 퇴출되기 전날 자진 퇴진을 거부하면서 "외세의 입김에 흔들리지 않겠다."고 한 것은 본말이 전도된 것이고 또 음모론적인 시각이지만 미국의 이러한 의도에 대한 반감을 표현한 것으로 볼 수 있다.

미 카터 중재로 1978년 미국 대통령 휴양지인 캠프 데이비드에서 이루어진 이집트-이스라엘 회담 등은 그 계기들이다. 이로 인해 아랍 동맹에서 제명된 이집트는 경제·군사적으로 미국에 더욱 의존하면서 적극적인 외자 도입, 민간 투자 증대를 실시한다. 그 결과는 사회의 양극화, 주택·교통·실업 문제의 심화였다. 1982년 사다트는 이슬람 도포단 세력에 의해 암살되었지만 그의 신자유주의 정책은 무바라크에 의해 더욱 심화된 형태로 계승된다. 이후 무바라크의 신자유주의는 군사독재와 결합된 독특한 아랍적 형태를 취한다.

사다트 암살은 신자유주의 아랍으로부터 이슬람주의적 아랍의 분화를 가시화하는 징후였다. 신자유주의 아랍(이집트, 사우디아라비아, 튀니지, 그리고 이스라엘 등)에서 발전이란, 빈부격차의 심화와 실업, 물가 상승을, 다시 말해 소수 특권층의 수중에만 부가 집중되고 많은 사람들이 하루 2달러 미만의 극빈생활에 시달리는 것을 의미했다. 이 체제는 왕실독재나 군부독재에 의해 가동되었다. 그리고 그것은, 이 지역의 자원을 약탈하는 대가로 독재체제에 재정적 군사적 원조를 제공하는, 미국과 서방에 의해 비호되었다. 서방의 지배 언론들은 근본주의적이거나 세속주의적인 이슬람 아랍세계(이란, 시리아, 구 이라크 등)는 악으로 묘사하면서, 신자유주의 아랍세계에 대해서는 자유와 민주주의가 실현되면서 발전하는 세계로 묘사했다. 예컨대 2010년 12월 이전에 서방의 언론은 튀니지 사람들이 겪는 고통, 빈곤, 실업, 억압에 대해 묘사한 적이 거의 없고 이곳의 높은 경제성장 지표만을 반복해서 보도했다.

신자유주의 세계라면 어느 곳이나 그렇듯이, 사람들은 경쟁에서의 승리를 통해서만 살아남을 수 있다. 이러한 사회조건은 개개인들의 진학 욕망을 부추긴다. 학교를 졸업했으나 경쟁에서 실패한 사람들이 실업자가 되지 않는 길은 더 높은 교육과정으로 진학하는 것이다. 더 높은 수준의 경쟁에 뛰어들고자 하는 사람들도 더 높은 교육과정을 선택한다. 교육자본은 이 수요를 이용하여 더 많은 학교와 대학을 짓는다. 그것의 결과는 체제적으로 양산된 "높은 교육을 받은 실업자들"이다. 2011년 전후, 튀니지와 이집트에서의 혁명은 바로 이 사회집단들에 의해 촉발되었다. 이들이 트위터, 페이스북과 같은 사회네트워크서비스SNS에 의해 연결되면서 서로의 처지에 공감하게 되었고 이 공감망이 혁명을 가능케 할 심리적·주체적 조건을 조성했다. 낮은 임금과 해고 위기 앞에서 불안에 떨어야 했던 노동자들, 농촌의 대농장화 프로젝트에 의해 추방되어 도시의 빈민으로 되거나 농업노동자로 될 운명에 직면했던 농민들도 이 공감망에 연결되었다. 비상계엄하의 신자유주의 30여 년 동안에 민중들은 군사독재적 혹은 왕정적 주권체제에서 벗어나고자 하는 다중으로 전화되고 있었던 것이다.

이제 초점을 조금 좁혀 일국적 사정들을 살펴보자. 튀니지 혁명의 직접적 원인이 경제적 빈곤에 있었다고 말하기는 어렵다. 혁명이 기폭된 튀니지의 경우, 빈곤률은 7%이지만 벤 알리 정부가 들어선 1987년의 22%에 비하면 아주 낮으며 2000년의 2분의 1밖에 되지 않았다. 아프리카에는 튀니지에 비해 훨씬 더 빈곤한 나라들이 많았다. 예컨대 이집트는 빈곤률이 20%, 모로코는 15%, 그리고 알제리는 25%에 달한다. 2009년 튀니지의 일인당 국민소득은 7,200달러로 다소 낮아졌지만 그 하락세가 급격하지는 않았다. 이웃 나라들에 비해 소득이 낮은 편도 아니었다. 산유국인 리비아보다는 낮지만, 3,800달러인 모로코, 4,900달러인 이집트보다 훨씬 높았으며 인접산유국인 알제리(6,600달러)보다도 더 높았다. 튀니지의 실업률은 높은 편이었지만(14%, 청년들의 경우는 더 높았다) 다른 아프리카 나라들에 비해서는 낮았다. 튀니지는 아프리카 나라들 중에서 상대적으로 나은 경제, 높은 교육수준을 갖고 있다. 이 때문에 외관상 튀니지는 국가기구가 강력하여 상대적으로 안정적인 나라로 여겨져 왔다.

그러나 정치적으로 튀니지는 정치적 억압의 강도를 점점 높여 왔다. 1956년 프랑스로부터 독립한 후 54년 동안 대통령이 겨우 두 명 있었을 뿐이다. 벤 알리는 대통령에 대한 비판을 허용하지 않았고 해외 언론과 아랍 언론을 금지했으며 위험해 보이는 경우에는 인터넷조차도 금지했다. 23년에 걸친 벤 알리의 장기독재는 확산되는 부패 및 족벌통치와 결합되었다. 신자유주의적 민영화과정은 소유를 집중시켰다.[7] 그 결과 심화된 빈부격차,[8] 치솟는 물가와 생활고는 분노의 화약고로 되었다.

이집트의 경우는 어떠했을까? 8천만에 달하는 인구를 갖고 있고 한반도의 5배에 달하는 영토를 갖고 있어 중동지역에서 가장 큰 나라에 속하는 이집트는, 앞서 말했듯이, 사회주의에서 신자유주의로 이행해 온 나라이다. 이것은 사회주의에서 신자유주의로 이행한 동구의 경우와 동일하며 케인즈주의에서 신자유주의로 이행한 서구의 경우와 유사하고 권위주의에서 신자유주의로 이행한 한국과도 같은 궤적을 밟았다고 할 수 있다. 다시 말해, 이집트는 세계의 예외 지대가 아니라 보편적 지대의 일부이다. 1954년 쿠데타를 통해 집권한 낫세르의 아랍사회주의는 수에즈운하를 국유화하고 남미식의 대농장을 육성했다. 이로부터 농촌 중간계급이 성장했으며 이것이 그의 지지기반이 되었다. 그의 사후 집권한 사다트 정부(1970~1981)는 유럽과 미국의 기업들에 대한 개방정책을 펼쳤다. 그가 암살된 후 등장한 무바라크 정권(1981~2011)은, 중동 지역에서

---

7. 1956년 튀니지 해방 당시에 경제의 80%가 국유화되었지만, 벤 알리 정부하에서 BIAT 등의 은행, CTN 등과 같은 서비스 부문, Ennakl 같은 교통·항공 기업, 그리고 신문·방송 미디어 등의 주요 부문은 대부분 사유화되었다.
8. 소득불평등을 나타내는 지니계수가 말레이시아나 중국과 비등하며 터키나 이스라엘과 같다.

2013년 2월 6일 타흐리르 광장으로 향하는 이집트의 반성폭력 시위. 여성들이 칼을 들고 행진하고 있다. 인터뷰 중인 남자는 이집트의 정치 활동가이자 치과의사인 아메드 하라라. 그는 2011년 1월 무바라크 퇴진 시위에 참여하였다가 총에 맞아 오른쪽 눈을 잃었고, 2011년 11월 군부의 퇴진을 요구하는 시위에서 또 총에 맞아 왼쪽 눈을 잃었다. 그의 예명 "하라라"는 "열"(熱)이라는 뜻인데 항상 일선에서 매우 큰 소리로 집회에 참여하는 그의 모습을 보고 사람들이 붙여준 이름이라고 한다.

급진 이슬람의 영향력을 저지하고 미국의 이해관계를 이 지역에서 실현해 주는 대가로, 그리고 신자유주의적 민영화로 국부를 해외 자본에 팔아넘기는 대가로 미국으로부터 연간 15~20억 달러의 원조를 받는, 매판 정부이자 애완견 국가로 추락했다.

그 결과, 8천 만 이집트인 중 40%는 하루 2달러 미만으로 생활하고 있고 물가상승률은 12.8%이며 실업률은 9.7%에 달했다. 유효농지는 전 국토의 3%에 불과한데다, 2008년 금융위기 이후 미국이 취한 달러 찍어내기 정책과 기후변화로 식량을 비롯한 상품가격이 급상승하여 실업인구 및 빈곤층의 고통은 악화일로에 있었다. 석유는 내수를 충당하는 정도이고 무역 재정 등의 서비스 부문 구성이 상대적으로 높은 편인데 무역의 중요한 부분은 낫세르 정부하에서 국유화된 기업을 해외 기업에 팔아넘기는 일로 구성된다. 그로부터 나오는 소득은 대부분 권력 귀족들의 개인 호주머니로 들어간다. 낫세르 정부하에서는 실질 임금이 2배 이상 상승했지만 사다트와 무바라크 정부하에서 임금은 전혀 상승하지 않았다. 인구의 절반은 도시에서 살고 있고 수많은 마을들은 메트로폴리스의 '교외'로 배치되었다. 1981년 이후 도입된 신자유주의 정책으로 백만장자와 가난뱅이 사이의 빈부격차는 심화되고 도시 중간층은 엷어졌다. 낫세르의 지지기반이었던 농촌 중간계급은 더 이상 정권을 지지하지 않았다. 늘어난 학교로 교육받은 인구는 급속히 증가했지만, 이들은 졸업 후에 리어카로 카펫을 팔거나 택시 운전을 하는 등의 일 외에는 아무런 일자리도 구할 수가 없었다. 실업자 중 90%가 이집트 인구의 66%인 30대 이하 청년층으로 집계되고 있다. 이런 상황에서 정권은 노동자들이 독립적으로 행동할 수 없도록 노동조합을 철저히 통제해 왔다. 게다가 2008~9년의 금융위기로 인한 석유가 인하와 소득 하락은 이집트에 와서 일하는 외국 노동자들의 삶도 위기로 몰아넣었다. 그 결과 이집트는 국민을 위한 국가라기보다 미국, 이스라엘, 프랑스, 영국, 그리고 국내의 소수 부자들을 위한 국가로 되었다.

리비아의 가다피는 앞서 말한 신자유주의 아랍에도, 이슬람 아랍에도 속하지 않는 경우이다. 그는 1969년 자유장교단의 쿠데타로 집권한 후, 왕정을 공화정으로 대체하고 루소의 계약론과 베두인 부족 문화를 결합한 직접민주주의를 제창했다. 하지만 실제의 정치는 혁명평의회의 독재로 귀착되었다. 이 질서에서는, 공식 직함을 갖지 않은 '지도자'가 대통령을 대신하고 '인민위원회'가 정당을 대신한다. 이 특이한 질서를 통해 가다피는 국가업무 전체를 종신終身토록, 그러니까 42년간이나 통치할 수 있었다. 이 국가기관들은 불투명해서 그 구성원이 어떤 절차를 통해 임명되는지 알 수 없게 되어 있는데다가, 1977년에는 초기의 집단지도체제마저 폐지되었다. 그 결과는, 혁명 동지들이 연쇄 숙청되고 가다피의 여섯 아들이 가다피의 유일측근으로서 전 인민위원회를 비롯한 국가요직을 장악한 것이었다. 이 기이한 질서는 두 가지 기반에 의해 지지되었다. 하나는 도시문명을 거부하면서 아랍주의는 물론이고 민족주의조차 부차화하는 베두인 부족주의 세력과 그 문화였다. 그리고 또 하나는 석유수입이었다. 특히 후자는 가다피의 예외통치를 뒷받침하는 강력한 물적 기반을 제공했다. 석유기업 국유화와 1973년의 원유가격 급등으로 늘어난 석유수입은 공공예산으로 흘러가기보다 가다피 일가의 축재와 비공식 권력을 강화하는 것에 투자되었다. 산업의 석유산업으로의 특화는 국민경제를 일그러뜨렸다. 밀, 보리, 감자, 야자, 올리브 등을 재배하거나 양, 염소, 낙타를 사육하거나 이로부터 피혁과 양털을 수출하는 등의 미미한 농업 외에 핵심경제는 대부분 석유생산에 의지했다. GDP는 1만 달러가 넘어 북아프리카 1위였지만 부의 분배는 극심하게 양극화되어 있었다. 테러지원국 혐의로 오래 지속된 서방의 경제제재는 대중의 삶을 고통스럽게 했다. 2003년에 가다피는, 미국 및 서방의 20년이 넘는 경제제재에 굴복하여 핵무기 포기를 공식선언했고 그 대가로 서방으로의 석유수출길을 열수 있었다. 하지만 이로 인해 체제 유지의 중요한 기둥이었던 반미주의가 흔들리면서 체제에 이데올로기적 균열이 확대되었다.

아랍에 대한 사회과학적 접근을 가로막는 이미지가 '아랍 예외성'이다. 이것은 대개 서방이 아랍 세계에 부여한 그릇된 표상의 산물이다. 지금까지 살펴본 것처럼 실제의 아랍은, 세계의 다른 지역들과 마찬가지로, 위로부터 신자유주의를 받아들이는 경로, 즉 일반적인 발전경로를 밟아왔다. 세속주의적이거나 원리주의적인 이슬람 정권도 신자유주의에 대한 대응으로 출현한 것이다. 심지어 알카에다를 비롯한 게릴라 네트워크도 신자유주의적 제국질서에 저항하는 탈근대적 방식의 하나로 이해할 수 있다. 아랍이 예외적이고 특수하다면, 이 일반적인 발전과정이 왕정독재나 군사독재 형태로 전개되었다는 점, 그리고 막대한 석유수입이 비공식적 경로를 거쳐 권력 귀족들의 호주머니로 귀속되었다는 것이다. 전자(일반성)와 후자(특수성)가 서로 연결되어 아랍의 공적 질서를 위축시킨 반면 비공식 정치부문은 비대하게 만들었다. 이것은, 공식적 절차를 통해서는 변화를 가져올 수 없는 상황을 조성했다. 최근의 연쇄 정치혁명의 조건과 도화선을 제공한 것이 바로 이것이다.

존엄의 인티파다

아랍에서 인티파다(항쟁)는 갑자기 허공에서 솟구쳐 오른 것이 아니다. 앞선 투쟁들이 있었다. 이집트를 예로 들어보자. 미국, 영국, 프랑스, 이스라엘 등과 같은 외세에 대항해 싸우던 이집트의 반대파들이 국내의 사회문제를 제기하는 것으로 방향 전환한 것은 2004년이다. 무바라크가 팔레스타인 장벽을 세우는 데 시멘트를 제공하고, 군경이 이스라엘과 싸우기는커녕 팔레스타인을 지지하는 시위대와 싸운 것이 이 방향전환의 계기가 되었다. 가장 가까운 투쟁은 2008년 4월 6일에 있었다. 마할라 주민들이 물가앙등, 식료품 가격 폭등, 저임금에 항의해 일어섰고 알렉산드리아 대학교에서는 수천 명의 학생들이 식량 가격과 교재비 상승에 항의해 시위를 벌였다. 학생들은, 수업료를 지불하지 못한 학생들의 성적표 발행을 중단시킨 대학 당국에 분노를 터뜨렸다. 마할라 주민들은 4일 동안 마할라 직물 공장 근처에서 보안군과 시위 진압 경찰에 맞서 전투를 벌였다. 이것은 1년 이상 전개된 노동자들의 파업 투쟁에 이어 벌어진 항쟁이다. 무바라크는 노동자들에게 보너스를 약속하는 식으로 당근을 내미는 한편, 수천 명의 군인·경찰·보안군 들을 보내 채찍으로 마할라 항쟁을 진압했다. 이로부터 8년 전인 2000년에, 알아크사 인티파다도 중요한 전사前史로 기록될 수 있다. 거리행동주의가 억압되고 있던 와중에 팔레스타인 알아크사에서 터진 인티파다와 알자지라 방송의 이에 대한 중계는 청년들에게 커다란 영감을 불어넣었다. 투쟁의 이런 축적을 조건으로 솟구친 2011년의 아랍혁명에서 우리는 다중적 계급구성, 다중적 정치구성, 메시아적 참여, 종교를 넘는 결집, 운동의 진화, 정보적 자기조직화, 누구나가 지도자인 운동, 소산하는 운동질서, 존엄과 순교의 윤리학, 탈정치적 정치, 코뮌의 구축 등 절대민주주의적 주체화 움직임을 발견할 수 있다.

가장 먼저 살펴보아야 할 것은 계급구성의 다중적 성격이다. 아프리카와 아랍에서의 투쟁은 실업자, 빈민, 청년, 학생, 노동자, 농민, 여성, 어린이 등 광범한 사회층들의 참여에 의해 전개된다. 그래서 우리는 시위대의 어디에서나 히잡을 두른 노인, 돌을 든 어린아이, 군인을 껴안는 아주머니, 경찰에 항의하는 아저씨, 부상자를 들고 나르는 청년, 투쟁과 희생의 소식을 전하는 학생, 시위대에 의해 환영받는 탈영병사 등을 발견할 수 있다. 한편에서 이 저항 주체들은, 지난 30여 년에 걸친 신자유주의화가 낳은 효과들이다. 석유에 특화된 산업구성으로 많은 주민들은 일자리를 가질 수 없게 되었다. 대학의 증설로 인해 교육받은 사람들은 늘어났지만, 그것을 수용할 산업부문은 형성되지 않았다. 그 결과 비공식적인 제3부문에 노동인구가 적체되어 갔다. 다시 말해, 교육받은 사람들이 늘고 인터넷 사용자가 늘면서 전통적 산업보다는 관광, 종교, 교육 등의 영역에서 정서적·지적 서비스를 수행하는 인지적 비물질적 활동이 증대했다. 노동의 인지화 경향은 세계 다른 곳에서와 마찬가지로 뚜렷하게 드러난다.[9]

계급의 이 다중적 구성은 투쟁의 정치적 구성에 반영되었다. 가령 이

2013년 이집트 노동자들의 메이데이 집회

집트 노동운동은, 1989년의 철강공장 노동자 파업과 1994년 섬유공장 노동자 파업 당시에, 평화시위에도 실탄세례를 받을 정도의 악랄한 탄압을 받았다. 2006년 이후에는 노동운동이 다시 살아났지만 아직은 약한 상태였다. 〈이집트독립노조〉는 혁명이 발생한 뒤인 2011년 1월 30일에야 비로소 건설을 위한 회합을 가졌을 뿐이다. 이런 조건에서 시위의 주축이 되어 움직인 것은 실업자인 청년들이었다. 그래서 투쟁은, 시위대의 60% 이상이 30세 이하의 청년들로 집계되는 일종의 청년인티파다의 성격을 갖는다. 물론 2011년 이집트 혁명을 '청년혁명'으로 환원할 수는 없다. 세대를 불문한 광범한 빈민들, 무바라크 정부에 비판적인 중간층, 심지어는 정치적·경제적·문화적 엘리트층의 일부 자녀들도 혁명에 가세했기 때문이다.

그래서 혁명세력은 정치적으로 무지개적인 연합체로 나타났다. 우선,

9. 조정환, 『인지자본주의』, 갈무리, 2011년의 3장 「인지자본주의로의 이행」 참조.

이 연합체에는 2009에서 2010년 사이에 대규모 파업과 점거를 조직했던 노동운동 세력이 포함되었다. 이들은 2008년의 파업을 계기로 4·6 청년운동으로 조직되었고 2011년에는 〈부동산세무노동자노조〉, 〈독립교사협회〉, 〈이집트보건기술직협회〉, 〈연금수급자연맹〉 등이 연합하여 〈독립노조연합〉을 건설했다. 노동자들의 파업투쟁은 무바라크의 퇴진을 결정적인 것으로 만드는 데 중요한 역할을 했다. 둘째로 〈무슬림형제단〉이 포함되었다. 이집트에서 창설된 이 단체는 범 아랍단체로서, 불법화 조치에도 불구하고 서민층에 대한 사회사업을 통해 지지기반을 다졌다. 2005년 선거에서 조직원들이 무소속으로 출마해 50%의 당선율을 기록했고 의회 전체의 5분의 1을 차지했다. 이들은 권력을 장악하지 않겠다고 선언하면서 운동에 헌신했다. 셋째로는, 소농을 내쫓고 대규모 농장을 구축하려 했던 무바라크의 계획에 반대하는 농민운동 세력이 포함되었다. 이 세력들은 민족 산업 보호, 소규모 농지보유, 그리고 새로운 민족주의 자본을 위한 공공투자 등을 요구했다.

무엇보다도 두드러진 네 번째의 투쟁 주체는 청년들이었다. 청년들은 주로 비물질적이고 삶정치적인 활동에 종사하며 경계들을 넘는 정보수단들을 유능하게 다룰 수 있었다. 청년들은 산업노동, 농업노동, 서비스노동 등의 다양한 노동에 연관되면서 사회의 가장 비참한 계급으로 내몰려 있었기 때문에 이름 없는 사람들의 처지와 감성을 이해하고 그것에 공감할 수 있는 조건에 있었다. 이러한 청년들이 이집트, 튀니지, 팔레스타인 등 모든 지역 인티파다의 주요형상들로 등장했다. 실업자인 청년, 노동자인 청년, 농민인 청년, NGO 활동가인 청년, 자원봉사자인 청년, 예술가인 청년, 지식인인 청년, 무슬림인 청년, 기독교인인 청년, 무신론자인 청년, 군인인 청년, 탈영병인 청년, 경찰인 청년, 발명가인 청년, 사회적 기업가인 청년, 〈무슬림형제단〉의 청년, 〈4월6일 운동〉의 청년, 키파야

운동의 청년 등은 아랍사회의 공통적 부를 생산하는 주요한 세력이면서 2011년 혁명에 역동적 에너지를 불어넣은 힘이다. 청년들이야말로 온갖 개혁적 요구들에 이해관계가 걸려 있으면서도, 혁명 없이는 그것마저 달성할 수 없는 존재였다. 군대와 경찰도 많은 경우에 청년들이다. 투쟁의 정치적 조직에서 청년활동가들은 촉발자이자 확산자로 나타난다. 구글의 이집트 마켓팅 책임자였던 와일 고님이 페이스북을 통해 주도한 것으로 알려진 '우리는 모두 칼레드 사이드Khaled Said다' 운동은 이집트 혁명을 정보적으로 촉발시켰다. 2010년 6월 알렉산드리아에서 청년 칼레드 사이드가 인터넷 까페에서 불심검문 온 경찰로부터 ID를 말하라고 강요당하다가 결국 경찰서에 끌려가 죽었다. 고님은 이 시대의 다중들과 모든 사람들이 경찰폭력으로 인해 죽은 칼레드 사이드와 같은 운명을 갖고 있음을 알리는 것으로 사람들을 결집시켰다. 튀니지 혁명에 자극받은 그는, 페이스북으로 나일강과 해변을 걷는 애도의 평화시위를 제안했고 그에 대한 공감은 무바라크를 쓰러뜨린 1월 25일 집회로 표출되었다.

신자유주의가 낳은 경제적 계급구성이, 혁명세력의 정치적 구성으로 직접 표출되었다고 하기는 어렵다. 부아지지의 분신을 시작으로 튀니지만이 아니라, 이집트, 리비아 등에서 이어진 분신들이 말해 주듯이, 경제적 이해관계가 투쟁으로 직접 번역되는 것이 아니라 메시아적 참여라는 과정을 거쳐서 표현되었기 때문이다. 이 메시아적 참여는, 놀랍게도, 종교와 어떤 직접적 관련성도 갖지 않는 것이었다. 요구는 세속적이고 정치적인 것이었다. 시민으로 존중받을 권리, 존엄한 삶을 살 권리, 사람들을 다스리는 체제를 구성하는 데 참여할 수 있는 권리 등이 그것이다. 그것은 자유, 정의, 존엄, 민주주의 등의 보편주의적 언어로 표현되었다. 신자유주의가 낳은 결과들에 대한 저항으로 나타난 이 보편주의적 요구들은 종교적 요구도 아니며 민족주의적 요구도 아니고 그렇다고 사회주의적인 요구도 아니었다. 그것은, 제국주의와 이슬람주의, 그리고 아랍사회주의 사이에서 고통받으면서 오랜 시기에 걸쳐 매우 비극적인 집단감정을 구축한 아랍의 다중들이, 그 질서들에 대한 항의의 형식 속에서 표현하는 존엄한 삶에 대한 요구였다.

언론들은 아랍혁명이 지도자가 없는 혁명이라는 점을 부각시켰다. 일면에서 이 말은 타당성을 갖는다. 가령 튀니지에서 〈노동총동맹〉UGTT은 투쟁의 중요한 지도력 중 하나로 작용했지만 유일한 지도력이거나 중심적 지도력이었던 것은 결코 아니다. 그것은 운동의 강렬도를 표시하는 눈금자로서 운동의 힘을 반영하면서 움직일 뿐 운동을 창출하지는 않았다. 인터넷, 모바일 폰, 페이스북과 트위터를 매개로 연결되면서 폭발한 튀니지 혁명은 망명한 이슬람 정치가들이나 노동조합 지도자들이 따라가기에는 너무 빠른 속도로 진전했고 또 너무 빠른 속도로 국외와 역외로 확산되었다. 그간의 억압으로 취약했던 정치세력들[10]이 대중투쟁을 지도할 역량을 갖는 것은 더욱 어려웠고 노동자 외에 실업자, 청년, 학생, 여성 등이 다수 참가하고 있는 복잡한 운동구성에서 단일하게 집중된 정치세력이 지도력을 행사한다는 것도 불가능한 것이었다.[11] 칼레드 사이드 운동이 거리의 대중시위로 발전한 1월 25일 운동은 최저임금, 실업자에 대한 일자리 제공, 비상계엄 철폐 등을 요구했다. 이것은 이후에 확장되어 내각 해산, 의회 해산, 무바라크 퇴진, 무바라크 체제의 해체로까지 발전해 나갔다. 운동의 이 진화과정에서 우리는 특별한 지도중심을

10. 가령 〈튀니지노동자공산당〉은 불법화되었다가 2011년 1월 20일 과도정부하에서 비로소 합법화되었다.

11. 2011년 1월의 튀니지를 1917년 2월의 러시아로, 즉 부르주아 민주혁명으로 바라보면서 그것을 사회주의 혁명으로 연속시키기 위해서는 당의 지도가 필요하다고 보았던 일부 사회주의자들의 생각대로 만약 당이 중앙집권적 대표의 지위와 역할을 주장했다면, 자발적 운동들이 갖는 수평성과 횡적 연대의 잠재력을 위축시키거나 파괴했을 가능성이 높다.

발견할 수 없다. 하지만 지도자가 보이지 않는 상태가 무질서를 의미하는 것은 아니다. 그것은, 다중지성과 다중정동에 의해 집단적 실천의 생명력을 끌어내면서 집중되기보다 분산되는 과정에서 그 나름의 질서를, 즉 카오스 속의 질서를 창출해 나가는 과정이라고 할 수 있다. 지도자가 보이지 않는 상태는, 실제로는 누구나가 지도자로 전화하고 또 지도자로 작용하는 과정이 외부의 시선에 드러나는 현상형태였다.

아랍혁명에서 두드러진 또 하나의 특징은 다중들의 정보적 자기조직화이다. 이집트의 경우 인터넷 사용자는 2천만 명이 넘고 청년층이 그 주된 사용자이다. 시위는 페이스북을 통해 조직되고, 투쟁의 전개과정은 유투브에 올려지고, 경찰의 진압에 대한 고발은 스마트폰으로 찍어 웹에 올린 사진을 통해 이루어지고, 동참 호소와 행동 목표에 대한 선전은 트위터를 통해 이루어졌다. 무바라크가 인터넷 서비스를 강제 폐쇄했을 때조차 이집트 안의 핸드폰과 이집트 밖 웹의 연결은 투쟁의 국제적 유통을 가능케 했다. 전통적 조직방식을 따르지 않고 주로 비정부기구나 인터넷을 통해 연결되고 있는 새로운 사회운동 세력이 청년들에만 국한된 것은 아니었다. 세대와는 다른 기준에서 이 세력에 접근해 보면, 그 내부에 세 개의 경향이 있음을 확인할 수 있다. 첫째는 세속적이면서 전 지구적인 관점과 담론을 지향하는 경향이다. 이 경향은 NGO들에 산포되어 있으며 유엔 등의 국제조직을 지지하는 경향을 갖는다. 둘째는 이집트의 법률문화와 독립적인 사법제도에 의해 조직된 집단이다. 여기에는 권위주의에 반대해 온 변호사, 판사 등의 사법권 집단, 신좌파 집단, 페미니스트, 농촌 및 노동자 사회운동 집단 등이 포함된다. 이 집단은 유엔과 NGO의 보편주의를 비판하며 이집트의 법률·노동 행동주의의 힘을 지지한다. 셋째는 기존 제도망을 통해 조직되지 않은 압도적 다수의 행동하는 군중들이다. 이들은 얼굴도 정체성도 없는 이름붙일 수 없는 사람

독재자 반대 플래카드. 왼쪽부터 이란의 호메이니, 이란의 아흐마디네자드, 시리아의 알 아사드, 리비아의 가다피

들이다. 실업자, 여성, 청년들의 많은 부분들의 요구는 민족주의적 방책을 통해서도 국제주의적 방책을 통해서도, 자유주의적 방책을 통해서도 사회민주주의적 방책을 통해서도 풀릴 수 없는 것들이다. 이들은 민주주의를 요구했는데, 그 요구는 모든 사람의 자기지배로서의 절대민주주의 외의 다른 민주주의로는 충족될 수 없는 것이다. 신자유주의적 자본주의가 해결책이 아니라 문제이듯이 민족자본주의 역시 해법이기보다 문제일 것이기 때문이다. 혁명의 운명은 이 압도 다수의 요구가 얼마만큼 강력하게 제기되고 의제화되고 토론되는가, 그것이 어떻게 새로운 제도로서 응축되며 새로운 혁신의 창을 열어놓는가에 달려 있다.

2011혁명에서 반대세력의 약한 조직화와 순교적 태도는 오히려 운동의 이데올로기적 연료로 작용하곤 했다. 중심지도부의 부재가 사람들을 서로 강하게 결합시키면서 각자의 지도자되기, 순교자되기를 촉발했기 때문이다. 약한 조직화 혹은 지도중심의 결여는 위로부터 운동의 포획과 파괴를 어렵게 만들었다. 운동의 상대적 평화로움과 폭력의 부재는 이 지도중심의 결여와 무관하지 않다. 만약 뚜렷한 지도중심을 갖고 운동이 조기에 무장되었다면, 국가가 갖고 있는 거대한 억압수단들과 운동의 취약한 무장력 사이의 극단적 비대칭으로 인해 운동이 쉽게 파괴될 수 있었을 것이다. 이것은 유엔개입 이전의 리비아 혁명의 전개과정에서 확인되는 사실이다. 경찰과 군대는 산탄총, 고무탄, 최루탄, 국영방송, 감옥, 거짓말, 탱크, 심지어 전투기 등을 사용할 수 있음에 반해 시위대가 사용할 수 있는 물리적 무기는 화염병, 몽둥이, 부엌칼, 함성 등이거나 기껏해야 적으로부터 약탈한 총이 있을 뿐이었다. 그런데 튀니지와 이집트에서 시위대중이 주로 사용한 효과적인 무기는 수적 우세와 사람들 사이의 혁명적 협력, 그리고 SNS와 같은 소통수단들, 그리고 시위자들의 긍지와 분노, 열정, 사랑의 꽃과 키스 같은 정신적·정동적 무기였다. 폭력을 공격수단으로 사용하지 않고 오직 방어수단으로만 제한하는 운동의 반폭력적이고 평화적인 성격이 운동에 높은 윤리성을 부여하면서 운동참여자들을 '자유의 카라반caraban'으로 만들 수 있었다. 이 카라반의 정동적 움직임이 메시아적 참여의지를 불러일으키면서 중심 지도부의 부재 혹은 명확한 지도강령의 부재라는 조건하에서도 운동을 지속시키는 힘으로 작용했다. 이것이 아랍혁명의 새로움이자 이후 다른 운동과 혁명들에 큰 영감을 준 특징으로서 21세기 혁명의 진화방향 중의 하나를 제시한다.

절대민주주의적 섭정

혁명과정에서 대부분의 언론들과 권력자들의 주요 관심은 혁명을 통제할 권력 형태, 주권 구조가 무엇인가에 집중되었다. 이것은 누가(가령 술레이만인가 앨바라데이인가 무사인가) 권력을 장악해야 혁명이 통제될 수 있고 대중을 체제에 순응하도록 만들 수 있을 것인가에 대한 관심의 응축이었다. 하지만 다중들은 다르게 움직였다. 〈무슬림형제단〉은 정권장악에 관심이 없다고 선언했으며 와일 고님은 그를 영웅화하려는 시도에 맞서 자신이 아니라 투쟁에 나선 모든 사람들이 영웅이라고 대응했다. 얼마 후 그는 교육과 빈곤퇴치에 종사할 비정부기구를 만들기 위해 구글을 떠났다. 혁명에 나선 사람들은 권력을 통한 혁명의 수렴과 통제가 아니라 끊임없이 새로운 문제를 제기하는 방식으로 행동했다. 이것은 튀니지에서 이집트로, 알제리에서 예멘으로, 리비아에서 시리아로 이어지면서 신자유주의, 민족주의, 사회주의, 근본주의, 세속주의 등 모든 주권적 통치형태에 대해 문제를 제기하는 대장정 형태의 혁명전개 과정에서도 뚜렷이 나타나는 특징이다. 앞서 말한 것처럼, 중심에서 질서를 잡아가는 것이 아니라, 이리저리 흩어지는 소산의 과정 속에서 어렴풋하게 새로운 질서의 윤곽이 드러나도록 만드는 것이, 아랍혁명이 제시하는 권력에 대한 새로운 비전이다. 담당 주체를 바꾸면서 권력을 실체화하는 방향으로 나아가기보다, 운동들과 투쟁들의 확산하는 연결망을 통해, 새로운 권력의 윤곽이 아래로부터의 투쟁의 그림자로서 나타나게 하고, 실체로서의 권력 기구들을 그것에 종속시키는 것, 즉 절대민주주의적 섭정攝政이 그것이다.

아랍의 다중들은, 인터넷이 마비되고 텔레비전이 거짓말을 늘어놓으며 진상을 알리려는 언론들이 구금되는 상황에서도, 진실의 감각을 잃지 않았고 용기를 증폭시켰으며 윤리적 고결함을 견지했다. 경찰이 내리치는 방패를 냄비뚜껑으로 막았고, 타락의 이미지를 조성하기 위한 사복경찰들의 약탈행위를 인간띠로 저지했으며, 말을 탄 경찰, 낙타떼, 자동차가 돌진해 오는 가운데서도 온몸으로 해방광장을 지켜냈다. 벤 알리, 무바라크, 가다피, 살레, 알 아사드 등은 시위대의 물리적 바리케이드를 흔들 수는 있었지만 다중의 마음 속에 자리 잡은 지혜, 용기, 협력의 바리케이드에는 접근조차 할 수 없었다. 그들의 눈에는 그 바리케이드가 보이지조차 않았기 때문이다.

다중은 무장한 지배자들이 허약하다는 것을 경험으로 깨닫고 공포를 극복했다. 권력에게는, 권력을 두려워하지 않는 사람들이 가장 공포스러운 대상이다. 다중은 광장에서 노래와 춤과 구호로 자유를 실재하도록 만들고 그것에 신체를 부여했다. 여성들은 혼란처럼 보이는 그곳에서 최상의 안전을 느꼈고 시위자들은 낯모르는 사람들과 혁명적 사랑을 나눴으며 종파, 직업, 세대, 성별, 인종을 가리지 않는 협력이 흘러 넘쳤다. 국경을 넘는 혁명의 확산은 이 협력이 발현되는 또 다른 차원이다. 튀니지에서 이집트로, 이집트에서 다시 예맨, 알제리로, 왕정국가인 바레인, 사우디아라비아로, 다시 이란을 거쳐 40년 독재의 리비아로, 시리아와 모로코로 번져나가며 순환하는 투쟁의 이 확산성은 자유와 존엄을 위한 전 지구적 협력이 구체화되는 방식이었다.

이렇게 전 지구적 다중의 협력의 관점에서 살펴보면 아프리카와 중동에서의 반란이 지난 수십 년 동안 지속되어 온 다중의 전 지구적 대장정의 최근 국면임을 발견할 수 있다. 1968년 혁명 이후 운동은 신자유주의와 사회민주주의 사이의 진자운동, 보수와 진보의 변증법이라는 진동장치에 속박되어 왔다. 그 정치장치는, '시장 더하기 대의민주주의'라는 동일한 공식에서 배합비율을 조금씩 달리하는 것을 변화로 받아들이도록 강요했다. 그러나 아프리카의 신자유주의에서 이 공식장치는 이미 해체되어, 왕정이나 족벌 정치, 혹은 부족 정치에 자리를 넘겨주었다. 아프리카와 중동은 지금까지의 모든 정치형태가 효력을 상실하고 부패하는 블랙홀로 기능했다. 그렇기 때문에 이곳에서 필요한 것은 근본적으로 다른 대안이었다.

아랍혁명도 신자유주의에 대한 투쟁의 표현이지만 아랍적 방식의 표현이다. 이것은, 1994년에 사빠띠스따 원주민들이 보여 준 무장봉기와도 다르며, 21세기 첫 10여 년 사이에 라틴 아메리카 여러 나라가 보여 준 선거를 통한 정권의 민주적 교체와도 다르다. 신자유주의에 대항하는 분노가 대중의 비무장봉기의 형태로 폭발한 것은, 이 지역의 독재정치의 성격과 관계가 깊다. 이 지역의 독재자들은 자신의 종신집권을 제도화하기 위해 반대세력의 제도화를 철저하게 저지하고 또 파괴해 왔다. 그래서 야당은 지극히 쇠약했고 제도를 통한 사회개혁 가능성은 봉쇄되어 있었다. 또 아프리카 변화의 전형적 형태였던 군사쿠데타의 가능성도 적었다. 신자유주의적 독재정권이 군부의 영향력을 축소시킨 결과, '군사혁명평의회' 같은 것들은 해체되거나 약해졌다. 요컨대 체제 안에서 개혁이 이루어질 가능성은 봉쇄되었고 체제의 종말은 지도자의 죽음과 점점 일치되어 갔다. 이러한 상황에서 터져 나온 대중의 비무장봉기는, 한국의 촛불시위나 금융위기 과정에서 나타났던 그리스의 자발적 시민투쟁과 오히려 유사하다. 역사적으로 그것은, 1979년의 이란혁명과 유사하지만 종교의 영향력이 극히 적은 것이 다르며 오히려 1987년의 팔레스타인 인티파다와 더 유사하다. 운동과 투쟁은 다중의 자발적이고 자율적인 힘으로 전개되었다. 야당들은 취약하여 투쟁에 영향력을 발휘하지 못했다. 야당들은 일반적으로 혁명의 순간에 개혁 카드를 내놓음으로써 혁명을 저지하는 브레이크로, 혁명폭발의 병마개로 기능해 왔기 때문에 오랜 독재가 조성한 야당의 취약성은 아랍혁명의 약함이 아니라 강함을 의미했고 장애로서보다는 기회로 작용했다.

튀니지, 이집트의 혁명은 아프리카에서는, 외세나 군부의 개입 없이 자발적 힘으로 대통령을 퇴진시킨 전례 없는 다중혁명에 속한다. 혁명은 북아프리카에 뿌리박은 미국과 시온주의자들의 동맹자들을 추방하는 데 성공했고 부족주의적 독재를 교란시키고 세속주의이거나 근본주의적인 이슬람 정권들을 뒤흔드는 데도 성공했다. 이것의 여파로, 운동은 마그레브 지역에서 시작하여 수에즈운하를 건너 중동과 중앙아시아와 동유럽에까지 파급되었고 아시아의 여러 나라들도 긴장을 늦추지 못하도록 만들었다. 아랍의 다중은 두려움의 장벽을 무너뜨리고 미국이 이 지역에 설치한 제국의 위계적 주권 틀을 깨뜨렸다. 아랍혁명은 테러에 대한 전쟁이라는 미국 주도의 제국적 지배전술을 가장 깊은 뿌리에서부터 해체하기 시작했다. 신자유주의적 자본주의와 제국 체제가 가한 실업, 빈곤, 부자유, 경쟁주의 등의 삶의 상처들을 아물게 하고 새 살을 만들어 내면서 일고 있는 이 자유화의 카라반은, 1989년 베네수엘라 카라카스 봉기와 1994년 멕시코 사빠띠스따 봉기에서 시작하여 2001년 아르헨티나 피께떼로 반란으로, 2003년 볼리비아의 물사유화 반대투쟁으로 이어진, 그리하여 남아메리카의 탈식민적 좌선회를 만들어낸 아메리카 대륙에서의 항쟁의 연속이며, 1995~6년 프랑스 독일의 공공부문 파업에서 시작하여 유럽 좌파집권의 러시를 불러왔고 유럽의 우선회 이후 2005년 프랑스 방리외 봉기, 2006년 CPE 투쟁, 2009년 그리스 반란, 2010년 영국 학생청년 투쟁으로 이어진 유럽 항쟁의 연속이며, 1997년 이후 오래 지속되고 있는 한국의 비정규직 투쟁, 부안방폐장 반대투쟁, 대추리 투쟁 등과 그것을 종합한 2008년 촛불봉기, 그리고 이미 막이 오른 중국 노동자 및 농민공 투쟁 등 아시아 항쟁의 연속이며, 1987년 팔레스타인 인티파다와 2003년 2차 인티파다로 불굴의 저항력을 보여 준 중동에서의 항쟁의 연속이다. 20세기 중반에 중국의 변방을 돌았던 대장정의 카라반은 2011년에 전 세계를 돌면서 신자유주의적 자본주의와의 즐거운 이별을 위한 에너지를 축적했다. 2017년의 시리아가 미국과 러시아의 전략적 이해관계 그물망에 걸려들어 '지옥'으로 되어 있다고 해서, 그것이 2011년 아랍혁명이 이룬 진전의 경험과 그 의미를, '암흑의 대륙'으로 불

덴마크 프리타운 크리스티아니아에 있는 〈사빠띠스따민족해방군〉(EZLN) 지지 벽화. "세계 민중의 자율과 자유로운 자기 결정 만세!"

렸던 아프리카가 튀니지, 이집트, 리비아 등에서의 혁명적 카라반을 통해 전 세계에 영감을 불어넣어 주는 '영혼의 대륙'으로 탈바꿈했음을 부정할 수는 없을 것이다.

물론 많은 위험들이 이 자유의 카라반의 옆을 따라다니고 앞에서 기다렸다. 피로 얼룩진 내전의 고통, 권력이 구사하는 당근과 채찍 사이에서의 동요, 희망의 혁명 다음에 찾아온 끔찍한 반혁명과 구질서의 복귀 등이 그것이다. 혁명에 수반되는 이 위험들과 불확실성 및 우여곡절은, 특정한 혁명이 해당 지역이나 나라의 문제에 국한되지 않고 국내외 여러 세력들의 각축, 경쟁, 줄다리기, 음모, 협정과 그 파기 등 있을 수 있는 모든 책략들의 소용돌이 속에서 전개되는 사건이라는 사실에서 온다. 이런 상황에서 많은 언론들은 "군부의 총이 어디로 향하는가"에 혁명의 운명이 달려 있다고 말하면서, 혁명은 총칼 앞에 무력하다는 식의 체제적 관념을 퍼뜨렸다. 다른 한편에서 그들은 혁명을 잠재울 자(즉 제국의 지역 총독)가 누구인가에 관심을 집중했다. 2011년 혁명에서도 그것을 파괴하고 그 잠재력을 흡수하여 자신의 동력으로 삼기 위해 경쟁하고 있는 세 개의 세력이 있었다. 그 첫째는 공격 당하여 위기에 직면했으나 만회를 노리고 있는 국내외 (친)제국주의자들이다. 프랑스, 미국 등과 결탁하기 위해 동분서주하고 있는 신자유주의적 독재(지망)자들이 그들이다. 그들 가까이에는, 신자유주의 절대군주제를 위한 세레나데를 불러주고 있는 네탄야후, 토니 블레어, 사르코지, 베를루스코니 등이 있었으며, 입으로는 '질서 있는 전환'이나 '즉각퇴진'을 운운하면서 다른 쪽으로는 돈과 최루가스를 아랍 독재자들의 호주머니에 찔러 넣어 주는 오바마가 있었다. 둘째는, 혁명을 이용하려는 이슬람 세력이다. 예컨대 이란의 하메네이는 잘 익은 이집트가 자신의 입으로 떨어지리라 기대하며 감나무 아래에서 고개를 젖힌 채 군침을 삼키고 있었다. 셋째는 아랍 사회주의이다. 이 세력은, 그 사이 제국주의자들과 이슬람주의자들에 의한 공격으로 취약해져 있었지만 과도정부하에서 합법화되었고 취약한 야당세력을 대신하여 그들 자신이 혁명을 통제할 대안부대가 될 것을 기대했다.

이것들을 모두 극복하기 위해서는 다중 내부의 어려움들이 해결되어야 한다. 첫째는 지역주의와 부족주의의 경향이다. 이 경향은 다중의 사유와 감성을 국지화시키고 고립시켜 큰 힘을 엮어짜는 데 장애로 작용한다. 둘째는 내부의 계급갈등이다. 이슬람교와 아랍어가 이들 사이에 일정한 공통성을 부여하지만 혁명적 방식으로 그렇게 하는 것은 아니다. 아랍 사회도 계급으로 갈가리 찢겨 있기 때문에 내부 계급갈등을 극복할 수 있는 방향을 찾아야 한다. 이것이 서방의 침략 야망을 극복하면서 양극화되고 취약해진 경제를 살릴 수 있는 힘을 부여할 것이다. 내적 균열의 극복은 차이를 은폐하고 억제하는 것을 통해서가 아니라 모든 사람이 스스로의 특이성을 활성화하는 방향으로 지도자가 됨으로써, 지도력의 소수 수중으로의 집중이 아닌 지도력의 빅뱅을 이룰 수 있는가 없는가, 그 빅뱅이 제국을 폭파하고 초월적 절대주권으로부터 탈주하는 사람들의 내재적 절대민주주의적 공통망을 구축할 수 있을 것인가 없을 것인가에 달려 있다. 다시 말해, 사람들의 투쟁력의 위축과 소외를 가져오는 지도력의 어떠한 집중도 허용하지 않으면서, 낡은 체제를 분쇄하고 새로운 삶의 평면, 새로운 삶의 관계, 새로운 삶형식을 열어낼 때까지 절대적 지도력, 절대적 다중지성, 절대적 다중정동을 생성할 수 있는가 없는가에 달려 있다.

이 다중정동, 다중지성을 통한 공통되기가 지역적 수준을 넘어 전 세계적 보편성을 확립한다면, 그리고 군부나 개혁세력을 이용하여 혁명을 유산시키고 아프리카와 중동에 대한 지역 패권을 고수하려는 미국, 러시아, 프랑스 등의 정치공작을 넘어설 수 있다면, 아프리카와 중동은 21세기 첫 십년에 친미에서 반미로, 대외종속에서 상호의존으로의 방향전환이 가능함을 보여 준 바 있는 남아메리카에 더하여 21세기의 두 번째 십년에 신자유주의적 절대군주제를 뒤흔들고 절대민주적 대안을 보여줄 또 하나의 지역축으로 자리 잡을 수 있을 것이다. 라틴 아메리카와 더불어, 친서방국가로 기능했던 북아프리카와 중동이, 제국에 대항하는 다중들의 진지로 우뚝 선다면, 중국의 농민공을 비롯한 아시아의 거대한 다중들이 절대군주제에 대항하는 주체로 서기는 한층 쉬워질 것이다. 그리고 구 주변부에서의 이러한 변화는, 사회주의 붕괴 이후 이미 제국의 주변부로 전락한 옛 제2세계인 동유럽 지역뿐 아니라, 2008년 금융위기 이후 급속히 제국의 주변부로 전락하고 있는 제1세계 여러 지역들의 다중들을 촉발하는 중요한 계기가 될 수 있을 것이다. 이것은 절대민주주의적 정동으로 충만한 자유화의 카라반의 무리를 지구 전체에 확산시키는 계기가 될 수 있을 것이다.

2011년 혁명을 통해 아프리카와 중동은 지금, 신자유주의 세계화에 대항하면서 새로운 삶의 가능성을 모색하는 혁명적 실험실로 되었다. 어쩌면 이 혁명은, 한국의 다중들이 2008년에 시작했던 촛불봉기를 아프리카와 중동의 다중들이 계속한 것이었는지 모른다. 이 혁명을 통해, 한국·그리스·아이슬란드·영국·튀니지·이집트 등을 거쳐 돌며 신자유주의적 절대군주제의 절대민주주의적 전환을 모색해 온 다중의 전 지구적 대장정의 모습은 좀 더 분명한 모습으로 드러났다. 이후 유럽, 미국의 메트로폴리스들로 이어진 이 대장정에 대한 반동으로 국가주의·보호무역주의·파시즘 등이 영국·미국·유럽 등지에서 빠르게 대두하면서 다중의 절대민주주의적 대장정에 대한 저지와 파괴의 움직임을 보이고 있는 시간에 중요한 문제는, 세계 각지에서 다른 지형, 다른 조건, 다른 동력으로 추진되기 시작한 이 다양한 투쟁들을 가속하면서 이것들이 서로 연결될 수 있는 공통어를 창조하는 것, 즉 투쟁의 광대한 공통평면을 만드는 것이다. 종교, 국가, 성별, 인종, 세대 등을 불문한 전 지구적 공통되기가 그 어느 때보다 긴급하고 또 절실한 시점이다.

6장 | 신자유주의 위기 속의 세 갈래 대안

긴축, 복지, 점거

자본주의 세계위기에 대한 대안들

2008년 9월 월스트리트 붕괴와 2011년 3월 후쿠시마 원전사고로 금융위기와 에너지위기를 겪은 자본주의 세계체제는 유럽 사회를 뒤흔드는 재정위기로 인해, 그리고 아랍에서 유럽으로 다시 북미로, 그리고 전 세계로 확산되는 다중의 투쟁에 밀려 통치위기를 겪고 있다. 자본주의가 직면한 이 총체적 위기상황에서 대안들을 둘러싼 계급적 갈등이 폭발하는 것은 지극히 자연스러운 일이다. 나는 이 장에서 자본주의 세계질서가 겪고 있는 현재의 위기의 구조를 밝히고 그 속에서 작동하고 있는 대안을 둘러싼 계급적 정치적 갈등의 성격과 방향을 규명해 보고자 한다.

2010년 토론토에서 열린 G20 정상회의에서 세계의 지배자들은 "2013년까지 재정적자 수준을 절반으로 줄인다"는 데 원칙적으로 합의했다. 그 방법이 무엇일까? 민중을 위한 사회지출의 축소임가 그 방법임은 유럽 위기에 대한 정부들의 대응 속에서 충분히 드러났다. 그로부터 불과 2년 전인 2008년 11월에 G20은 대규모 재정지출 확대를 합의한 바 있는데, 그것은 은행가들을 구제하기 위한 것이었다. 2010년의 이 긴축 합의만큼 G20과 현존 정부들의 계급적 성격을 명확히 보여 준 것은 없다. 파산에 직면한 금융자본가들을 위해서는 재정지출을 확대했던 정부들이 민중을 위한 재정지출은 축소키로 함으로써, 각국 정부들은 자신들이 국민의 대의기관이 아니고 자본가들의 시녀이며 자본가들을 위한 수탈적 재분배 기관임을 고백했다. 현재의 긴축조치는 은행의 손실을 민중에게 전적으로 전가하는 것으로, 민중에 대한 전면전을 선포한 것이나 다름없다. 유로존 주변국인 그리스가 이 정책실행의 대표적인 전시장이 되었다. 공무원 3만 명 감원, 연금 지급액 대거 삭감, 고액 연금 수령자와 55세 이전 조기 퇴직자의 연금 20% 삭감, 소득세 면세 기준 연소득 8천 유로에서 5천 유로로 인하 등. 그리스 사례는 결코 예외적인 것이 아니다. 세계 전역에서 강제적인 일자리 축소와 복지 축소가 계획되거나 진행되고 있다. 여기에서 우리는 지금까지의 신자유주의가 초래한 금융위기와 재정위기를 신자유주의적 전략의 전면화와 강화의 기회로 이용하려는 **하이퍼신자유주의적 내전의 대안**을 확인할 수 있다.

G20에서 이루어진 이 계급 내 합의는, 하루하루 생존의 위기를 겪고 있는 각국 민중들과 전 세계 다중들의 요구와는 대립하는 것이었기 때문에, 이들은 이에 즉각적인 거부로 응답했다. 그리스 정부가 2011년 긴축 조치를 발표한 후 그리스 노동계급은 즉각적인 총파업으로 응답했고 신자유주의에 대한 다중의 분노의 물결은 유럽 전역으로 퍼져나갔다. 스페인, 이탈리아, 영국, 프랑스 등 유럽에서 일어난 분노한 다중들의 실질민주주의 투쟁은, 그에 앞서 2011년 봄에 북아프리카와 중동에서 일어난 반부패, 반독재, 반신자유주의 민주화 투쟁을 세계화하고 발전시키는 것이었다.[1] 그 여파로 마침내 9월 17일에는 세계자본주의의 심장부 미국 월스트리트를 다중들이 점거했다. 이어서 10월 15일에 사람들은 "우리가 99%다, 모든 것을 점거하라!"고 외치며 세계 각국의 메트로폴리스를 점거했다. 여기에서 우리는 하이퍼신자유주의적 내전에 맞서는 **다중의 실질민주주의적 혁명의 대안**을 확인할 수 있다.

아프리카, 중동, 유럽, 북미 등지에서 이렇게 하이퍼신자유주의적 내전의 길과 실질민주주의적 점거의 길이 충돌하는 가운데 자본주의적 성장의 새로운 중심축으로 주목받고 있는 아시아에서는 그와는 다른 풍경이 전개되었다. 특히 한국에서는 신자유주의로 인해 삶의 위기에 내몰린 사람들의 생존권적 복지요구와 더 나은 삶을 바라는 사람들의 재분배적

---

1. 이에 대해서는 5장 「혁명의 세계화와 존엄의 인티파다」 참조.

2011년 10월 15일 토요일 서울 시청광장에서 열린 오큐파이 서울 집회 포스터

복지요구가 촛불봉기, 파업, 농성, 가투, 선거전 등의 형태로 분출되면서 긴축이 아니라 복지가 주요한 쟁점으로 대두했다. 잔여적 복지국가, 가부장적 복지국가, 보편적 복지국가 등을 둘러싼 논쟁이 정세를 좌우하는 가운데 무상급식 주민투표, 서울시장보궐선거 등에서 복지 이슈가 승패를 결정짓는 주요한 요인으로 작용했다. '국가를 통한 복지'를 둘러싼 이 논쟁적 정향定向들 속에서 우리는, 신자유주의 시스템이 가져온 분배양극화로 심화된 갈등을 완화하려는 **포스트신자유주의적 계급 간 합의의 대안**을 확인할 수 있다.

이 대안들의 갈등 속에서 선택과 결정의 방향을 찾아나가기 위해 우리가 관심을 가져야 할 것은 이 대안갈등의 근저에 놓인 좀 더 깊은 사회적 소용돌이와 그 속에서 작용하고 있는 경향들이다.

위기와 갈등의 정동적 성격

가장 먼저 주목되는 것은 긴축, 복지, 점거 사이의 갈등이 강한 정동적 성격을 갖는다는 것이다. 긴축(위험하다, 졸라매라, 줄이라)은 **공포**를 수단으로 민중을 수탈하려 하며, 국가복지(불안하다, 세금을 나눠 내자, 갈등하지 말고 합의하자)는 적대의 완화를 통해 **안심**을 꾀하고자 하며,

점거(우리는 분노한다, 우리가 99%다, 모든 것을 점거하라)는 분노의 힘을 희망/행복으로 역전시키고자 한다.

그리고 이 정동적 대안들은 강한 계급적 성격을 갖는다. 긴축은 상위 1%의 탐욕충족을 위해 99%에게 공포를 조성하며 긴장을 요구한다. 이것은 더 강도 높은 수탈을 위한 정동적 전략이다. 앞서 살펴본 것처럼 긴축론자들은 위기의 원인을, '방만한 재정운영'이나 사회복지지출을 대책 없이 증가시킨 '포퓰리즘 정책'에서 찾는다. 그러나 그리스를 비롯한 유로존 회원국의 정부지출은 전반적으로 축소되었지만 특히 사회복지비용에서 축소되어 왔다. 이 나라들에서는 재정적자를 GDP 대비 3%이내, 정부부채비율을 GDP 대비 60%이내로 제한하는 '안정·성장협약'기준이 경향적으로 관철되어 왔다. 정부부채와 재정적자의 급속한 증가는 2007~09년 금융위기에서 폭발한 은행부문 부실을 막기 위해 쏟아부은 거대한 구제금융에서 비롯되었다. 예컨대 그리스는 금융위기 대응 과정에서 자본투입을 통한 직접지원, 예금보증, 부실자산 매입 등으로 GDP의 11.4%를 은행 구제금융에 쏟아부었다. 2011년의 위기는 금융투기 손실을 정부 손실로 전가함으로써 발생한 세계금융위기의 제2막으로서, 이른바 '긴축'이라는 정부의 주장은 구제금융으로 인한 정부손실을 99% 가난한 사람들의 손실과 고통으로 전가하려는 거짓된 정치전술의 표현이다.[2] 다중들이 이에 맞서 "너희들에게 긴축을, 우리들에게 번영을!"Austerity for you, Prosperity for us!이라고 주장하는 것은 긴축 대안의 이 계급적 성격 때문이다. 국가를 통한 복지의 대안은 안심과 안전을 추구하지만 모든 사람의 안심과 안전을 기획하지는 않는다. 복지가 국가의 틀

---

2. 유럽의 경우 특히 남유럽에 위기가 집중되었는데 여기에서 우리는, 가난한 사람들에게 책임을 전가하고 희생을 요구하는 사회적 착취의 논리가 주변국 사람들에게 책임을 전가하고 그들의 희생을 요구하는 지역적 수탈의 논리와 중첩되는 현상을 다시 확인할 수 있다.

속에서 기획되는 한에서 그것은 '국민'으로 간주되는 사람들의 안심과 안전을 도모하는 방법이며[3] 비국민들의 불안을 영속화한다. 그리고 그 비국민에는 이주노동자들은 물론이고 신용불량자를 비롯한 이른바 '패배자들'losers, 그리고 국가체제에 도전하는 사람들(이른바 '빨갱이들')까지 포함된다. 복지를 통한 보호의 이면은 감시이며, 비국민에 대한 가차 없는 폭력이다. 사람들이 "사회문제의 해결을 국가에 맡기는 것은 폭력을 통한 해결을 옹호하는 것"이라며 '국가를 통한 복지론'에 경계심을 나타내는 것은 이 때문이다. 점거가 추구하는 희망은 지금까지의 사회 속에서 절망만을 경험한 사람들의 기획으로 출현했다. 그 희망은 1%의 탐욕에 대한 제한과 규제는 물론이고 이윤에 대한 무한 탐욕과 극한적 비참으로 인한 좌절을 동시에 생산하는 적대적 자본주의 체제의 철저한 해체 없이는 실현될 수 없는 것이라는 점에서 계급적인 것이다.

이렇게 계급갈등이 정동적 갈등으로 나타나고 있다는 것은 계급투쟁이 근대적 의미의 경제영역이나 정치영역을 넘어 인지의 영역에서 벌어지고 있음을 의미한다. 그렇기 때문에 현재의 위기는 단순한 재정위기로 정의될 수 없다. 그러한 규정은 위기를 국가영역의 문제로 한정하고 재정문제를 어떻게 해결할 것인가에 상상력을 제한한다. 이럴 때 위기해결의 수단은 세수稅收로 되고 갈등은 세금갈등으로, 즉 누가 세금을 낼 것인가, 그 세금을 어떻게 재분배할 것인가의 문제로 좁아지게 된다. 그것은, 지금 정동적 갈등으로 나타나는 이 위기가 삶, 생명, 생태 전반을 규정하는 사회체제의 위기임을 감추는 효과를 가져온다. 그렇게 되면 논의는 '긴축

3. 미국의 '애국적 백만장자들'의 대변인 찰리 핑크는 "우리 부자들이 세금을 더 내겠다는 건 어려운 사람을 돕고 만족을 얻자는 자선 차원이 아닙니다. 재정위기에 나라가 미리 효과적으로 대처해 미래에 우리에게 닥쳐올 위기를 방지하자는 '계몽된 이기심'입니다"(『조선일보』, 2011년 11월 21일)라고 말했다. 이것은, 좌파가 주장한 '부자증세론'을, 떠밀려서가 아니라 자발적으로 실행하는 것이 부자에게 더 유리하다는 현실주의적 논리다.

인가 복지인가'라는 양자택일에 갇히게 된다. 이것은 지금까지 자본주의 세계를 지탱해 온 '성장인가 분배인가'라는 낡고 오래된 문제틀을 변주하는 것에 지나지 않는다. 이 문제틀은 체제를 넘는 상상을 불가능하게 만드는 것으로 본질적으로 억압적인 문제틀이다.

자본의 좌우파가 조작해 낸 이 문제틀이 지속되는 한에서 다중은 행복을 누리기는커녕 희망조차 품을 수 없다. 이 틀 속에서 자본의 우파는, 위기의 원인이 과다한 복지지출로 표현되어 온 방만한 재정운영에 있다고 주장하면서 이 위기는 서둘러 벗어나야 할 일시적 곤경에, 반복적으로 나타나는 주기적 곤경에 불과하다고, 재정긴축을 통해 해소할 수 있는 정치적 곤경이라고 주장한다. 자본의 좌파는 위기의 원인을 소수 수중으로의 부의 과도한 집중에서 찾으면서 이 과도함을 정정하는 부자증세와 사회적 지출 증대로 이 위기를 해결할 수 있다고 주장한다.

이 두 주장 속에서 위기는 체제를 붕괴시킬 위험, 정상으로부터의 이탈, 그래서 위험하며 서둘러 벗어나야 할 곤경에 지나지 않는다. 그런데 생명과 생태를 늘 새롭게 생산하는 자연적이고 사회적인 다중의 입장에서 볼 때, 위기는 붕괴의 계기일 뿐만 아니라 돌파의 계기이기도 하다. 아니 좀 더 적극적으로 말하면 돌파력의 작용 때문에 위기가 기존 질서의 붕괴로서 경험되는 것이다. 삶의 지속과 변화를 향한 생명다중들의 노력, 투쟁, 상상 그 자체가 기존 질서를 위기에 빠뜨리는 재료이고 위기를 가져오는 힘이기 때문에 위기는 실제로는 주어진 상황을 극복하는 잠재적인 돌파의 과정이다. 그리고 그 돌파는 사람들의 구체적 행위들, 구체적 기술들, 구체적 관계들의 일상적 구축에 의해서만 가능해진다.[4]

위기 상황 속에서 작용하고 있는 힘들의 구체적 관계와 경향을 외면

4. 존 홀러웨이, 『크랙 캐피탈리즘』, 조정환 옮김, 갈무리, 2013, 356쪽.

2011년 8월 11일 월스트리트를 점거하라 텐트촌에서 뜨개질하는 사람들

하면서 위기의 모면만을 목적으로 삼는 조치들은 그 위기에 잠재해 있는 돌파의 계기를 살려내기는커녕 감춘다. 이 관점은 '공포로서의 위기감'을 확산시킨다. 2011년의 세계사적 의의는 자본의 좌우파의 이 위기담론을 해체시키는 탈주선, 즉 사선斜線이 대중적 수준에서 출현했다는 점에 있다. 성장인가 분배인가, 긴축인가 복지인가, 공포인가 안전인가 등, 다람쥐 쳇바퀴 돌리듯 하는 논의구도를 깨뜨리는 혁명적 구성의 축이 등장했다는 점에 있다. 점거의 대중화와 세계화가 그것이다. 점거는 2001년 아르헨티나에서 공장, 도로, 광장에서 이루어졌고, 2008~9년 한국에서도 광장, 거리, 건물, 공장을 대상으로 이루어졌지만 이것이 2011년에는 이집트에서의 타르히르 광장점거를 시작으로, 그리스와 스페인 등에서의 광장점거와 미국 위스콘신의 공장, 대학, 의사당 점거를 거쳐 9월부터는 전 세계적인 점거운동으로 비화했다. 점거는 위기를 붕괴로서보다 돌파의 계기로 이해하고, 공포로서보다 기쁨으로 체험하면서 그 돌파를 철저하게 밀어붙일 집단적 성좌를 구축하려는 결의와 노력의 표현이었다.

그것은 위기로부터 어떻게 벗어날 것인가를 고민하는 공포심과 조급

증에 사로잡히지 않으면서 새로운 사회, 다른 삶을 향한 상상을 펼칠 집단적 공간을 열어냈다. 이러한 공간개방은 물리적 차원에 한정되지 않으며 인터넷과 SNS를 통해 가상적 차원에서도 이루어졌다. 이후에는 위기를 가져온 계급관계의 구조와 그것의 동태를 모면의 관점이 아니라 혁명의 관점에서 응시하고 상상하는 예민함이 유효한 참여의 계기를 포착하기 위해서 반드시 필요한 감각이 되었다.

채무경제와 그 결과

위기의 정동적 성격은 자본주의적 축적의 토대와 그 양식에서 비롯된다. 노동을 착취하는 점에서 오늘날의 자본주의는 이전의 자본주의와 다를 바가 없지만, 착취의 대상이 되는 노동의 성격은 바뀌었다. 착취는 육체노동을 넘어 감각, 감정, 지성, 소통, 판단, 상상, 의지, 결정 등에 걸친 광의의 인지노동으로, 요컨대 생명활동 자체에 대한 착취로 확장되었다.[5] 이로 말미암아 착취는 현실적인 '사회적 노동시간'을 넘어 잠재적인 수준의 유類, Gattung적 시간, 즉 삶시간[6]을 대상으로 이루어진다. 이것을 달성하는 방법이 부채이다. 이제 이 문제를 조금 자세히 살펴보도록 하자.

앞서 말했듯이 2011년의 재정위기는 금융자본의 손실을 국민에게 전가하는 과정에서 발생했다. 여기에서 금융자본의 손실 책임을 국민에게

---

5. 이 점에 대해서는 조정환, 『인지자본주의』, 갈무리, 2011 참조.

6. 『자본론』 1권 17장의 끝 문장을 맑스는, "자본주의에서는 대중의 모든 삶시간(life-time)을 노동시간(labor-time)으로 전환시킴으로써 한 계급이 자유로운 시간을 얻고 있다."(칼 마르크스, 『자본론·1(하)』, 김수행 옮김, 비봉출판사, 2009, 714쪽; 인용자가 '생활시간'으로 번역된 것을 '삶시간'으로 고침)로 맺는데, 이것은 그가 초기에 보였던 노동시간(labor-time)과 삶시간(life-time)의 구분을 후기에도 견지하고 있다는 것을 보여 준다.

전가한다는 것은 무엇을 의미하는가? 글자 그대로 그것은 국민을, 손실에 대해 상환책임을 져야 할 채무자로 만든다는 의미이다. 가계수준에서 다중은 부동산, 자동차, 학자금, 신용카드 등을 사용하면서 이미 채무자로 정립되어 있다. 여기에 더하여 긴축정치가 임금과 복지에서의 더 적은 몫과 더 많은 세금을 강요함으로써 국민을 다시 국가수준에서의 채무상환 책임자로 만든다. 상환해야 할 채무의 규모는 막대하여 현재의 세대만이 아니라 먼 미래의 세대까지 그 부담을 피할 수 없는 정도이다. 더 근본적인 것은 세계체제의 수준에서 채무책임이 더 큰 규모로 늘어날 수밖에 없도록 구조화되어 있다는 것이다. 뒤에서 서술하겠지만, 현재의 자본주의가 채무의 생산과 채무지대의 수탈을 통해 작동하는 체제이기 때문이다. 이렇게 가계와 국가 수준에서, 그리고 세계체제적 수준에서 채무체계가 안착됨으로써, 현재 세대만이 아닌 미래 세대의 다중까지 사적 영역과 공적 영역 전체에 걸쳐, 그리고 세계체제의 순환과정의 전 시간에 걸쳐 영원한 채무자로 등록된다. 이렇게 하여 인지자본주의는 채무경제로 정립된다.

인지자본주의는 인지화된 노동을 가치화하며 그 가치화의 수단은 금융화에서 주어진다. 금융화를 통해 나타나는 것은 지대가 착취의 중요 범주로 대두하는 것인데 이 과정에서 이윤과 임금까지 지대의 성격을 갖게 된다.[7] 랏자라또는 이 과정에 착목하면서 금융 문제를 채권자-채무자 관계를 중심으로 재고찰하고 금융이 다중과 연결되는 고리인 채무의 관점에서 현재의 위기를 분석한다.[8] 그에 따르면 부채경제에서는 평등한 교환에 입각한 생산과정 대신에 불평등한 신용에 입각한 생산과정으로의

---

7. 조정환, 앞의 책, 6장 참조.
8. Maurizio Lazzarato, *La fabrique de l'homme endette*, Amsterdam, 2011 [한국어판 : 마우리치오 라자라토, 『부채인간』, 허경·양진성 옮김, 메디치미디어, 2012] 참조.

부채 거부 운동을 주장하는 『크레디토크라시』 한국어판 출간을 기념하여 2016년 6월 12일 〈다중지성의 정원〉에서 열린 화상강연에서 저자 앤드루 로스는 학자금 부채는 기한부 노예계약이라고 비판하였다.

이행이 나타난다. 부채경제에서의 생산은 경제적인 것의 생산만이 아니다. 그것은 채무자라는 채무 주체의 윤리적 생산을 수반한다. 이로써 자본주의 지배는 부채라는 추상적이고 탈영토화된 영역으로 자리를 옮기며 계급투쟁은 채무도덕(믿음, 상환책임, 채무승계, 양심의 가책, 명예, 자존심)의 강요/거부를 둘러싼 인지적 투쟁으로 전화한다.[9] 우리가 살펴본 대안갈등이 정동적 성격을 띠는 것은 이와 직접적으로 관련된 현상이다.

신용은 현실화되지 않은 시간을 걸고 벌어지는 내기이다. 신용은 미래시간만이 아니라 과거시간까지 거래의 대상으로 만들어 가져온다. 이런 의미에서 신용은 잠재적인 것이 경제적인 것으로 전화하는 사건이다. 잠재적인 것과 현실적인 것의 시차를 금융화된 신용(즉 금융자본)이 매개한다. 이렇게 해서 현대 자본주의에서는 채권-채무 관계가 핵심적 관계로 등장한다. 채권은 신용의 부르주아적 측면이고 채무는 프롤레타리아적 측면이다. 이 관계는 온갖 금융적 파생 테크놀로지를 통해 삶과 사

9. 채무도덕에 대해서는 프리드리히 니체, 『선악의 저편·도덕의 계보』, 김정현 옮김, 책세상, 395~448쪽 참조.

회의 전 부면에 확산되며, 금융자본은 지대(수수료)의 수취를 위해서는 지구 끝까지는 물론이고 거시적 우주세계와 미시적 나노세계의 끝까지라도 달려가기를 서슴지 않는다. 그 결과 이자, 이윤, 임대료, 그리고 임금의 일부까지 점차 지대의 형태들로 전화된다. 이렇게 해서 채권-채무 관계가 농산물, 주택, 자동차 등과 같은 물형적 자산뿐만 아니라 정보, 기술, 소통, 지식, 믿음과 같은 비물형적 자산까지 포섭하는 전일적 관계로 된다.[10]

우리가 금융자본과 금융경제에 대해 말하게 되면 자본을 중심으로 한 사고를 벗어날 수 없다. 이와 달리 채무를 고찰의 중심에 놓으면 채무자 다중을 사고의 중심으로 가져올 수 있다. 금융위기는 다중에게는 채무위기이며, 다중을 채무자로 대규모로 생산하는 시기이다. 물론 일상시기에도 채무자는 생산된다. 메트로폴리스 그 자체가 경제적인 것의 생산공장이면서 동시에 채무자를 생산하는 공장이기 때문이다. 다중은 국가와 기업이 사회를 향해 외부화하는 것, 그중에서도 특히 부채를 책임지는 주체성으로 배정된다. 그 결과 모든 사람이 금융자본에 빚진 채무자로 된다. 국가는 기업들과 부자들을 '구호'하기 위해 부채를 발행한다. 그만큼의 공공부채가 누적된다. 공공부채를 통해서 국민들 전체가 채무자로 탄생한다. 국가가 노동자들의 임금을 낮추고 사회서비스를 축소하면 그만큼의 가계부채가 누적된다. 개인들이 채무자로 된다. 이렇게 형성되는 가계부채와 국가부채(국채)를 통해 민중들은 부채의 노예로, 채무노예로 된다.

채권자-채무자 관계는 횡단적 방식으로 착취와 지배의 메커니즘을 강화한다. 여기서 채무는 단순한 경제적 현상이 결코 아니며 특수한 권

10. 이에 대한 상세한 논의로는 조정환, 앞의 책, 5장 참조.

력관계를 운반하는 정치적 관계이다. 채권-채무 관계는 채무자 도덕의 확립 없이는 유지될 수 없다. 채무자 도덕은 규율과 강제, 그리고 폭력에 의해 형성되는 역사적 생성물이다.[11] 고대에 그것은 채무를 갚지 않는 사람의 살을 베거나 목숨을 빼앗는 식의 인신人身적 처벌을 통해 부과되었지만 오늘날 그것은 구속, 압류, 수배, 신용불량자 딱지를 통한 사회적 배제, 폭행, 상환책임의 상속 등의 사회적 처벌을 통해 형성되고 유지된다. 이렇게 채무는 권력을 주권적이고 훈육적이며 삶정치적인 것으로 재형성한다.[12]

이런 의미에서 금융은 조절되어야 할 투기과잉, 투자를 보호하기 위한 자본주의적 기능, 이성에 의해 규제되어야 할 인간본성의 탐욕이나 욕망의 표현 등에 그치는 것이 아니다. 금융은 무엇보다도 권력관계이다. 그것은 채무자를 쥐어짜 수탈하는 역사적으로 특수한 사회적 관계이다. 지대(이자, 수수료 등)가 채권자나 주식소유자의 관점에서 본 금융이라면 채무는 채무자의 관점에서 본 금융이다.[13] 우리가 오늘날 직면한 채무위기는 어떤 특수한 정책, 특수한 행정과 같은 특수한 국가 행동이나 기업의 지나친 탐욕과 같은 어떤 과잉에서 기인하는 것이 아니다. 그것은 우리가 사는 자본주의 체제의 일반적 기반이며 기업, 국가, 은행, 보험사, 경찰, 군대, 교회, 학교, 텔레비전, 신문 등에 의해 물리적 정신적으로 재생산되는 채권-채무 관계 그 자체에서 기인한다. 바로 이 관계의 존속으로 인하여 400명이 1억 5천만 명보다 더 많은 부를 갖고 있고, 1%가 40%보다 더 많은 부를 갖는 기이한 사회가 만들어진다.

---

11. 채무와 폭력에 대해서는 데이비드 그레이버, 『부채 그 첫 5,000년』, 정명진 옮김, 부글, 2011, 283~293쪽 참조.
12. 조정환, 앞의 책, 76쪽.
13. 같은 책, 23쪽.

이렇게 채권-채무 관계는 자본주의에 내재적이지만[14] 신자유주의에 의해 격화되고 극단화된 것도 사실이다. 그 계기는 달러의 금태환중지(1971)와 달러의 부채화폐화에서 주어졌다. 금태환중지 이후의 달러는 노동화폐였던 이전의 금은달러와는 전혀 다른 화폐, 요컨대 빚이 돈이 되는 채무화폐다. 달러는 미국 정부가 국민으로부터 미래에 받아들일 세금을 담보로 발행된다. 연방준비은행은 이것을 자산으로 삼아 부채(연방준비은행 수표인 달러)를 창출한다. 연방준비은행은 정부에 돈을 빌려주고 이자수입을 챙긴다. 이 은밀한 과정을 통해 사람들은 아무것도 모른 채 자신들의 미래를 저당잡히며 이자부담을 추가로 짊어지게 된다. 달러 발행량이 많으면 많을수록 부채로 인한 국민의 이자부담은 무거워지고 이는 세대를 넘어 상속된다.

채무화폐하에서 채무는 채권으로 전화된다. 채무의 채권으로의, 부채의 자산으로의 전화가 현대 경제의 비밀이다. 우선 달러 자체가 이 전화의 금융기술이다. 미국 정부의 부채가 연방준비은행의 자산으로 전화한 것이 달러이기 때문이다. 더 첨단의 파생금융상품화 기술은 이 전화를 가속하고 팽창시킨다. 파생금융상품 역시 그 본질에서는 달러와 같다. 그것은 채무를 포장한 것이며 '채무의 컨테이너, 채무의 히말라야 산'이다.[15]

계속된 달러발행은 화폐의 공급과잉으로 인플레이션을 야기한다. 금본위제도에서도 은행권 발행량이 저축량을 넘어선 것이 금본위제도의 해체를 가져온 원인이었다. 브레턴우즈협정에서도 황금교환체계의 붕괴는 필연적인 것이었다. 오늘날의 순수 법정法定 불환지폐不換紙幣 제도에서

14. 맑스는 신용이 유통비용을 축소시키려는 자본의 내적 동기에 기초한다고 말한다(칼 마르크스, 『자본론』, 김수행 옮김, 비봉출판사, 2004, 3권 5편 참조).
15. 쑹훙빈, 『화폐전쟁』, 차혜정 옮김, 랜덤하우스, 2008, 371쪽.

는 악성 인플레이션이 필연적이고 경제위기 역시 필연적이다.

채무화폐 체제에서 미국은 국채, 회사채, 개인채를 영원히 상환할 수 없다. 달러가 채무의 표현인 한에서 채무를 상환한다는 것은 달러 그 자체의 소멸을 의미하기 때문이다. 미국의 채무총액은 늘어날 수밖에 없고, 이자도 마찬가지다. 경제성장이 화폐 수요를 증가시키면 채무는 자동적으로 상승하고 그 속도 역시 빨라진다.[16]

현대 자본주의에서 부채는 경제적인 것과 사회적인 것의 기반이다. 현대 경제에서 부채는 성장의 장애물이 아니라 성장의 경제적 동력이며 또 그것이 성장의 주체적 동력인 채무자도 구성해 낸다.[17] 신자유주의에서는 부채를 제조하는 것, 즉 채권자와 채무자 사이의 권력관계를 구축하고 발전시키는 것이 정치의 전략적 핵심으로 사유되며 실제로 정치는 그렇게 프로그램된다.[18]

금융정치는 공공부채와 사적 부채의 거대한 증가를 가져왔다. 사회보험 메커니즘의 사유화, 임금 인하, 사회보호를 기업기능으로 만드는 것 등이 채무경제를 자극했다. 각종 대출제도와 대출기술의 발전은 항구적인 채무자 노예를 생산하는 데 이용되었다. 그런데 은행과 금융기관은 부채를 증권화하여 채권으로 만들 수 있다. 담보대출채권MBS, 부동산자산ABS, 부동산 학자금 자동차 카드 등 다양한 채권의 혼합물CDS, 신용부도스왑CDO 등의 증권화 기술[19]은 각종 주택담보대출, 전세금담보대출, 자동차담보대출, 학자금대출, 신용대출 등의 채무행위를 기반으로 이루어진 파생채권들이다. 이 채권들이 사고 팔리면서 채무사슬망은 더욱 넓

16. 같은 책, 362~4쪽.
17. M. Lazzaratto, 앞의 책, 24쪽.
18. 같은 책.
19. 대출금을 매도할 수 있는 증권으로 만드는 기술.

대출을 받아서 "바쁠 땐 택시 타"라고 조언하는 국내 대부업체의 유투브 광고화면. 행정자치부·금융위·금감원이 발표한 2016년 상반기 대부업체 실태조사에 따르면 2016년 6월 말 기준으로 대부업체의 대출 잔액은 14조 4천억 원이며, 등록 대부업체 숫자는 8,980개이다.

고 길어져 지구 전체를 덮는다.[20]

이런 상황에서 가계부채 위험은 급증하고 있다. 연체율의 증가는 그 폭발의 신호탄이다. 가계의 부실화는 서브프라임 모기지에서 드러났듯 은행 부실화를 가져왔고, 국가는 은행의 손실을 다시 채무의 발행(양적 완화라고 불리는 달러발행이 그것이다)을 통해, 즉 국가부채의 증가를 통해 다시 국민의 미래 부담으로 만든다. 채무경제 권력 블록은 이렇게, 금융위기를 신자유주의 정치논리를 심화하고 확장하는 기회로 이용했다. 이것이 최근의 재정위기가 가져온 계기이다. 재정위기는 다시 국채 이자율을 높이고 국채 위험을 상승시킨다. 예컨대 프랑스의 경우 국채이자액은 500억 유로인데 이것은 예산에서 2위를 차지한다. 교육예산이 1위이고 국방예산이 3위이다.[21] 조세수입의 거의 전부가 이자 지불을 위한

---

20. 이로 말미암아, 2008년에 세계총생산은 60조 달러인데 파생상품 시가총액은 90조 달러이며 거래 잔액 규모로는 684조 달러인 자산 인플레이션 현상이 나타났다.

21. 미국의 경우 1위가 건강보험, 국방비가 3위인데, 국채 이자액 예산이 2위라는 점은 프랑스와

예산으로 편성되며 이 때문에 더 큰 채무의 발행도 필연적인 것으로 된다. 이러한 채무경제하에서 다중들은 삼중으로 소외되어 있다. 사람들은 대의제 정치권력으로부터, 축적된 부로부터, 그리고 선택과 결정의 가능성의 시간 전체로부터 소외된다. 공포와 불안, 조울이 지배적 정서로 되는 것은 필연적이다.

원자력 산업과 핵권력

갈등의 정동적 성격은 핵위기에서도 주어진다. 핵에 대한 지각과 체험의 양식 역시 철저히 계급적이다. 극소수의 부자들은 핵에서 권력과 생산력을 지각하고 안전, 안심, 평화를 경험한다. 반면 대다수의 가난한 사람들은 핵에서 폭력을 지각하고 공포와 불안을 경험한다. 달러 패권과 채무 경제가 화폐권력의 집중을 통해 채무자를 생산하는 공정이라면, 핵은 폭력의 집중을 통해 예속자를 생산하는 공정이다. 채권-채무 관계를 통해 채무노예로 된 대중은 이제 핵/원자력 체제를 통해 주권에 감시당하는 예속자로 된다.

첫째, 기술적으로, 원자력은 중성자를 이용해 핵력으로 결합되어 있는 양성자들을 분열시킬 때 나오는 거대한 핵분열 에너지를 이용해 발전發電을 한다. 원자력은 나무나 석탄, 석유와 같은 자연에너지원과는 다르다. 그것은 자연자원인 우라늄/플루토늄을 과학기술로 가공해서 생산해 내는 유도에너지이다. 이 가공을 위한 장치로 원자로가 사용된다. 경수로에서는 우라늄 235(천연 우라늄의 0.7%)를 핵분열 물질로 사용해 왔지

동일하다.

만 실험 중인 고속증식로에서는 천연우라늄의 99.3%를 차지하는 우라늄 238까지 이용가능하다. 고속증식로가 우라늄 238을 플루토늄 239로 만들어주고 이것이 핵분열물질로 사용되기 때문이다. 원자로는 자연물질이 갖는 잠재력(핵력)을 에너지로 현실화시키는 장치로서, 자원 그 자체보다도 과학기술을 에너지 생산원으로 전환시킨 것이다. 이런 의미에서 원자력은 인지자본주의를 준비하고 뒷받침했으며 인지자본주의에 적합한 에너지로 발전되어 왔다.

둘째, 경제적으로, 원자력은 무한 성장의 환상을 제공한다. 석유·석탄 등이 유한한, 그것도 수십 년 내에 고갈될 가능성을 갖고 있는 자원으로 인식됨에 반해 고속증식로에서 우라늄 238을 활용할 때 에너지 확보는 이론적으로 1만 년 이상 가능한 것으로 계산되기 때문이다. 인지자본주의는 원자력을 통해서 자신의 에너지를 거의 무한대로 확보할 수 있다는 환상을 갖게 된다. 이 환상이 주는 매력 때문에, 물을 냉각제로 쓰는 경수로와 달리 나트륨을 냉각제로 쓰는 고속증식로가 나트륨의 활성으로 인해 경수로보다도 훨씬 더 큰 위험을 갖고 있다는 사실은 감춰진다.

셋째, 환경적으로, 원자력은, 온난화를 가져오는 온실가스를 배출하지 않는다. 하지만 원자력은, 인체와 생물체에 치명적인 방사능을 길게는 수십억 년에 걸쳐 배출한다. 원전 지지자들은, 이것을 기술적으로 관리할 수 있다고 주장하곤 하지만 스리마일, 체르노빌, 후쿠시마를 비롯한 대형사고는 말할 것도 없고 소형사고들, 그리고 알려지지 않은 수많은 은폐사고들까지 포함하면 원자력에 의한 방사능 누출 관리는 사실상 불가능한 것으로 입증되었다. 만약 가능한 관리가 있다면, 흑사병이나 전쟁이나 마녀사냥 등이 인구관리의 정상형태로 간주되었듯이, 누대累代에 걸친 대량살상까지도 정상적 관리의 일부로 간주하는 관리일 것이다. 게다가 핵폐기물에 대한 안전한 관리 대책은 아직까지 실제적으로는 물론이고 이론적으로조차 제시된 바가 없다. 반감, 반감의 반감, 반감의 반감의 반감…에 걸리는 수만, 수억, 수십억 년의 시간을 누가 어떻게 안전하게 관리할 수 있을 것인가? 인지자본주의가 예찬하는 에너지원은 이렇듯 불안정한 상태에 놓여 있다.

넷째, 사회적으로, 원자력은 찬성과 반대의 첨예한 분열을 가져왔다. 정치적 수준에서의 찬반은 차치하고라도, 핵발전소와 핵폐기물처리장 건설 문제는 주민분열을 초래하여 사회적 갈등의 진원지가 된다. 이 분열은, 보상금, 지원금 등의 금품이나 일자리 제공 약속, 영업권 보장 등 선별적 유인책에 의해 초래된다. 인지자본주의의 에너지는 이렇게 사람들을 증오의 감정에 빠뜨리고 서로 분열시키면서 발전해 간다.

다섯째, 군사적으로, 원자력은 핵무기 생산의 배후기지이다. 히로시마 이후 주권은 핵무기를 통해 보호되고 있다. 핵 보유 국가는 말할 것도 없고 비보유 국가도 핵우산을 통해 국가주권을 유지하기 때문이다. 물론 핵우산 체제는 국가주권을 상대화시키고 제국적 주권을 가져온다. 핵이 주권의 군사적 토대인 한에서 원자력은 그것의 사회적 기초이다. 오늘날 인지자본주의에서 국가와 주권은 원자력/핵 없이 유지될 수 없다. 이것이 핵무기 개발을 자극하는 국제정치적 조건이다. 원자력 발전은, 그것에 대한 찬성 논리가 허구적이고 작위적인 만큼, 많은 비판자들을 감시와 통제의 대상으로 만들지 않을 수 없고, 그것이 갖는 위험성이 큰 만큼, 노동자들 모두를 촘촘한 감시의 대상으로 만들지 않을 수 없다. 정보지배로 인해 파놉티콘Panopticon의 길로 들어선 인지자본주의는 원자력을 지키기 위해 빅 브라더Big Brother적 감시에 의존하게 된다.

이러한 성격의 원자력을 놓고 지금 원자력의 군사적 이용, 원자력의 평화적 이용, 그리고 탈원자력이라는 세 가지 대안이 갈등하고 있다. 첫

2013년 3월, 대만에서 네 번째로 큰 원자력 발전소 신설에 반대하는 6만 8천여 명의 다중들이 대만의 주요 도시들에서 시위를 벌였다.

째로 핵을 군사적 폭력으로 사용하자는 대안은 핵무기 보유국들, 특히 미국에 의해 대표된다. 〈핵확산금지조약〉과 핵우산 제도는 기존의 핵폭력 독점을 유지하기 위한 국제 장치이다. 핵독점은 절멸이라는 일반적 공포를 지렛대로 사람들에게 복종을 강요한다. 둘째, 대안은 핵을 산업적으로만 이용하자는 것이다. 이 길은 핵 에너지의 평화적 이용이라는 이름하에 정당화되지만 군사적 이용과 산업적 이용, 폭력적 이용과 평화적 이용은 핵사용을 정당화하고 사람들의 예속을 생산하는 상보적인 길이다. 핵의 군사적 힘을 강조하는 사람들이 핵이야말로 세계평화를 담보하는 수단이라고 말하는 것처럼, 핵의 산업적 힘을 강조하는 사람들이 핵무기 소재인 플루토늄을 산업의 부산물로 생산하고 있기 때문이다. 그러므로 핵력의 이른바 '평화적' 이용은 언어놀음에 지나지 않는다. '평화적'이란 말은 산업과 전쟁의 본원적 일치를 감춘다. 산업은 노동을 착취하는 대내전이며 전쟁은 그 착취영역을 보존하거나 확대하는 대외전이다. 자본주의적 산업은 전쟁의 다른 형식이지 결코 평화가 아니다. 원자력의 산업적 이용의 증대, 즉 에너지 구조에서 원자력 비중의 증대는 국가주권의 지배능력을 증대시킨다. 에너지 구조가 원자력 중심으로 편성되면 사람들은 국가 없이는 하루도 살아갈 수 없게 되고 그만큼 단단한 예속구조가 구축된다.

핵 에너지는 2차 세계대전 중에 발명되었다. 당시 과학기술자들은 국가로부터 20억 달러의 지원을 받아 핵무기를 개발했는데, 이로써 과학기술은 권력의 시녀가 되었다. 이런 의미에서 핵물리학은 왕립과학이자 국가주의(내셔널리즘)의 과학이다. 산업자본주의는, 노동자에 대한 착취와 지배를 위해 인간 활동력을 노동력상품이라는 역학적 에너지로 조직했다. 인지자본주의는 다중에 대한 착취와 수탈을 위해 역학적 노동에너지를, 미시세계에서 추출한 핵 에너지로 대체한다. 핵 에너지가 폭력의 제왕으로서 다중을 공포로 주눅 들게 하고, 산업에서 노동력을 추방할 수 있는 자동화의 잠재력을 제공하기 때문이다. 이처럼 핵 에너지는 자본주권의 재생산을 위해 지성을 집중적으로 배치함으로써 만들어진 산물이며 국가가 다중을 효율적으로 지배하기 위해 조직한 에너지의 형태이다.

탈원전 운동

이제 세 번째 대안에 대해 좀 더 구체적으로 살펴보자. 동식물을 불문하고 지구상의 생명체 대부분은 태양에너지에 의존하여 살아가고 있다. 즉 태양은 생명체인 우리의 존재 자체를 결정짓는다. 이런 의미에서 태양에너지는 존재론적 에너지이다. 주지하다시피 태양에너지는 핵분열이 아니라 핵융합을 통해 발생하는 핵 에너지의 한 형태이다. 오늘날 원자폭탄과 원자로에서 나오는 핵분열 에너지 역시 핵 에너지의 한 형태이다. 그 에너지는 존재의 원자결합을 변형시키는 과정에서 발생하는 에너지이며 지구 생명의 존재 자체를 결정지을 수 있을 정도로 막대한 위력을 갖고 있다는 의미에서 존재론적 에너지라고 할 수 있다. 채무경제가 인간의 존재론적 시간인 잠재시간을, 영원의 시간을 착취하듯이, 원자력 발전 역시 존재론적 에너지인 물질 잠재력을 착취와 권력의 수단으로 사용한다. 이것은 무엇을 의미할까? 결론을 미리 말한다면 첫째로 현재의 사회적 갈등이 존재론적 지평에서 전개되고 있는 만큼 인지자본주의적 채무경제와 원자력체제에 대항하는 투쟁은 잠재의 시간과 존재론적 차원에서 상상력을 가져오지 않고서는 성공을 거두기 어렵다는 것을 의미한다. 둘째로는 존재력의 자본주의적이고 외재적인 목적론적 이용을 역전시키면서 존재 자체와 내재적 차원에서 관계 맺을 수 있는 존재론적 합생合生, concrescence과 공생共生, symbiosis의 윤리정치가 요구된다는 것이다. 이것은 주체와 객체로의 존재의 분리, 표현과 재현의 분리, 대중과 전위의 분리, 민중과 국가의 분리 등 근대사를 지배해 온 인식론적 성격의 분리들을 극복하는 존재론적 점거(재전유)를 개시하는 것이라 할 수 있다.

우선 원자력에 대항하는 투쟁에 대해 생각해 보자. 2011년 3월 11일 후쿠시마 원전 사고 이후 점화되었던 국제적 탈원전 운동의 주요 흐름은 국가를 향해 원자력 폐기정책을 선택하도록 요구하는 방식을 취한다. 그것은 원전 정책의 폐기와 재생에너지 정책으로의 전환을 촉구하는 데 집중되고 있다. 그러나 원자력과 국가/주권의 본원적 연결을 고려한다면 국가의 정책 전환을 촉구하는 이 방향은 분명한 한계를 갖는다. 오늘날의 국가는 원자력을 통해서 다중을 가장 효과적으로, 그리고 확실히 지배할 수 있기 때문이다.[22] 그러므로 자본주의적 원자력 이용에 대항하는 투쟁은 국가와 주권에 대항하는 투쟁으로 발전할 때 궁극적으로 완수될 수 있다. 탈원전 투쟁이 존재론적 질을 획득하기 위해서는, '축적과 국가주권을 위한 절대군주적 인지혁명'의 패러다임을 '행복과 다중자치를 위한 절대민주적 인지혁명' 패러다임으로 역전시키는 투쟁의 일부로 배치될 필요가 있다. 원전을 벗어난 대안에너지는 축적을 위해서가 아니라 생명의 존재론적 진화를 위해 사용되는 과학기술에서, 소유가 아니라 누림을 지향하는 문화에서, 분리와 분열을 극복하는 공생과 협동의 조직에서, 감시와 통제를 불필요하게 만드는 투명성의 관계에서, 대의를 필수적인 것으로 만드는 집중적 통제보다 분산된 것들의 자발적인 상호연결(상생)에서 찾아질 수 있을 것이기 때문이다.

원자력이 국익에 도움이 되지 않는다는 방식으로 수행되는 탈원전 투쟁은, 그러므로, 원자력 논리에 패할 수밖에 없는 논리를 내장하고 있다. 원자력 자체가 주권자의 이익으로서의 국익에 가장 적합한 방식으로 개발된 에너지형태이기 때문이다. 체르노빌 사고가 소련이나 기타 나라의 원자력 발전을 멈추게 할 수 없었고 후쿠시마 사고 역시 원전에 대한 지지도를 낮출 수 없었던 것도 이 때문이다. 후쿠시마 사고로 원전에 대한 경각심을 가장 많이 갖는 것으로 나타나는 한국 사람들이, 국익을 이유로, 원전에 대한 실질적 지지를 철회하고 있지 않으며 탈원전 행동에는 매우 소극적이라는 점이 국익 논리의 한계를 보여 주는 한 예다.

일본 정부도 후쿠시마 원전사고를 주권을 더욱 강화하는 방향에서

22. 독일에서 앙겔라 메르켈 총리가 이끄는 〈기민당〉과 〈기사당〉 연합 및 〈자유민주당〉이 원전폐기 정책을 발표하고 모든 원자력 발전소의 가동을 오는 2022년까지 중단하겠다고 선언했지만, 우리가 그것을 항구적이고 안정적인 결정으로 받아들이기 어려운 것은 이 때문이다.

그라피티. 구앙, 〈일본의 묵시록〉, 2009.

처리하고 수습해 왔다. 사고수습 과정에 자위대 24만 명 거의 전원을 동원한 것이 그 대표적 사례이다. 스리랑카 정부의 지원의사조차 물리치면서까지 오직 자국의 자위대를 통해 사고를 수습함으로써 자위대는 평화적 군대로서의 위신을 높였고 국민들의 지지를 얻었다. 일본 정부가 후쿠시마 사고를 자위대의 위신과 대중적 지지도를 높이는 기회로 이용한 것이다. 이것이 평화헌법 제9조의 개정(악?)으로 연결되고 교전권과 집단자위권을 갖는 군대의 보유가 헌법화된다면, 주권의 핵심무기인 핵무기 보유를 위한 원전발전의 논리가 다시 탄력을 받을 것은 분명하다. 간 나오토菅直人에 의해 억제되었던 원전발전 논리가 그를 이은 노다 요시히코野田佳彦에 의해 부활되고 아베 신조安倍晋三에 의해 원전 재가동으로 전면 전환된 것은 이러한 길이 이미 정치적 일정에 올라 있음을 보여 준다.

그러므로 탈핵의 문제는 과학기술만의 문제도 아니고, 에너지 문제만도 아니고, 정책만의 문제도 아니다. 그것은 국가형태를 넘어선 대안주권의 문제와 긴밀히 결합된 민주주의의 문제이다. 그러므로 탈원전 운동은 민주주의의 존재론적 급진화와 절대화의 문제로서 이해되어야 한다. 민주주의가 다중의 실질적 민주주의로 될 때 에너지원과 그 사용양식이 절대적으로 다원화될 수 있을 것이기 때문이다. 다중의 민주주의가 실질화되면, 수몰과 홍수를 가져오는 수력, 대기오염을 가져올 뿐만 아니라 결국 고갈될 화석연료, 방사능 오염과 죽음의 공포를 가져오는 원자력 등 주권 논리와 수익 논리에 쉽게 종속되는 에너지원에의 의존을 피하면서 다양한 에너지원을 활용하는 것이 실제적으로 가능해질 것이다. 그런데 이것은 우리의 삶을 집중적 대의체제인 국가체제에 더 이상 종속시키지 않으려는 노력, 스스로의 삶을 자기 자신의 의지에 따라 관리하면서 대의를 다중의 공통체의 한 기관으로 전환시키려는 일상적이고 다차원적인 노력 없이는 가능하지 않다. 그것은 소수의 대표들의 노력에 앞서 모든 사람들의 직접적이고 자발적인 노력을 필요로 한다. 이런 관점에서 볼 때 2011년에 등장한 전 세계적 반란과 점거운동은 인류사에서 중대한 전환의 가능성을 보여 준다.

채무노예들의 정동적 반란으로서의 점거 투쟁

두 세기 전의 1848년 혁명은 1849년 말까지 약 2년여 지속되었다. 이것은 독일, 영국, 프랑스, 이탈리아 등 서유럽의 혁명이었다. 1917년 혁명은 1922년까지 약 5년간 지속되었다. 이것은 러시아에서 헝가리에 이르는 동유럽과, 스페인에서 독일에 이르는 서유럽을 포함하는 전 유럽혁명이었다. 1968년 혁명은 1979년 4월 이탈리아의 자율투쟁이 진압되기까지 10년을 지속했다. 이것은 프랑스를 비롯한 유럽에서 시작하여 북아메리카, 라틴 아메리카, 아시아, 아프리카에 이르는 세계 전역에 확산되었다. 2011년의 혁명은 아프리카에서 시작하여 유럽으로, 다시 북미로 그리고 중국을 비롯한 아시아로 확산되었다.

1917년 혁명은 계획되고 조직된 혁명이었다. 볼셰비키가 비밀리에 봉기의 전국적 계획을 세우고 무기들과 전사들을 배치하여 군사적 방식으로 조직한 혁명이었다. 그것의 목적은 노동자와 빈농을 대의하기 위한 정당인 볼셰비키가 국가권력을 장악하는 것에 있었다. 권력 장악을 위해 권력적 수단으로 수행된 혁명이라는 의미에서 이 혁명을 **권력혁명**이라고 불러보자. 이것은 통상 1917년 러시아혁명을 정치혁명이라고 부르는 것과 일치한다. 이 혁명에서는 당의 이성적 두뇌와 노동계급의 조직된 물리적 신체가 결합되었다. 생산력을 발전시킨다는 진보의 정신이 혁명과정을 이끌었고 사회주의라는 공통어가 기능하고 있었다.

이에 비교해 1968년 혁명은 흔히 '문화혁명'이라고 불린다. 그 어느 누구도 국가권력 장악이라는 목표를 세우지 않았으며 봉기의 전국적 계획도 존재하지 않았다. 당의 이성은 비판의 대상이 되었으며 노동계급의 물리적 신체 역시 혁명보다는 체제 편에 가까이 놓여 있었다. 변화한 것은 다양한 하위계급들의 참여이다. 학생, 여성, 주민, 실업자, 동성애자 등등의 다양한 신체들이 자신들의 욕망을 적극적으로 표현했다. 혁명적 전위에는 학생들이, 그리고 〈국제상황주의자〉를 비롯한 예술가 및 지식인 조직들 혹은 개인들이 서 있었다. 록, 마약, 성해방 등이 혁명을 구성하는 중요한 요소였다. 삶의 문화예술적 변형이라는 의식이 혁명을 이끌었다. 보드리야르를 비롯한 포스트모더니스트들은 이후에 이 속에서 소비자들의 혁명을 읽었다. '생산에서 교환/소비로!'라는 가라타니 고진의 문제의식 전환도 여기에서 주어졌다.

2011년 혁명은 어떤 혁명이었을까? 얼핏 보면 1968혁명이 재연된 듯하다. "둘 다 뉴미디어의 영향을 강하게 받았고, 둘 다 자본주의의 폭력성에 저항한다."[23] 그러나 뉴미디어의 성격이 다르다. 1968혁명이 텔레비전을 조건으로 전개되었다면 2011혁명은 인터넷과 SNS를 조건으로 전개되었다. 두 매체는 정보생산방식, 정보전달방식, 정보작용방식 등에서 현

23. 김기태, 「2011 vs 1968」, 『한겨레21』, 882호, 2011.10.24, 15~16쪽.

2011년 5월 15일, 스페인의 마드리드. "지금 진짜 민주주의를!"

저히 다른 매체이다. 또한 저항의 지점도 다르다. 1968혁명이 전쟁거부, 노동거부, 핵무기 거부, 훈육적 수업 거부, 이성애주의 거부 등 자본주의의 다양한 지점들에서 나타나는 부정적 현상들에 대한 투쟁으로 다원화되어 있었다면 2011혁명은 이러한 다원성과 더불어서 신자유주의적 금융독재 거부라는 어느 정도 뚜렷한 거부의 중심대상을 갖고 있다. 나머지 문제들은 이것의 발현태들로 파악된다. 이 측면에서 2011혁명은 오히려 1917년과 유사한 성격을 갖는다.

그런데도 은행기관을 장악하고 금융자본을 국유화한다는 식의 고전적 목표는 제시되지 않았다. 토빈세와 같은 금융규제 요구가 제기되곤 하지만 그것이 시위대를 이끄는 일관된 의식은 아니었다. 오히려 확인되는 것은 "우리는 분노한다", "분노하라!", "여기에 희망이 있다"는 등의 외침이며 "우리가 99%다", "당장 진짜 민주주의를!", "모든 것을 점거하라" 등의 직접적인 행동강령이었다. **점거**는 이 외침과 강령을 표현하는 공통된 행위양식으로 되었다. 이처럼 2011년 혁명의 지점은 국가의 층위나 문화의 층위가 아니라 삶의 층위로 하향했으며 그것의 표현방식은 이성적이기보다 **소통적**communicative이고 정치적이기보다 **정동적**affective이며 대의적이기보다 **직접적**immediate이다.

소통적 직접성 혹은 직집적 소통성이 정동affect의 특징인 점을 고려하면 2011년의 혁명을 정동화된 혁명으로 규정하는 것이 가능하다. 나는 이것을 혁명의 정동적 선회로 이해한다. 많은 사람들은 2011혁명이 정치적 요구를 내걸지 않았고 위기해결의 대안적 비전을 내걸고 있지 않은 것을 불안하게 받아들인다. 이것은 전통적인 대의적 정치혁명의 시각에서 현재의 혁명을 바라볼 때 나타나는 착시현상이다. 그것은, 낡은 옷을 새 몸에 입히려고 할 때 나타나는 시대착오이다. 정동은 대의적 회로와는 다른 에너지의 흐름이며 낡은 인식론적 정치개념으로는 파악할 수 없는 존재론적 정치현상이기 때문이다.

혁명의 이러한 정동적 선회는 지난 수십 년간 지배와 착취, 그리고 생산의 인지화와 정동적 선회에 의해 규정된다. '테러에 대한 전쟁'이 상징하듯이, 공포, 불편, 불안 등의 조성을 통한 정동적 지배는 지구제국의 주요한 통치전략으로 자리 잡았다.[24] 이제 정동적 지배가 정동적 저항에 대면함으로써 정치적인 것은 정동의 수준에서 발생하고 또 전개된다.

우리가 주목해야 할 것은 분노indignation와 희망hope이, 지극한 평화에 대한 열망, 윤리적 열정과 병행되고 있다는 것이다. 분노의 투쟁이나 희망의 투쟁은 다채로운 사람들의 사랑의 합류 과정에서 나타나고 있다. 1917년과 같은 무장투쟁은 배제되고 있으며 1968년에서 나타난 문화적 일탈은 경계된다. 야영자 점거촌은 사람들이 만들어야 할 새로운 마을로 사유되며 총회라는 일종의 코뮌이 그것을 운영한다.

사랑에 의해 조율되는 분노(예컨대 스페인의 '분노한 사람들')와 희망(예컨대 한국의 '희망버스')은 특이한 것이다. 그것은 포스트네오리버럴리즘이 확산시키는 공포-긴축의 정동쌍과 대립하는 것이며 포스트사회

---

24. 조정환, 앞의 책, 143~157쪽 참조.

민주주의적 복지국가론이 확산시키는 위험-안전의 정동쌍과도 구별되는 독특성을 갖는다. 그것은 가난과 공포와 위험을 체계적으로 생산하는 자본주의라는 질서를, 전 지구적 다중들이 집단적으로 추는 분노와 희망의 춤으로 대체하자는 제안이다. 또 그것은, 지금까지의 탐욕적 경쟁 질서 속에서 파편fragments으로 기능해 온 사람들·기계들·사물들 등으로 하여금 그 고유한 특이성으로 폭발하게 하면서 그것들을 새로운 사랑의 관계 속으로 가져가, 거대 회집체의 특이한 부분parts으로 작용하게 하자는 제안이기 때문이다. 특이한 것은 구성적이다. 그것은 정해진 회로로부터의 이탈의 힘일 뿐만 아니라 새로운 세계를 생성하는 힘이기 때문이다. 특이한 끈들의 상호연결과 융합, 그리고 상호충돌에 의한 폭발과 진동이 바로 그러한 힘이다. 주어지는 삶을 거부하고 생성하는 삶을 살아가려는 점거운동은 참여하는 각각의 개인들이 특이점으로 폭발하는 것, 즉 각자가 특이화되어 삶의 새로운 진동양식을 창출해 내는 것을 추구한다. 삶/생명의 새로운 진동양식의 창출은 본질적으로 대화적이며 집합적일 수밖에 없다. 그것은 끊임없이 새로운 집합화를, 인간·사물·기계 등의 회집체會集體를 생산하면서 개벽開闢을 일상화한다.

아프리카·중동·유럽·북미·아시아·라틴 아메리카 등지에서 전개된 점거 투쟁은 이 세계에 '실리적' 변화를 가져오는 데, 실리적 전리품을 획득하는 데 그다지 큰 관심을 갖지 않았다. 점거 투쟁은 무엇보다 금융폭주와 원자력 발전을 멈춰 세우는 데 관심을 가졌다. 발터 벤야민은 혁명을 역사의 기관차로 본 맑스의 생각을 뒤집어서, 혁명은 폭주하는 역사의 기관차를 멈춰 세우는 것이라고 주장했다.[25] 금융은 전 세계의 시민들을 영원한 채무노예로 만들면서 달려가는 폭주기관차이다. 그것은 더

25. Walter Benjamin, *Gesammelte Schriften* I.3, Suhrkamp Verlag, 1974, s. 1232.

큰 가속도로 더 큰 채무를 창출하면서 달려간다. 원자력 발전과 핵무기 개발은 지구 전체를 영원한 죽음 속으로 몰아넣을 폭력의 기관차이다. 화석연료 피크시간이 도래하고 있다는 생각 속에서 전 세계의 여러 나라들은 '원전유치-원전수출' 경쟁에 여념이 없다. 세계 전역에 (특히 아시아에 대량으로) 건설되고 있는 원전들은 현재 지구의 오염원이 되고 있는 인류를 더 강한 독성물질인 방사능으로 말끔히 청소해 버릴 수 있다는 의미에서만 '청정에너지'가 될 수 있다. 점거 투쟁은 금융과 원자력의 이 폭주를 멈춰 세우는 일에서 시작된다.

둘째로 점거 투쟁은 자본주의 경제와 권력이 분리시켜 온 것을 되찾고 재결합시킨다. 분노의 회복은 결정적 전환점이다. 인지자본주의는 노동자들에게 고객들을 향해 '웃어라! 친절하라! 화내지 말라!'고 강요하는 체제이다. 이 체제가 빼앗아간 분노의 정동을 회복하는 것이 점거 투쟁에 동력을 제공한다. 시위대는 자본주의 경제와 그 위기의 결과에 대해 지불하기를 거부하면서 박탈의 메커니즘을 파괴하려 한다. 점거 투쟁은 위기 이전의 자본주의에 대한 향수를 표현하지 않는다. 민주적이건 독재적이건, 보수적이건 개혁적이건 자본주의 체제에서 부의 거대한 운동은 강자의 이익을 위해 발생하고 있고 또 강자의 수중으로 집중된다는 사실에 대한 직시를 통해 세계적 점거 투쟁은 이집트·스페인·영국·미국·중국 등 그 어디에서건 예속과 착취 및 약탈에 대한, 자신들의 능력의 자신들로부터의 분리 과정에 대한, 그리고 그 분리를 체계화하는 정치형식들에 대한 동시적 거부행위이다. 이것은 자신을 되찾고 자신으로 돌아가려는 지각이자 행위이다. 이 지각과 행위에서 위기에 빠진 중간계급은 불안정 실업의 새로운 프롤레타리아트들과 공동보조를 취한다.

셋째로 점거 투쟁은 제헌적이고 재구성적인 '우리'를 회복한다. 인지자본주의는 매일매일 '나'의 스펙, '나'의 일자리, '나'의 연봉, '나'의 아파트,

'나'의 가족만을 생각하도록 다그친다. 연대적 임금투쟁을 개인적 임금교섭이 대체하면서 '우리'의 개념은 붕괴되었다. '우리가 99%다'는 슬로건은 변화된 조건에서 '우리'를 새롭게 회복한다. 텐트촌으로 상징되는 야영자 유형의 '우리' 운동은 산업경제와 인지경제가 갖는 속도와 위계에 대한 거부로서 새로운 시공간 체제를 창출한다. 야영자 텐트촌에서 지금까지 속도와 경쟁에 의해 분열되어 온 취업자와 실업자, 중산층과 빈민, 남자와 여자, 백인과 흑인, 청년과 중장년, 이주자와 내국인 등이 부문, 계층, 피부색, 성별, 세대, 국적 등을 가로질러 횡적으로 재배치된다. 빈곤에 대항하는 투쟁에서 연대의 계기를 발견하면서 이 운동들은 여러 주민층(노동자, 불안정노동자, 실업노동자, 몰락하는 중간계급, 프롤레타리아트, 이민자와 비이민자, 육체노동자와 인지노동자, 은퇴자, 주부, 그리고 청년)을 관통하는 공통된 투쟁의 조건을 발견하고 그에 걸맞은 투쟁의 장치를 설치한다.[26] 이 과정에서 이들은 억압적인 사적 소유의 헌법, '나만'의 헌법을 거부하고 아래로부터의 복지, 연대, 상호교육의 원리에 의해 이끌리는 공통된 '우리들'의 헌법과 자치를 경험하고 배운다.

정지·재전유·구성을 위한 이 노력 속에서 점거 투쟁은, 제국의 군주국인 미국이 '통일된 사회'가 아닌 '균열된 사회'이며 '세계를 이끌 사회'가 아니라 '변화되고 이끌려야 할 사회'임을 입증했다. 점거 투쟁은 거대한 중앙집중 권력인 금융자본이 '자유 시장'을 조절하고 규제하고 있다는 것을 고발했다. '자유 시장'의 진짜 얼굴은 다수의 사람들을 빈곤과 죽음으로 몰아넣는 독점이라고 고발했다. 미국을 비롯한 세계 전체에 1%의 금융자본 대 99%의 시민 사이의 적대적 균열이 있음을 증언했다. 그들이 증언한 것은, 미국에서는 두 개의 회전정당이 (국민이 아니라) 월스트리

26. Antonio Negri & Judith Revel, "The Common in Revolt", *UniNomade 2.0*, August 13, 2011, http://uninomade.org/commoninrevolt/.

블랙리스트를 비판하는 연극인, 예술인, 해고노동자, 시민 들이 힘을 모아 광화문 광장에 세운 "광장극장 블랙텐트"

트만을 대변하고, 6개의 기업에 의해 장악된 언론은 (국민들 사이의 의사소통이 아니라) 월스트리트의 의지를 국민들에게 주입하는 선전기구로 사용되고 있고, 보험은 (사람들의 삶의 안전을 도모하는 것이 아니라 오히려) 수많은 사람들을 죽이고 파산시키면서 몇 개의 거대보험기업의 호주머니를 채우는 데 사용되며, 법은 (다수의 약자들, 순진한 자들, 가난한 자들이 아니라) 소수의 권력자들과 부자들을 보호하기 위해서 존재하며, 경찰은 그들의 완력으로 (시민들이 아니라) 기업의 이익을 지키며, 전쟁은 (국민을 보호하기 위해서가 아니라) 한 줌도 안 되는 석유기업들의 치부를 위해 벌어지고, 화폐는 (공동체의 교류를 위해서가 아니라) 미국 GDP의 60% 이상을 통제하는 십수 개 은행들의 치부를 위한 사유물로 사용된다는 사실이다. 점거시위는, 정당들·기업들·법원들·언론들·은행들이 축적을 위해 사기적인 정치연극·사법연극·경제연극을 꾸미는 범죄자들이며 다중이 해체시키고 다르게 구성해야 할 실질적 적임을 명백히 밝혀냈다.

이 과정에서, 파편화되어 있던 소비자들이 새로운 삶을 생산하는 생산자로, 무거운 짐을 지고 고통스러워하던 채무자들이 반란자로, 원자력의 공포에 짓눌렸던 예속자들과 실질적인 피해자들이 투사로 거듭난다. 집회라는 형식의 코뮌은 이 생산자들, 반란자들, 투사들이 나날이 자신을 혁신하는 것을 돕는다. 집회와 시위를 통해 사람들은 자신들의 경험과 지식을 교류하며 서로가 공통의 운명에 놓여 있음을 확인한다. 집회에서 사람들은 시장 소비자로 존재할 때의 저 파편성fragment을 넘어 삶과 투쟁이 요구하는 기능들을 유기적으로 수행하는 구성부분으로 된다. 이로 말미암아 초국적 금융자본 주도의 긴축정책은 거듭해서 좌초되었고 위기를 삶의 기회로 만들 다른, 그리고 새로운 방법이 세계 곳곳에서 모색되기 시작했다.

2011혁명의 의미와 과제

자본주의는, 존재론적 공통어로서의 정보를 인지적 지배에 이용하고, 사회적 믿음/신용을 (삶시간 전체를 착취의 영역으로 편입시키는) 채무경제에 이용했으며, 양자 수준에서의 물질의 존재론적 잠재력을 국가폭력과 자본의 생산력으로 이용했다. 그리하여, 본원적으로는 존재론적 공생을 의미하는 정보, 신용, 그리고 핵자 간의 강한 상호작용[27] 등을, 삶

---

27. 1970년대 이전까지는 핵자, 즉 양성자와 중성자가 기본입자로 생각되었으며, '강력' 혹은 '강한 핵력' 따위의 용어는 전기적 척력을 극복하고 핵을 붙들어 매는 핵자 간의 힘을 일컬었다. 이 힘은 실제 강한 상호작용의 부수적인 효과였으며, 강한 핵력이라는 말은 아주 가까운 거리에서 정전기력을 극복할 만큼 강한 핵자 간의 힘이 존재한다는 것을 나타내기 위해 사용되었다. 하지만 쿼크가 발견된 후, 양성자 그 자체에 힘이 작용하는 것이 아니라, 양성자를 구성하는 쿼크 및 글루온에 힘이 작용하는 것임이 밝혀졌다. 즉, 이전에 강한 핵력이라고 언급했던 핵자 간의 힘은 실제 강한 상호작용이 강입자, 즉 바리온과 중간자에 작용할 때 발생하는 잔류(residual) 현상이라는 것이다. 그러한 이유로, 과거의 강한 핵력은 잔류 강한 핵력(residual strong force)이라고도 하며, 새로이 발견된 아원자 입자 간의 힘인 강한 상호작용은 양자 색역학에 의거하여 색력(color force)이라고도 한다(https://ko.wikipedia.org/wiki/

의 기억과 횡적 소통, 그리고 꿈과 미래 설계의 평면들 모두를 지배와 착취, 수탈의 대상으로 끌어들이는 수단으로 이용했다. 인지자본주의는 분명히 존재론적 차원에서 움직이지만 오직 (자본에 의한) 이용의 관점에서만 존재와 관계 맺는다. 그것은 존재 자체, 삶 자체를 착취하는 자본주의이다.

이러한 자본주의에 대항하는 투쟁이 존재론적 평면에서 일어나는 것은 필연적이다. 그리고 존재론적 함축을 갖지 못한 모든 혁명이론들, 정치학들, 전략전술론들, 조직론들이 이 사태 앞에서 무효화되는 것도 자연스럽다. 이제 2011년 혁명 속에서 이 존재론적 움직임이 어떻게 표현되었는지에 대해 생각해 보자.

긴축과 복지의 쳇바퀴를 벗어나다

부르주아 계급은 2008년 금융위기 당시에 은행의 손실을 다중의 것으로 전가하는 데 성공했다. 손실을 다중의 것으로 전가한다는 것은 다중으로 하여금 미래 세대까지 연루될 정도의 장기에 걸쳐 은행의 손실을 메우도록 만드는 것이다. 사람들은 구제금융에 사용된 재정적자를 대신 메우기 위해 세금을 더 내야 한다. 국가재정의 부족을 메우는 방법으로 부자들의 증세를 선택할 수 있음에도 불구하고 이를 선택하기를 거부한 부르주아 국가들은 가난한 사람들, 공무원들, 그리고 보통 사람들에게 주어지던 복지기금을 깎고 공무원의 임금을 인하하는 등의 긴축을 강제한다. 부르주아지에게는 양적 완화를, 프롤레타리아에게는 긴축을! 이것이 2008년 이후 드러난 부르주아 계급의 계급투쟁 방침이다.

그러므로 긴축은 프롤레타리아를 쥐어짜고 통제하기 위한 부르주아

강한_상호작용).

지의 위로부터의 내전 정책이다. 그것은 결코 시민들, 가난한 사람들, 위기에 처한 사람들을 위한 것이 아니다. 그것은 은행들, 기업들을 위한 것으로 수많은 사람들을 실업으로, 더 큰 가난으로, 죽음으로 내몰아서 더 큰 축적목표를 달성하려는 전쟁형태이다. 대포 대신에 강대국들 사이의 국제적 합의가 사용될 뿐이다. G20은 긴축을 위한 전쟁을 수행하는 국제기관이다. 그리스의 사례를 참조하면 긴축 논리는, 일자리를 줄이고, 임금을 낮추고, 복지수준을 낮추는 대가로 국가부채를 50% 탕감하고 필요자금을 유럽 부르주아들이 공동으로 조성하여 그리스 정부에 공여하기로 하는 것이다. 이 탕감되는 부채, 제공되는 자금 모두가 다중에 대한 전쟁을 수행하기 위한 전비임은 말할 것도 없다. 긴축 정책은 지금까지 공화주의의 이면에 숨어 있었던 야만주의가 숨김없이 드러나는 모습이다. 그것은 다양한 모습으로 표현된다. 다중에 대한 지출을 줄이라, 노동하지 않는 자에게 복지를 제공하지 말라, 국가를 지탱하는 데 필요한 서비스 일자리를 창출하라, 저항하는 자들을 격리하고 구속하라, 이주민을 추방하라 등등.

유럽과 북미에서 이러한 긴축의 논리가 지배적인 가운데 지구의 다른 지역에서는 이와는 강조점을 달리하는 통치의 논리학이 제기되고 있다. 아시아가 그곳이다. 한국의 경우를 예로 들어보자. 인지자본주의가 영미에서는 시장주의적 신자유주의로 표현되었음에 비해 유럽에서는 사회적 신자유주의, 질서자유주의, 사회적 시장경제 등으로 표현되었다. 한국에서 인지자본주의는 유럽적 경로와 영미적 경로, 즉 시장주의적 신자유주의와 사회적 신자유주의 사이의 갈등과 동요 속에서 전개되어 왔다. 김영삼은 시장주의적 신자유주의를, 김대중과 노무현은 사회적 신자유주의를, 다시 이명박과 박근혜는 시장주의적 신자유주의를 선호했다. 신자유주의 내부의 이 엎치락뒤치락은 강렬한 사회적 갈등을 야기하는 진원

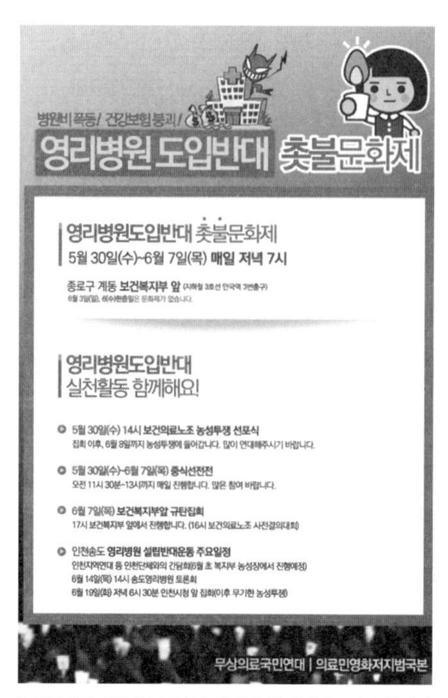

2012년 5~6월 〈무상의료국민연대〉와 〈의료민영화저지범국본〉이 주최한 '영리병원 도입저지를 위한 보건복지부 앞 촛불문화제' 공지 웹자보

지가 되었다. 2008년 촛불봉기에서 이명박형 신자유주의에 대한 도전이 제기되었고 이것은 한미FTA, 4대강사업, 자율형사립고, 국립대법인화, 영리병원 등에 대한 반대로 지속되었다. 세계적 수준에서 볼 때, 미국발 서브프라임모기지 위기의 폭발과 세계금융위기, 그리고 2010년 이후 그것의 재정위기로의 비화, 2011년 전 세계적 재정위기와 긴축드라이브는 시장주의적 신자유주의의 종말을 알리는 것이었다.

이러한 상황에서 한국에서도 시장주의적 신자유주의를 대체하는 것으로서 사회민주주의의 혁신, 스웨덴형 복지국가가 인지자본주의를 지속시킬 포스트신자유주의적 대안으로 주목되고 있다. 박정희, 전두환, 노태우의 권위주의 시대로의 단순한 과거회귀가 아니라 복지국가를 향한 진전이 있어야 한다는 것이 그것이다. 김영삼·이명박·박근혜의 신자유주의가 영미 모델이었고 김대중·노무현의 질서자유주의가 독일의 사회적 시장경제를 모델로 한 것이었다면 이 두 모델이 위기와 한계를 드러낸 상황에서 주목되는 것이 북구 모델인 것이다. 이 모델에 따르면, 시장자유를 국가복지로 대체함으로써 단순한 과거회귀에서 벗어난다. 소득에 따른 조세 부과를 통해 국가의 재분배 기능을 극대화하고 이로써 사회적 적대를 완화하고 불안한 삶에서 벗어날 수 있다는 주장이다. 이 흐름은 이론적으로는 『한겨레』, 〈복지국가소사이어티〉 등에 의해, 그리고 정치적으로는 〈민주노동당〉, 〈진보신당〉, 〈정의당〉으로 이어지는 진보정당에 의해 주도되었다.

스웨덴형 복지국가 주장은 사람들이 행복한 삶을 살아야 한다는 지극히 정당한 이치에 한 걸음 접근하는 정치형태이다. 그러나 이 정치형태도 명확한 한계를 갖는다. 첫째, 복지의 주체가 국가로 됨으로써 사람들은 복지의 시혜대상으로 위치 지어진다. 국가는 복지의 관리자로서 그 대상인 대중의 삶을 한편 보호하고 한편 억압하는 기계로 된다. 복지국가 체제는 사람들의 삶을 정치(회계, 감시, 통제)의 대상으로 삼는 비대한 관료기구와 삶권력 체제를 일반화하지 않을 수 없다. 둘째, 국가를 복지의 주체로 세우는 것은 세계(지구)의 국경에 따른 정치적 분할을 온존하게 된다. 이것은 국민의 획득을 위한 국가 간 경쟁을 일상화하지 않을 수 없다. 셋째, 한국에서의 복지국가론이 스웨덴 형을 벤치마킹하는 한에서, 지금까지 미·일을 모델로 하여 따라잡기 노력을 경주했던 '선진/후진' 구도를 반복하는 것이다. 물론 성장의 선진/후진 구도에서 분배의 선진/후진 구도로 구도가 바뀌는 것이지만, 이러한 관점에서는 이곳에서의 삶은 새로운 것을 창조하는 특이한 시간으로 간주되기보다 이미 이루어진 것을 수입하는 시간으로 간주된다. 넷째, 복지국가를 통한 재분배는 자본주의적 적대의 격화를 저지하고 관리하는 시스템이지 그것을 제거하는 시스템이 아니다. 현존하는 불만들을 해소-제거할 근본적으로 창의적인 제안들은 복지국가를 향한 운동 속에서 억압될 수밖에 없다. 끝으로 이것은 인지자본주의에서 전개된 경제, 정치, 그리고 운동의 존재론적 이행을 간과함으로써 삶의 존재론적 재구성의 가능성을 열어 내기 어렵다.

점거는 복지국가론의 이러한 재분배 논리를 일거에 넘어선다. 점거는 대상화에 대한 거부이며, 대의적 관료체제에 대한 거부이고, 지구적 삶의 존재론적 평면에 대한 승인이고 자본주의적 적대를 제거할 방법에 대한 근본적 물음이기 때문이다.

신자유주의적 자본주의의 총체적 통치위기를 가져오다

2011년 혁명의 폭발로 30~40년을 지속해 온 신자유주의 통치는 사실상 지속불가능하게 되었다. 그것이 포스트사회민주주의로 귀결될 것인가, 하이퍼신자유주의로 귀결될 것인가, 공통된 것의 제헌으로 귀결될 것인가는 아직 불확실하다. 이렇게 미래는 요동하는 상황 속에 놓여 있지만, 신자유주의적 통치의 종말은 다음과 같은 것을 의미한다.

통치의 층위에서 신자유주의는 무엇보다 테러에 대한 전쟁의 지구화를 지렛대로 하는 제국적 주권을 통해 유지되어 왔다. 아프리카와 중동에서의 아랍혁명은 테러에 대한 전쟁의 중심무대였던 중동에서 미국의 입지를 허물었다. 제국의 군주국이었던 미국은 가중되는 부채부담으로 비틀대고 있고 아시아, 특히 중국의 상승으로 인해 세계전략을 재편하지 않을 수 없게 되었다. 그것은 일차적으로, 이라크, 아프가니스탄을 축으로 하는 중동전선에서 몸을 빼서, 미-일-한을 축으로 하여 러-중-북을 견제하는 태평양전선으로 전략적 무게중심을 옮기고, 이 전선을 바탕으로 중동전선을 재강화하는 전략으로 요약될 수 있다. 전자는 남중국해 갈등에서, 후자는 2011년 혁명내전으로 시작되어 미·러의 개입으로 양강대국 간의 반혁명적 패권 전쟁으로 변질된 시리아의 대리내전과 이란 전쟁의 준비로 나타났다.

신자유주의 정치의 두 번째 층위는 금융자본의 지배이다. 2008년 금융위기와 2011년의 재정위기 이후 금융자본이 다중의 공통되기를 화폐적 방식에 따라 일방적으로 수탈하는 것이 불가능하게 되었다. 금융자본에 대한 불신이 커지고 다중의 저항이 거세졌기 때문이다. 국유화의 방식이건 토빈세의 도입에 의한 조세부과의 방식이건 혹은 다중의 자기신용제도(지역화폐, 신용협동조합 등)의 창설에 따른 탈금융자본적 방식이건 간에 지금까지와 같은 사기적 수탈은 쉽지 않게 되었다.

신자유주의 정치의 세 번째 층위는 정보지배이다. 정보지배의 핵심무기는 지적재산권과 정보테크놀로지, 정보망이다. 하지만 정보기술의 확산이 도달한 최근의 지점은 아이폰으로 대변되는 스마트폰과, 트위터와 페이스북으로 대표되는 SNS, 카카오톡으로 대표되는 문자통신이다. 정보의 빠른 대중화는 정보기술을 자신들의 삶에 역이용하는 다중들을 등장시켰고 이로 인해 정보기술은 지배기술에서 저항기술로 전화되었다. 2008년 한국의 촛불봉기에서 인터넷, 포털사이트, 커뮤니티 등이 투쟁의 테크놀로지로 이용된 이후 아랍혁명, 유럽혁명, 미국혁명 과정에서는 SNS가 투사들을 연결하는 정보망으로 이용되었다.

이 세 가지 층위의 변화를 통해 신자유주의 지배가 군사, 화폐, 정보 세 층위 모두에서 기반을 잃은 것은 엄연한 사실이다.

혁명의 존재론적 선회를 준비하다

앞서 말했듯이, 2011년은 혁명의 정동적 선회를 가져왔다. 그것은 무엇을 의미할까? 2011년은 1968년을 심화시키면서 1968년의 비일관성을 극복한다. 분노, 희망, 존엄을 주장하면서 야영자 마을을 구성하는 운동 속에서 혁명은 인식론적인 것에서 존재론적인 것으로 전환된다. 존재론적 공통되기 없이는 경제economy는 물론이고 생명bios과 생태ecology가 지속될 수 없다는 인식이 행동으로 표출된다. 다양한 존재자들의 공통됨에 대한 의식이 전 지구적 차원에서의 코뮌 구성의 필요성에 대한 자각을 북돋운다. 주코티 공원 점거가 예증하듯이, 점거를 통한 자치마을의 구성은 지금까지와는 다른 삶이 필요하며 또 가능하다는 선언이다. 금융자본에 의해 파편화된 채무자의 삶을 더 이상 받아들이지 않겠다는 결의가 이 직접행동 속에서 표현된다.

이 전환적 움직임에 맞서 긴축과 공포의 정동을 체제화하는 것은 반동적인 것이며 이에 대응하여 위험과 안전의 정동을 제시하는 것은 보수적인 것이다. 이 전환을 새로운 지도자, 지도집단의 탄생문제로 협애화하는 것은 그것이 아무리 진보적인 것이라 할지라도 이 전환의 잠재력을 축소시켜 근본적 전환을 저해하는 것이다. 이것들은, 그 정도에 차이가 있음은 분명하지만, 제기된 실질적 문제를 덮는 것이며, 과거를 다른 방식으로 지속하는 것이고, 고통을 더욱 심화시키는 것이다. 그러므로 새로운 혁명적 사실을 촉진하고, 새로운 조직적 추진력을 만들어내기 위해서는 실재와 경험의 새로움에 걸맞은 새로운 질서 관념의 구축이 필요하다.

모든 것의 점거와 새로운 '우리'의 구성

이 지점에서 우리가 주목해야 할 것은, 점거가 특정한 장소, 특정한 사물에 대한 점거를 넘어 "모든 것에 대한 점거"로 사고되고 있다는 것이다. 국가권력 장악, 주요 금융기관의 장악 등은 고전적 혁명론들에 포함되어 있는 점거관념이다. 그런데 지금의 점거운동은 일반화된 점거를 상상하고 있다는 점에서 그것과 다르다. 혁명적 2011년은 튀니지의 노점청년 부아지지가 경찰의 단속에 항의해 외치며 분신을 한 사건에서 시작되었다. 분신은 박탈의 위기에 처한 존엄을 지키려는 개체적 점거 행동이다. 곧 그것은 이집트에서의 해방광장 점거로 이어졌다. 이것은 스페인 솔광장 점거를 거쳐 미국의 자유광장 점거로 발전했고 다시 세계 수십 개국의 다양한 메트로폴리스에 대한 점거로 이어졌다.

점거(occupy)는 ob(위에서)과 capere(잡다)의 결합어이다. 이것은 박탈당했던 것을 재전유하는 행동을 의미한다. 지금까지 박탈당해 온 것은 무엇인가? 당장 초점에 놓인 것은 금융자본이다. 금융자본은 다중의 공통된 삶을 빼앗아 집중시키는 메커니즘이다. 금융자본을 점거한다는 것은 이 메커니즘에 종속되어 빼앗긴 삶을 되찾겠다는 의지의 표현이다. 그것이, 광장을 점거하여 생각과 지향을 같이하는 사람들을 함께 만나 우리를 구축하고 새로운 삶을 재구성하는 것에서 시작되고 있을 뿐이다.

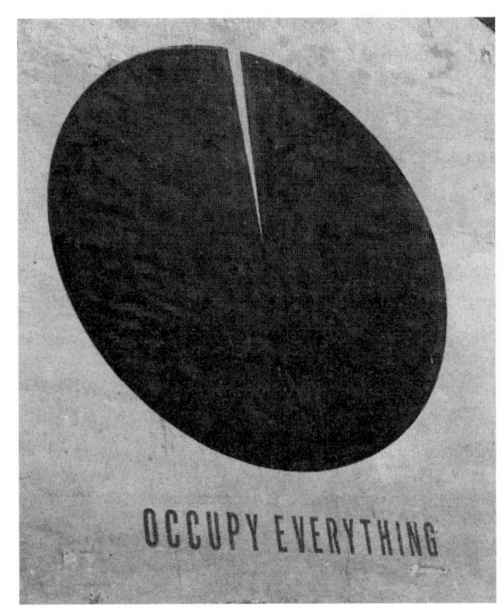

벽화. "모든 것을 점거하라."

금융자본으로부터 삶을 되찾는다는 것은 달러를 내 차지로 만든다는 것과는 전혀 다른 의미를 갖는다. 그것은 화폐가 매개하는 삶을 거부하는 것에서 시작되어 새로운 삶을 실험하는 것으로 나아간다. 돈을 꾸어서 상품을 사거나 학교에 다니거나 집을 산 것의 결과로 빚더미에 올라앉게 되고, 그것을 갚기 위해 평생 채무노예로 살아야 하는 생애회로를 깨뜨리는 것을, 지금여기에서 자신의 삶을 사는 것을 의미한다.

언론들을 포함하여 대의민주주의에 익숙한 단체들이나 정파들 혹은 사람들은 점거운동이 특정한 요구를 표현하지 않는 것을 문제시하며 요구투쟁으로 발전할 때에만 진정한 정치투쟁이 될 수 있다고 주장한다. 그러나 이러한 주장은 점거 투쟁의 고유한 특성을, 그것의 실질민주주의적 특성을 이해하지 못한 데서 연유하는 것이다. 점거 투쟁의 실재에 적합하지 않은 외재적 목적의 부과는, 의도와는 무관하게, 점거 투쟁을 해산시키는 것으로 기능할 수 있다.

실질민주주의적 점거운동은 우리 삶의 모든 부면들을 직접적으로 살아가려는 운동이다. 광장점거와 새로운 삶의 개시는 그 시작이다. 점거해야 할 것은 광장만이 아니라 생산, 분배, 소비, 소통, 의료, 주거, 예술, 공부, 사유 등 '모든 것'이다. 자본주의에 이용당하는 존재 자체에 대한 점거가 "모든 것을 점거하라!"는 구호에 농축되어 있다. 모든 사람의 삶에 끼어들어 그것을 매개하고 있는 보편적 등가물을 철폐하고 공통의 언어가 그것의 기능을 대신하게 하는 것, 다중의 통제에서 풀려나 자신의 임의에 따라 행동하는 대의기관들을 다중의 의지에 복종하도록 만드는 것, 그것은 거부에서 시작되어야 하지만 거부에 머물 수만은 없다. 직접적으로 새로운 삶을 구성하는 것만이 그 거부를 실질적인 것으로 만든다. 그렇기 때문에 지금의 점거운동은 '무엇을 할 것인가? 어떻게 할 것인가?'라는 물음을 한시도 놓을 수 없는 운동, 즉 물으면서 걷는 운동일 수밖에 없다.

7장 | 제헌적 동아시아 대안

제국 시대의 동아시아 담론 : 현황과 문제

누가 동아시아를 상상하는가? 왜, 그리고 무엇을 위하여 상상하는가? 지난 십수 년간 폭증한 동아시아에 대한 수많은 이야기들이 모호함 속에 감추고 있는 문제들이 있다면 아마도 이 두 질문일 것이다. 왜 동아시아에 대한 사유가 모호한 문체들 속에서 보편성을 가장한 초월적 어투로 진행되는가? 왜 논의의 입장이 추상적으로 되고 논점과 방향이 희미해지는가?

동아시아 담론에 대한 느낌을 이렇게 표현할 때, 명확하게 '그렇지 않다'고 말할 수 있는 사람들이 있을 것이다. 그들은 비교적 분명하게 대자본의 입장에서 동아시아 문제에 접근해 온 사람들이다. 대자본의 입장을 옹호하는 사람들은 분명하게 말한다. '지금은 세계화할 때이지 지역화할 때가 아니다. 지역화가 필요하다고 하더라도 그것은 세계화와 갈등하지 않는 성격의 것이어야 한다. 지역화는 세계화의 보조물이어야 한다'라고. 노무현 정부하에서 고조되던 동아시아에 관한 목소리가 자본실용주의적 신자유주의 권력인 이명박 정부 이후 급격히 잦아들고 다분히 국가주의적인 '한류' 담론으로 축소, 대체된 것은 이러한 관점 때문일 것이다. 이렇듯 대자본에게 지역화론으로서의 동아시아론이 국가를 마디로 삼는 자본 세계화론의 종속적 일부라는 것은 너무나 분명하다.

그러나 그 밖의 입장들과 관점들은 이중적이거나 모호하다. 예컨대 그 구성 주체와 정치실제 사이의 커다란 괴리를 보여 주었던 이른바 '좌파 신자유주의'적 노무현 정부에서의 주류 동아시아론을 생각해 보자. 한반도가 물류 및 금융의 허브가 되는 동북아시아를 만들자고 큰소리로 외치면서도, 그리고 동아시아 담론의 생산에 대규모의 학술지원금을 쏟아부으면서도 노무현 정부가 실제로는 한미FTA에 주력할 수밖에 없었던 것은 미국으로부터의 자주라는 민족주의 좌파 지향과 한미동맹 강화라는 군사적 '신자유주의' 지향 사이에서의 동요와 딜레마를 보여 주는 것이 아닐까?

직접적 국가담론으로 유통되었던 동아시아론에서 눈을 돌려 시민사회에서 제기된 동아시아론들을 살펴봐도 이 동요와 딜레마는 사라지지 않으며 문화론적 채색으로 말미암아 모호함은 오히려 더욱 증폭되는 것 같다. '동아시아 복합국가론을 지향하는 분단체제론의 동아시아론'(창비)은 세계화와 지역화의 관계를 어떻게 구상하며 어떤 동력으로 자신의 목표를 달성하고자 하는가? 그리고 '개별국가의 내셔널리즘을 지양한 다수 국가의 집단적 내셔널리즘으로서의 아시아내셔널리즘으로서의 동아시아론'(백원담)의 경우는 어떠한가? 여기서 즉각 제기되어야 할 질문은 다음과 같은 것이다. '동아시아론은 반제국주의를 주장하면서 아제국주의를 고취하고 탈국가주의를 주장하면서 민족주의를 강화하고, 평화를 외치면서 전쟁을 부추기고 있지는 않은가?' 이것이 직접적으로 국가담론이나 혹은 국가후원담론으로, 다시 말해 일종의 '왕립과학'으로서 발전해 온 동아시아론이 처해 있는 현재의 궁지가 아닌가?

그렇다면 과연 지구제국이 내적으로 균열되어 통합의 위기에 처하고 보호무역주의가 회귀하며 전쟁이 네트워크보다 더 뚜렷한 경향으로 부상하고 있는 시대에 동아시아에 대한 사유가 자본의 이익담론이나 국가의 권력 담론을 넘어 다중의 새로운 정치공간의 구축을 위한 사유로 나아갈 가능성이 있는가? 있다면 그 요건은 무엇인가?

동아시아론 등장과 전개의 역사적 조건

2005년 12월 18일, 홍콩 빅토리아 공원에서 열린 "홍콩 WTO 각료회의" 저지 시위에서 WTO 반대 문구를 쓰고 있는 시위자

여기서 먼저 동아시아론이 등장하고 발전한 역사적 조건을 생각해 보자.

가장 먼저 지적할 수 있는 것은 신자유주의 세계화와 그에 대한 대항운동의 발전이다. 자본의 금융화와 국경을 넘는 빠른 이동의 필요성은 전통적인 국민국가적 공간을 부적실한 것으로, 심지어 장애로 받아들이도록 만들었고 전 지구적 축적공간(세계시장)과 주권공간(제국)을 현실화시켰다. IMF, WTO, 유엔과 G8은 이러한 변화를 상징한다. 그러나 이 변화가 직선적으로 나아간 것은 아니다. 국민적인 것national에서 지구적인 것global으로의 신자유주의적 이행은 지역적regional 차원에서의 크고 작은 반작용들과 도전들을 수반했다. 심지어 지역은 지구화의 부정적 효과에 대한 대안으로까지 받아들여졌다. 특히 화폐통합을 거쳐 정치통합으로 나아가고 있던 유럽연합의 지역화는 미국 주도의 신자유주의 세계화가 낳는 지역적 불균등 효과를 견제할 수 있는 배치로 받아들여지면서 다른 곳에서의 지역화 경향을 자극했다. 각국에서 신자유주의에 반대하는 사회운동이 전개된 것은 이러한 경향을 더욱 가속화하는 것이었다. WTO체제가 즉각적으로 전 세계에 수용되기 어렵다는 사실이 드러나자 그 주도국인 미국조차도 1994년 멕시코, 캐나다와의 북미자유무역협정 체결을 계기로 지역화 움직임에 가세했고 지역화를 세계화의 보조장치로 설정하기 시작했다. 한국에서 동아시아론의 대두는 이러한 움직임들의 일부이자 그 효과이다.

둘째로 한국에서 동아시아론의 등장은 1978년 중국의 시장사회주의로의 방향전환, 1985년 소련에서의 글라스노스트에 이은 두 개의 결정적 붕괴 즉 1989년 베를린장벽의 붕괴와1991년 소련 사회주의의 붕괴와 이어져 있다. 이 사건들은 전후의 냉전질서를 결정적으로 해체시켰고 소련, 중국, 북한 대 남한, 일본, 미국이라는 두 진영으로 분할된 적대적 아시아 대신 중-북-한-일을 잇는 절합된 아시아를 동북부에서부터 사고할 수 있는 정치적 조건을 제공했기 때문이다. 남한에서 1998년 들어선 김대중 정부가 햇볕정책을 통해 남북 간의 적대수준을 한층 낮추고 한반도에 잔존하던 냉전의 기운을 약화시킴으로써 동북아를 통합적 정치공간으로 사고할 가능성은 한층 높아졌다.

셋째, 국내적으로 한국에서의 동아시아론은 전후 일관되어 온 미국 헤게모니가 한국 전쟁, 베트남 전쟁, 이라크 전쟁, 아프가니스탄 전쟁, 그리고 2차 이라크 전쟁으로 이어지는 일련의 전쟁상황을 지속시켜 왔고 국민들로 하여금 전쟁에의 연루를 불가피하게 만들어 왔다는 사실과 결합되어 있다. 전쟁의 지속은 다중의 자유와 행복을 억압하면서 자본의 축적 안정에 몸을 바치도록 강제하는 정치적 장치임이 서서히 드러났고 이에 따라 그간 궁핍과 부자유를 강제당해 온 다중의 불만이 새로운 삶에 대한 요구로 분출되면서 동아시아에 대한 사유가 촉발되었다. 뒤에서 살펴보겠지만 유신체제의 해체와 광주민중항쟁, 1987년의 시민항쟁과 노동자투쟁, 1991~1992년의 반전운동, 사회주의 붕괴 이후 포스트모더니즘적, 포스트식민주의적 관점의 확산 등이 그것이다. 특히 1997년 촉발된 경제위기는 미국 헤게모니하의 신자유주의가 삶의 전면적 위기를 가져올 수 있음을 체험하게 했고 한미동맹 질서와는 다른 질서에 대한 요구를 증폭시켰다. 남북교류의 확대, 한중수교, 한베트남 수교 등은 자본이 축적공간을 확대한 것임과 동시에 이 요구의 정치적 반영이었다. 특히 중국의 경제적 부상은 한국을 생산과 교역이라는 경제적 영역은 물론이고 문화적 영역에서도 아시아권과 긴밀하게 연결시키는 계기를 제공함으로써 동아시아를 새로운 가능성의 공간으로 상상할 수 있는 현실적 조건이 마련되었다. 휴전협정의 평화협정으로의 대체가 좌절되고 북한의 독자적 핵개발과 핵미사일 실험이 빠르게 전개되는 상황에서 미국이 한반도에 사드(THAAD·고고도미사일방어체계)를 배치하면서 한국과 중국 사이의 한류밀월 국면이 깨져나가고 있는 현실은 동아시아에 대한 사유를 좀 더 적극적인 방식으로 계속할 것을 요구한다.

제헌적 동아시아론의 필요성

동아시아가 정치의 새로운 가능성을 제공할 수 있다면 그것은 어떤 동아시아여야 하는가? 아마도 가장 첨예한 문제는 여기에 있을 것이다. 우선 동아시아 담론이 김대중, 노무현 정부로 이어진 일련의 정권들의 권력 재편 담론에서 먼저 촉발되고 또 그 맥락에서 주로 발전되어 왔다는 사실을 간과할 수는 없다. 동아시아 담론이 이렇게 국가담론으로 발전됨으로써 국가주의와 민족주의가 그 담론의 뼛속 깊이까지 배어들게 된다. 그 결과 직접적으로는 국가담론이라고 말하기 어려운 시민사회의 동아시아론조차 민주주의의 문제를 외면하면서 동아시아 지역공간의 구축과 민족주의·국가주의를 조화시키는 문제에 몰두해 왔다고 해도 과언이 아니다.

그래서 동아시아적 정치질서의 구축문제는 전적으로 위로부터의 주권 확대 혹은 주권 통합의 문제로 사고되는 경향이 강하다. 그것은 동아시아 담론에서 중국, 한국, 일본, 베트남 등 현존하는 국가들이 사유의 개체적 세포단위로 기능하는 것에서 나타난다. 국가주의는 동아시아 담론들의 깊은 무의식으로 자리 잡고 있다. 국가가 어떤 균열이나 적대도 없는 통일된 행위자로 사고될 때, 민주주의가 사유될 수 있는 여지는 사라진다. 국가는 제정된 권력pouvoir constitué이지 제헌하는 권력pouvoir constituant이 아니다. 제정된 것으로서의 국가권력은 제헌하는 권력에 의지하며 제헌하는 권력은 다중의 구성적 역능puissance constituant의 정치적 표현이다. 국가를 중심으로 동아시아가 구축된다면 그 동아시아는 현존하는 국가권력들의 합의적 재배치를 넘어서기 어렵고 국가들의 갈등을 피할 수 없음은 물론이고 그 국가들이 기반으로 삼는 국민들 사이의 갈등 역시 피할 수 없을 것이다. 민족주의와 국가주의는 새로운 동아시아를 불가능하게 만드는 암초로 작용하고 있으며 동아시아가 탄생한다 할지라도 그것을 재균열시킬 잠재적 뼈대들로 잠복하게 될 것이다. 이럴 때 동아시아를 통해 반제反帝적 협력과 평화를 달성하려는 모든 염원들은 환상적인 것으로 나타날 것이다. 사회 속에 균열과 위계를 곳곳에 도입하면서 삶을 고통의 도가니로 몰아넣는 발전주의만이 그러한 동아시아의 지도원리로 자리 잡게 될 것이다.

동아시아에 대한 상상이 협력과 평화를 지향하고 지금과는 질적으로 다른 새로운 정치공간의 구축으로 나아가기 위해서는 제정된 권력의 재배치와 균형을 사고하는 것을 넘어 제헌권력을 발견하고 그 동태를 깊이 사고하면서 동아시아의 구축 그 자체가 하나의 정치적 창조행위로, '새로운 시작'으로, 삶의 근본적 재구성으로 될 수 있도록 만들어 나가지 않으면 안 된다. 그러기 위해서는 지금의 동아시아론을 지배하고 있는 외교론적 입헌주의에 제헌론을 대치시키는 것이 시급하다고 할 수 있다.

동아시아에서의 제헌적 요구들

오늘날 동아시아적 상상에 대한 요구는 우파적인 것이건 좌파적인 것이건 국민국가적 주권의 한계에 대한 인식에서 제기되고 있다. 탈냉전, 탈민족주의 등은 다중의 요구이면서 동시에 (부분적으로는) 자본의 요구이기도 하다. 그런데 국민국가적 주권을 넘어서야 할 필요성은 훨씬 더 다양하고 광범한 영역에서 발생하고 있다. 요컨대 국민국가적 정치상태가 점점 더 깊이 자연상태에 의해 침식되면서 새로운 정치상태에 대한 절박한 요구들을 제기하고 있는 것이다. 그 몇 가지 사례들을 들어보기로 하자.

우선 환경과 생태문제를 들 수 있다. 전염병 사스SARS(중증급성호흡기증후군)는 중국에서 발생했지만 그것의 위협은 아시아 전역(아니 세계전체)에 미쳤고 중국 수준을 넘는 대응 주체의 구성을 요구했다. 국경과 지리적 거리를 넘는 일련의 기관들, 정부들, 전문가들 등이 동원되어야 했다.[1] 역시 중국에서 발생하고 있는 황사는 아시아 전역에 영향을 미치면서 초국가적 수준의 해결을 요구하고 있다. 중국의 발전주의적 산업화가 가져올 생태적 결과가 무엇인지는 아직 아무도 모르고 있다고 해도

1. 이런 문제는 조류독감(AI), 광우병 등에서도 나타나는데 세계시장에서 닭, 소 등의 이동은 전염병 문제가 결코 국지적 방식으로는 해결될 수 없음을 보여 준다.

2004년 '이주노동자의 방송'으로 출발한 비영리 이주민미디어운동단체 'MWTV 이주민방송'의 로고

과언이 아니다. 지난 수십 년 사이에 전개된 일본, 한국, 북한, 중국의 산업화는 국토 전역의 땅과 강과 공기를 통제불가능할 정도로 오염시켰고 이제는 아시아 여러 국가가 공유하고 있는 해양까지도 심각하게 오염시켜 놓았다. 이렇듯 기후 온난화로 상징되는 자연생태의 급속한 악화, 전염병의 창궐과 전역적 유통 등은 개별 국민국가의 통제범위를 벗어나 초국민적 수준의 대응을 절실하게 필요로 하고 있는 문제로 되고 있다.

둘째로 생각할 수 있는 것은 이주노동자와 체류 외국인 문제이다. 필리핀, 태국, 버마, 베트남, 중국 등 아시아 지역국가들로부터 한국으로 입국하는 노동자들의 수는 정확한 집계가 불가능할 정도로 늘어나고 있다. 2016년 10월 현재 총 취업인구 2,657만 명 중에서 공식적으로 그것의 약 5.4%인 143만여 명의 이주노동자가 활동하고 있는데, 그중에는 한국계중국인(60만), 중국인(17만), 베트남인(13만), 필리핀인(4만), 우즈베키스탄(4만), 인도네시아(4만), 태국(3만), 일본(2만), 몽골(2만) 등 아시아계가 123만 명으로 압도적으로 많다. 그 외 북미 출신이 9만 명, 유럽 출신이 4만 명, 오세아니아 1만 명 등으로 집계되고 있다.[2] 아마도 사실상의 이주는 이 공식 집계자 수보다 훨씬 더 많을 것으로 짐작되며 국경을 넘는 결혼, 불법체류 등이 더해짐으로써 이주의 문제는 한층 복잡한 구조를 갖게 되었다. 아시아권에서 급속히 확대되고 있는 이러한 이주 현상

2. 국가통계포털(http://kosis.kr/) 참조.

은 한국을 점점 '사실적인' 다민족사회로 만들어가고 있다. 그럼에도 불구하고 정부의 이주노동자 정책은 고루하고 폐쇄적인 단일민족론에 입각한 것이어서 이주노동자들은 불법화, 인권탄압, 임금체불, 폭행, 감금, 강제추방 등의 잔혹한 취급을 당하고 있다. 그 결과 이주민들은 늘 죽음과 대면하고 있는 상황인데 자살, 타살 등 다양한 동기의 죽음들이 한국의 사회문제로 이미 표면화되어 있다. 이런 의미에서 현존하는 국민국가 체제에서 이주노동자들은 '희생당할 수는 없으나 임의로 살해당할 수 있는' 호모 사케르 그 자체이다. 이러한 상황 속에서도 이주노동자들은 언어의 혼종, 문화의 혼종, 생활양식의 혼종을 통해 낡은 정체성을 허물면서 새로운 삶의 공간을 열어가고 있고 국민국가를 넘는 새로운 정치공간의 구축을 절실하게 요구하고 있다.

셋째, 이주노동의 문제는 생산의 초국민적 지역화와 함께 전개되고 있다. 아시아 내부에서의 교역은 한중 수교, 한베트남 수교 등으로 급격히 확대되었으며 이제 그것은 교역으로 환원할 수 없는 생산 자체의 지역화를 수반하고 있다. 여기에 자원, 공장, 사무실, 노동자 등의 국경을 넘는 이동이 또한 수반된다. 게다가 화폐자본의 국경을 넘는 이동은 더 이상 국민국가가 통제할 수 있는 수준이 아니다. 생산의 초국가적 지역화는 통제의 국가화와 첨예한 모순 속에 있고 생산의 초국가적 지역화에 맞는 새로운 정치공간을 구축해야 할 필요성은 그만큼 더욱 높아지고 있다.

넷째, 국민국가들 사이의 갈등이 낳고 있는 긴장과 위험의 문제. 한반도를 놓고 보더라도 근대는 전쟁의 역사라고 해야 할 정도로 전쟁이 끊이지 않았다. 청일전쟁, 러일전쟁, 만주전쟁, 중일전쟁, 한국전쟁, 그리고 휴전상황에서의 긴 냉전. 1965년에서 10년간에 걸친 베트남 전쟁에의 참전, 이라크 전쟁 및 아프가니스탄 전쟁에의 참전이 여기에 더해져야 한다.

이제 한반도는 남북한뿐만 아니라 미, 일, 중, 러 등이 동시에 긴밀한 이해관계를 갖는 각축장으로 되어있다. 이로 인한 갈등과 위험은 상시적으로 권력에 주민들을 임의로 통제하는 치안의 자유를 제공하면서 끊임없이 삶의 위기를 조장하는 조건으로 되고 있다. 다중은 이제 국민국가 간 각축과 그것을 명분으로 한 삶의 규율화와 통제를 벗어나기 위해서는 새로운 정치의 공간을 필요로 하고 있다. 궁극적으로 그것은 전 지구적 차원에서 완성될 수밖에 없지만 일단 아시아 지역에서 그 모델을 구축하는 것에서 시작할 수 있을 것이다.

이렇게 (동)아시아를 대안주권적 정치공간으로 구축할 필요성이 증대하고 있는 가운데, 이주노동자들을 돕기 위한 시민단체가 결성되고 시민 상호 간의 문화교류가 활성화되고 있으며 다양한 언어들 사이의 상호학습과 혼종화가 진행되고 있고 위안부 투쟁에서 보이듯 초국적 시민연대가 활성화되어 온 것, 그리고 한중일공동역사교과서에서 보이듯 역사적 기억을 연대의 관점에서 새롭게 하기 위한 노력들이 전개되어 온 것, 다양한 학술교류를 통해 지적 적대를 완화하고 상호 간극을 좁히는 활동이 전개되고 있는 것 등은 이 필요에 부응하는 움직임들이 작게나마 나타나고 있음을 보여 준다. 아래로부터의 이런 노력들은, 대안적 내재주권의 문제를 지구제국적 초월주권의 문제로 전치함으로써 초월적 주권의 틀 내에서 문제를 봉합하려는 경향을 극복할 수 있는 잠재력으로 발전할 수 있을 것이다.

공위기空位期, interregnum의 역사와 제헌권력의 쟁점 전환

그렇지만 이 자발적 노력들이 다중의 구성적 능력과 정치적 제헌권력에 분명하게 기초하고 있다고 말하기는 어렵다. 문화교류는 자본의 이익에 종속되어 있으며 시민연대는 휴머니즘에 의해 주도되고 있고 학술교류도 주권의 관점에서 자유롭지 못하다. 그런데 앞서 살펴보았듯 지금은 근대적 권력 배치가 조절할 수 없는 새로운 문제들, 현상들, 힘들이 출현하고 있는 시대이다. 그리고 이들로부터 근대적 권력 배치에 대한 불만들, 도전들, 거부들이 출현하고 있는 시대이다. 이 시대야말로, 갈등하는 힘들 사이에서, 도래할 것을 둘러싼 내기가 전개되는 시기로서의 이른바 '정치적 공위기'interregnum가 아닌가?

우리는 아시아에서의 정치적 공위기를 몇 차례 확인할 수 있다. 그 첫째는 근대 이전의 중화질서가 해체되고 신체제질서가 등장하는 시기이다. 이것은 근대로의 이행을 둘러싼 정치적 공위기이다. 둘째는 신체제질서의 붕괴 이후에 냉전질서가 들어서는 시기이다. 이것은 서구 대 아시아의 문제틀에 의해 규율되었던 첫 번째 공위기로부터 미국(자본주의) 대 아시아(사회주의)로의 쟁점 이전이 나타나는 것으로 쟁점의 근본적 이동보다는 변형이 있을 뿐인 소공위기로 나타난다. 베를린 장벽이 붕괴된 1989년 이후에는 국제적 수준에서 냉전질서가 해체되면서 새로운 정치공간이 구축되는 시기, 실질적으로는 두 번째의 공위기이다. 이 공위기에는 근대초극의 문제가 전 지구적 제국 주권의 구축이라는 방향에서 모색되었다. 분단 한반도에서는 냉전이 국지적으로 여전히 지속되었지만 그것도 제국적 네트워크 권력의 하위 체제로서 배치되었다. 2008년 전 세계적 금융위기와 그에 이어진 경제위기, 재정위기, 그리고 2011년의 전 지구적 반란의 충격으로 제국 주권의 위기가 찾아왔다. 2017년 트럼프의 미국우선주의와 보호주의의 대두, 그리고 브렉시트는 생산의 세계화 속에서 미국 주도의 제국 체제가 더 이상 지속될 수 없음을 보여 준다. 미국이 일본과 한국을 중국, 러시아와 같은 강대국을 견제하고 포위하는 핵심 거점으로 파악하면서 미국 대 아시아의 구도가 재연되고 있는데, 이것은 새로운 소공위기의 개시를 알린다. 이 각각의 시기에 나타났던 제헌의 쟁점들과 그것의 변화를 좀 더 구체적으로 살펴보자.

첫 번째 공위기 이전의 동아시아는 중국을 중심으로 여러 나라가 조공관계로 통합되어 있는 중화제국의 질서였다. 이 질서는 내외로부터의 도전에 의해 급속하게 붕괴된다. 영국이 주도하는 서구로부터의 침식의 결정적 계기는 아편전쟁이었다. 중국(청나라)은 아편 수입 대금으로 은이 대량 유출되는 것을 아편무역을 단속하고 아편상을 홍콩으로 추방하는 조치를 내렸다. 이것에서 비롯된 영국과의 전쟁에서 중국은 패배했다. 결국 〈난징조약〉을 통해 제국 중국이 영국에게 영토의 일부를 빼앗기고 세제·사법상의 주권마저 제한당함으로써 중화제국 질서의 붕괴는 가속되지 않을 수 없었다. 여기에 우리는 제국 질서를 뒤흔드는 내부로부터의 도전을 고려해야 한다. 아편의 유입은 지배계급의 타락을 가속시켰고 은 유출은 은가격을 앙등시켜 농민의 조세부담을 가중시켰다. 그 결과 농민들은 생활난을 타개하기 위해 비적이나 해적으로 변신한다. 1843년 삼합회 반란, 1847년 백련교와 천지회 반란, 1849년 이원발의 난 등 연이어진 반란은 중화제국 질서가 아래로부터 붕괴되는 과정을 징후적으로 보여준다. 이 반란의 정점은 1851년 1월 광시성에서 시작돼 1864년 난징에서 패배할 때까지 무려 14년 동안 영국군의 지원을 업은 청군과 투쟁하면서 최소 2천만 명에서 많게는 5천만 명에 이르는 농민이 희생된 것으로 추정되는 태평천국의 난이었다. 이 난을 지도한 홍수전은 계급과 수탈이 없는 사회라는 기독교 사회주의 경향에 의한 사회질서의 재편을 제시하면서 중화제국의 붕괴를 앞당겼다. 조선에서의 갑신정변은 위로부터, 그리고 갑오농민전쟁은 아래로부터 제국적 동아시아 질서에 충격을 가하였고 여기서 촉발된 청일전쟁과 일본의 승리는 동아시아에 조공관계에

1945년 5월 대동아회의에 참가한 대표들. 왼쪽부터 바 모우, 장징후이, 왕자오밍, 도조 히데키, 완 와이타야쿤, 호세 라우렐, 찬드라 보세

입각한 제국질서 대신 식민-피식민 관계에 의해 적대적으로 관리되는 제국주의 질서가 들어서도록 만드는 분기점이 되었다.

중화제국에서 제국주의로의 질서 재편과정에서 나타난 첫 번째 공위기의 주요 쟁점은 서구와 아시아의 관계 문제로 나타난다. 중국이 아니라 서구가 아시아의 향방을 가르는 최고 권력으로 등장한 것이다. 이 문제를 둘러싸고 대립적인 두 개의 입장이 나타나는데 하나는 서구화를 대안으로 제시하는 탈아시아주의이고 또 하나는 아시아주의라고 부를 수 있는 입장이다. 중, 한, 일 3국에서 약간씩 다르게 나타난 이 두 경향의 대표적 예들을 들어보면 일본의 후쿠자와 유키치의 탈아입구脫亞入歐론, 중국의 후스胡適의 전반서화론全般西化론, 한국의 윤치호의 서도서기론이 전자의 입장을 논리적으로 표현한다. 그리고 아시아는 하나임을 주장한 일본의 오카쿠라 텐신, 대아시아주의를 주장한 중국의 쑨원孫文, 동양평화론을 설계한 한국의 안중근이 후자를 논리적으로 표현한 사람들이다.[3]

서구에의 개방인가 서구로부터의 자립인가로 요약할 수 있는 이 두

3. 강내희, 「동아시아의 지역적 시야와 평화의 조건」, 『문화과학』 52호, 82쪽.

가지 전망의 차이가 각국 및 각 계급에서 수용된 양상은 다르다. 일본은 메이지 유신에서 전자의 길을 적극적으로 선택하여 제국주의의 길을 가시화하지만 바로 그것에 의해 반식민적 위치에 놓이게 된 중국은 오랜 내전을 거쳐 사회주의의 길을 걷게 된다. 조선의 경우 이 두 전망의 대립이 극단적으로 갈등한 공간으로서 그것의 정치적 자취는 남북의 분단으로 나타나게 된다.

1931년의 만주전쟁에 이은 1937년의 중일전쟁은 이 두 개의 전망이 군사적으로 대치한 사건이다. 서양무기로 무장한 일본군이 전자의 입장을, 국공합작으로 이에 맞선 항일민족통일전선이 후자의 입장을 표현한다. 1940년대 초에 구체화된 신체제, 즉 대동아공영의 질서는 일본이 중국과의 전쟁에서의 교착과 곤경을 타개하기 위해 제시한 새로운 아시아관이다. 이것은 난징에서 일본군이 30만 명의 중국인을 학살한 사건 이후 일본에 대한 중국인의 적개심 고조는 말할 것도 없고, 일본에 대한 유럽의 여론이 악화되고 특히 미국이 해외주둔 일본 군대의 완전철수를 요구하는 상황에서 구상되었다. 당시 일본은 전쟁수행을 위한 지하자원과 원료의 극심한 부족을 겪고 있던 터에, 1939년 〈미일통상조약〉이 파기됨으로써 미국으로부터 철광, 석유 등 지하자원을 더 이상 수입할 수 없는 상태에 놓이게 된다. 일본은 부족한 물자를 보충하기 위해 1940년 9월 프랑스령 인도차이나를 점령함으로써 서구에 대한 전쟁을 개시한 이후 마침내 1941년 12월 진주만 공습으로 미국과의 전쟁에 돌입하게 된다. 일본이 서구의 모방자, 추종자로서의 이미지를 벗어던진 이 사건들은 미국령 필리핀의 미군기지에 대한 기습공격과 마닐라 점령, 영국령 홍콩의 영국군 기지에 대한 기습공격과 홍콩 점령, 그에 이은 말레이 반도, 태국의 수도 방콕, 버마 빅토리아 곶 점령 등은 서구화한 일본이야말로 아시아주의를 실현할 실제적 주역이라는 인상을 주기에 충분했다.

그러므로 대동아공영론에서 우리는 제1공위기에 대립하던 탈아시아주의와 아시아주의가 새로운 차원에서 변증법적으로 종합되는 것을 볼 수 있다. 그 종합이 바로 '근대초극'으로서의 신체제론이다. 그것은 서구에서 발전해 온 자본주의와 1917년 혁명 이후 아시아에서 성장하고 있는 사회주의를 변증법적으로 종합하여 근대를 넘어선다는 전망을 제시한다. 그런데 그 종합의 힘은 어디에서 주어지는가? 그 힘이 천황에 의해 주어진다는 것은 '전 세계가 천황의 지배하에 있는 하나의 집'이라는 뜻을 표현하는 八紘一宇(팔굉일우, 핫코이치우) 사상에 표현되어 있는 바이다. 천황은 서구와 아시아를 전역적으로 통치할 초월적 주체이다. 태평양전쟁은 천황 헤게모니하에서의 대동아공영이라는 이 신체제론에 입각하여 전개되었다. 이것은 아시아의 모든 계급계층이 서구의 기술로 무장한 일본을 중심으로 일치단결하여 미영 제국주의와 싸운다는 거대 아시아주의를 가동시켰다. 당시 아시아 민족주의자들, 사회주의자들의 상당수가 이 전쟁을 지지하는 입장에 서게 되었다는 사실은 주목할 만한 점이다.[4]

신체제론은, 서구적 자본주의화를 통한 근대적 국민국가 구축인가 사회주의 혁명을 통한 근대적 국민국가의 구축인가를 제헌의 핵심문제로 삼고 있었던 20세기 초 아시아에서 근대초극을 통한 거대 아시아적 주권으로서의 천황주권을 새로운 제헌의 문제로 제기하는 것이었다. 군사력, 경제력, 기술력의 총동원뿐만 아니라 모든 계급들, 성별들의 총동원을 의미하는 총력전은 이 천황주권을 달성하는 수단이었다. 그러나 1945년 미국의 핵폭탄 투하에 의한 일본의 패전은 대중국 전쟁에서도

4. 상해임시정부에서 『독립신문』을 발행하기도 했던 주요한은 이 시기에는 '팔굉일우'를 지지하여 자신의 이름을 굉일로 바꾸기도 했다. 우리가 '친일' 행적으로 파악하거나 사회주의자에 대해서는 '전향'으로 파악하는 일련의 현상들은 '근대초극론의 식민지적 수용'이라는 측면에서 다시 조망될 필요가 있다.

패배를 가져옴으로써 신체제의 전망은 붕괴했다. 이것이 아시아 지역에서 첫 번째 공위기에 이은 소공위기이다.

그러나 이 공위기에 대한 응답은 외부로부터 강제적으로 주어졌다. 이 해에 일본은 미국의 통치 아래로 들어갔고 조선의 남북도 미군과 소련군에 의해 점령되었다. 1948년에 한반도 남북에 각각 대한민국과 조선민주주의인민공화국이 수립되어 대치하게 된 상황에서 1949년에 중국혁명이 승리하여 중국이 사회주의화하고 1965년에서 1975년에 걸친 미국과의 전쟁에서 베트남이 승리하여 1976년 베트남 사회주의 공화국이 탄생하면서 아시아가 자본주의인가 사회주의인가를 둘러싼 20세기 초의 문제틀 속으로 빠르게 회귀한 것이다. 하지만 이제 이 문제는 소련 진영과 미국 진영으로 실체화한 사회주의권과 자본주의권의 냉전적 대결로 굳어졌고 통합 아시아의 전망은 사실상 분단 아시아의 현실에 묻혀 지하화했다.

그렇지만 1960년대 말 서구에서 전 지구적 냉전질서를 깨뜨리는 혁명이 폭발하였는바 1968년 혁명이 그것이다. 68혁명은 자본주의와 사회주의 모두에 항의하는 혁명으로서 신체제론의 근대초극론과 그 문제의식에서 일치하는 지점이 있었다. 하지만 신체제론이 위로부터의 천황주권이라는 강력한 유기적 정치신체의 구축을 대안으로 내놓았음에 반해 68혁명은 근대초극의 문제를 아래로부터 다수의 사람들(새로운 민중들)의 자치적 연합에서 찾음으로써 문제의식의 동일성에도 불구하고 그 해법은 완전히 다른 것으로 나타난다. 태평양전쟁과 68혁명의 차이는 일본 내의 두 가지 정치지향 사이의 논쟁으로도 나타났는바 이것은 미시마 유키오와 전공투의 두 차례에 걸친 대담 속에 잘 나타나있다.[5]

---

5. 미시마 유키오·고사카 슈헤이 외, 『미시마 유키오 對 동경대 전공투 1969~2000』, 김항 옮김, 새물결, 2006 참조.

그 구체적 실행방식과 그 결과를 논외로 하고 그것을 하나의 문제제기로 받아들일 때 전공투는 새로운 정치공간에 대한 요구를 제기한 것으로 읽을 수 있다. 근대초극의 문제를 30여 년 만에 다시 제기하면서도 팔굉일우적 신체제론과는 다른 방식으로 제기한 것이 전공투였다. 그들은 당대의 상황을 어떻게 읽었고 어떻게 대응했는가? 전공투는 1967년 10월 8일에 하네다에서 수상 사토의 베트남 방문 저지를 위한 투쟁을 전개한다. 1968년 1월 5일에는 사세보에 엔터프라이즈가 기항하는 것을 저지하기 위한 투쟁을 벌인다. 10월 21일에는 국제 반전 데이로 신주쿠, 방위청 국회 등에서 격렬한 데모를 벌이고 기동대와 충돌한다. 이것들은 아시아에 대한 미국의 헤게모니를 거부하는 투쟁이다. 전공투는 해방구의 형태로 자치의 문제를 제기한다. 1969년 1월 18일 도쿄 대학 야스다 강당을 점거한 학생들은 이틀 동안 경찰과 격렬한 전투를 벌였고 1969년 4월 28일에는 긴자, 오차노미즈, 신바시 등에서 기동대와 충돌했다. 1969년 9월 5일 전국 전공투 연합을 결성한 후 11월 16일에는 사토 방미를 저지하려는 투쟁을 전개했고 기동대와 격돌, 약 2천 명이 체포되었다.

전공투는 1960년대 말의 자민당 체제만이 아니라 일본 공산당과 각종의 좌파 당파들 모두를 체제 내 세력으로 비판했고 미·일 제국주의 타도와 제국 대학 동경대 해체를 주장했다. 여기서 제헌의 문제는 전환된다. 근대초극의 새로운 체제와 대동아의 진정한 공영은 천황 헤게모니를 통해서는 달성될 수 없다. 물론 전공투는 이 문제에 대한 긍정적 대안을 제시하지 못했고 정치에 대한 부정으로서의 국가에 대항하는 폭력, 전위당과 전위에 대한 부정, 체제에 종속된 자기에 대한 부정을 통한 개인의 자립, 모든 것으로부터의 도주 등의 부정적 대안제시에 머물렀지만 근대적 국가주권 형태의 부적실함을 분명하게 지적했다.

우리는 이것이 아시아에서 두 번째 정치적 공위기의 단초로 읽을 수 있다. 이 공위기에서 제헌의 쟁점은 서구인가 아시아인가가 아니라 주권(초월적 절대군주 권력)인가 자치(내재적 절대민주 권력)인가의 문제로 정립된다. 우리는 유럽에서의 68혁명이 이 문제를 정면에서 제기한 바 있다는 사실을 알고 있다. 당시 이 새로운 제헌적 쟁점은 프랑스에서 발생하여 유럽 전역으로 확산되어 이탈리아의 아우또노미아 운동으로 연결된다. 68년 혁명이 오늘날 유럽연합 구축을 이끄는 제헌권력으로 작용한 것이다.[6] 유럽에서의 68혁명이 확산되고 상승되었음에 반해 〈미일안보조약〉하의 제국주의 주권에 대항한 일본 학생들의 투쟁은 1972년 이후 고립되었다. 일본 적군은 그 고립의 상황에서 태어나 절망의 투쟁을 전개했다. 하지만 전공투 투쟁의 영향은 깊은 각인을 남긴다. 도요다주의가 도입한 적시Just in time 생산방식 혹은 린lean 생산방식은 바로 전공투 투쟁에서 나타난 다중의 욕망과 능력을 축적의 동력으로 흡수하기 위한 장치로 태어났고 이것은 전 세계에 포스트포드주의적 축적체제를 일반화시키는 계기로 되었다.[7]

중국의 경우는 일본과 상황이 다르지만 제헌적 쟁점의 이동은 여기서도 동일하게 발견된다. 마오쩌둥이 정파투쟁의 도구로 촉발시키고 또 궁극적으로는 봉인해버린 것이지만, 1960년대의 문화혁명기에 폭발한 힘은 사회주의 관료지배계급에 대한 대중의 계급적 분노였다. 1966년에 조직되는 홍위병들의 중심에는 사회주의하에서도 안전한 삶을 보장받을 수 없었던 농민, 임시직 노동자, 실업자, 빈민들이 놓여 있었다.

6. 미시마 유키오·고사카 슈헤이 외, 같은 책, 247쪽. "파리의 5월은 현재의 EU가 되었죠?"(아쿠타의 발언).

7. 일본의 전공투에 앞서 나타난 인도의 스와라지 운동에서도 우리는 탈/대안근대적 성격을 읽을 수 있다. 간디의 스와라지 운동은 영국으로부터 독립하는 것을 추구한다는 점에서는 근대적 운동이었지만 영국에서의 독립이 실제로는 초월적 군주권력으로부터의 독립 없이는 불가능하다는 인식, 즉 초월적 주권으로부터 독립하는 내재민주적 운동만이 완전한 비폭력 사회를 이룰 수 있다는 생각을 바탕에 깔고 있다.

중국 문화대혁명 선전 포스터

공교롭게도 문화혁명(1966~1971)은 일본의 전공투 운동과 시기적으로 겹치는데, 전공투 운동이 일본에서 그랬듯이, 이 시기 정부군에 대항하는 홍위병의 오랜 내전 투쟁은 중국을 새로운 공위기에 밀어 넣는다.

마오는 문화혁명을 통해 정치적 승리를 얻고, 잃었던 실권을 탈환하지만 중국의 지배계급은 더 이상 낡은 방식으로는 통치할 수 없었다. 그 대안으로 중국 지배계급은 중국 경제를 세계경제 속에 깊숙이 편입시키는 길을 선택한다. 1972년 2월에 와병 중인 마오를 대신한 저우언라이周恩来의 중국은 닉슨 미국 대통령의 북경 방문을 통해 '중미 3개 연합성명'을 발표한 데 이어 그해 9월에는 중일 공동성명을 발표하고 양국 간 외교관계를 수립하기에 이른다. 그러나 정부의 대외개방 정책은 수출의 증대보다 더 빠르게 증대하는 수입으로 인해 국제수지 적자를 가져오고 그로 인한 위기를 잔업수당, 상여금, 성과급 등에 대한 공격, 즉 임금인하를 통해 해결하려 함으로써 계급적 적대의 해결이 아니라 그것의 심화를 가져왔다. 이는 1975년 항저우(항주) 노동자들의 파업과 1976년 베이징에서의 대규모의 반反마오 투쟁을 통해 확인할 수 있다. 대중의 누적된 불만을 사회주의적 주권체제에서 관리하기 위한 헌법적 노력은 1975년, 1978년, 1980년에 걸쳐 1954년 헌법을 여러 차례 부분 수정한 데 이어 1982년 전국인민대회 제5차 회의에서 헌법을 전면 개정하는 것으로 나타난다. 그 개정의 방향은, 중국 공산당이 노동계급을 넘어 폭넓은 인민, 선진 생산력, 선진 문화를 대표하는 것으로 재규정하고, 공민의 합법적 사유재산은 불가침하다고 규정한 2004년 헌법개정을 거치면서 더욱 확장되는 모습으로 오늘날까지의 중국 정치질서를 규정하고 있는 것으로 그 핵심기조는 경제발전과 현대화에 두어지고 있다. 이것은 문화혁명기와 1976년의 천안문 항쟁을 통해 나타난 대중의 자율성과 불복종성을 대외개방의 확대, 공장과 기술의 현대화와 수출지향적 산업화, 기업 수준 및 개인 수준의 자율권의 확대(공동경작지의 가족경작지화, 향진기업의 장려, 복지비의 축소), 그리고 생산책임제라는 내부 개혁을 통해 주권적 방식으로 수용하는 길이었다. 중국 언론은 향진기업들을 지목하면서 그것들이 변화하는 시장조건에 유연하게 대처할 수 있는 기업심과 창의성을 가진 기업들로서 일종의 대처주의적 꿈을 실현할 것이라고 찬미했다. 이것은 대중의 연이어진 투쟁들을 기업형태 속에 끌어들이는 것으로서 일본에서 도요다주의가 학생들의 투쟁을 기업형태로 끌어들였던 것과 동일한 논리라고 할 것이다.

시장사회주의라고 불리는 이 변화 경향은 그러므로, 68혁명의 정치적 혁명 동력을 자본주의 발전의 경제적 에너지로 흡수한 케인즈주의의 신자유주의로의 대체가 그렇듯이, 반혁명의 표현양식이다. 중국에서의 이 반혁명의 신자유주의적 성격은 점차 심화되는데 국가의 가격보조금과 국영기업이 제공한 보조금을 통해 지급되던 일종의 사회적 임금이 축소되고 결국 사라져간 것은 그 단초이며 인민공사의 해체는 그 정점이다. 이것은 실질임금의 하락을 초래했을 뿐만 아니라 광대한 정리해고를 수반했다. 아무런 소득보장도 주어지지 않는 상태에서 과거의 보장제도들을 급속히 해체하는 이 과정이 급기야는 농민, 노동자, 빈민, 실업자들의 불만을 극도로 고조시켰고 이 불만이 1976년과 1977년의 민주벽 운동으로 터져 나왔지만, 정권의 폭력 탄압을 거치면서 지하로 더욱 거세게 흘러들었다. 사회의 변두리에서 살아가면서 지배계급에 대해 극도로 냉소적이고 전통적인 규범에 공공연히 반항하는 유망 집단의 형성은 그것의 물질적 응축이다.[8] 엄청나게 늘어난 학생 집단과 학생 운동의 발전, 그리고 그와 연동된 독립언론의 증대 역시 이러한 과정의 한 단면이다. 여기에 우리는 오늘날도 중국의 중대 문제 중의 하나로 남아 있는 소수인종 문제, 즉 독립/자치 운동의 성장을 덧붙여야 한다.

1989년의 천안문 시위는 지하로 흐르던 불만들이 폭발적으로 표현된 사건이며 그 징후는 지방 인민대표자대회 선거부정에 항의하는 1986년 허베이河北 성 학생들의 투쟁에서 이미 나타나고 있었다. 1988년에는 여러 도시에서 인플레이션과 열악한 생활조건에 항의하는 시위들이 잇따랐다. 1989년 4월 15일 후야오방胡耀邦의 죽음을 계기로 타오른 투쟁은 자유주의자 후야오방에 대한 추모의 형식을 빌려 인민에 의한 진정한 민주주의 건설을 요구하는 것으로 발전했다. 4월 27일에는 시위대가 도시를 장악했고 학생들은 〈학생자치연합〉에 대한 승인을 요구했다. 노동자들은 〈공인자치연합〉을 결성했다. 5월 18일 밤 계엄령 선포 뒤 6월 3일의 30만 병력에 의한 대학살로 강제진압된 천안문 시위는 '주권인가 자치인가'라는 문화혁명 이후의 제헌적 쟁점을 선명히 보여 준다. 이런 의미에서 중국에서 제2의 공위기는 계속되고 있다고 해야 할 것이다.

그렇다면 한국의 경우는 어떠한가? 한국에서 초월적 주권인가 절대민주적 자치인가를 둘러싼 제헌의 문제는 1980년 광주민중봉기를 통해 분명하게 제기되었다. 1979년 10월 26일 김재규에 의한 박정희 시해 사건은 유신헌법을 대체할 새로운 제헌의 요구를 수동혁명적으로 받아들인 사건이었다. 제헌적 요구들은 1970년의 전태일 분신에 이어 부마항쟁 등

---

8. 찰리 호어, 『천안문으로 가는 길』, 김희정 옮김, 책갈피, 2002, 153쪽.

1980년 5월 15일 서울 도심의 시위

으로 강렬하게 표현되고 있었다. 이것은 1980년 4월 사북, 고한의 노동자 항쟁을 거쳐 5월의 광주민중항쟁으로 이어졌다. 남한의 지배계급은 이 도도한 제헌의 요구들을 개헌의 문제로 수렴하고 헌법개정을 통한 민선 민간정부 수립의 문제로 축소해서 미봉하려고 했다. 이른바 '서울의 봄'은 제 세력들의 각축이 벌어지는 상대적으로 자유로운 정치공간을 제공했다. 이 투쟁에서 승리한 것은 제헌의 흐름도 아니고 개헌의 흐름도 아니다. 전두환을 주축으로 하는 일종의 호헌파가 12월 12일의 역쿠데타를 통해 집권함으로써 사회 내 제 세력들 간의 적대가 심화되었다. 전두환 일파는 5월 17일 밤 비상계엄을 확대함으로써 이 정치적 자유에 종지부를 찍고자 하였고 광주 민중들은 이러한 상황에 맞서 일어섰다. 광주 민중들은 1989년 중국 천안문 시위보다 10년 앞서 계엄군에 맞섰다. 그 발생기에는 계엄 해제 요구를 통한 개헌세력과의 연대가 중심에 놓였지만 1980년 5월 21일 계엄군의 무력진압과 사망자 발생을 계기로 무장 시민군이 탄생하면서 항쟁은 제헌의 문제로 급격히 옮겨간다. 21일부터 27일까지 광주의 제헌권력으로 출현한 민중들은 놀라운 자기조직화의 능력으로 지도자 없이 항쟁을 발전시켰다. 시민들의 자발적 거리청소, 무료급식 제공, 자경대의 유지, 도청사수 투쟁 등이 그것이다. 이 와중에서 시민학생투쟁위원회라는 자치적이고 민주적이며 코뮌적인 행정체계가 등장했다.[9]

광주민중항쟁은 자치코뮌을 만들어 냈다는 점에서 전공투의 해방구와 유사하지만 그것은 학생을 넘어 학생 및 시민의 공통코뮌으로 나타난 점에서 한층 심층적이다. 또 광주민중항쟁은 무장저항으로 발전한 점에서 천안문보다 한층 절박한 제헌의지를 보여 준다. 벤야민의 표현을 빌리면 그것은, 계엄군의 '신화적 폭력'에 대항하는 다중의 제헌권력의 '신성한 폭력'의 표현이었다.

광주민중항쟁은 1980년 6월 이후에 광주5월운동으로 이어졌다. 그것은 지방적 사건으로 억제되어 있던 광주항쟁을 전국화하고 아시아지역으로 확장하며 나아가 국제적인 차원의 항쟁으로 자리매김하기 위한 노력이었다. 그러나 1997년 학살자 전두환·노태우에 대한 처벌을 정점으로 광주항쟁은 청산, 기억, 기념의 공간 속에 박제화된다. 항쟁의 이러한 위축은 항쟁이 다시 초월적 주권의 장치 속으로 흡수되었음을 의미한다. 1980년 5월 당시에 언론과 권력은 항쟁 주체들을 '빨갱이'와 '폭도'로 명명했다. 5월 운동은 이러한 명명이 진실에 대한 심각한 왜곡이라고 주장하면서 항쟁의 전사들을 '선량한 시민'으로 이미지화하는 데 많은 노력을 기울였다. 이러한 노력 끝에 5월운동들은 항쟁을 전국화하여 그것을 국민적 사건으로 만드는 데에 성공한다. 하지만 그러한 계승은 광주항쟁의 근대적 측면을 발전시키는 것에 지나지 않았다. '빨갱이'라는 딱지는 냉전

9. 이에 대한 좀 더 구체적인 서술과 분석으로는 조정환, 『공통도시』, 갈무리, 2009 참조.

체제의 작동방식일 뿐만 아니라 근대적 계급사회에 대항하여 싸우는 사람들 모두에게 붙여지는 이름이다. 5월 주체들이 '빨갱이'라는 이름을 무릅쓰고 투쟁했다는 것은 이들이 근대 계급사회 및 근대적 냉전체제 전체와 항전했음을 의미한다. 또 '폭도'라는 이름은 초월적 절대주권에 복종하지 않는 다중을 위험한 계급으로 보면서 국가권력이 붙이는 이름이다. 5월 주체들이 '폭도'라고 불리는 위험을 감수하며 항전했을 때 그들은 근대의 초월주권 체제 전체에 맞서 저항한 것이다. 5월 운동이, 5월 항쟁의 이 반근대적 대안적 지향에 붙여진 '빨갱이'나 '폭도'라는 이름을 잘못 붙여진 이름으로 간주하면서 이에 항의하는 것은 정당한 것이었지만, 그 이름표를 떼기 위해 항쟁 주체를 '선량한 시민'으로, '희생자'로 성격묘사한 것이 오히려 그 주체들을 근대적 시민사회와 주권체제에 포섭하게 되는 아이러니한 결과를 가져오지는 않았는가? 그래서 근대성에 맞서 싸웠던 광주항쟁의 대안적 근대초극의 잠재력은 아직 지하에 묻혀 있으며 5월의 자치코뮌과 1990년대 이후의 탈근대운동들도 서로 아직은 먼 거리에 있는 것으로 보인다. 2002년의 다중들이 자신을 'Reds', 즉 '빨갱이'로 명명하기를 주저하지 않음으로써 그 거리가 충분히 좁혀질 수 있음을 시사한 듯하지만 말이다.

공산당이나 공산주의자들에 대한 부정적 명명으로 사용되는 '빨갱이'는 남한에서 일반적으로 북한의 노동당과 그것과 연결된 북남의 사회주의자들을 지칭해 왔다. 그러나 '빨갱이'의 언어적 기원은 공산주의가 피지배자들의 투쟁을 강조하기 위해 상징물, 특히 깃발에 빨간색을 사용한 것과 연관되어 있을 것이다.[10] 이렇게 '빨갱이'가 현존 사회의 피지배자들의 저항과 투쟁과 탈주를 의미하는 것이라면 북한의 노동당 지배에 맞

10. '빨강'과의 좀 더 먼 기원적 연관은 '좋아하는 색이 무엇인가?'라는 물음에 맑스가 '붉은색'이라고 답한 것에서도 찾을 수 있을 것이다.

서 목숨을 걸고 국경을 넘어 탈출하는 탈북자들이 바로 그들이 아닌가? 중국·필리핀·홍콩·남한 등지로 쏟아져 나오고 있는 탈북자들은, 그들이 남쪽의 대한민국에서 어떻게 권력에 재포섭되고 재이용되고 있는가 하는 문제와는 별도로, 북한에 정립된 근대적 국민국가와 냉전 동아시아의 경직된 경계를 허물면서 새로운 탈국민국가적 정치공간의 필요성을 온몸으로 웅변하는 사람들이지 않은가? 그들이야말로 계엄치하의 광주에서 계엄군에게 포위된 가운데 '빨갱이'들의 사주를 받는 폭도들로 불리었던 광주의 시민, 학생들과 동류의 존재들이지 않은가? 폭도로 불리며 '살해당할 수는 있지만 희생당할 수는 없는' 호모 사케르, 즉 벌거벗은 생명들. 그러나 이들은 야음을 틈타 탈주하거나 무장하여 계엄군에 맞서 자신의 존엄을 천명하는 것으로 그 제헌적 역능을 표현했다.

제국에 대항하는 제헌적 동아시아의 전망

중국의 천안문 투쟁과 한국에서의 광주항쟁이 전공투의 아래로부터의 근대초극=대안의 지향과 접속된다고 할 수 있을까? 얼핏 보면 중국과 한국에서의 투쟁은 근대극복보다는 근대완성을 요구한 것처럼 보이기도 한다. 특히 한국의 광주항쟁은 흔히 탈법적 군사독재를 진정한 국민주권으로 대체하려는 투쟁으로 독해된다. 하지만 천안문이나 광주의 투쟁들은 이미 충분히 근대적인 경제체제와 권력체제 속에서 생산된 다중들이 그 투쟁의 뿌리에 놓여 있었고 그들은 기존의 근대적이고 초월적인 주권체제와는 다른 내재적이고 제헌적인 권력 양식을 창출해 냈다. 광주의 시민학생투쟁위원회 같은 것이 그것이다. 물론 광주항쟁을 구성한 요소들 중에는 좀 더 근대적인 국민국가 체제에 대한 갈망이라는 요소가 엄존하고 이후 광주에 대한 성찰과 담론과 운동은 바로 이 부분을 중심적으로 발전시키는 방향에서 이루어져 왔다고 해도 과언이 아니다. 1987년 여야합의 직선제 개헌이 1987년 항쟁의 주체들이 표현한 아래로부터의 절대민주주의적 의지를, 직접행동과 직접민주주의의 요구를 대통령 '직선'이라는 방식으로 미봉할 때, 국민국가 건설이라는 근대완성의 논리와 다중의 공동체적 자치라는 근대극복의 두 개의 길 중에서, 즉 광주항쟁을 구성한 두 가지 구성 요소 중에서 전자가 현실화된 것으로 볼 수 있다. 즉 제헌권력이 억제되고 제정권력의 논리가 승리한 것이다. 그러나 한국에서 1990년대의 전개과정은 광주항쟁 내부의 이 내재적 자치 논리에 대한 급속한 인식의 성장을 보여 준다.[11] 근대초극의 내재적 자치노선에서 동경의 전공투, 광주의 시민군과 시민학생투쟁위원회, 그리고 천안문의 항쟁을 잇는 어떤 공통성을 발견하는 것은 동아시아의 새로운 정치공간 구축을 위해 절대적으로 필요한 조건이다. 동아시아 담론은 이 제헌권력의 지역적 공통성의 표현이지 않을 때 그저 초월적 주권권력의 지역적 확장을 정당화하는 변호론 이상일 수 없을 것이다.

그러므로 이제 우리는 동아시아 담론과 동아시아적 상상을 둘러싸고 초월적 주권의 길과 내재적 자치의 길이라는 두 개의 길이 대립하고 있다고 말해야 한다.[12]

지금 지배적인 것은 초월적 주권의 길이다. 주권의 길은 다시 두 가지의 노선으로 갈라져 있다. 하나는 제국의 군주국 미국에 정치경제적으로 예속됨으로써 대자본의 이익을 돌보고 나머지 인구는 '낙수효과'(라는

11. 조지 카치아피카스는 광주민중항쟁을 프랑스의 파리코뮌에 비교한다. 조지 카치아피카스, 「파리코뮌과 광주민중항쟁」(『노동자의 힘』, 2004년, 54호).

12. 탈근대적 동아시아를 둘러싸고 나타나고 있는 대안들로는 내셔널리즘적 보수, 탈식민 동아시아 혹은 포스트콜로니얼 내셔널리즘, 대안주권적 동아시아론 등의 유형들이 있다.

다분히 환상적이고 기만적인 기대)에 의존하도록 만들려는 노선이다. 이 길에서 동아시아 각국은 미국을 우두머리로 하는 제국의 네트워크에 포섭되거나 미국과의 안보동맹 혹은 미국과의 FTA를 통해 국익을 보존하는 길을 걷는다. 하지만 이 경로에서 동아시아는 미국의 시각에서 분류되는 통치의 대상지역으로만 나타날 뿐 어떠한 정치적 실재성도 갖지 않는 오리엔탈리즘적 동아시아일 뿐이다. 이것은 일찍이 탈아입구론으로 표현되었던 것이다.

다른 하나는 동아시아 지역 차원에서 국민국가들의 연합 혹은 복합국가의 구축이라는 확대된 내셔널리즘을 통해 군주국 미국의 지배를 견제하는 것이다. 지금까지 반제, 자주, 평화의 기치하에서 전개된 동아시아 담론의 상당 부분은 동아시아 지역주권의 강화를 통해 미국의 독점적 지위와 예외주의를 견제하고자 한다. 일종의 대항오리엔탈리즘이라고 할 수 있는 이 노선은 일찍이 동도서기론이나 대아시아주의로 표현되었던 것이고 과거의 신체제적 대동아공영론도 넓은 의미에서는 이 흐름에 속한다고 할 수 있다.

이 두 노선으로 표현되는 초월주권의 길은 '유럽에의 개방인가 유럽으로부터의 자립인가'라는 제1공위기의 문제틀 속에서 동아시아를 상상하고 있다. 이와는 다른 길, 즉 대안근대적·내재주권적 제헌의 길이 있다. 제1공위기의 제헌권력은 국민국가적 주권권력으로 응집되었고 그것의 역사적 전개는 다시 제2공위기를 가져왔다. 우리는 앞에서 한중일을 중심으로 근대성을 넘어서려는 대안적 제헌의 잠재력이 어떻게 폭발해 나왔던가에 대해 살펴보았다. 제국 시대의 제헌적 동아시아 개념은 영토나 지역이나 문화권으로서의 동아시아가 아니라 새로운 정치공간으로서의 동아시아를 상상할 수 있게 한다. 동경대나 광주나 천안문에서의 투쟁들은 각 국민국가의 학교나 도시나 지방에 봉쇄되고 고립됨으로써 진압되고 또 박제화되었다. 이 사실이 말해 주는 것은 무엇인가? 그것은, 다중의 제헌적 투쟁들은 도시경계와 국경을 넘어서는 연결망을 확보함으로써만, 궁극적으로는 전 지구적 차원에서 제헌적 역량들을 결집함으로써만 자본의 분할통치를 이겨낼 수 있다는 것이 아닌가?

그러므로 동아시아의 내재적 자치의 제헌경로는 각 지역에서 제기되었던 대안주권적 자치의 잠재력을 발견하고 이것들의 끈질긴 생명력을 확인하며 이것을 정치적으로 현실화하는 자율적 코뮤니즘의 길이어야 한다.[13] 이것이 전략적 노선이다. 그렇지만 이 길은 전술적으로 위의 주권적 길의 두 번째 노선과 일시적으로 연합하는 방법을 선택할 수도 있다. 왜냐하면 이 두 번째 노선에서 동아시아 차원의 지역주권망을 구축하기 위해서는 다중을 주권구축의 동력으로 끌어들이지 않으면 안 되는데, 필요한 경우 다중은 이러한 필요를 역이용하여 이 귀족적 흐름과의 연합을 통해 제국에 대항하는 연방적이고 민주적인 마그나 카르타를 끌어낼 수도 있을 것이기 때문이다. 하지만 결정적으로 중요한 것은 언제나 다중의 대안주권적·내재적 자치의 길 그 자체이다.

---

13. 동아시아 차원에서 제헌권력들의 지역적 공통성을 발견하기 위한 노력들은 중단되지 않았고 또 지금도 지속되고 있다. 광주민중항쟁의 아시아적 차원을 발견하기 위한 포럼이 열린 것이 그 대표적 사례이다. 유가족 중심의 광주정신 계승운동 차원에서 동아시아 지역에서 국가폭력에 의해 희생된 유가족단체, 실종자가족단체들과의 국제연대를 시도하여 1999년 5월 실종자 관련단체 초청사업을 전개한 결과 필리핀, 스리랑카, 동티모르, 태국 등의 관련단체가 참가했고 1995년 반인륜행위와 처벌 심포지엄에는 아르헨티나의 〈5월 어머니광장〉의 어머니들 등이 참가했으며, 1998년 5월에 있었던 〈아시아인권헌장 선언대회〉에는 인도, 부탄, 방글라데시, 스리랑카, 네팔, 파키스탄, 캄보디아, 말레이시아, 인도네시아, 태국, 홍콩, 중국, 대만, 일본, 동티모르 등지에서 참가했다.(5·18기념재단, 『5월 민중항쟁과 정치, 역사, 사회』, 2007, 86쪽) 이외에 탈북자들을 돕기 위한 연대의 노력들, 이주노동자센터들의 활동, 동북아시아 공동의 역사를 쓰기 위한 학술적 노력, 티베트 독립과 자치운동에 대한 지지운동, 천안문 주체들의 탈출을 도왔던 연대활동, 베트남 전쟁 당시의 반전운동(특히 일본의 전공투), 2003년의 이라크 전쟁 시기 아시아의 반전운동 등 많은 사례들을 덧붙일 수 있을 것이다. 그렇지만 아직도 알려지지 않은 동아시아 차원의 실제적 협력의 사례들은 발견해야 할 것으로 남아 있다.

4부 절대민주주의의 성좌 : 민주주의들의 민주화

8장 | 2009 : 공통적인 것의 재현

'87년 헌법체제' 내의 균열선

2008년의 촛불봉기는 광우병 위험이 있는 미국산 소를 국민의 동의 없이 수입하기로 일방적으로 결정한 것에 대한 항의에서 촉발되었고 그것은 한미FTA, 대운하, 의료 민영화, 교육 민영화, 철도와 수도 민영화에 대한 반대로 이어졌다. 이에 이어진 용산항쟁은 이윤중심적 재개발 정책에 대한 항의로 폭발되어 마침내 2009년 1월 19일 5명의 철거민과 1명의 경찰의 참사를 가져오기에 이르렀다. 같은 해 무려 76일 동안 지속된 쌍용자동차 노동자들의 점거파업은 전반적 과잉생산, 금융투자의 실패, 연구개발투자의 부족 등에서 발생한 축적위기의 책임을 노동자에게 전가하면서 정리해고를 통해 그 위기를 풀어나가려는 노동 유연화 정책에 대한 항의이다. 3대 지상파 방송 노동자들의 12년 만의 동시파업과 언론노조 총파업은 재벌과 보수언론의 방송권 주도를 가져올 방송 민영화에 대항하는 투쟁이었다. 이것은 미디어법의 탈법적 처리에 대한 야당과 시민들의 항의로 이어졌다.

이 모든 항의들이 집중된 이명박 정부의 통치방향은 개방, 민영화, 유연화, 재개발로 요약된다. 이것들은 결코 돌출적인 것이 아니며 이전의 10년간, 아니 2003년 김영삼 정부에서부터 추진되어 온 신자유주의적 정책들의 연속이자 결론이다. 다만 그것들이 좀 더 극단적인 형태로, 모든 사회적 이견과 항의를 무시하면서 강행되었다는 점에 차이가 있다. 그래서 위에서 언급한 다양한 항의들은 국가권력에 무엇보다도 소통('먹통 대신 소통'), 대화('대화를 않을 거면 차라리 다! 죽여라')를 요구했고 경쟁이나 이윤에 앞서 생명('이윤보다 생명'), 사람('여기, 사람이 살고 있다'), 삶('함께 살자!')을 고려할 것을 요청했던 것이다.

모든 요구와 요청은 비겁하게 회피되거나 묵살되었다. 이명박 정부는 한편으로는 거짓으로, 다른 한편으로는 폭력으로 아래로부터의 요구들에 응답했다. 가난한 사람들의 목숨을 먹어치우면서 악어의 눈물을 흘리기를 거듭했고 거짓 사과는 시시때때로 반복되었다. 부자 정권이라는 비난여론에 밀려 채택한 이른바 '서민행보'는 카메라를 통한 이미지 통치의 수단으로 활용되었다. 그래서 이 정부가 생산한 거짓말만으로도 태산을 이룰 지경이다.

〈용산참사 진상규명위원회〉 페이스북 페이지의 프로필 이미지

거짓을 만드는 힘의 비밀은 폭력이었다. 항의자들은 연행되고 구속되고 학살되었다. 삶의 활력을 빼앗긴 수많은 사람들은 자살을 택했다. 이 과정은 정치의 주도권이 검찰과 경찰로 넘어가는 과정을 수반했다. '빡세게!'를 외치며 도열한 전경무리들, 공적 공간들을 에워싼 경찰차량들, 물을 뿜는 대포, 사람들의 등이나 머리를 향해 휘둘러지는 방패, 시민들을 겨냥해 내리쳐지는 장봉, 하늘을 날며 최루액을 뿌리는 헬리콥터는 오늘날 대한민국에서의 삶이 놓인 일상적 환경이 되었다. 이처럼 폭력은 눈물과 변명과 거짓말로 포장되어 조직적으로, 체계적으로, 그리고 끊임없이 행사된다. 2009년 7월 말 경기도 평택시 칠괴동에 위치한 쌍용자동차 공장은 거짓말과 폭력이 뒤엉킨 현장이었다. 파업노동자들은 좌익폭도로 기호화된 채 도장공장으로 떠밀려 옥쇄파업을 벌이고 있는데, 이들은 1980년 5월 27일 역시 좌익폭도로 기호화되어 전남도청으로 떠밀려 옥쇄투쟁을 벌였던 광주의 시민군과 여러 면에서 유사하다.

1979년 10월, 박정희 정권이 붕괴하고 유신헌법의 발전주의적 독재가 위기에 처했을 때 이 상황에 대처하는 세 가지 입장과 태도가 나타났다. 호헌과 개헌과 제헌이 그것이다. 호헌적 입장은 전두환에 의해 대표되었고, 개헌적 입장은 김대중·김영삼에 의해 대표되었다. 제헌적 입장은 명시적이었다기보다 비가시적이었고 부단히 개헌적 입장의 날개 밑에서 나타났다. 그것이 자율적인 모습을 띠는 것은 사회 전체로부터의 고립이라는 형식 속에서 즉 '난동을 부리는 폭도들', 저 철저히 배제된 '벌거벗은 인간'의 모습으로였다. 전남도청은 모든 것으로부터 절단된 고립된 섬이었고 시민군은 그 고립 속에서 계엄군에 의해 무차별적으로 학살당했다.

제헌하는 능력의 운동형식은 제정된 권력의 운동형식과는 다르다. 제정권력에게 승리와 패배는 뚜렷한 경계를 갖지만 제헌권력에게 그 양자는 서로 뒤섞이며 때로는 상승작용한다. 광주 시민군의 신체는 죽고 다치고 갇혔지만 그들의 영혼과 요구는 살아남았다. 적어도 1997년까지 17년 동안 계속된 5월 운동은 제헌의 활력이 패배 속에서 승리하는 역설적 방식이었다. 1980년대 이래의 민중운동은 5월 항쟁의 경험과 정신에서 그 상상력을 가져왔고 전략과 전술을 발전시켰다. 광주의 비극은 단지 패배와 죽음의 사태였던 것만이 아니고 패배를 통한 승리의 장정이요 죽음을 통한 삶의 증언으로 나타났다. 이런 의미에서 1987년의 6~9월의 항쟁과 투쟁은 부활한 5월이다.

주지하다시피 1980년 5월은 호헌파 권력의 군사적 승리로 귀착되었다. 하지만 1987년 6월 투쟁은 개헌파의 정치적 승리(직선제)로 귀착된다. 비록 1987년 말의 선거에서 민정당의 노태우가 집권했지만 그것은 권위주의의 점진적 해체와 신자유주의로의 평화적 이행을 낳는 징검다리로 기능했다. 1987년의 투쟁에서 제헌권력은 '노동해방'이라는 이름으로 개헌파의 날개 밑에 숨거나, 개헌파에 대한 비판이라는 형상을 취하거나,

혹은 그로부터 독립한 혁명파로서 움직였다. 이 약한 연속혁명적 운동은 1991년 5월을 정점으로 시야에서 사라진다. 이후 운동은 전노협의 해체와 민주노총의 건설, 비합법 정파운동의 청산과 합법정당 건설, 항쟁조직들의 해체와 NGO 건설, 전투주의의 청산과 개혁주의의 부상 등으로 요약할 수 있는 '제도를 통한 대장정'으로 탈바꿈하게 된다.

이른바 '87년 체제'란 멀리는 5월 항쟁, 가까이는 1987년 항쟁의 체제적 석화石化를 지칭하는 이름이다. 87년 체제는 80년 5월 항쟁에서 등장했고 80년대의 정치를 비가시적인 방식으로 규정했던 제헌권력의 힘을 개헌의 방식으로 흡수함으로써 성립한 체제이다. 직선제 개헌은 분명히 권위주의의 약화와 쇠퇴를 결정지었다. 더 이상 정권은 군사력에 의존할 수 없게 되었고 투표권을 가진 대중들의 눈치를 살피지 않을 수 없게 되었다. 이 과정은 분명히 군사독재하에서 압류되었던 형식적 민주주의의 일정한 실현을 수반했다. 그러나 그것이 민중의 해방, 노동의 해방을 가져왔던 것은 아니다. 국가 억압에 반대하는 민중의 민주주의에 대한 요구들은 시장 지배와 가난할 자유로 나타났고, 독점과 재벌체제에 대한 반대는 세계화와 민영화로 나타났으며 노동해방의 요구들은 유연화와 정리해고로 나타났고 분단 극복에 대한 요구들은 금강산 관광과 개성공단으로 나타났다. 모든 해방의 요구들은 지배의 제도들 속으로 수렴되었다. 민중은 선거를 통해 국가권력을 만들어 내는 주체로 되었으면서도 권력으로부터 한층 더 소외되었다. 요컨대 지난 수십 년의 역사는 권위주의적 국가권력의 지배에서 신자유주의적 시장 지배로의 이행으로 종합될 수 있다. 국가권력은 시장 지배를 도입하고 촉진하고 후원하는 지렛대로 기능하기 시작했다. 김영삼의 문민정부, 김대중의 국민의 정부, 노무현의 참여정부는 각각 자본의 지구화('세계는 넓고 할 일은 많다'), 노동의 유연화('노사정 합의와 정리해고'), 생산의 지식정보화('지식정보사회와 토론 공화국')로 뚜렷이 표상될 수 있다.[1] 이것을 통해 한국 사회는 지구제국의 마디로 편입되었고 노동은 발전주의적 권위주의 시대에서와는 다른 불안정하에 놓였으며 생산과정은 그 과정 밖으로 상품을 유출하기보다 하나의 소통적 사건이 지배하는 삶정치적이고 비물질적인 과정으로 전화되기 시작했다.

호헌과 개헌의 교차로

이 과정을 피상적으로 보면 민중의 제헌적 투쟁은 권위주의에서 신자유주의로의 이행에서 하나의 사라지는 소실점 이상이 아닌 것으로 보인다. 그러나 제헌권력은 사라진 것처럼 보이는 순간에조차 실제로 작동하는 힘이다. 제헌권력은 결코 기원적이고 목적론적인 성격의 힘이 아니다. 그것은 과정 속에서 부단히 변이하는 특이한 힘이다. 사회의 신자유주의적 재구성은 제헌권력의 투쟁들을 지배의 장치들로 수렴하는 것에 성공했지만 더 심화된 자유(절대적 특이화)에의 요구를 생산하고 더 확장된 연합의 평면(전 지구적 공통화)을 창출함으로써만 그렇게 되었다. 이 과정은 주권 주체로서의 민중에서 대안주권적 주체로서의 다중으로의 이행이라는 주체성의 근본적 변이를 수반했다. 1980년대의 제헌권력은 민족, 민중, 민주라는 삼민주의적 이념으로 자신을 표현했다. 80년대의 민족해방주의, 민중민주주의, 민족민주주의 혁명노선들은 그것의 구체화 방식이었다. 그러나 사회의 신자유주의적 재구성으로 말미암아 이제 제헌의 문제는 더 이상 민족적 상상력 안에서 대안을 찾을 수 없는

1. 박근혜 정권에 대해서는 3부 11장 「2016 : 절대군주제의 '즉각퇴진'과 절대민주주의」 참조.

지구적 평면을 경험하며 민중의 민주주의라는 (비록 다르지만 일자의 지배라는 관념을 유지하는) 주권적 틀 속에서는 조직될 수 없는 다수성의 문제에 직면한다. 이민, 각종의 이주노동, 국제결혼, 탈북자 등 국경을 넘는 이동이 있을 뿐만 아니라 정리해고를 매개로 노동계급 내부에 정규직과 비정규직 사이의 적대가 도입되고, 산업노동과 지식정보노동 사이의 분화가 이루어지며, 여성과 남성 사이, 도시와 농촌 사이, 강남과 비강남 사이, 동과 서 사이 등등에 온갖 분열이 나타난다. 다문화라는 용어는 민족적 상상력과 주권적 상상력이 직면하는 한계를 표현한다. 다수를 일자로 통일할 수 있고 또 그래야 한다는 관념은 점점 실현 불가능한 것으로 드러난다. 요컨대 다중화는 이전의 삼민주의적 제헌노선이 더 이상 유효할 수 없다는 사실을 보여 주는 한편, 초월주권적 지배 그 자체가 실제적으로는 불가능해진 한 시대의 도래를 암시한다.

삼민주의에서 출발하여 신자유주의화를 떠맡았던 구래의 개헌세력은 세계화와 유연화와 정보화 과정의 저변에서 생산된 제헌적 힘의 다중화라는 실체를 통찰할 수도 없었고 그것을 관리할 능력은 물론 갖고 있지 않았다. 2007년의 선거는 87년 체제와 그것의 한계에 대한 부정적 문제제기의 방식이었다. 이명박의 대통령 선출은 문제의 해결에 대한 기대나 요청이라기보다 은폐되어 있는 문제를 뚜렷하게 가시화하는 수단이자 과정에 다름 아니다. 이명박 정부는 87년 체제의 파괴자가 아니라 그 계승자이자 결산자이다. 그것이 파괴자로 보이는 것은 87년 체제가 스스로 자신의 대립물로 전화했기 때문일 것이다.

이명박 정부는 87년 체제에 대한 아래로부터의 문제제기를 자유화 없는 신자유주의에 대한 요구로 받아들인다. 그것은 자본에 최대의 자유를 보장하면서 그에 대한 일체의 도전의 자유를 억제하는 신보수주의의 길이다. 이명박 정부는 아래로부터의 지지로 탄생한 김대중-노무현

〈4대강삽질을막는사람들〉의 4대강 공사 비판 이미지

정부가 주저했던 것들, 신자유주의화의 장애들을 모조리 걷어치우려 한다. 그래서 이명박 정부는 자본의 예외주의적이고 일방주의적인 자유를 철저하게 보장하기 위한 위로부터의 내전의 정부로 나타난다. 무역의 전면적 자유화, 사회적 삶 전체의 사유화, 정보화에 대한 독점적 통제, 토지의 영구재개발, 그리고 이 모든 것에 대한 저항의 제로화. 이것을 위한 법적 정비 작업은 경찰적·군사적 기동작전을 수반하면서 지금까지 부단히 전개되어 왔다. 이명박 정부는 1987년 체제의 연속으로 등장했지만 그것으로부터 삼민적 잔재를 제거함으로써 실제적으로는 그것을 파괴하는 것을 사명으로 삼는 정부이다. 이원집정부제 혹은 내각제 개헌은 그 목표를 달성하는 과정의 정점에 놓이게 될 것이다. 역사는 과거의 호헌파가 개헌파가 되어 과거의 개헌파가 못다 이룬 과제, 즉 (신자유주의의 메카 미국에서 부시가 보여 주었던) 신자유주의의 신보수주의적 결산이라는 과제를 강인하게 수행하고 있는 모습을 보여 준다.

이에 맞선 저항은 87년 체제를 지키려는 모습으로 나타나고 있다. 이 저항은 나라의 살림살이를 해외에 과도하게 개방하는 것에 반대하고 사회적 삶의 극단적인 시장화에 반대하는 것으로 나타났다. 촛불봉기, 용산 철거민 투쟁, 화물연대 총파업, 쌍용차 점거파업 등으로 이어진 투쟁들이 그것이다. 우리는 이 투쟁들이 현존하는 국가를 정치적 행동의 중심으로 끌고 들어온다는 것을 목격한다. 가령 촛불의 일부는 '주권은 국민에게 있고 모든 권력은 국민으로부터 나온다'는 국민주권주의를 태극기와 애국가로 표상되는 애국주의와 연결시켰고 철거민이나 쌍용자동차 노동자들은 시장의 무차별적인 재개발이나 정리해고 문제를 국가가 나서서 억제하거나 공적자금을 투입해서라도 막아달라는 요구를 표현했다. 뉴라이트가 민족과 민중을 폐기하면서도 애국을 주장했는데 현재의 저항들은 애국 속에서 진보의 길을 찾는 애국적 진보주의 혹은 애국적 삼민주의의 방향을 취하는 경향이 있다. 이것은 87년 헌법의 수호에서 자신의 상상력과 기반을 찾는데 이런 측면을 고려하면 과거의 호헌세력이 개헌세력으로 바뀐 만큼 거꾸로 과거의 개헌세력이 호헌의 입장을 취한다고도 할 수 있다.

그러나 호헌으로는 개헌에 맞서기 어렵고 진보성을 구현하기 어렵다. 87년 체제를 수호한다는 것이 위로는 개헌파와 신자유주의를 공유하지 않을 수 없기 때문이며 아래로는 새롭게 형성된 주체성들(불안정노동자층, 비물질노동자층 등)의 감성과 요구를 충족시킬 수 없기 때문이다. 노무현에 대한 기억이 갖는 한계가 그것이다. 각종 악법(이른바 MB악법)을 통해, 그리고 그것의 화룡점정이 될 개헌을 통해 소수 국내외 독점자본의 지배를 공고히 하려는 현재의 개헌추진세력에 대응할 수 있는 유일한 길은 제헌이며 제헌에 충실한 것이다. 그것은 87년 체제하에서 새롭게 탄생한 사회적 주체성의 정치적 재구성을 통한 아래로부터 새로운 제헌 동력을 구축하는 것이다. 2008년 이후 지금까지의 저항들은 과거의 투쟁을 반복하고 있지만은 않다. 그 속에는 미래를 암시하는 새로운 투쟁의 요소들이 잠복해 있다. 그것에 국가가 있다면 국가 아닌 국가로서의 공통체이고 그것에 애국이 있다면 국가 없는 나라사랑으로서의 공통체적 사랑이며 그것에 법이 있다면 자율 능력의 팽창을 향한 영구혁명적 운동이다. 그것은 서로 다른 존재자들의 수평적 네트워킹을 통해 도달할 수 있는 요구이다. 이를 위해서는 87년 체제를 세운 때와는 다른 논리, 다른 감성, 다른 실천이 필요하다.

제헌권력의 향방

2009년의 투쟁 속에서 움직이는 제헌권력은 잔존하는 삼민주의를 파괴하고 신보수주의적 결산을 서두르려고 하는 개헌파와 유사하게 87년 체제를 넘어서는 데 이해관계를 갖는다. 하지만 87년 체제의 극복은 개헌파와는 달리 삼민주의의 자리에 글자 그대로의 자본주의를 심어 넣음으로써 가능한 것이 아니라 그 자리에 다중의 민주주의를 새겨 넣음으로써 가능하다. 그것은 민주주의를 깨뜨리는 길이 아니라 정반대로 그것을 발본화하는 길이다. 바로 이 때문에 제헌권력은 지금의 호헌적 저항, 애국적 진보주의와 협력하게 되며 그 저항적 협력 속에서 민주주의의 대안주권적 다중화를 추구하는 역할을 맡게 된다. 이 협력은 일치단결과 통일의 불가능성이라는 역사적 조건 위에서 주어지는 만큼 다중은 자신의 특이성을 희생시켜야 할 아무런 정치적 이유도 갖지 않는다. 그 특이한 힘들의 최대한의 발휘와 그것들의 공통화야말로 우리의 삶에 현대가 간절히 요구하는 바의 새로운 정치적 차원들을 도입하게 될 것이다. 자유, 지성, 그리고 사랑.

76일을 끌어온 쌍용자동차 노조의 파업농성은 노사합의로 종결되었다. 52% 정리해고, 48% 무급휴직. 노조는 결국 정리해고를 큰 폭으로 받아들였고 사측은 8월 2일 최종협상안의 60% 정리해고에서 52%로 정리해고 수준을 소폭 낮추었다. 협상은 결코 진리의 문제가 아니며 단지 힘(세력)의 문제일 뿐이다. 7월 31일~8월 2일 사이의 장시간 협상 시기와 8월 5일 오후에 있었던 단시간 협상 사이에는 커다란 힘의 차이가 있다. 불과 이틀 사이지만, 이 사이에 조

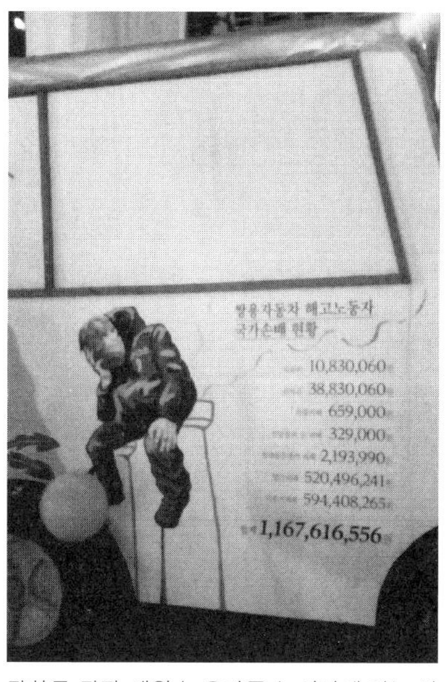

광화문 광장 세월호 유가족 농성장에 있는 쌍용자동차 해고노동자 관련 설치물. 국가는 파업을 했다는 죄로 이들을 4년간 감옥에 가두었고 1,167,616,556원에 달하는 손해배상소송을 제기하였다.

립 3, 4 공장뿐만 아니라 도장1공장까지 경찰·사측직원·용역에게 장악되었다. 4일 오후부터는 정문에서 협력하던 연대대오들이 평택역으로 후퇴했고 사자후, 칼라 등의 우호적 방송들마저 카메라를 현장에 갖다 댈 수 없을 만큼 사측의 테러에 쫓기고 있었다. 한마디로 농성은 고립되었고 1980년 광주의 도청처럼 모든 눈들이 봉쇄되어 권력의 일방적 행패가 가능해진 상황에서 8월 5일 오후의 단기협상이 이루어진 것이다. 이러한 조건 때문에 정리해고 분쇄와 총고용 쟁취라는 목표달성에 노조는 실패했다. 하지만 회사는 정리해고가 용이한 것이 아니며 저항으로 인해 엄청난 재산상의 손실을 겪을 뿐만 아니라 회생 자체가 불투명해지는 상황에 놓인다는 경험을 하게 되었다.

쌍용차 노조의 정리해고 수용으로 인해 신자유주의적 정리해고는

좀 더 탄력을 받을 수 있게 되었다. 강성노조조차도 정리해고를 막아낼 힘을 갖지 않고 있다는 점이 드러난 것이다. 왜 쌍용차 노조가 정리해고를 막아낼 수 없었을까? 쌍용차 노조는 자본과 맞섬에 있어서 사무직과 생산직의 분열, 정규직과 비정규직의 분열, 그리고 이른바 '산 자'(비해고자)와 '죽은 자'(해고자)의 분열이라는 3대 내부 분열을 극복할 힘을 갖고 있지 않았다. 노조는 늘 자본을 편들어 온 공권력 외에도 직원들, 비해고자들의 물리적·정신적 공세 앞에 노출되었고 부분적으로 비정규직의 협력을 받았으나 전체적으로는 비정규직의 무관심에 직면해야 했다. 이러한 분열을 극복하지 못함으로써 시민사회단체의 연대와 지지도 제한적이었다. 쌍용차 노조는 연봉 5천에 달하는 노동귀족들이라거나 비정규직 투쟁에 무심했다거나 상하이차의 기술약탈을 알면서도 자신의 임금인상에만 급급했다거나 하는 비판들에 놓였고 그러한 비판들이 파업농성투쟁에 대한 사회적 연대의식을 삭감했다. 반대로 자본가들은 신자유주의적 정권의 후원하에서 반/비노조측 노동자들을 동원하고 용역 노동자들까지 동원하여 무력으로 노조를 압박했고 이것이 노조의 패배를 직접적으로 결정지었다. 이러한 사태의 교훈은 분명하다. 노동이 실질적으로 자본에 승리하기 위해서는 위의 3대 분열을 극복할 수 있어야 하고 전선을 총자본 대 총노동으로 단순화시킬 수 있어야 한다는 것이다. '총자본+친자본측 노동' 대 '전투적 노동'으로의 전선 구도에서는 결코 승리할 수 없다. 이렇게 전선을 단순화하기 위해서는 노동조합이라는 조직형태로는 불가능하고 생산직, 사무직, 비정규직, 실업자까지를 포괄할 수 있는 노동의 새로운 정치적 조직화를 필요로 한다는 것이다. 과거의 코뮌이나 소비에트 혹은 평의회를 참조하면서 우리 시대의 계급구성에 걸맞는 정치적 조직화의 방향을 찾아내는 것이 긴급하다.

쌍용자동차 파업농성에서 나타나는 두 가지 특징이 있다. 하나는 강력한 전투성이다. 쌍용자동차 노조는 5월 21일 파업선언 이후 공장을 점거했고 5월 31일 자본의 직장폐쇄, 6월 8일 사측의 978명 정리해고 단행에 굴하지 않고 투쟁을 계속했고 6월 26일 사측 구조조정 수정안을 거부해냈고 이에 이은 임직원들의 회사진입에 저항하면서 도장공장을 거점으로 옥쇄파업에 돌입했다. 7월 20일부터 진행된 법원의 강제집행 압박과 단수 및 단가스 조치, 그리고 8월 2일부터 본격화된 공권력 투입과 단전에 맞서 목숨을 건 항쟁을 지속했다. 노동자들은 우리의 공장을 저들이 뺏으려 한다는 생각으로 투쟁했다. 노조원들은 노동자들의 존엄과 자본으로부터의 독립성을 실행했다. 다른 한편으로는 그 목표의 자본 예속성이다. 총고용이라는 목표는 자본에의 종속상태를 지속하는 것이지 자본으로부터 독립되는 길이 아니다. 투쟁은 회사를 살린다, 고용을 유지한다, 가정을 지킨다는 보수적 목표들에 종속되어 있었다. 회사나 고용이나 가정은 (저 회사가 아닌 우리 회사, 해고자가 아닌 피고용자, 남의 가정이 아닌 나의 가정이라는 식으로 작동하는) 부르주아 사회의 오래된 제도형태들이지 새로운 것이 결코 아니다. 경계 지어진 이것들을 지키는 것이 사회적 삶을 지키는 일과 배치되는 경우가 적지 않다. 회사, 고용, 가정을 지키는 것은 직접적으로는 중요하다. 하지만 그것이 정치적으로 유의미하려면 그것이 현행의 신자유주의적 자본주의에 대한 대항능력을 가지고 있어야 한다. 총고용의 결정적 불가능성은 오늘날 노동이 삶 전체와 중첩된 사회적 노동임에 반해 자본은 여전히 사적인 데에서 유래한다. 오늘날 자본은 사회화된 노동의 총체를 고용할 능력을 전혀 갖고 있지 않다. 그렇기 때문에 신자유주의의 새로운 통치는 고용 없는 축적을, 즉 금융(금리, 환율, 신용평가, 인플레이션 디플레이션 등)과 삶권력을 통한 전 사회적 착취 양식을 개발하고 있고 회사, 고용, 가정 등의 근대적 자본주의 제도에 대한 의존성을 점점 벗어나고 있다. 쌍용차 투쟁은 강력한 전투성과 강한 보수성의 기이한 결합을 그 특징으로 보여 주었다. 신자유주의적 자본주의는 회사, 고용, 가정에 의존에 점점 덜 의존하기 때문에 그것이 착취의 바탕으로 삼는 기본적 매트릭스로서의 사회적 노동, 공통적 삶, 공통적 사회관계 요컨대 다중의 공통재 그 자체의 차원에서 발생하며 그것을 정치적 비전으로 삼는 운동이 아니고는 신자유주의적 자본주의와 싸워서 이길 수 없다. 삶정치적 공통재에 입각한 다중의 공통체 구축을 위한 민주주의 운동의 방향에 입각할 때에만, 운동들은 노동 내부의 차이와 분열을 극복할 수 있고 궁극적으로 일방주의적인 삶권력을 고립시킬 수 있다.

공통적인 것의 헌법

우리가 군사주의적 승패의 관점을 벗어나서 쌍용자동차 파업농성투쟁의 승리적 요소를 살펴보는 것은 유익할 것이다. 첫째, 이 투쟁은 자본과 노동 사이의 화해불가능한 적대의 실재성을 명확히 드러냈다. 의식의 차원에서 공장점거를 자주관리와 계급자율, 다중자치의 방향으로 끌고 가지는 못했지만 현행의 신자유주의적 자본주의에 적대가 실재하고 그것이 억압될 수는 있지만 그 억압을 통해 해결하기는 불가능한 것임을 웅변으로 보여 주었다. 둘째, 이 투쟁은 지난 문민정부와 참여정부하에서 유순화되었던 운동들이 다시 그 기본적 적대의 차원을 획득하는데 자극제가 되었다. 방어를 위한 폭력에 대한 사회적 용인의 수준은 크게 높아졌다. 정권은 일개 노조의 파업을 진압하기 위하여 꺼낼 수 있는 모든 무기를 꺼내 들었다. 완전무장한 경찰특공대, 헬기와 최루봉투탄, 최루물대포, 색소물대포, 색소봉투탄, 테이저건, 다목적발사기(고무총).

2008년의 촛불시위와는 비교도 되지 않는 무기사용의 인플레이션이 있었다. 그 때문에 항의 수준도 업그레이드되었다. 화염병, 새총, 바리케이드, 폐타이어, 각목, 쇠파이프 등이 일상화되었다. 이명박 정부는 이번 파업농성투쟁을 거치면서 각성되고 분노에 찬, 그래서 더욱 거칠어진 사회운동과 대결해야 할 것이다. 셋째, 자본은 정리해고가 자신의 임의대로 되는 것이 아님을 느꼈을 것이다. 정리해고가 자신의 사활을 걸어야 하는 무시무시한 공작임을 뼈저리게 느끼도록 만든 것에 이번 파업농성투쟁의 성과가 있다.

문제는 기업을 살리는 것, 국가를 살리는 것, 노조를 살리는 것에 있지 않다. 이 제도형식들로 오늘날의 전 지구적 수준에서 생성되고 있는 공통적인 것의 욕망을 수용할 수는 없다. 근대적 제도형태들은 공통적인 것에 의존하면서 그것을 부단히 침식하고 부패시킨다. 우리가 어떻게 사회적 삶의 재생산과 선순환을 자극하고 촉진할 인간들 사이의 협력적 사회관계와 정치적 조직화를, 공통적인 것의 헌법을 만들어 낼 수 있을까?

9장 | 2011 : 후쿠시마와 생명

인지자본주의와 재난자본주의 사이에서의 제헌

카타스트로피와 죽음의 정치

3·11로부터 9개월이 지났을 때에야 나는 일본을 방문할 수 있었다. 일본대학에서 열린 〈접속의 정치학·2〉 워크숍에서 '2011년 혁명'을 주제로 발표를 하도록 되어 있었기 때문이다. 워크숍 전날 저녁 식사 자리에서 고영란 선생은 "도쿄가 어둡죠?"라고 말문을 열었다. 밖을 내다보니 식당에서 내려다보이는 신주쿠 시내가 정말로 어두워 보였다. 나는 "그렇군요."라고 대답했다. 처음에는 그때가 밤이라 그렇게 말하는 것으로 생각했는데, 3·11 이후로 전기 공급이 부족하여 밤이 되어도 시내에 불을 켜지 않는 곳이 너무 많다고 덧붙이는 것을 듣고서야 그 '어둠'이 물리적 어둠이 아니라 정치적 어둠을 의미한다는 것을 깨달았다. 다음 날인 12월 8일 워크숍에서 금융위기, 월스트리트 점거, 페미니즘 등 다양한 주제가 거론되었는데도 강당을 메운 일본인 참석자들의 관심과 질문은 역시 후쿠시마 사태, 원자력 에너지, 대안과 실천과제 등에 집중되었다. 후쿠시마가 마치 '검은' 구멍(블랙홀)처럼 모든 문제를 흡수하고 있는 것 같았다.

그로부터 약 3개월 뒤인 2012년 2월 26일, 〈다중지성의 정원〉에서는 『유체도시를 구축하라!』(서울리다리티 옮김, 갈무리, 2012)의 저자이며 일본의 탈원전 활동가들과 함께 jfissures.org 사이트를 운영하고 있는 사부 코소Sabu Kohso의 출간기념강연이 열렸다. 사부는 준비한 강의개요에서 이 책이 쓰인 2007년 이후 도시에서 일어난 변형의 경향을 세 가지 개념으로 정의했다. 팽창expansion, 정보화informatization, 그리고 불안정화precarization가 그것이다. 그리고 그는 이 변형경향의 구체적 맥락이 2011년에 일어난 예상치 못한 두 가지 사건들에 의해 주어지고 있다고 했는데 그 하나는 북아프리카에서 시작되어 뉴욕으로 이어진 전 지구적 혁명이고 또 하나는 일본 후쿠시마에서 폭발한 3·11 핵재앙이다.

나는 『인지자본주의』(갈무리, 2011) 원고를 아랍혁명이 시작되기 훨씬 전에 시작하여 후쿠시마 사건이 발생한 이후인 4월 6일에 완성했다. 한편에서는 오랫동안 억압되어 온 '암흑'의 세계가 각성하여 일어서고 있었고 다른 한쪽에서는 최첨단 문명의 세계가 '암흑'의 이미지, 파국의 이미지를 만들어 내고 있었던 시기가 이 기간 속에 포함되어 있다. 노동의 인지화에 따른 지배의 인지화를 자본주의의 재구성이라는 관점에서 분석한 이 책에서 나는, 2011년 1월에 폭발한 아랍혁명에 대해서는 한 장(「13장 21세기 혁명과 인지적인 것」)을 할애하여 분석할 수 있었지만, 그해 3월에 발생한 후쿠시마 진재震災에 대해서는 그렇게 할 여유가 없었다. 그래서 나는, 항상 집필과정의 끝에 쓰게 되는 '책머리에'에서 이 사건을 간단히 언급하는 데 그쳤다. 그 부분을 지금 다시 읽어보니 2011년에 폭발한 혁명과 3·11 진재를 인지자본주의가, 생명권력을 통해 불러낸 힘들(다중과 핵력)을, 그 자신이 더 이상 통제할 수 없게 된 '통제불가능의 상황'을 강조하는 데에 초점을 맞추고 있다.

사부 코소도 노동의 정보화, 정동화, 비물질화와 같은 인지화 경향을(『뉴욕열전』(김향수 옮김, 갈무리, 2010)이나 『유체도시를 구축하라!』와 같은 책에서 강조했을 뿐만 아니라) 그날의 강의에서도 역점을 두어 설명했다. 하지만 그는, 어쩐 일인지 노동의 인지화와 사회의 정보적·정동적 재편이라는 현상을 삶권력biopower과, 즉 '살게 하고 죽게 내버려 두는 권력'(푸코)과 연결시키지 않았다. 그는 오히려, 도시의 인지적 재편에 수반되는 젠트리피케이션이 파괴와 죽음을 가져온다는 점을 강조했고, 그것을 3·11의 재앙과 중첩시켰으며 다시 그것을 9·11과 연결시켰다. 그는 9·11에서 3·11로 이어지는 10년을 '카타스트로피의 행진'이라고 부르며, 자본주의적 발전이 도시적 삶에 가져오는 파괴와 파국을 전례 없이 강조했다. 자본의 정치가 생명의 정치가 아니라 죽음의 정치로 되고 있음을 드러내는 데 이론적 에너지를 집중한 것이다.

2016년 2월 26일 〈다중지성의 정원〉에서 열린 『유체도시를 구축하라!』 한국어판 출간 기념 강연회에서 강연 중인 이와사부로(사부) 코소

나는 강연 후 이어진 뒤풀이 자리에서 일본인 친구들과 대화를 나누다가 사부의 이러한 생각이 이들의 감성적 호응을 얻고 있음을 느낄 수 있었다. 일본에서 탈원전 운동을 하고 있다고 소개한 어떤 친구는 3·11 이후의 상황을 질 들뢰즈의 이미지론을 빌려 '피폭-이미지'라고 표현했다. 그는, 사부가 말한 것과 똑같이, 포스트포드주의 이후 국가관리체제가 '죽음의 정치'로 표현되고 있다고 말했다. 눈에 보이지 않는 방사능에 피폭되고 있다는 느낌은, 무기력을 조장하는 죽음의 이미지로서 어떠한 행동도 (국가를 살리기 위해 모두 힘내 협력하자는 국가주의적 행동도, 핵 에너지 체제가 아닌 대안에너지 체제를 만들자는 대안관리적 행동도) 불가능하게 만드는 것이라고 말했다. 나는 아득해지는 느낌을 떨칠 수 없었다. 그래서 나는 그에게, '방사능에 의한 피폭이 제국·국가·자본으로부터 강제되는 반복되는 피폭被暴들, 예컨대 전쟁·감금·억압·감시·통제·강제·빈곤·신용불량 등과 질적으로 어떻게 구분될 수 있는 것인가, 방사능에 의한 피폭은 다른 것과는 질적으로 다른 어떤 절대적 피폭인가'라고 묻지 않을 수 없었다.

미루어 보건대, 3·11이 일본인들에게 미친 충격은 내가 『인지자본주의』의 「책머리에」에서 서술한 것보다 훨씬 더 크고 또 더 깊은 것이었음이 분명하다. 이런 의미에서 그것은 확실히 특수하고 어떤 의미에서는 절대적인 것으로 체험되고 있다고 해도 좋을 것이다. 내가 3·11을 '인지자본주의의 통제불가능성'의 징후로서 사례화하는 객관적 태도를 취했다면, 그것을 몸과 마음으로 뼈저리게 겪고 있으며 한시도 그 충격에서 벗어날 수 없는 현지의 사람들에게 그것은 결코 객관적으로 사례화될 수 없는 것이었다. 그것은 지금 당장의 절체절명의 문제일 뿐만 아니라 앞으로도 수만 년, 수십만 년을 두고 지속될, 거의 해결이 불가능해 보이는 난제로 체험되고 있기 때문일 것이다. 이럴 때 그것이, 수많은 사람들의 생명을 소멸시킬 뿐만 아니라 지금까지의 모든 인지양식까지 무효화하면서 우리를 물리적 정신적 파국에 이르게 하는 영점zero point으로 인식되는 것은 지극히 자연스러운 것으로 여겨진다. 강의와 뒤풀이 자리에서 여러 번 되풀이된 재앙·파괴·죽음 등의 용어들이 그것을 시사하는데, 이러한 감각방식으로 인하여 3·11 재앙의 피폭-이미지가 과거와 미래 시간 전체를 투시하는 하나의 관점으로 자리 잡은 것이 아닌가 느껴질 정도였다.

『유체도시를 구축하라!』를 한국어로 번역한 역자 중의 한 사람인 하지메도 그날 참석해서 한·일 간의 소통을 도와주었다. 책을 번역할 때, 그는 젠트리피케이션이 수반하는 '카타스트로피'catastrophe를 '파괴' 혹은 '파국'으로 옮기지 않고 '돌연변이'라고 옮겼다. 그런데 만약 그날 강연에서 사부가 사용한 '카타스트로피'라는 말을 '돌연변이'로 통역했다면 아마도 맥락과 잘 어울리지 않는다는 느낌을 주었을 것이다. 그날 그것은 명시적으로 파괴, 파국을 의미하는 용어로 사용되었기 때문이다. '돌연변이'로서의 카타스트로피(2007)와 '파국'으로서의 카타스트로피(2012) 사이의 이 간극이 무엇을 의미하는 것일까? 3·11 이전 사부의 생각에서 젠트리피케이션은 '파괴'보다는 '변이'로 읽힐 수 있는 용어였을 것이다. 그런데 3·11 이후의 사부에게서 젠트리피케이션이 수반하는 바의 바로 그 카타스트로피는 글자 그대로 '파국'으로서 이해되며, 변이의 이미지보다는 재앙의 이미지와 더 깊이 연결된다. 그가 9·11에서 3·11에 이르는 시간을 '변이의 행진'보다는 '파괴의 행진'으로 묘사하게 된 것은 이 때문이 아닐까?

그렇다면 우리는 이제 더 이상 현대 자본주의 권력을, '사람들을 살게 하면서 착취하는 권력'으로, 생명관리권력으로서의 '삶권력'으로 부를 수 없게 된 것인가? 그것은 이제 사람들을 죽음으로 몰아넣는 '죽음의 권력'으로 바뀐 것인가?[1] 그것은 더 이상 사람들의 감각, 감정, 상상, 발명, 행동 등을 촉발하는 권력이 아닌 것인가? 만약 9·11에서 3·11로 이어진 시대의 권력이 적나라한 죽음의 권력이라면, 그래서 죽음을 생산함으로써 연명하는 자본주의라면 우리는 '삶-이미지'를 현대의 권력이나 자본에 더 이상 부여하지 말아야 할 것이다. 즉 자본의 권력을 생명권력으로 묘사하거나 그것의 정치를 생명정치로 부르지 말아야 할 것이다.

인지자본주의와 삶정치에서 재난과 죽음의 문제

내가 여기에서 이야기하고 싶은 것은, 죽음의 권력, 죽음의 정치에 대한 이러한 표상방식이 내가 『인지자본주의』에서 표현한 생명권력, 생명의 정치에 대한 생각과 맺는 관계, 특히 그것과 맺는 갈등적이고 긴장된 관계에 관한 것이다. 나는 인지자본주의를 이미 지나간 과거형으로 서술

1. 푸코는 19세기에 '죽게 하고 살게 내버려 두는 권력'(군주권력)이 '살게 하고 죽게 내버려 두는 권력'(생명권력)에 의해 (대체까지는 아니라 할지라도) 보완된다고 보았다. 그는 새롭게 정착된 이 권리가 "낡은 권리를 지워 없애는 것이 아니라 거기에 침투하고 관통하고 수정하여 정반대의 권리"로 된다고 말했다.(미셸 푸코, 『사회를 보호해야 한다』, 박정자 옮김, 동문선, 279쪽) 20세기에 오래 지속된 생명권력 시대를 경유한 후 21세기에 다시 죽음의 권력이 부활한다면 그것은 '군주권력으로의 회귀인가 아니면 생명권력에 대한 수정인가?'도 중요한 문제이다.

한 것이 아니라 현재 진행 중인 것으로 서술했다. 내가 서술한 바에 따르면, 인지자본주의를 추동하는 주요한 힘은 자본에 있다기보다 사람들의 삶과 거의 동의어가 되어 가고 있는 노동 자체에 있다. 나는, 사람들의 감각, 욕망, 지성, 소통, 상호연결, 협동 등이 사회적 삶을 추동하고 변형시키며 구성하는 근본적 힘이라고 보았다. 이 구성적 운동들에는 파괴, 거부, 탈주, 패러디, 이동, 역행 등의 행위양식들이 포함되지만 그것은 살flesh, 사람, 사랑 등으로 변주되는 삶의 힘의 다양한 실천적 표현형태 중의 일부로 이해될 수 있는 것들이다. 자본-권력은 삶의 이 운동을 뒤따르면서 때로 그것을 고무하고 때로는 그것을 제한하며 그것에 개입하여 그것을 관리하는 힘으로 등장한다. 자본-권력은 삶의 이 특이하고 독립적인 운동을 포획하여 그것을 자신의 종속물로 전환시킨다. 더 이상 내재적 에너지를 동력으로 삼지 못하고 자본의 포획망에 걸린 삶, 삶의 폭발력이 감축되어 관성으로 굳어진 삶, 그것은 물질 쪽으로 끌려가 그것에 적응된 삶이다. 물질에 적응된 삶은, 생명력의 축소를, 곧 죽음을 의미한다.

이런 의미에서 인지자본주의의 권력은 분명 삶/생명과 관계한다는 점에서 생명권력이다. 하지만 그 권력 속에서 '살게 함'과 '죽게 함'은 분리되지 않고 연결되며 배제하기보다 공존하는 것처럼 보인다. 전자에 주목하면 삶권력으로, 후자를 주목하면 죽음권력으로 나타나는 것이 생명권력인 것처럼 보이게 된다. 위험사회, 재난자본주의, 죽음의 정치 등은 후자에 강조점을 두면서 현대자본주의 권력을 표상하는 방식일 것이다. 실제로 위험은 도처에 편재한다. 도로들, 가스관들, 기업들, 인간관계들, 정보망들, 금융권, 정치권 등 우리가 속해 있는 모든 공간, 우리가 살아가는 모든 시간이 위험으로 가득 차 있다. 그 위험은 재난으로 폭발한다. 교통사고, 가스폭발, 착취, 살인, 프라이버시침해, 사기, 폭행, 전쟁 등이 그것들이다. 자연재해조차도 순수한 자연재해로 머무는 법이 없다. 홍수가

3·11 후쿠시마 참사로부터 한 달여가 지난 2011년 4월 16일 도쿄의 탈핵 시위

도시를 집어삼키고 난 후, 우리는 그곳에서 치수관리를 둘러싼 뇌물수수, 불량 자재나 중고 자재 사용, 임무 방기와 책임 전가 등을 거의 반드시 발견한다. 인간들 사이의 적대가 재난을 가져오고 재난은 죽음을 불러오는 것이다. 죽음은 삶의 곁에서, 아니 그 한가운데에서 삶을 포획하며 삶과 함께 나아가고 있다. 내가 『인지자본주의』에서 분석한 공포, 두려움, 조증과 울증, 불안 등은 우리의 생명력이 침식되어 생명이 물질화되어 가고 있는 경향들을 표현한 것들이다.

3·11은 이미 수많은 사람들과 동식물들을, 즉 생명체들을 죽음에 이르게 했을 뿐만 아니라 향후 천문학적인 시간 동안 누출될 방사능으로 생명체들의 대규모 죽음을 예비하고 있다. 이 점에서 3·11은 분명히 현대 자본주의가 품고 있던 위험, 재난, 죽음의 경향의 분명한 현현이며 구체화이다. 우리가 히로시마와 나가사키에서 보았던 피폭-이미지는 생명의 정지, 운동의 정지뿐만 아니라 시간도 정지되는 한순간의 이미지를 또

렷이 드러내 준다. 그런데 후쿠시마에서의 피폭은, 히로시마/나가사키에서의 피폭과는 달리 일순간의 폭발적 정지와 죽음이 아니라 서서히 진행되는 영구적인 죽음의 이미지를 떠오르게 한다. 접근금지구역 선포, 방향을 잃은 이주행렬, 곳곳에 나뒹구는 시체들, 황폐해진 마을과 황량한 벌판, 쓰러져 신음하는 동물들, 초점을 잃은 허망한 눈빛…, '무기력'이란 바로 이런 것을 표현하기 위한 말일 것이다.[2] 그것은 행동할 능력의 축소와 상실을 표현한다. 스피노자는 행동할 능력의 증가를 기쁨의 정동이라고 부르면서, 그와 반대의 것, 즉 행동할 능력의 감소를 슬픔의 정동이라고 불렀다. 무기력은 행동할 능력의 축소로서 슬픔이 고조된 상태를 지칭한다. 무기력함, 그것은 우리가 생명력을 상실해 가고 있다는 증거이며 물질화되어 가고 있다는 증거이다. 무기력함은 죽음의 정치가 효과를 드러내는 방식이다.

일본에서 온 친구들은 후쿠시마 제1원전에서의 방사능 누출을 막을 방법은 없다고 말했다. 그것은 수만 년을 두고 지속될 것이며 이 긴 시간 동안 죽음은 지속된다는 것이다. 도쿄에서 열리는 반/탈원전 시위에 참가하면서도 이들은 이미 사고는 발생했고 그것을 "아무도 멈추게 할 수 없는데 원전반대가 어떤 의미를 갖는지 혼란스러웠다."고 술회했다. 이것은, 방사능의 죽음-이미지가 후쿠시마를 덮쳤을 뿐만 아니라 살아남은 우리들의 마음까지도 덮쳐 행동할 능력을 축소시키고 있음을 보여 준다. 3·11은 물질적 재앙만이 아니라 정신적이고 심리적인 재앙까지 불러오고 있다. 행동할 능력을 축소시키고 무기력과 동요를 강화한다.

이 재앙의 상황에서, 권력은 사람들을 특정한 충동 속으로 끌고 들

2. 영어에서 재앙을 뜻하는 'disaster'는 접두사 'dis'와 별/행성을 뜻하는 'astrum'의 결합어로서 행성의 질서를 벗어나 있어 행성 내에서는 적절한 대응 행동을 찾을 수 없음(즉 무기력)을 함의한다.

어가기 위해 재빨리 손을 쓰고 있다. 국가주의의 강화가 그것이다. 자위대를 복구현장에 파견하여 군대에 대한 존경과 신뢰를 높이는 것. 부흥은 군대로부터 시작되고 국가가 그것을 주도한다는 이미지를 확산시키는 것. 이렇게 함으로써 일본 정부는 이 재앙을 국가주의적 발전의 기회로 역전시키기 위해 분투한다. 아마도 그것은, 〈평화헌법〉 9조의 폐기와 전쟁 가능한 군대의 보유, 그리고 무장력의 해외파병으로 이어지는 길을 열기 위한, 오래 지속되어 온 노력의 연속일 것이다. 이와 달리 '좌파'를 자임하는 일부의 사람들은 이 재앙을, 핵발전 대신 태양광, 풍력 등의 대안 에너지 개발을 통한 자본주의적 발전 경로를, 원자력 중심의 발전정책 대신에 재생가능 에너지를 중심으로 하는 새로운 녹색 발전정책을 제시하는 기회로 삼는다. 이 두 가지 정치 행동들에서 우리는, 재앙을 다른 충동적 행동을 자극하기 위한 조건으로 삼는 감각운동적 메커니즘을 발견한다. 이것이야말로 나오미 클라인이, '위기와 재난을 멋진 기회로 여기는 자본주의', 즉 '재난자본주의'라고 불렀던 바로 그것이 아닌가?[3]

자본주의가 위기와 재앙과 죽음을 축적의 기회로 삼는다는 재난자본주의론의 사례는, 자본주의가 다중의 생명활동과 인지활동을 축적기회로 삼는다는 인지자본주의론의 주장을 부인할 수 있을 정도로, 그래서 인지자본주의가 아니라 재난자본주의가 현대 자본주의의 실제적 경향이라고 말하는 것이 합당하게 느껴질 정도로 거대하게 쌓여가고 있는 것처럼 보인다. 일본정부가 후쿠시마 재앙을 국가주의 부활의 기회로 사용하고 있을 뿐만 아니라, 한국 정부는 후쿠시마 재앙을 원전 수출 확대의 기회로 활용한다.[4] 2008년의 금융위기는 은행의 손실을 수많은 다중

---

3. 재앙 혹은 재난 자본주의에 대해서는 "재난자본주의의 등장"(The Rise of Disaster Capitalism)이라는 부제를 단 나오미 클라인의 책, 『쇼크 독트린』(김소희 옮김, 살림Biz, 2008) 참조.
4. 2012년 3월 25일, 핵안보정상회의의 서울 개최는 이와 무관하지 않을 것이다.

의 어깨 위로 떠넘기고 거대한 부를 다시 거대은행의 수중으로 집중시키는 기회로 이용되었다. 2005년 뉴올리언스를 강타한 카트리나 재해는 공립학교를 민영화하는 기회로 이용되었다. 2004년의 스리랑카 쓰나미는 호텔업자들이 어민들로부터 아름다운 해변을 빼앗는 기회로 활용되었다. 2001년의 9·11은, 문명충돌의 이미지를 사용하면서 테러에 대한 전쟁을 개시한 부시정부에 의해 대안세계화 운동을 잠재우고 민주주의 운동을 억압할 절호의 기회로 이용되었다. 아프가니스탄과 이라크에서의 충격과 공포의 전쟁은, 석유매장지와 가스수송로, 그리고 주권에 대한 통제권을 미국의 수중으로 옮기는 기회로 이용되었다. 1997년의 동아시아 경제위기는 신자유주의를 동아시아 사회의 밑바닥에까지 깊숙이 이식하는 기회로 이용되었다.

이처럼 기존 사회에 닥친 파괴와 폭력을 자본주의에 활기를 불어넣는 기회로 이용하는 방식을 나오미 클라인은 '쇼크 독트린'으로 부른다. 그녀는, 이것을 고문 기술의 정치경제적 채용이라고 말해 두는 것을 잊지 않는다. 고문은, 죄수에게 폭력적 조치를 취함으로써, 그가 익숙했던 주변세계가 폭발하거나 그 속에서 자신의 이미지가 무너지는 느낌을 창출하는 것이며 이렇게 함으로써 그의 저항 행동을 정지시키고 심리적 마비를 가져오는 기술이다. 그것의 목적은 전적으로 죄수를 심문관에게 순응하도록 만드는 데 있다. 더 이상 저항할 수 없고 행동할 수 없다는 느낌으로서의 무기력이 바로 고문 기술이 죄수의 내면에 조성하고자 하는 바로 그 심리상태인 것이다.

그런데 여기서 인지자본주의론과 대립하고 또 그것을 부정하는 것처럼 보였던 재난자본주의론은, 인지자본주의론과 연결되며 오히려 인지자본주의론을 강화하는 것으로 나타난다. 고문을 통한 공포와 무기력의 조장이 착취와 지배의 방법이 된다는 것이 그것이다. 재난 자본주의는 재난 그 자체를 이용하는 것이 아니라 재난/재앙이 산 사람들의 마음 속에 불러일으키는 정동을 이용한다. 나는『인지자본주의』5장에서 노동의 인지화에 따른 지배의 인지화를 분석한 바 있다. 공포, 조울증, 불안, 불편 등을 통한 정동적 지배는 그것의 방법이다. 무기력은 공황감의 일종으로서, '작은 악을 통해 큰 악을 피하려고 하는 욕망조차 방해당하는 일반화되고 대규모화된 두려움'이 표현되는 방식이다. 인지자본주의는 사람들의 인지활동을 통제하고 관리함으로써, 기존의 것과는 다른 인지양식을 조성함으로써 사람들을 지배한다. 재앙과 죽음은 인지활동이 아니다. 하지만 그것에 대한 반응으로서의 공포나 무기력은 인지활동이며 인지의 특정한 양식이다. 자본주의는, 재앙과 죽음이 불러일으키는 부정적인 인지적 반응들(무기력, 공포, 공황, 두려움 등)에 충동-이미지들(애국심, 인종주의, 순종적 태도 등)을 부여하고 그것을 특정한 방향의 행동으로 이끈다. 그렇기 때문에 재난자본주의가 이용하는 것은, 사람들의 인지적 생명활동이지 파괴나 죽음, 재난 그 자체가 아니다. 이런 의미에서 재난자본주의는 인지자본주의의 한 양상이다.

그러므로 나는 3·11이 갖고 있는 분명한 재난자본주의적 요소도 인지자본주의의 관점에서 파악되어야 한다고 생각하지 않을 수 없다. 핵/원자력, 핵물질에서 누출되는 방사능, 방사선, 방사성 등이 지진, 쓰나미, 태풍, 홍수 등과 같은 자연재해들과 다르고 또 가스폭발, 전쟁 등과 같은 인재와도 다른 측면이 있다는 것은 분명하다. 재난의 완화나 극복에 수만 년, 수십만 년이라는 천문학적 시간이 걸린다는 점, 방사능의 위험을 지적으로는 알고 있지만 그것이 눈에 보이지 않기 때문에 구체적으로 식별되는 위험의 대상으로 되지는 않는다는 점, 방사능이 어느 곳으로나 이동할 수 있고 어디에나 무차별적으로 침투하여 오염시킬 수 있다는 점 등이 그러하다. 방사능은 분명한 원인을 갖는다는 점에서는 공포의 감정

2012년 7월 29일 일본 도쿄 히비야 공원에서 국회 앞으로 향하는 탈원전 행진의 원자력 발전소 반대 피켓. 이 집회의 주제는 '7.29 탈원전 국회 대포위'(脱原発国会大包囲)였다.

을 조장한다고 할 수 있다. 하지만 그것이 구체적이고 실제적인 대상을 발견하기 어려운, 편재하는 일반적 위험이라는 점에서, 그것이 조장하는 감정은 공포보다는 두려움에 더 가깝다. 어느 재일 한국인 교수는 도쿄에서 자신이 하루하루 마루타의 삶을 사는 것 같다고 토로했는데, 그것은 아마도 물리적 차원만이 아니라 심리적 차원까지 포함한 의미에서일 것이다. 3·11 이후 일본에서 산다는 것은 매일매일 끊임없는 인지적 조정과 단련을, 인지적이고 윤리적인 일상실천으로서의 삶을 요구한다고 할 수 있다.

핵·원자력·방사능의 이 특수성 때문에 사람들은, 3·11에 대해 사유하기를 어려워하고 지금까지의 모든 인지적 프레임이 무효화된다는 느낌을 받는다. 우리는 3·11을 다룬 글들에서 종종 지금까지의 행동 양식과 사유양식들의 완전한 백지화가 도래했다는 생각을 발견하곤 하며, 3·11의 카타스트로피를 현대 문명의 아포칼립스로 느끼는 경향을 발견하곤 한다. 이 속에서 우리는 행동의 중지만이 아니라 사유의 중지까지 강제하는, 깊은 무기력의 정동을 읽는다. 그렇다면 3·11은 정말로 지금까지의 모든 패러다임의 종말을 의미하며 또 그래야 하는가?

원자력 재난과 인지자본주의

얼핏 보면 3·11이 재난자본주의와 죽음의 정치의 한 극점을 보여 주는 것처럼 보이는 것은 사실이다. 어디로나 확산되는 방사능이 모든 것을 백지로 만들어 자본주의의 낡은 패러다임을 지우고 그 위에 뭔가 다른 패러다임을 써넣을 호기를 제공하는 것처럼 보이기 때문이다. 대중의 무기력을 틈타 정부와 자본은 실제로 그런 목적을 달성하기 위해 움직이고 있다. 이 재난자본주의적 대응을 우리는, 인지자본주의적 삶권력의 통치방식으로도 이해할 수 있다. 앞서 언급한 〈접속의 정치학·2〉 워크숍에서 나는 인지자본주의적 갈등의 정동적 성격이 핵위기에서도 주어진다는 점을 강조한 바 있다.[5] 핵방사능은 계급을 가리지 않고 누구에게나 침투하지만 핵에 대한 지각과 체험의 양식은 철저히 계급적이다. 극소수의 부자들은 핵에서 권력과 생산력을 지각하고 안전, 안심, 평화를 경험한다. 반면, 대다수의 가난한 사람들은 핵에서 폭력을 지각하고 공포와 불안을 경험한다. 또 핵은 예속을 생산하는 인지정치적 무기로 사용된다. 달러패권과 채무경제가 화폐권력의 집중을 통해 채무자를 생산하는 공정이라면, 핵은 폭력의 집중을 통해 예속자를 생산하는 공정이 된다. 채권-채무 관계를 통해 채무노예로 된 대중을 주권에 감시당하는 예

5. 曺貞煥, 「世界資本主義の危機と代案をめぐる葛藤:緊縮 福祉, 占拠という三つの岐路に立って」(金誾愛 譯, 『現代思想』, 2012年 2月, pp. 110~129). 그것의 한글본은 이 책의 3부 6장 「신자유주의 위기 속의 세 갈래 대안」 참조.

속자로 만드는 것은 핵/원자력 체제이다. 이런 전제 위에서 나는 그 체제의 메커니즘을 기술, 경제, 환경, 사회, 군사 다섯 가지 측면에서 다음과 같이 요약한 바 있다.

> 첫째, 기술적으로, 원자력은 중성자를 이용해 핵력으로 결합되어 있는 양성자들을 분열시킬 때 나오는 거대한 핵분열 에너지를 이용해 발전을 한다. 원자력은 나무나 석탄, 석유와 같은 자연에너지원과는 다르다. 그것은 자연자원인 우라늄/플루토늄을 과학기술로 가공해서 생산해 내는 유도에너지이다. 이 가공을 위한 장치로 원자로가 사용된다. 경수로에서는 우라늄 235(천연 우라늄의 0.7%)를 핵분열 물질로 사용해 왔지만 실험 중인 고속증식로에서는 천연우라늄의 99.3%를 차지하는 우라늄 238까지 이용가능하다. 고속증식로가 우라늄 238을 플루토늄 239로 만들어주고 이것이 핵분열물질로 사용되기 때문이다. 원자로는 자연물질이 갖는 잠재력(핵력)을 에너지로 현실화시키는 장치로서, 자원 그 자체보다도 과학기술을 에너지 생산원으로 전환시킨 것이다. 이런 의미에서 원자력은 인지자본주의를 준비하고 뒷받침했으며 인지자본주의에 적합한 에너지로 발전되어 왔다.
>
> 둘째, 경제적으로, 원자력은 무한 성장의 환상을 제공한다. 석유, 석탄 등이 유한한, 그것도 수십 년 내에 고갈될 가능성을 갖고 있는 자원으로 인식됨에 반해 고속증식로에서 우라늄 238을 활용할 때 에너지 확보는 이론적으로 만년 이상 가능한 것으로 계산되기 때문이다. 인지자본주의는 원자력을 통해서 자신의 에너지를 거의 무한대로 확보할 수 있다는 환상을 갖게 된다. 이 환상이 주는 매력 때문에, 물을 냉각제로 쓰는 경수로와 달리 나트륨을 냉각제로 쓰는 고속증식로가 나트륨의 활성으로 인해 경수로보다도 훨씬 더 큰 위험을 갖고 있다는 사실은 감춰진다.

셋째, 환경적으로, 원자력은, 온난화를 가져오는 온실가스를 배출하지 않는다. 하지만 원자력은, 인체와 생물체에 치명적인 방사능을 길게는 수십억 년에 걸쳐 배출한다. 원전 지지자들은, 이것을 기술적으로 관리할 수 있다고 주장하곤 하지만 스리마일, 체르노빌, 후쿠시마를 비롯한 대형사고는 말할 것도 없고 소형사고들, 그리고 알려지지 않은 수많은 은폐사고들까지 포함하면 원자력에 의한 방사능 누출 관리는 사실상 불가능한 것으로 입증되었다. 만약 가능한 관리가 있다면, 흑사병이나 전쟁이나 마녀사냥 등이 인구관리의 정상형태로 간주되었듯이, 누대累代에 걸친 대량살상까지도 정상적 관리의 일부로 간주하는 관리일 것이다. 게다가 핵폐기물에 대한 안전한 관리 대책은 아직까지 실제적으로는 물론이고 이론적으로조차 제시된 바가 없다. 반감, 반감의 반감, 반감의 반감의 반감… 에 걸리는 수만, 수억, 수십억 년의 시간을 누가 어떻게 안전하게 관리할 수 있을 것인가? 인지자본주의가 예찬하는 에너지원은 이렇듯 불안정한 상태에 놓여 있다.

넷째, 사회적으로, 원자력은 찬성과 반대의 첨예한 분열을 가져왔다. 정치적 수준에서의 찬반은 차치하고라도, 핵발전소와 핵폐기물처리장 건설 문제는 주민분열을 초래하여 사회적 갈등의 진원지가 된다. 이 분열은, 보상금, 지원금 등의 금품이나 일자리 제공 약속, 영업권 보장 등 선별적 유인책에 의해 초래된다. 인지자본주의의 에너지는 이렇게 사람들을 증오의 감정에 빠뜨리고 서로 분열시키면서 발전해 간다.

다섯째, 군사적으로, 원자력은 핵무기 생산의 배후기지이다. 히로시마 이후 주권은 핵무기를 통해 보호되고 있다. 핵 보유 국가는 말할 것도 없고 비보유 국가도 핵우산을 통해 국가주권을 유지하기 때문이다. 물론 핵우산 체제는 국가주권을 상대화시키고 제국적 주권을 가져온다. 핵이 주권의 군사적 토대인 한에서 원자력은 그것의 사회적 기초이다. 오늘날 인지

> 자본주의에서 국가와 주권은 원자력/핵 없이 유지될 수 없다. 이것이 핵무기 개발을 자극하는 국제정치적 조건이다. 원자력 발전은, 그것에 대한 찬성 논리가 허구적이고 작위적인 만큼, 많은 비판자들을 감시와 통제의 대상으로 만들지 않을 수 없고, 그것이 갖는 위험성이 큰 만큼, 노동자들 모두를 촘촘한 감시의 대상으로 만들지 않을 수 없다. 정보지배로 인해 파놉티콘Panopticon의 길로 들어선 인지자본주의는 원자력을 지키기 위해 빅브라더Big Brother적 감시에 의존하게 된다.[6]

핵 에너지가 자연에서 주어지는 에너지가 아니라 인지적으로 유도된 에너지라는 점, 원자력 에너지가 사람들에게 무한 성장의 욕망을 조성하고 그것을 보장하겠다는 약속에 의해 사회적으로 지탱된다는 점, 깨끗하다(청정에너지)는 이미지로 그것이 갖고 있는 위험성을 은폐해 왔다는 점, 원자력의 발전이 다중을 분열시키면서 그 증오의 감정을 지배의 동력으로 삼는다는 점, 그리고 이 환상적 에너지의 안전을 위해 파놉티콘적이고 빅브라더적인 정보 지배를 정당화한다는 점 등에서 핵체제는 인지자본주의가 도달한 최근의 단계라고 할 수 있다. 인지자본주의는 지식·욕망·환상·감정·정보 등으로 조직된 권력 복합체로서, 안전에 대한 갈망만이 아니라 죽음에 대한 공포조차도, 발전이 가져다주는 풍요만이 아니라 그것으로 인한 재난조차도 이미 발전의 동력으로 이용해 오고 있었다. 여기에 우리는, 3·11 이후에 방사능이 신체에 미치는 영향에 대한 과학 논쟁, 후쿠시마에서 누출된 방사능의 양에 대한 정보전쟁, 그리고 후쿠시마 외부로 확산된 방사선량에 대한 정보전쟁, 방사능에 피폭된 사람들의 수를 둘러싼 통계전쟁 등이 국가와 시민 사이에서 벌어지고 있다는

6. 이 책 217쪽~219쪽 참조.

것을, 그리고 사고와 방사능에 대해 어떤 태도를 취할 것인가를 놓고 격렬한 대응/대안의 전쟁이 벌어지고 있다는 것을 추가해야 할 것이다.

그러므로 이제는 핵무기 개발프로그램인 맨해튼 프로젝트가 히로시마와 나가사키를 파괴한 후 1946년에 종결되었다는 상식을 그대로 받아들일 수 없다. 핵실험은 미·소를 중심으로 세계 주요 강대국에서 계속되었다. 1954년 미국의 핵실험에서 나온 방사능에 피폭되어 일본어선 오룡호의 선원이 죽게 된 사건을, 그리고 이를 계기로 핵무기와 핵실험에 대한 비판 여론이 들끓기 시작한 상황을 미국은, '원자력의 평화적 이용'이라는 새로운 맨해튼 프로젝트를 시작하는 기회로 활용했다. 이후 세계 여러 나라에 '산업'을 위한다는 명분으로 건설된 원자력 발전소들은 이 프로젝트의 구체화이다. 스리마일, 체르노빌, 후쿠시마에 이르는 일련의 확산된 재앙은 이 인지자본주의적 프로젝트에 이미 내재되어 있던 위험이 현실화된 것들에 다름 아니다. 이런 의미에서, 후쿠시마는 제2의 체르노빌이라기보다 제3의 히로시마/나가사키라고 말하는 것이 사태를 더 정확하게 표현하는 것인지도 모른다. 핵은, 군사적인가 산업적인가를 불문하고, 절대적 폭력의 집중된 축적을 통해 사람들의 생명적 특이성을 무력화하고 자본주의적 발전체제에 순응하게 만드는 에너지체제이다. 그리고 오늘날의 인지자본주의는 이 폭력의 체제를, 사람들의 삶의 가능성이 전개되는 장으로 만들면서 동시에 그것을 제한하는 틀로 부과하고 있다.

그러므로 우리는 다시 한번, 재난자본주의는 인지자본주의와 대립하는 것이 아니며 죽음의 정치가 삶의 정치에 대립하는 것도 아니라고 말해야 한다. 우리가 발견하는 것은, 재난자본주의는 인지자본주의의 최상층에서 지배적 층위로서 작동한다는 것이다. 그것은 우리를 무기력함과 행위불가능성의 상태로 몰아넣는 공포의 정동을 통해 지배한다. 삶권력은 무기력과 공포로 인한 정동적 백지상태 위에 국가주의적 충동이나 더 고도의 강력한 발전주의적 충동을 새겨 넣음으로써 사람들이 자본을 위한 삶을 살도록 자극하며 이들의 삶에 자본주의적 형태를 부과한다. 그러나 이 형태는 인지자본주의의 하층에서 전개되는 사람들의 삶, 창조하고 발명하고 욕망하고 소통하고 협력하는 삶에 의존한다. 죽음의 층위가 지배적이지만 지배적인 것이 근본적인 것은 아니다. 근본적인 것은 오히려 이 생명의 층위이다. 인지자본주의는 사람들의 삶이라는 실재에 의존하면서 그것에 자본주의적 형태를 부여하는 체제일 뿐이다. 이 체제에게 재난, 떼죽음, 무한정 지속될 공포는 결코 돌발적이고 우연적인 것이 아니다. 그것들은 그 체제에 내재적인 것이다. 생명의 이미지들이 이 체제의 근저에서 체제를 가동시키는 동력이라면 이 죽음의 이미지들은 그 체제의 한계를 규정하는 조건이다. 우리가 무기력을 체제로부터 벗어나는 정동이라고 말하지 않고 그 체제를 구성하는 정동이라고 말하는 것은 이 때문이다.

'죽음-이미지'를 넘어 '삶-이미지'로

〈히로시마 내 사랑〉(알랭 레네 감독)은 두 개의 절대적으로 분리된 기억들의 얽힘에서 시작된다. 평화를 위한 영화를 촬영하기 위해 일본에 온 배우인 '그녀'는 일본인 건축가 '그'를 만난다. '하룻밤 사랑'을 나누고 있는 두 사람 사이를 통약불가능한 기억들이 가로막고 있다. 그 신체들 위로 회색 낙진이 한없이 떨어져 내린다. 프랑스인인 '그녀'는 느베르에서 적국인 독일의 병사를 사랑했지만 그것을 수치스럽게 생각한 아버지는 그녀의 머리카락을 자르고 지하실에 오래 감금했다. 그리고 그녀의 독일인 연인은 사살당한 다. 그 누구에게도 말하지 못하고 억압당했던 그녀의 저 '피폭'의 기억이 원자폭탄에 피폭된 히로시마의 참상과 연결되고 이를 통해 그녀는 비로소 그 기억을 떠올려 말할

알랭 레네의 영화 〈히로시마 내 사랑〉(1959)의 타이틀 화면

수 있게 된다. "나는 히로시마에서 모든 것을 보았어요."라고 반복해서 말할 때 그것은 치유의 언어였다. 하지만, 그 말을 들은 '그'는 거듭해서, "당신은 히로시마에서 아무것도 보지 못했소, 아무것도."라고 대답할 뿐이다. 오히려 그는 그녀에게, 히로시마에 원자폭탄이 떨어지던 날, "당신들 모두가 쾌재를 불렀다지?"라고 비꼴 뿐이다.[7]

2011년의 3·11 및 후쿠시마의 시간은 분명 1945년의 8·6 및 후쿠시마의 시간과는 같지 않다. 알랭 레네는 히로시마에 떨어진 원폭으로 9초에 20만 명이 사망했다고 말한다. 영국 일간지 인디펜던트는, 체르노빌에서 누출된 방사능으로 25년 동안에 20만 명이 사망했는데, 후쿠시마 원전에서 누출된 방사선물질의 양은 히로시마 원폭의 168배에 달하는 것으로, 체르노빌 사고로 사망한 사람의 다섯 배, 그러니까 1백만에 달하

7. 히로시마 원폭 투하 때에 쾌재를 부른 사람들 중에는 일본과 대치하고 있던 서구인들만이 아니라 아마도 독립을 갈구하던 조선인, 중국인들도 포함되어 있을 것이다. 참상 앞에서 쾌재를 부르는 이 적대의 심리학은 3·11 직후 반일민족주의적 감정을 가진 일부 한국 시민들의 반응에서만이 아니라 '드디어 우리의 기회가 왔다'는 듯이 원자력 발전과 원전 수출에 박차를 가하는 이명박 정부의 행동 속에서도 발견되는 것이다. 이것은 거리와 마을의 파괴를 고급 주택가 건설의 기회로 삼는 젠트리피케이션의 심리학과도 다르지 않다.

는 사람들이 사망할 것이라고 예상했다. 후쿠시마는 히로시마나 나가사키와는 달리 인구가 밀집된 도쿄로부터 불과 2백 킬로 떨어져 있을 뿐으로, 이케가미에 따르면, 도쿄는 이미 저선량low-level의 피폭위험지역권에 들어가 있다.[8] 게다가 오염된 식료품의 유통과 섭취로 인한 내부피폭의 가능성도 점점 높아지고 있다.

피폭 예상자 수의 차이만이 중요한 것이 아니다. 히로시마의 원폭은 무차별적인 인구를 사망하게 했지만 후쿠시마 사고는 복구작업에 투하된 가난한 비정규직 일용노동자들을 체계적으로 죽음으로 몰아넣는 위로부터의 계급전쟁의 형태를 띠고 있다. 일당은 11~18만 원이라지만 그중 80%를 야쿠자가 뜯어간다고도 한다. 복구작업으로 인한 사망자도 이미 수천 명을 넘어섰다. 그리고 또 다른 차이는, 히로시마보다도 후쿠시마가 더 통제불가능한 것으로서, 언제든지 재연될 수 있는 소지가 있는 사고라는 점이다. 일본의 다른 원전도 마찬가지지만 한국과 중국에 이미 가동 중이거나 건설 중인 원자로는 후쿠시마보다 더 큰 위험을 예비하고 있다. 한국의 경우 3·11 이후에 동해안에 원자력 벨트를 조성하고 있을 뿐만 아니라 해외 원자력 수출에 오히려 박차를 가하고 있는 실정이다. 빠르게 산업화하는 중국의 에너지 요구는 원전에 대한 광적 의존성을 불러일으키고 있다. 〈히로시마 내 사랑〉에서 '그'는 '그녀'가 느베르에서 겪은 악몽의 기억을 듣고서야 히로시마와 느베르 사이에 어떤 공통적인 것이 있다는 것을 발견한다. 그리고 그 발견은 '하룻밤 사랑'의 쾌락의 감정을 넘어 '주의깊은 사랑'의 감정으로 발전해 나간다. 그가 어느 순

8. Yoshihiko Ikegami, *From the Low-level Radioactive Zone — A Civil-Bio Society* (https://jfissures.wordpress.com/2011/04/16/from-the-low-level-radioactive-zone-%E2%80%93-a-civil-bio-society/; 이케가미 요시히코, 「저선량 피폭지대로부터」(조정환·이와사부로 코소 외, 『후쿠시마에서 부는 바람』, 갈무리, 2012, 67~73쪽).

간 그녀에게 문득, "당신을 사랑하는 것 같아!"라고 말하게 되는 것은 이 때문이다. 들뢰스는 이것이, "기억이 세계가 되고 그들의 인격으로부터 분리되기라도 하는 듯, 각자 자신의 기억을 망각하고 둘 사이에 공통된 과거를 만들어 내는 방식"[9]이라고 한다. 그런데 이것은 공통된 과거를 만들어 내는 방식에 그치지 않고 공통된 미래를 생산하는 방식일 수도 있지 않을까? 한편에서는 무기력, 다른 한편에서는 쾌재, 이것이야말로 인지자본주의가 생산하려는 적나라하게 분열된 감정형태이다. 쾌재의 감정상태에서 충동적 행동들은 가장 쉽게 생산된다. '배타적 우리'에 의해 추동되는 국가주의 행동, 경쟁하고 또 승리하려는 선민주의 행동, 나는 다 알고 있고 나만이 행할 수 있다는 식의 영웅주의적 위선 등등. 이 충동적 행동들은 우리에게 제2, 제3의 후쿠시마를 가져다줄 가능성을 높인다. 무기력의 감정도 이와 다르지 않다. 행위할 능력의 박탈 속에서 무기력은 우리를 몽롱한 몽상의 상태로 이끈다. '방사능은 지극히 특유하므로 나는 무기력하다'며 상황을 정당화하고 싶은 생각이 그 몽상의 상태를 덮친다면, 이것은 방사능을 직시하기보다 그것을 신비화함으로써 문제를 회피하는 방식이 될 것이다. 이 회피는 실천적으로는, 대중의 무기력 상태를 이용하여 권력이 뭔가를 꾸밀 시간을 제공하게 된다.

우리가 '무기력-쾌재'의 감정쌍으로 분열되어 있는 것은, 엄밀히 말하면, 방사능에 피폭된 것의 결과라기보다 자본권력에 피폭된 것의 결과이다. 무기력은 충동 행동이라는 감각운동적 메커니즘을 벗어날 가능성을 주는 하나의 심리상태이지만, 그것이 몽상과 신비화에 빠진다면 그 가능성은 닫히게 된다. 이럴 때일수록 각자의 특이한 기억들을 불러오면서 그것들이 연결될 수 있는 공통의 장을 창출해 나갈 필요가 있다. 〈히로

9. 질 들뢰즈, 『시네마 · 2』, 이정하 옮김, 시각과 언어, 2002, 233쪽.

탈핵한국 광화문 농성장

시마 내 사랑〉에서는 느베르의 아버지의 폭력과 히로시마의 원자폭탄의 폭력이 '그'와 '그녀' 사이에 공통의 기억세계를 만들어 낸다. 원자력의 방사능만이 우리를 피폭시키는 것이 아니다. 인지자본주의적 사회관계망 속에서 제국, 국가, 자본, 남성, 백인, 학교, 교회, 과학, 기술 등 유독물질을 뿜어내는 것은 다양하다. 이런 의미에서 우리는 '일반화된 피폭의 세계'에 살고 있다. 그리고 피폭된 존재들의 이름도 여럿이다. 프롤레타리아트, 호모 사케르, 프레카리아트, 잉여인간, 쓰레기 … 등. 〈히로시마 내 사랑〉에서 '그'가 이름 없는 '그녀'에게 '느베르'라는 이름을 붙여줄 때, '그녀'는 이름 없는 '그'에게 '히로시마'라는 이름을 붙여준다. 그것은 핵무기와 전쟁에 반대하는 이름이다. 3·11은 핵전쟁의 결과가 아니라 핵의 평화적 이용이 가져온 결과이다. 우리는, 3·11을 겪고 있는 북동부 일본의 주민들, 원전 복구에 투입된 노동자들과 일용노동자들, 주저하며 오염된 음식을 먹지 않을 수 없는 사람들, 저선량의 방사능 밑에서 악몽을 꾸는 후쿠시마 인근 지역의 사람들, 후쿠시마 원전에서 누출된 방사능이 혹은 지금 가동 중이거나 건설 중인 원자로에서 누출될 수 있는 방사능이 돌고 돌아 언제 자신을 덮칠지 모른다는 피폭의 두려움에 떨고 있는 전 세계의 사람들, 핵국가의 권력에 의해 일상에서 갖가지 방식으로 '피폭'당하고 있는 이름 없는 다중들을,

이제 '후쿠시마'라는 이름으로 부르기 시작한다. 이를 통해 우리는 '후쿠시마'를 어떤 특수한 지역으로 한정하거나 어떤 특수한 체험으로 제한하는 심리를 넘어설 수 있다. 이 공통된 피폭의 이름이 공통된 과거의 이름들이면서도 동시에 공통된 미래를 만드는 창조의 이름이도록 만들 수는 없을까?[10] 이 지배적인 '죽음-이미지' 밑에서 그것을 뚫고 나오는 '삶-이미지'를 발견할 수는 없을까? 방사능을 신비화하여 회피하지 않고 그것을 직시하는 것, 방사능이 강요하는 무한한 오염의 시간과 그것의 공포를 영원한 창조의 시간과 연대적 사랑으로 역전시키면서 권력이 조절하는 인지회로를 벗어나는 것, 현재적 행동들 위에 그 영원의 시간을 주의 깊게 기입하는 것, 모든 존재가 에너지로($E=mc^2$) 실제로 작용할 수 있는 기술적 관계와 사회적 조건을 창출함으로써, 원자력처럼 권력의 지배의지에 따라 특권화된 에너지에 대한 종속을 벗어나는 것, 그리하여 피폭-이미지를 삶-이미지로 역전시키는 것은 과연 불가능할까?

10. 이와사부로 코소는 원자력의 평화적 이용이 생겨난 지구정치적 맥락을 살피면서 후쿠시마 3·11이 일본 내부적인 것이 아니라 전지구적 권력관계에 의해 발생한 것이라고 말한다. 그렇기 때문에 후쿠시마는 '전 지구적 계급투쟁의 새로운 전선'을 가리키고 있으며 그것의 중요성은 반자본주의 운동, 기후 및 환경 정의 운동, 원주민 운동, 그리고 우리의 일상생활과 삶형태들에 대한 통제에 대항하여 싸우는 수많은 운동들을 연결할 기회로 되는 것에 있다고 강조한다.(조정환·이와사부로 코소 외, 앞의 책, 168~190쪽)

10장 | 2014 : 세월호의 '진실'과 '생명정부'의 제헌

〈416 세월호 참사 희생자·실종자·생존자 가족대책위원회〉의 리더십

두 가지 진실체제

2014년 5월 16일 박근혜 대통령은 17인의 세월호 희생자 가족대표들과 청와대에서 면담을 갖고 가족들이 요구하는 진상조사를 약속했다. 이 자리에서 진상/진실을 이해하는 두 경향 사이의 틈새, 간극이 드러난다. 정부만이 유일한 진실 주체이며 가족을 포함한 다른 사람들은 진실을 규명하고 구축하는 과정의 참고인일 뿐이라는 생각과 가족들도 진실 주체이며 진실규명과 진실구축의 과정에 반드시 참여해야 한다는 생각 사이의 어긋남이다. 다음에 조금 길게 인용된 대화는 이 갈등이 첨예하게 표현된 현장이다.

> 대통령 : 특별법은 저도 만들어야 된다고 생각하고 있습니다. 그리고 검·경 수사를 하고 있는 것 외에도 진상규명을 하고 특검도 해야 된다고 생각합니다. 낱낱이 조사를 해야 된다고 생각해서 그런 뜻을 조만간 밝히려고 그럽니다. 그런데 이것이 지금 특검도 해야 되고, 국정조사 하고 특별법도 만들고 또 공직자윤리법도 국회에서 그동안 통과를 안 해줬던 부패방지법이라든가 이런 부정부패를 아주 원천 방지할 수 있는 이런 것도 다 이번에 통과가 돼서 그런 기반을 닦아놓고, 그다음에 이걸 해 나가는 과정에 있어서 투명하게 그 결과를 유족 여러분한테 공개를 하고, 거기에 대해서 유족 여러분이 이점은 좀 부족하다든지 이건 어떻게 된 건지 그런 게 있으실 겁니다. 그런 거는 항상 어떤 통로를 통해서 계속 여러분들의 의견을 수렴해서 조사하는 과정이라든가 이걸 집행하는 과정에서 그 의견이 항상 반영이 될 수 있도록 그렇게 해 나가겠습니다.

> 유가족(남) : 그런 강한 의지를 보여 주셔서 감사합니다마는 말씀하신 것

에 대해서 조금만 더 말씀드리면, 저희가 바라고 원하는 것은 소통이 잘 돼서 어떤 수사 중간결과라든가 최종 결과라든가 아니면 기타 다른 모든 대책들에 대한 내용들이 잘 이루어지고 진행되면서 그 과정을 저희가 중간 중간 보고, 저희 의견을 올려드리고 하는 것이 아니라는 것입니다. 사실은. 저희가 요청하고 진정으로 바라는 것은 특검이 되었든 국정조사가 되었든 아니면 특별법이 되었든 가장 중요한 것은 진상조사라는 것은 오천만 국민이 모두 동의를 할 거라고 생각을 합니다. 그렇다고 하면 이 진상조사 자체가 완전히 완벽하게 이루어져야만 그다음 대책이 의미가 있고 효과가 있다고 분명히 보고 있어요. 그랬을 때 저희가 요청 드리는 것은 그냥 저희들한테 공개가 돼서 보고 평가하는 그런 차원이 아니고, 예를 들어 특별법이면 그 특별법을 통해서 진상조사위원회가 만들어지고 그 진상조사위원회 안에 **저희 가족이 구체적으로 수사든 조사든 할 수 있는 주체로 참여를 해야겠다는** 말씀을 드리는 겁니다. 그래서 **단순히 제3자로서의 역할이 아니라** 실질적으로 저희가 물론 저희들이 전문지식이 없고 저희들한테 수사권을 주시고 이런 것들이 당연히 어려운 일입니다만 저희가 무슨 그런 법적인 용어를 말씀드리는 것이 아니라 실질적으로 수사되는 내용을 상시적으로 저희들이 볼 수 있고, 항상 열람할 수 있고 수사 과정을 지켜보면서 가장 중요한 가족들의 의견이 반영이 되고, 그럼에도 실질적으로 제대로 된 조사가 되고 다음 내용들이 나오고 그래야만 대한민국이 정말 살고 싶은 나라, 정말 안전한 나라가 되지 않겠습니까?[1]

진실의 규명과 구성을 둘러싸고 이 대화 속에 첨예하게 표현된 이 경향

1. 「박근혜 대통령과 세월호 유가족 17명의 면담 발언록 전문」, 『오마이뉴스』, 2014년 5월 17일, http://www.ohmynews.com/NWS_Web/View/at_pg.aspx?CNTN_CD=A0001992466(강조는 인용자).

적 차이를 진실의 주체, 대상, 과제, 방법 등을 포함하는 일종의 '진실체제'의 차이라고 부를 수 있을 것이다. 이 '진실체제'의 관점에서 우리는 2014년 4월 16일 이후 세월호 참사를 둘러싸고 갈등하면서 교차되고, 교차되면서 다시 분기되는 두 가지의 서로 다른 진실체제의 형상과 그 운동을 식별할 수 있다.

광화문 광장 세월호 유가족 농성장에 걸린 진상규명 플래카드

하나는 권력과 결부된 국가진실체제다. 이것은 자본의 이익에 복무하며 그 자체 자본의 한 형태로서 구성되고 재구성되면서 생명을 통치의 대상으로 다루는 생명권력의 진실체제다. 청와대를 사령탑으로 하여 검경합수부(검찰과 해경), 국회, 법원, 언론과 방송, 행정조직망, 교수, 전문가 등과 같은 지배적 진실장치들에 의해 조직적으로 구성되는 '진실'이 그것이다. 이것은, 두뇌 속에 관념적인 형태로 머물러 있는 단순한 허위의식이라는 의미의 이데올로기와는 달리, 대통령의 담화·검찰의 수사발표·국회의 국정조사 조서·법원의 판결·언론과 방송의 뉴스해설·행정조직망의 지침·교수와 전문가의 분석 등의 형태로 유통되면서 스스로 진실임을 주장하는 물질적 관계이다. 그것은 사건과 상응하는 담론이기 때문에 진실인 것이 아니라 그 사건에 대한 다른 사유의 가능성을 부인하거나 억제하면서 그 사건을 사유할 수 있는 지배적인, 심지어 유일한 가능성으로 제시되고 또 실제로 그렇게 기능하기 때문에 진실이다.

또 하나는 죽은 자들과 필사적으로 연결되려 하면서 그 '죽은-생명들'의 목소리에 귀 기울일 것을 요구하고 죽은 자들을 진실 주체로 내세우는 진실체제, 즉 생명진실체제다. 이것은, 죽음 이후에도 가능할 생명 진화의 잠재력이라는 관점에서 구성되고 재구성되는 삶정치적 진실체제이다. 죽은 자들에 빙의한 가족들과 〈가대위〉가 슬픔과 분노의 힘으로 추동하고 있고 이들에 공감하고 연대하는 SNS의 개인들, 소수 언론들(『고발뉴스』, 『뉴스타파』), 주류 언론의 일부(JTBC 9시 뉴스룸) 등에 의해 규명되어 왔으며, 〈가만히 있으라〉, 〈만민공동회〉, 〈검은티행동단〉, 〈세대행동〉, 〈세월호원탁회의〉 등에 의해 행동으로 조직되어 온 진실들의 체제가 그것이다. 생명진실체제는, 생명의 실제적 위기에 직면하여 침묵하는 선장의 명령을 거부하면서 "퇴선하라, 탈출하라!"고 외친 박지영의 명령, 가족들과 애도자들이 팽목항에서 바다를 향해 부르는 실종자들의 이름들, 정부를 향해 "구조하라, 진상을 규명하라!"고 요구하는 분노의 외침들, 사람들을 향한 "공감해 달라, 잊지 말아 달라, 도와 달라!"는 호소들, 방송사와 청와대를 항의방문하면서 "이게 국가냐, 우리가 국민이냐!"고 울부짖음과 함께 터지는 탄식들, 경찰들에게 연행되며 "우리는 잊지 않겠다, 우리를 잊지 말라!"고 외치는 청년들의 다짐들과 호소들, 주류 언론의 받아쓰기 관행을 거부하면서 현장의 깊은 곳에서 건져 올린 소수 언론의 목소리들, SNS와 댓글들을 통해 표현된 공감들과 항의들 속에서 모습을 드러내는, 이 역시 물질적인 관계이다.

4월 16일 이후 국가진실체제는 생명진실체제를 부인하고 그것의 실재하는 운동을 유언비어, 악성루머로 정의했다. 하지만 생명진실체제의 눈에 국가진실체제는 왜곡, 부분화, 거짓만들기, 스펙타클 쇼에 다름 아니었다. 국가진실체제가 미행·사찰·협박·수사·연행·구속 등의 방법으로 생명진실체제를 억압할 때, 생명진실체제는 국가진실체제의 한계를 드러내고 그것의 모순을 고발했으며 그것이 숨긴 것을 누설하고 그것의 음모(전략)를 폭로했다. 생명진실체제는 국가진실체제의 등 뒤에 올라타고 그것이 갖는 한계들·공백들·기만들을 드러냄으로써, 그것이 생명진실체제의 노선에 접근하고 일치하도록 압박했다.

생명진실체제의 이 비판과 압박 때문에 국가진실체제는 부단히 자신의 한계 밖으로 내몰렸고 거짓을 자백했고 음모를 수정했다. "선장과 일부 승무원들의 직무유기, 그리고 업체의 무리한 증축 및 과적 등 비정상적인 사익추구에 전적으로 책임이 있다."에서 출발하여, 점차 "해경과 해수부 및 사기업과 유착한 관료들에게도 책임이 있다."를 거쳐, 결국 "대통령에게 궁극적 책임이 있다."로 비틀거리며 나아간 것이 국가진실의 변주과정이다. 이 변주과정에서 국가진실체제는 점점 힘을 잃었고, 자신의 권력을 강하게 행사하는 매 순간마다 점점 사회로부터 고립되었다. 국가진실체제는 사람들의 망각과 낡은 일상적 습관의 회복에 기대를 걸 수밖에 없었고 이를 촉진하기 위해 망각을 가져올 기제들(선거, 월드컵, 문창극 등)을 동원하는 데 심혈을 기울였다.

이와 달리 생명진실체제는 처음부터 생명 구조와 진실규명이라는 두 요구를 내걸고 국가진실체제의 폭력에 대항했다. 시간이 흐를수록 시민사회의 공명과 공감으로부터 힘을 얻은 생명진실체제의 에너지는 강화되었으며 그 요구는 더욱 구체화되었고 그것의 작용반경은 국가진실체제의 제한과 압박을 뚫고 점점 확장되었다. "해경은 실종자를 구조하라, 검찰은 진실을 밝히라!"고 정부에 호소하던 생명진실체제는, 더 이상 검찰을 못 믿겠으니 "특검을 실시하라!"를 거쳐, "국정조사, 특검도 불충분하다. 특별법을 제정하여 민간주도의 전문적이고 독립적인 진상조사기구를 설치하라!"고 요구하기에 이르렀다. 가족들은 진실규명과 생명 구조의 요구를 긴밀히 결합시키기 위해 국정조사의 중심이 서울 여의도가 아니라 진도 팽목항에 두어져야 한다고 요구했다. 희생자가족들이나 생존자가족들은 이러한 요구에 걸맞게 실제로 실종자들의 구조현장으로 된 팽목항과의 긴밀한 소통과 연계 속에서 움직였다.

이 두 가지 진실체제는 4월 16일 이후 두 가지 리더십으로, 또 두 개의 '정부'로 나타났다. 우리는 4월 16일 오전의 세월호에서 두 사람의 선장(이준석과 박지영)을 식별할 수 있다. 이준석 선장은 "가만히 있으라!"라고 명령한 후 박지영의 거듭된 "어떻게 할까요?"에 아무런 응답도 하지 않고 승객들을 선내에 묶어 놓은 채 해경 P123호에 발 빠르게 몸을 실은 선장이다. 배가 서서히 침몰하면서 급변하는 위기상황 속에서 거듭해서 선장의 새로운 명령을 구했지만 응답을 받지 못한 박지영은 배의 침몰이 임박하자 선장의 기존 명령을 부정하고 선장만이 내릴 수 있는 퇴선명령권을 행사했다. 그녀는 "승무원은 승객 구조를 도운 후 최후로 배에서 나가야 한다."며 다른 사람들의 퇴선을 돕다 결국 목숨을 잃은 사실상의 '선장'이다. 이 때문에 우리는 세월호에 두 사람, 두 종류의 선장이 있었다고 말할 수 있다.

이와 유사하게 4월 16일 이후에 대한민국은, 서로 교차하고 갈등하고 분리되고 다시 엮이는 두 개의 정부, 두 개의 리더십의 질적으로 다른 운동을 보여 준다. 이 이중 정부 중의 하나는, 박근혜 정부와 그것의 공식적 리더십이다. 이 정부는 합수부와 검찰을 통해 진실을 관리하면서 행정조직개편과 인사쇄신을 통해 사건의 파장을 진화鎭火하는 방향으로 움직인 리더십을 보여 준다. 이 리더십은 선장과 선원을 살인죄로 단죄하고 유병언 일가를 붕괴시키는 희생의 스펙타클을 만들어 내면서 국민들을 이 스펙타클(구원파와 유병언, 월드컵)의 구경꾼으로 만들려는 전략 속에서 움직였다. 이 정부는, 해경과 해수부·유착한 정부기관들·대통령 자신 등이 책임이 있다고 자백했으면서도 실제로는 어떤 책임도 지지 않은 리더십이다.[2] 이 리더십은 국가개조라는 명분하에서 행정조직을 개편했다. 그런데 그 개편의 행보 한 걸음 한 걸음마다 사람들의 항의가 빗발쳤다. 실효성이 의심스럽거나 더 나쁜 방향으로의 개조였기 때문이다. 새로운 방안이기는커녕 기존 질서의 국가상식에 비추어서도 퇴행임이 분명한 방안을 개조라는 이름으로 국민들과 세계시민들 앞에 내밀었기 때문이다. 생명안전이 아니라 국가안전에 역점을 둔 국가안전처 신설방안, 생명보다 자본을 노골적으로 편들어 온 문창극·이병기·김병수 등의 지명은 그 대표적인 사례들이다. 이 리더십은, 세월호가 안전문제라고 말하고 국가안전처 신설을 통해 이에 대한 실효성 있는 대책을 세우겠다고 말하면서도, 생명의 대참사를 불러올 것으로 누구나 예상할 수 있는 원전 수출에 박차를 가하는 리더십이다.

또 하나는 〈가대위〉의 리더십이다. 이것은 죽은 자들(특히 아이들)의 목소리를 빙의하면서 생명이 안전한 나라의 수립을 요구하는 방향으로 움직인 리더십이다. 그것은, 서울 중심의 북악산에 자리 잡고 있는 박근혜 정부의 리더십과는 달리 전라남도 진도 47미터 깊이의 바다에 근거를 두고 있는 정부의 리더십이다. 죽은 자들과 실종자들, 생존피해자들의 생명을 빙의한 이 (맑스적 의미의) '유령' 정부는 생명 구조와 생명진실이라는 두 개의 요구로써, 현 정부의 대통령과 관료들, 국회의원들을 진도 앞바다에 불러 모으고, 이들이 보여 주는 생명진실과의 어긋남, 이들의 비행, 모자람, 어리석음을 적나라하게 고발한 리더십이다. 생명 구조에 관심이 없는 해경과 해수부로 하여금 구조에 나서도록 등을 떠밀고, 상황을 파악하지 못해 온갖 질문마다 기조실에 물어보자고 답하는 무능 총리의 사퇴를 강제하고, 사과 한마디 없이 명령과 단죄의 예외적 특권을 행사하려는 대통령으로 하여금 격을 갖춘 사과를 하도록 강제하고, 모든 사람들이 울고 있는데 눈물 한 방울 없이 '가족들의 아픈 마음

2. 사건 후 두 달 반이 훨씬 지나서야, 그것도 여론에 떠밀려서, 해경 실무선에 대한 문책이 겨우 시작되었다.

을 통감한다.'고 말하는 저 특별한 감응체제를 허물어 눈물을 짜내서라도 흘리도록 만든 리더십이다. 수사 대상인 해경이 수사 주체로 되어 있는 합수부의 모순을 비판함으로써 검찰이 해경에 대한 수사에 나서도록 만들고, 국회의원으로 하여금 국정조사를 하도록 압박하고, 그 국정조사의 중심이 진도 팽목항에 놓이도록 만든 리더십이다. 이 리더십은, 생명이 죽어가는 순간에도 오직 영상만을 찾으면서 자료들을 감추고 삭제하고 왜곡 편집하고 소멸되도록 방치한 기존 정부와는 달리 진도VTS의 교신기록과 레이더영상, 세월호 CCTV 동영상 등을 실제로 확보하고 그것들에 대한 증거보전을 신청한 리더십이며 특별법 제정을 위한 1천만 서명운동과 진상규명 행동에 시민들이 동참하도록 자극하고 있는 리더십이다. 요컨대 〈가대위〉의 리더십은 국가진실체계가 바라마지 않는 것들, 즉 죽은 자들에 대한 망각, 질서의 관습의 빠른 회복 등을 저지하면서 4월 16일 이후 대한민국에서 일어난 주요한 변화들 모두를 이끌어낸 리더십, 즉 실재하는 생명정부이다.

박근혜 정부가 "흉탄에 부모를 잃어 가족 잃은 마음 통감한다."고 말할 때 〈가대위〉 정부는 "우리 애들이 총 맞을 일 한 게 없는 데 무슨 망발입니까?"라고 묻는다. 즉 박근혜 정부가 생명을 잃은 세월호 유가족의 아픔을, 기존 권력의 경험과 다를 바 없는 일반적인 경험으로 산술하고 그것을 통치행위의 일부로 흡수하여 생명을 권력으로 환원하는 정부, 둘을 하나로 묶는 정부임에 반해, 〈가대위〉 정부는, 마치 하나처럼 보이는 경험 속에서 '독재하다 심복에게 총 맞은 것'과 '아무 죄 없는 아이가 돈독 오른 사람들 때문에 수장당한 것'을 예리하게 식별하고 그 표상적 '하나'로부터 그것과 질적으로 구분되는 '다른 하나'를 구성해 내는 정부, 하나를 둘로 나누는 정부이다.

박근혜 정부는 팽목항에서 '우리가 (구조)하겠다. 당신들은 지켜보라'

고 말하는 정부, '우리가 행동할 테니 당신들은 지켜보라'고 말하는 스펙타클 정부이다. 합수부의 수사과정도, 국가개조 기획의 발의와 조직, 그리고 집행과정도, 6·4 선거와 월드컵도 한결같이 배우 대 구경꾼을 나누는 스펙타클 구도 위에서 전개되었다. 이 정부는 사고 당일부터 진도체육관에 사복경찰을 잠입시키고 청와대로 가겠다는 가족을 저 멀리 수백 킬로 떨어진 팽목항에서부터 가로막아 서고, 청와대 방문을 위해 청운동사무소 앞까지 온 가족들을 포위하여 길에 주저앉히고, 담화에 대한 입장정리를 위해 진도로 내려가는 가족들을 미행하고 사찰한 정부이다. 박근혜 정부는 〈가대위〉의 생명정부를 공포의 대상으로, 소멸시켜야 할 것으로 인식했다. 이와 달리, 〈가대위〉의 생명정부는 박근혜 정부와 그 진실장치들, 생명장치들로 하여금, 구조하게 하고 진상규명하게 하고, 그에 기초하여 안전한 나라를 위한 대안 프로그램을 실천하도록 종용하고 압박했으며 기존 정부와는 전혀 다른 실천과제들을 시대적 의제로 내놓으면서 함께 생각하고 함께 행동하자고 제안한 정부이다. 이것은, 세월호 사건이라는 극한적 위기 속에서 만인들 앞에 등장한 특이한 정부이다.

우리 시대에 의미 있는 리더십을 발견하기란 정말 어렵다. 전통적으로 리더십을 자처해 온 국가와 정당들은 부패, 유착, 비리 등의 온상이 되어 동의에 기초한 리더십 즉 헤게모니를 행사할 능력을 상실해 버렸다. 그들은 대중으로부터 비웃음을 당하기 때문에, 자신들이 갖고 있는 물적 권력들로 폭력적 영향력을 행사하는 데 길들여져 있다. 그런데 지금까지 살펴본 것처럼 4·16 이후에 우리는 매우 독특한 사회적 리더십, 새로운 유형의 헤게모니적 리더십의 형상 하나가 등장하여 우리 사회의 감성·의견·행동을 이끌어가는 모습을 발견한다. 〈416 세월호 참사 희생자·실종자·생존자 가족대책위원회〉라는 이름의 집단이 행사하는 이 독특한 리더십은, 위로부터 엘리트들이 행사하는 리더십이 아니라 우리 사회의 가장 낮은 곳, 저 아래로부터 솟아올라오는 리더십이며, 가진 자들이 성공의 가상들(경제성장, 선진국, 국민행복 등)을 제시하며 내놓는 스펙타클적 리더십이 아니라 우리 삶의 가장 아픈 곳에서 그 아픔을 나누며 전염적으로 퍼져가는 정동력 있는 리더십이다. 이제 그 리더십이 어떻게 생성되고 발전해 왔으며 지금 어떤 상황에 놓여 있는지를 〈가대위〉의 호소문을 중심으로 가늠해 보도록 하자.

죽게 내버려 두는 정부와 〈가대위〉의 탄생

〈가대위〉가 처음으로 모습을 드러낸 것은 2014년 4월 16일, 세월호 사고 당일이었다. 그것의 초기 형태는 학부모들의 사고대책 본부와 같은 성격을 띤 학부모대책위원회였다. 그날, 사고소식을 듣고 달려온 사람들이 처음 직면한 것은 책임 있는 기관의 철저한 부재였다. "4월 16일 오전 9시께 사고가 나고 놀란 가슴을 진정시키고 뉴스를 통해 진행 상황을 지켜보다가 낮 12시쯤 모두 구조됐다는 이야기를 듣고 아이들을 보러 도착했지만 실상은 어처구니가 없었다. 생존자 82명, 학생 74명, 교사 3명, 일반인 5명이 도착한 시각인 오후 5시 30분께 실내체육관 상황실에 와 보니 책임을 지고 상황을 정확히 판단해 주는 관계자가 아무도 없고 상황실도 꾸려지지 않았다."[3] 가족들과 사람들이 알고 싶은 것은 현재 진행되고 있는 상황인데 "누구 하나 책임지고 말하는 사람이 없고 지시를 내려주는 사람도 없었다." "살려달라고 차가운 물 속에서 소리치고 있을 아이들"의 생명이 철저한 무관심과 무책임 속에 방치되고 있는 가운데, 아

---

3. 〈가대위〉의 첫 번째 호소문인 「세월호 실종 학생 대국민호소문」, 『허핑턴포스트』, 2014년 4월 18일, http://www.huffingtonpost.kr/2014/04/17/story_n_5170758.html.

"해경에서 배도 못 띄우게 하고 진입을 아예 막았습니다."

무도 돌보지 않는 그 생명(들)을 살리고자 꾸려진 조직이 〈가대위〉다.

그런데 더 놀라운 것은, 생명에 대해 누구도 책임지지 않고 있는 상황임이 분명한데도, 그것이 무정부적 방치상태의 결과가 아니었다는 점이다. 상황을 방관할 수 없었던 〈가대위〉가 직접 생명을 구하고자 행동을 시작하자마자, 금지의 정부, 저지의 기관, 숨어있던 지휘부가 불쑥 모습을 나타낸다. "학부모 대책위를 꾸려 오후 7시쯤 팽목항과 실내체육관 2곳으로 나누어 사고 현장을 방문하고자 했는데 민간 잠수부를 동행해 자원을 요청했지만 [해경은] 배도 못 띄우게 하고 진입을 아예 막았다." 무책임한 그 방치상태는 관심 있는 반응, 책임지는 태도들이 해경에 의해 저지당한 것의 결과였다. 주류 언론인 4월 18일 자 『연합뉴스』에서 가져온 이 기사(『허핑턴 포스트』 4월 18일 자)에는 대괄호 속에 든 이 문장의 주어, '해경'이 빠져 있다. 그런데 소수 언론인 〈미디어몽구〉가 보여 주는 유투브 동영상[4]에서는 가족대표가 또렷하게 "해경은 배도 못 띄우게 하고

4. https://www.youtube.com/watch?v=gJ39vLgQqRc&feature=youtu.be. 스크립트까지 포함된 동영상은 http://slownews.kr/23621.

진입을 아예 막았습니다."라고 '해경'이라는 저 금지의 책임 주체를 분명하게 발언하고 있는 것을 볼 수 있다. 책임 주체 은폐를 통한 언론의 공모는 자세히 살펴보지 않으면 지각할 수 없는 '주어 탈락', 즉 책임 주체의 은폐와 책임 면탈 기술을 통해 이루어지고 있다. 현장에서 〈가대위〉는 해경이 그림자 지휘부로서, 구조의 지휘부가 아니라 생명이 죽도록 내버려 두는 구조금지의 지휘부로 기능하고 있는 참으로 어처구니없는 현실을 발견했는데, 보도 속에서 우리는 언론이 생명 구조의 방기와 저지에 언어 기술을 통해 은근히 협력하면서 진실을 가리는 모습을 확인한다.

이러한 상황들에 직면하여 〈가대위〉가 분노의 집단으로 되는 것은 지극히 자연스러운 일이 아닐까? "정부의 행태가 너무 분한 나머지 국민들께 눈물을 머금고 호소하려 합니다. 흥분한 저희들은 소동을 피우고 난리를 피워서 책임지는 사람을 보내달라고 했는데 대답이 없었습니다. 오후 10시 넘어 아이들이 죽어가고 있고 구조는 없었습니다."[5] 이렇게 분노를 표현했음에도 정부는 대답도 없고 구조에 나서지도 않았다. 기껏 나온 응답은 조류를 핑계로 상황을 얼버무리는 것이었다. "계속된 요청에도 17일 오전 1시께 다시 한다고 전달받았지만 조류가 심하다, 생명이 위협받는다고 얼버무렸습니다."[6] 군경이 상부의 명령에 따라 움직이는 나라에서, 조류를 핑계로 구조를 하지 않으려는 태도가 분명히 보여 주는 것은 해경[정부]이 구조할 의지가 없다는 것이었다. 이런 상황에서 〈가대위〉가 할 수 있는 일은 막후의 금지정부가 취하는 생명 방기의 정략들을 거부하고 생명 구조를 스스로 담당하는 것 외에 다른 것일 수 없었을 것이다. 그래서 "학부모와 민간 잠수부는 [생명을 걸고 들어가겠다고] 오열했지만" 이마저 "받아들여지지 않았다." 정부는, 자신이 생명을 구하지 않은

---

5. 〈가대위〉, 앞의 글.
6. 같은 글.

것은 물론이고, 다른 누구도 아닌 가족들이 직접 나서 생명을 구하는 것도 저지한 것이다. 여기서도 〈미디어몽구〉의 유튜브 동영상은 가족대표가 대괄호 속 문구, '생명을 걸고 우리가 직접 바닷속에 들어가겠다'는 의지를 또렷하게 발음하는 것을 들려주지만 『연합뉴스』 기사는 이 대목을 삭제한다.

그런데 이처럼 구조의 방기는 물론이고 심지어 구조를 방해하고 금지한 정부가 텔레비전과 신문을 통해 그려내는 현장 그림은 휘황찬란한 스펙타클과 같은 것이었다. 정부는 17일 오전 9시, "인원 555명, 헬기 121대, 배 69척으로 아이들을 구출하고 있다"고 말했다. 그러나 가족들의 눈에 비친 현실은 어땠는가? "17일 현장을 방문했는데 인원은 200명도 안 됐다. 헬기는 단 2대, 배는 군함 2척, 해양경비정 2척, 특수부대 보트 6대, 민간 구조대원 8명이 구조 작업 중이었다." 팽목항에서는 분노의 질문에 아무런 대답도 없었던 정부, 침몰현장에서는 구조를 방기할 뿐만 아니라 구조를 방해한 그 정부가 언론을 통해 보여 준, 뛰어나고 능숙한 다른 능력, 그것은 "거짓말"하는 능력이었다.

단 한 명에 대한 모든 사람의 관심

〈가대위〉의 두 번째 호소문은 참사로부터 20여 일이 지난 2014년 5월 7일에 나온다. 누구나 아는 사실이지만, 이때까지 박근혜 정부는 단 한 명의 생존자도 구조하지 못했다. 세월호가 전복되고 침몰되기까지의 골든타임에, 세월호로부터 자발적으로 탈출하는 사람들을 해안으로 실어 나르는 식의 소극적 대응으로 일관했던 정부는, 세월호가 아직 3백 명이 넘는 생명들을 품은 채 선수만을 남기고 아득하게 침몰한 후에 무엇을 했는가? 침몰의 조건으로 보아 에어포켓이 형성되었을 가능성이 높고 수십 시간의 생존 가능성이 있다고 전문가들이 입을 모아 이야기하고, 가족들이 단 한 명이라도 구조를 해 달라고 간절히 요청하는 긴박한 상황에서 정부는 구조활동이 실질적으로는 종료되었다는 식의 안이한 태도로 일관했다.[7] 그 태도의 구성부분들을 살펴보자.

첫째, 정부[해경]는 구조가 긴박하게 요청되는 상황에서 구조명령을 내리기는커녕, 청해진으로 하여금 '생명 구조'와는 상관없는 '선박 인양'업체인 언딘과 계약하도록 유도한다. 둘째, 정부[검찰, 국방부, 경찰]는, 세월호에 '사람이 생존해 있다'는 발설 자체를 불법화하고 그러한 발설을 하는 사람을 단속한다.[8] 셋째, 정부[해경]는 빠른 조류와 그로 인한 짧은 잠수시간 때문에 구조가 늦어진다는 변명에 위협이 되었던 장치, '다이빙벨'의 투입을 갖가지 방식으로 저지한다.[9] 여론에 밀려 투입을 허락한 후에도 정부는 결국 잠수사들의 생명을 위협하여 현장으로부터 추방한다. 넷째, 정부는 생존자 구조에 필요한 실제적·기술적 조치들을 취하지 않았다. 인양크레인으로 선수를 고정시키라는 제안은 받아들여지지 않았고, 쌍끌이어선으로 조명을 밝히라는 가족들의 요구는 시기를 놓친 한

---

7. "해경은 에어포켓이 있었다고 판단했는가?"라는 김현미 의원의 서면질의에 6월 24일 해경은 "카페리 선체 특성상 수밀구조가 아니어서 에어포켓 존재 가능성이 희박함"이라고 답변했다. 이처럼 실제로는 승객들의 생존 가능성을 믿지 않고 있었던 해경이 사고 사흘 후인 4월 18일 오전 10시에 "선체에 공기주입을 성공했다."고 발표했다. 하지만, 사흘이 걸려서야 시작된 공기주입 활동에 실제로 사용된 것은 언딘 협력업체 금호수중개발로부터 임대한 공업용 공기압축기인 덴요180 겨우 1대였으며, 주입한 것은 독성이 함유된 공업용 공기였고, 공기를 주입한 곳은 승객들이 살아 있을 수 있는 선실이 아니었다는 것이 『뉴스타파』 취재(http://newstapa.org/12881)와 국정조사 과정에서 드러났다. 여기서 발견되는 것은 '마피아적 유착', '생명보다 돈', '여론에는 쇼로 대응' 등의 메커니즘이다.
8. 2015년 1월 9일에야 무죄 선고된 홍가혜에 대한 구속 조치(2014년 4월 23일)가 대표적 사례이다.
9. 이에 대해서는 『고발뉴스』 이상호 기자가 감독, 제작한 영화 〈다이빙 벨〉(https://www.youtube.com/watch?v=t1lQ6OmMDz4) 참조.

참 뒤에야 받아들여졌으며, 바지선은 가족들이 자비로 현장에 배치해야 했고, 정작 생존자 구조가 가능했을지도 모르는 첫 며칠 동안은 어선조명 등은커녕 야간구조 작업에 필요한 조명탄조차도 제대로 쏘아주지 않았다. 심지어 해군참모총장이 지시한 한국 최대의 구조함 통영함의 투입도 어떤 이유에선가 저지되었다. 다섯째, 정부는 외국으로부터의 구조협력 제안도 거부했다. 4월 16일 미 해군 세이프가드함의 구조협력 제안은 해경에 의해 거부되었고 접근은 통제되었다. 4월 17일 아베 총리가 박근혜 대통령에게 보낸 전문, 즉 일본 해상보안청의 구조협력 제안도 "지금 특단의 지원을 요청할 상황이 아니다"라는 이유로 거절되었다.

4월 17일 박근혜 대통령은 진도체육관을 방문하여 '모든' 수단을 동원하여 상황에 적극 대처하라고 지시했다. 하지만 실제로는 상황에 대처할 수 없는 아주 소수의 '특정한' 수단만이 소극적으로 동원되었다. 대통령의 지시를 무시할 수 있는 별개의 음모적 권력이 작동 중인 것이 아니라면, 이러한 현실은 '적극적 대처'라는 대통령의 '말'과 '소극적 대처'라는 현장 '행동'이 협연하는 대對국민 양동작전 이외의 다른 것으로는 이해하기 어려운 것이었다.

이런 상황에서 가족들이 선택한 것은, 수몰된 승선자들의 생존 가능성의 한계시간이 다가오는 때, 즉 4월 20일 새벽에 시작한 청와대 행진이다. 그런데 청와대로부터 수백 킬로미터 떨어진 진도실내체육관에서 시작된 도보 청와대 행진은 1km도 채 가지 못해서 의경들의 장벽에 가로막혔다. 1980년 5월 민중의 항쟁을 광주에 고립시켰듯이 2014년 4월 생명의 행진을 팽목항에 고립시킨 것이다. 새벽 2시부터 3시 50분까지 차례로 이어진 이주영 해수부 장관, 정홍원 총리의 '거짓말' 바리케이드가 행진을 지체시켰다. 행진을 가로막힌 가족들이 대통령 전화 연결을 요구했지만, 경찰 책임자는 "시간이 몇 시인데…"라며 대통령의 수면시간을 걱

광화문 광장 세월호 유가족 농성장에 걸린 플래카드. 단 한 명도 안 구했다!

정할 뿐이었고 심지어 "도로 불법 점거" 등의 협박카드를 내놓았다. 대한민국 정부는 바닷속에 갇힌 생명의 구조를 방기하고 방해하는 반생명적 정부였을 뿐만 아니라, 궁극적 구조책임자인 대통령과 생명 구조 문제에 관해 소통하려고 하는 가족들의 필사의 몸부림마저 봉쇄하고 저지하는 불통의 정부였다.

그래서 〈가대위〉는 사고 14일이 지난 4월 30일[10]에, 그리고 사고 20일이 지난 5월 7일에 정부에 두 가지를 '촉구'한다.

촉구하는 첫 번째 것은 여전히, 그리고 무엇보다도, 정부가 애초부터 전혀 하지 않았고 하려고도 하지 않는 바로 그것, 즉 구조다. "정부는 실종자를 조속히 구조해 주십시오. 사고책임은 선사에 있지만 구조책임과 의무는 정부에 있습니다. 그러나 사고 직후부터 지금까지 정부의 구조작

---

10. 김병권 대표 명의로 발표된 이 호소문은, 정부에게 진상규명과 구조를 호소하는 것 외에, 시민들을 향해, "제 자식을 제대로 지키지 못한 무능한 저희 유가족에게 더 이상 미안해하지 마실" 것과 "유가족 의사와 무관하게 사조직이나 시민단체에서 진행되고 있는 성금 모금"을 중지하여 줄 것을 당부하는 것이 특징적이다. 정부가 아닌 '시민들'이 미안함을 표명함으로써 실질적 책임 주체가 흐려질 수 있고, 진상규명에 앞선 성금 모금이 투명성의 문제를 갖는 것 외에도 구조와 진실규명이라는 선결 과제를 흐리게 할 수 있다는 우려가 그 이유다. 당시 〈세월호 특별법〉 제정 요구를 보상금 인상을 위한 노력으로 낙인찍으려는 악랄한 비난이 등장해서 오래 지속되었는데, 그것은 이러한 우려가 실질적인 것이었음을 보여 준다.(유경근, 「유경근 세월호가족대책위 대변인 특별기고」, 『한겨레』, 2014년 7월 9일, http://www.hani.co.kr/arti/society/society_general/646260.html).

업은 지연과 혼선뿐이었습니다. 그로 인해 구조할 수 있었던 탑승자들의 죽음을 방치하였고, 이제는 드문드문 올라오는 시신이 신원을 확인하기 어려울 정도로 상하였습니다. 우리 희생자/실종자/생존자 가족들은 이제라도 실종자 구조에 실질적인 최선을 다하는 대한민국 정부를 보고 싶습니다. 단 한 명의 실종자 유실도 없이 모두 가족의 품으로 돌아올 수 있도록 가능한 모든 조치를 즉시 취해 주시기를 강력히 촉구합니다."[11]

5월 7일이라면 탑승자 476명, 생존 172명, 사망 269명, 실종 35명으로 집계되었던 날이다. 이 촉구 안에서 우리가 주목할 수 있는 두 가지 사항이 있다. 하나는, 〈가대위〉가 사고책임과 구조책임을 분리하여 전자는 선사에, 후자는 정부에 있는 것으로 잠정 규정하고 있다는 것이다. 구조책임은 물론이고 사고책임 자체도 선사만이 아니라 정부 측에 함께 있을지도 모른다는, 몇몇 증언들과 이미지들과 메시지들[12]에 기초한 일련의 추측들, 추리들이 이미 제시되고 있었고 그것들이 가족들에게 다양한 경로로 유입되었을 것을 고려해 보면, 이러한 규정은 정부의 책임 문제에 대해 상당히 조심스럽고 절제된 행보를 보인 것이라 볼 수 있다. 그리고 구조 문제에 대해서도 4월 17일에는, [정부에 의한] "방기와 방해"가 있다고 표현했었지만 20일이 지난 이제 그것을 "지연과 혼선"으로 훨씬 완곡하게 표현한다. 죽음의 방치를 저지의 결과가 아니라 지연과 혼선의 결과로 해석하는 것이다. 분명히 이것은 직접적으로 정부에 대한 분노가 묻어 있었던 4월 17일의 호소문에 비하면 크게 완화된 인식과 진술의 방식이

---

11. 「세월호사고 희생자·실종자·생존자 가족대책위원회의 5월 7일 성명」, 『미디어오늘』, 2014년 5월 7일, http://www.mediatoday.co.kr/?mod=news&act=articleView&idxno=116428.
12. 군산 앞바다에서 충격과 함께 배가 크게 기울었었다는 생존자 증언, 8시 48분 훨씬 이전에 진도 앞바다에 멈춰서 있는 듯한 세월호를 보았다는 증언, 전복 직전 많은 승객들이 들었다는 쿵 소리와 진동, 선체 바닥에 난 파공 이미지, 가스 분출 및 삶은 계란 냄새에 대한 카톡 메시지 등.

라고 할 수 있다. 사고책임과 구조책임의 분리, 그리고 구조책임의 방기를 정부의 고의나 고유성이 아니라 무능력의 문제로 간주하는 시각은, 진실이 안개에 싸인 상황에서 당시 인터넷매체를 통해 강도 높게 제기되었던 정부의 사고책임 가설들과 충돌하는 측면이 없지 않았지만, 제도언론에 의해 조장된 시민들의 평균적 인식에는 조응하는 것이었다.

또 하나는 사망자 시신의 훼손에 대한 언급이다. 호소문 발표 사흘 전인 5월 4일 발견된 시신의 훼손은 심각했다. 이날 진도실내체육관과 팽목항에 붙은 시신의 인상착의는 이런 식으로 기록된다. “232번째 남학생 추정, 앞니 4개 탈락, 4층 선수 중앙 좌현 2번째 격실 발견. 233번째 여학생 추정, 앞니 4개 탈락, 4층 선미 중앙룸 발견. 235번째 남학생 추정, 앞니 2개 탈락, 4층 선수 중앙 좌현 5번째 격실 발견.”[13] 성구별이 쉽지 않을 뿐만 아니라 신체의 일부가 탈락된 채, 즉 앞니들이 빠진 채 발견된 것이다. 앞니의 탈락은, “우리 애 머리카락이 다 빠져있다, OO야! 엄마라고 한 번만 불러 봐 제발… 우리 애 상태가 왜 이래! OO야 한 번만 엄마라고 불러 줘!”[14]라는 절규가 들린 지 얼마 뒤에 나타난 현상이다. 확인된 사망자가 40여 명이었을 때만 해도 인상착의가, “여학생 신장 161cm, 남색 후드 티에 검정색 아디다스 바지, 이마에 여드름이 많음. 남학생 신장 178cm, 검정색 맨투맨 티에 청바지, 얼굴이 갸름하고 왼쪽 광대뼈에 점.”[15]이라는 식으로 성별만이 아니라 의복, 신체특징이 분명하게 적시되었음을 상기하면, 아주 커다란 훼손, 그것도 이해하기 어려운 훼손들이 나타나고 있던 때다. 그래서 〈가대위〉는, 혹시 살아 있을 생존자를 구조하기 위해서만이 아니라 시신, 즉 죽은-생명체에 더 이상의 훼손이 없도

---

13. 앞의 글.
14. 같은 글.
15. 같은 글.

록 무엇보다도 실종자 구조에 최선을 다해줄 것을 정부에 강력하게 촉구하지만, 이러한 시신의 훼손이 왜 나타나는 것인지에 대해서 묻기를 자제한다. "우리 희생자/실종자/생존자 가족들은 이제라도 실종자 구조에 실질적인 최선을 다하는 대한민국 정부를 보고 싶습니다. 단 한 명의 실종자 유실도 없이 모두 가족의 품으로 돌아올 수 있도록 가능한 모든 조치를 즉시 취해 주시기를 강력히 촉구합니다."[16]라고 담백하게 요구할 뿐이다.

두 번째 촉구사항은 철저한 진상조사에 관한 것이다. 〈가대위〉의 진상조사 요구는, 역시, 사고책임은 선사에, 구조책임은 정부에 있다는 전제 위에서 검찰이 지금 수행하고 있는 수사를 선사 및 관련자들을 넘어 관련 정부부처에까지 확대해야 한다는 요구를 담고 있다. "현재 검찰이 선사 및 관련자들을 대상으로 사고원인 등에 대한 수사를 진행하고 있습니다. 사고책임이 있는 선사 및 관련자들에 대한 철저한 조사와 처벌은 당연합니다. 동시에 가장 중요했던 사고 초기 구조작업이 이틀 이상 지연되고 이후 구조작업도 소극적으로 이루어졌던 부분에 대해서도 철저한 진상규명이 이루어져야 합니다."[17] 이 철저한 진상조사는, 이후의 "우리 자녀들"[18]이 똑같은 피해를 당하지 않는 "안전한 나라"를 만들어가기 위해 반드시 필요한, "첫 과정"이라고 제시된다. 이와 더불어 〈가대위〉는, 검찰에게, 수사내용을 자신들에게 공개할 것을 요구한다. 이 공개요구 사항에는 해경 또는 검찰이 수거해간 "아이들의 휴대전화" 수사내용도 포함되어 있다. 또 〈가대위〉는 검찰의 수사가 만족스럽지 않을 때를 대비하여, "검찰의 수사가 미진하거나 의혹이 있다고 판단될 경우 우리 희생

16. 같은 글.
17. 같은 글.
18. 엄밀한 의미에서는, 법률적 '자녀'만이 아니라 '생명 일반'이라고 하는 것이 타당할 것이다.

자/실종자/생존자 가족들은 가능한 모든 방법을 동원하여 철저한 진상규명을 위한 행동에 돌입할 것임을 분명히 밝힙니다."라고 말한다. 검찰수사에 대한 감시자, 대안 제시자로서 가족의 위치와 역할을 명시한 것이다.

〈가대위〉는 또 일관되게 철저한 진상조사를 요구하는데, 이것은 당연한 것인데도 그와 대조적으로 진상은폐적인 정부의 태도 때문에 도드라지는 요구이다. 당시 합수부로 대변되는 정부 측은 수사를 사고책임에 한정하려는 은폐적 태도를 보이고 있었으며 주요 언론들도 이러한 태도에 동조하고 있었다. 여론주도적인 지식인들은 이와는 다른 의미에서 진상규명 요구을 외면하고 있었다고 할 수 있다. 왜냐하면 그들은 사건의 진상이 마치 이미 밝혀졌다는 식의 관점에서, 다시 말해 이미 자신들이 갖고 있는 지적 예단에 따라서 세월호에 대해 말하고 글을 쓰고 있었기 때문이다. 사건의 진상이 밝혀지지 않은 상황에서의 이러한 발언양식은, 그것이 정부 비판적이고 체제비판적인 경우에조차, 생명 구조에 대한 무관심의 표현이었을 뿐만 아니라, 사건의 진상규명에 무관심한 정부, 단지 소비위축을 우려하며 경제성장을 걱정할 뿐인 정부의 태도와 기묘하게 동조하는 효과를 나타내고 있었다.

진상이 규명될 필요성을 제기하고 있는 것은 JTBC 9시 뉴스, 『뉴스타파』, 『고발뉴스』 등의 몇몇 언론들과 SNS, 아고리언들 등에 국한되어 있었다. 〈가대위〉는 이 소수적 흐름과 일정하게 보조를 같이하면서, 아니 그보다 더 일관되게 진상규명의 요구를 밀고 나갔다. 그리고 그것은, 정부는 진실에 대해 무관심하다는 전제 위에서 정부를 진상규명작업에서 배제하는 방식이 아니라, 늘 말로 진실과 책임을 자처해 온 정부로 하여금 실제로 진실을 규명하도록 책임을 지우고 정부의 뒤에서 정부로 하여금 진실의 방향으로 나아갈 것을 채찍질하는 방식으로 나타났다. 이것은

〈가대위〉 리더십이 보여 주는 매우 독특한 측면의 하나이다.

〈가대위〉 리더십의 또 다른 주목할 만한 측면은, 〈가대위〉가 정부로 하여금 책임을 지도록 말로 촉구하는 데 머물지 않고, 정부와는 다른 주체성이면서 정부 구성적 주체성인 국민을 〈가대위〉 자신과 동일한 의지와 방향을 가진 주체성으로, 같은 대오에 선 주체성으로 서도록 호소하는 것에 있다. "국민 여러분들께 호소합니다. 세월호 사고 이후 함께 아파하고 울어주신 국민 여러분들께 진심으로 감사드립니다. 국민 여러분들께서 함께 아파해 주신 이유는 이러한 사고가 언제 어디서든 나에게도 일어날 수 있는 문제라고 여기셨기 때문일 것입니다. 그리고 이러한 책임이 부정과 부패를 방관하고 방조해 온 우리 어른들에게 있다고 느끼시기 때문일 것입니다."[19] 국민들이 세월호 사고 이후 함께 울고 아파한 이유는, 분명 잠재적 피해자로서의 미래 예방 차원도 있었겠지만, 사고로 인해 실종되거나 생명을 잃거나 다친 사람들이 지금 여기에서, 법률적 의미의 '가족'과는 다른 의미에서의 가족, 즉 생명가족의 일원이었기 때문일 것이다. 즉 아픔의 나눔은 미래적 성격만이 아니라 현재적 성격 역시 갖고 있었다. 어처구니없는 생명의 희생은 분명히, '우리 어른들'이 생명의 안전을 보장하기에 충분치 않은 위험한 체제(생명 희생적 체제)를 만들어 왔고 생명의 안전에 무관심한 정부에 그 체제의 지휘권을 맡겨 두었기 때문이다. 이런 의미에서 국민들 모두에게도 책임이 있다. 하지만 우리 국민들이 책임을 지는 방식은, 정부가 책임을 지는 방식과는 달라야 할 것이었다. 그것은 '우리 모두가 공범자'라는 의식을 나누어 갖는 것이 아니라, 오히려 사태를 전면적으로 성찰하기 위해 진실을 규명하는 데 앞장서고, 자신이 세워낸 대의정부로 하여금 법적·정치적·사회적 책임을 다하도록

---

19. 앞의 글.

촉구하는 행동에 동참하는 것이어야 했다. 정부에게 '구조'와 '진상규명'이라는 두 가지 과제를 '촉구'한 〈가대위〉가 이제 국민들에게, 정부가 이 두 과제를 실제적으로 수행하도록 함께 압박하고 감시하는 데 나서달라고 '호소'할 수 있는 것은 이런 이유에서다.

국민들께 드리는 첫 번째 호소도 역시 구조, '조속한' 구조에의 연대 호소다. "조속한 실종자 구조를 위해 함께 외쳐 주십시오. 진도에서 외롭게 피눈물 흘리며 바다 밑에 갇혀 있는 아이와 가족을 기다리는 실종자 가족들이 원하는 것은 단 하나, 내 아이, 내 가족의 시신이라도 돌려받는 것입니다. 그러나 실종자 수가 줄어들고 시간이 흐름에 따라 언론의 관심도 점차 줄어들고 있습니다. 비록 생존 가능성이 거의 없더라도 시신이나마 내 자식이고 내 가족입니다. 장례라도 온전히 치러 주고 싶은 게 부모의 애절한 마음입니다. 국민 여러분! 외로움에 치를 떨며 피눈물을 흘리고 있는 실종자 가족들이 더 외롭지 않도록 마지막 한 명의 실종자가 구조될 때까지 끝까지 함께 외쳐 주십시오."[20] 설령 생명을 돌려받지 못하더라도 시신이나마 돌려받기를 원하는 사람들이 바로 실종자 가족들이다. 그들은 가족들의 생명을 빼앗겼을 뿐만 아니라 시간이 흐르면서 점점 더 고독해지는 사람들이다. 그들은 시간이 흐를수록 점점 더 깊어지는 고통의 표류를 계속하도록 강제 받는 존재들이다. 세월호가 전복된 직후에 승선자들의 생명에 시간(골든 '타임')이 중요했듯이, 실종자들에게도 시간이 중요하다. 구조는 '조속'해야 한다. '조속한 실종자 구조'를 위한 연대는 실제적인 생명연대성을 요구하는 것이다. 사실상 이것은 '국민'에게 적절한 호소라기보다 '인간'에게 더 적절한 호소이다. 국민들에게 인간이 되어 줄 것을 호소하는 것이다. 짧건 길건 실종을 경험한 〈가대위〉 사람들

20. 같은 글.

은, 바로 자신의 저 고통의 체험에 기초하여 생명연대성의 차원에서 호소한다.

광화문 광장 세월호 유가족 농성장의 노란 리본 공작소

두 번째 호소는 진상규명에의 연대호소다. "투명하고 철저한 사고 진상 규명을 위해 함께 행동해 주십시오. 저희 〈가대위〉는 진심으로 검찰의 사고원인 및 무책임한 사고수습에 대한 수사가 투명하고 철저하게 이루어지기를 바랍니다. 하지만 저희 〈가대위〉는 검찰의 수사가 미진하거나 의혹이 있다는 판단이 들면 지체 없이 가능한 모든 방법을 동원하여 직접 철저한 진상규명에 나설 것입니다. 그러기 위해서는 바로 지금부터 국민 여러분들께서 함께 외치고 행동하고 제안도 해 주십시오. '내 아이가 안전한 나라', '단 한 명의 국민도 끝까지 책임지는 나라'는 국민 여러분들의 참여 없이는 만들어 나갈 수 없기 때문입니다."[21] 국민들의 집단적 참여가 없이 진상규명은 불가능하다는 것, 진실은 결코 단순한 정오의 문제, 과학적 진위의 문제가 아니며 사람들의 참여와 공동행동의 변수라는 것, 진실은 실천의 함수라는 것, 이것이 〈가대위〉가 제시하는 진실관이다. 〈가대위〉는, 그 자신이 철저한 진실을 규명하기 위해 나서겠지만, 그것은 국민들의 참여 없이는 완성될 수

21. 같은 글.

없는 과업이라고 역설한다. 이 진상규명의 노력은 "무책임하고 무능력한 정부"를 극복하고 "단 한 명의 국민도 끝까지 책임지는 안전한 나라"를 건설하기 위한 실천적 여정인데, 그것은 '단 한 명'의 국민에 대한 '모든' 국민의 참여적 관심 없이는 실현될 수 없다는 것이다.

국가개조인가 생명진화인가

〈가대위〉의 세 번째 호소문은 두 번째 호소문으로부터는 열흘 뒤, 사고로부터는 정확히 한 달 뒤인 2014년 5월 16일에 나온다. 이 호소문은 5월 8일, 어버이날 밤 〈가대위〉의 KBS 항의방문에서 떼어 내어 이해하기 어렵다. 사건 초기부터 가족들은 KBS의 세월호 보도가 가족들이 경험하는 진실과 너무 거리가 멀고 거짓으로 가득 차 있다는 사실에 분노하고 있었다. 이런 상황에서 KBS 보도국장 김시곤은 앵커들에게 "검은 옷을 입지 말라"고 지시하고 그에 더하여 5월 초에는 세월호 희생자를 교통사고 희생자에 비교하면서 "세월호 사고는 300명이 한꺼번에 죽어서 많아 보이지만, 연간 교통사고로 죽는 사람 수를 생각하면 그리 많은 건 아니"라고 발언함으로써 가족들과 애도에 잠긴 시민들을 놀라게 했다. 사실, 4월 16일 이후 한국 사회 지배층 인사들이 세월호 희생자 가족들과 이에 동조하는 시민들을 비하하는 경우는 비일비재했고 그 방식은 다종다양했다. 이들은 가족들에게 "미개한 국민"(정몽준 아들), "시체장사"(지만원), "선동꾼들"(권은희 〈새누리당〉 의원)이라는 딱지를 붙였을 뿐만 아니라 심지어 '빨갱이' 이미지까지 덧씌웠다. 희생자와 연대하는 시민들에 대해서는 정부를 전복하려는 테러리스트라는 비난을 퍼부었다. 가족들과 시민들을 향한 이러한 비난들에 더해, 희생당사자들의 생명존엄을 무시하고 희생자들을 '숫자'로 환원하는 김시곤 보도국장의 이 발언은 가족들의 누적된 분노가 폭발하도록 자극하기에 충분했다. 5월 8일 가족들은 안산 합동분향소를 방문한 KBS 기자단을 통해 김시곤 보도국장의 사과를 요구했으나 받아들여지지 않았다. 이날 늦은 밤 가족들 200여 명은 분향소의 영정사진을 들고 KBS로 항의 방문하여 보도국장의 사과를 요구했다. 팽목항에서 저지된 청와대 행진에 이은 두 번째의 집단적 가족 행동이었다.

KBS에서 경찰에 저지당하고 사과를 거부당하는 모욕을 겪은 가족들은 새벽 2시 30분에 청와대로 출발했고 새벽 4시경 청운동 사무소 앞에 도착했지만 경찰과 차벽에 가로막혔다. 가족들은 대통령을 만나 철저한 수색, 진상규명, KBS 대표이사의 공개사과와 공식 보도, 김시곤 보도국장 파면 등을 요구할 것이라며 밤샘 노상농성시위를 시작했다. 생존자 가족과 단원고 학부모들, 그리고 시민들이 이 분노와 눈물의 밤샘농성 시위에 합류하여 가족들의 요구를 지지하고 있던 바로 그 시각에, 박근혜 대통령은 긴급민생대책회의를 소집하여 (1) "잘못 보도되고 왜곡시킨 정보들이 떠돌아다니는데 이를 바로잡고 이해시키는 데 힘써 달라. 사회불안과 분열을 야기하면 경제에 도움이 안 되고 국민에게 고통이 돌아온다. 심리가 안정되어야 경제가 살아날 수 있다."면서, 생명 구조와 진상규명 요구를 사회불안 조장으로 규정하고, (2) "최근 들어서 소비가 줄어들고 있어서 우려가 커지고 있다. 이런 상태를 방치하게 되면 서민경제는 더욱 어려워질 것이다. 지난 2년간의 침체국면을 지나서 이제 조금 형편이 나아질 만한데 여기서 우리가 다시 주저앉게 된다면 서민들의 고통은 더욱 커질 수밖에 없다."면서, 경제 활성화 대책들을 각료들에게 주문했다. '생명 구조와 진실규명을 어떻게 할 것인가'라는 윤리정치적 동문東問에, 그런 물음이야말로 사회불안을 야기하여 경제를 어렵게 하는 것이고, 경제가 어려워지면 생활이 고통스러워지므로 소비 진작과 경제 활성화가 필요하다는 경제주의적 서답西答을 제시한 셈이다.

이 항의시위가 김시곤 보도국장의 사퇴, 길환영 대표이사의 사과를 가져온 후 마무리되었음을 우리는 이미 알고 있다. 대통령 면담요구는 끝내 받아들여지지 않았고 그 결과 철저한 수색과 구조 및 진실규명에 대한 요구는 그대로 남게 되었다. 이후 정부는 가족들과 시민들에게, '대통령이 준비하고 있는 국가개조안을 기다리며 지켜보라'는 지극히 세월호스러운('가만히 있으라!') 태도로 일관했다.

박근혜 대통령은 사고로부터 13일 뒤인, 4월 29일 국무회의에서 "과거로부터 이어 온 잘못된 행태들을 바로잡고 새로운 대한민국의 틀을 다시 잡을 것이다, 내각 전체가 모든 것을 원점에서 다시 '국가개조'를 한다는 자세로 근본적 대책을 마련해 달라"라며 '국가개조론'을 처음으로 언급한 이후, 5월 2일 종교지도자들과의 간담회에서 "희생이 헛되지 않도록 이번 기회에 단단히 마음을 잡고 (국가를) 개조하는 데 모든 힘을 쏟겠다."라고 말했다. 이날 공식사과가 늦어진 이유를 묻는 질문에는, "대안 없는 사과는 의미가 감소되기 때문에" 사과 전에 대안을 준비하고 있다고 답했다.

대안은 오직 '나'로부터만 나올 수 있다는 생각이 전제된 이 국가개조안은, 가족들의 긴급한 실종자 수색과 구조(구조 요구), 철저한 진상규명(진실 요구)이라는 양대 요구와 너무나 동떨어진 관념적이고 권위주의적인 것이었다. 가족들의 생각에 따르면, 지금 중요한 것은 대안이 아니라 시급한 실종자 구조와 진실 규명이며, 대안은 이것들에 근거해서만 이루어질 수 있는 것이었다. 사람들의 관심을, 임박한 국가개조의 실체가 무엇일 것인가(미래)에 쏠리도록 만들어 구조현장에 대한 관심(현재)을 축소시키려 한 박근혜의 국가개조론은, 대통령 박근혜 자신의 관심이 생명

구조나 진실규명이 아니라 오직 대통령 자신의 통치력 입증에 있음을 여실히 드러냈다. 5월 9일의 면담거부도 '내가 국가개조 대안을 준비할 때까지 당신들은 그 자리에 가만히 기다리고 있으라.'는 명령의 완곡한 표현에 다름 아니었다.

5월 9일 청와대 항의방문으로부터 일주일 뒤이고, 참사로부터 정확히 한 달 뒤인 5월 16일에 〈세월호 사고 희생자·실종자·생존자 및 가족 대책위원회〉 명의로 제출된 「세월호 참사 진상규명에 대한 가족대책위원회 성명서」는, 참사로 소중한 생명을 잃어버린 자신들이, 참사 이후, 국가에 대한 믿음과 사회에 대한 신뢰까지 잃어버렸다는 사실을 표명하는 것에서 시작한다. "세월호 참사로 우리는 소중한 가족을, 수많은 생명을 잃었습니다. 그리고 그 과정에서 국가에 대한 믿음과 사회에 대한 신뢰를 잃었습니다."[22] 이미 대부분 재산 없는 사람들이었던 이들이 가족의 생명을 잃고, 국가와 사회에 대한 믿음까지 잃었다면 이제 더 잃을 것이 무엇일까, 묻지 않을 수 없는 상황이 된 것이다. 하지만, 아니 그럼에도 불구하고, 이들은 그 철저한 상실의 세계에서 재기를 위한 삶의 노력을 포기하지 않는다. "저희는 이 슬픔과 분노, 아픔과 불신을 딛고 다시 일어서고 싶습니다."[23] 이제 문제는 그 재기를 가능케 할 방법이다. '아프겠다'라는 동정일까? '미안하다'라는 공감일까? '힘내라'라는 격려일까? '위로를 담은 성금'일까? 이 모든 것들이, 의미 있을 수는 있지만, 재기를 가능케 할 핵심은 아니다.

성명서는 재기를 위해 이루어져야 할 핵심적 계기와 그 절차에 대해 이렇게 말한다. "치유의 시작은 책임 있는 모든 사람들의 진정성 있는 자

---

22. 「세월호 사고 희생자·실종자·생존자 및 가족 대책위원회 5월 16일 성명」, 『노동과 세계』, 2014년 5월 16일, http://worknworld.kctu.org/news/articleView.html?idxno=243076.
23. 같은 글.

2016년 12월 10일 광화문 광장에 놓인 304벌의 구명조끼

기반성이고, 그 완성은 철저한 진상규명입니다."[24] 이 문장은 수사를 진상규명 절차로 이해하고 재판을 처벌절차로 이해하는 데 익숙한 우리에게는 앞뒤가 뒤바뀐 것, 즉 모순된 것으로 느껴진다. 진상규명이 출발점이 아니라 도달점으로 서술되고 있기 때문이다. 하지만 가족들이 보기에 치유의 출발점은 '책임 있는 모든 사람들의 진정성 있는 자기반성'이다. 그러한 자기반성에서 출발하지 않을 때 우리는 진상규명에 도달할 수 없고 그렇기 때문에 치유도 있을 수 없다는 것이다.

여기서 우리는 가족들이 말하는 진상규명이 사법적 진상규명과는 전혀 다른 의미맥락을 갖는다는 것을 알 수 있다. 자본주의하에서 사법적 진상규명은 모든 피의자들이 진실이 아니라 자신들의 이익에 근거하여 말하고 행동할 자유를 전제로 한다. 피의자들은, 적어도 원칙적으로는, 자신들에게 '불리'한 진술을 강요받지 않으며 거부할 수 있다. 근대의 사법적 진상규명은 '진정한 자기반성'과는 무관하다. 처벌 수위 결정에 반성 여부가 참조되기는 하지만, 본질적인 것은 책임자로 하여금 자신의 이익을 상실하게 하는 것에 있지 '진정한 자기반성'을 유도하는 것에 있지 않다. 가족들은 이러한 사법적 절차와는 다르게, 아니 거꾸로 생각한다.

---

24. 같은 글.

책임 있는 모든 사람들의 진정한 자기반성이 없는 철저한 진상규명은 불가능할 뿐만 아니라 치유와 문제해결에 무효하다고. 여기서 우리는 법적 상식과 충돌하는 세월호 〈가대위〉의 사유 속에서 법치주의를 넘는 새로운 윤리정치학적 헌법원리가 제안되고 있음을 발견한다.

이 새로운 헌법원리에 따라 우리는, 책임 있는 모든 사람들이 누구이며, 그들의 진정한 자기반성이 어떠한 것인지에 따라 진상규명의 질과 그 정도가 달라지고 치유의 질이 결정될 것이라고 말할 수 있다. 그리고 그러한 진상규명이, 박근혜가 예고하고 있던 국가개조 대안의 쉽게 예상되는 조치들, 즉 "일부 책임자들에 대한 형사처벌이나 재난 대응에 대한 일부 대책"과 같은 것에 그쳐서는 안 되리라는 것은 분명하다. 그래서 성명서는 철저한 진상규명 작업이 갖추어야 할 여덟 가지 요건을 제시한다.

첫째는 당사자 요건이다. "진상 규명에서 가장 중요한 것은 피해자 가족들의 목소리를 듣는 것입니다. 진상규명기구의 구성, 가해자들에 대한 형사 절차, 진상 조사의 증거 확보 등 진상 규명의 전 과정에 피해자 가족들의 참여가 보장되어야 하고, 그 목소리가 충분히 반영되어야 합니다."[25] 이것은, 가족들의 목소리나 현장의 목소리가 아니라 국가의 목소리를 받아쓰기에 열심이었던 언론의 진실구축 양식에 대한 비판일 뿐만 아니라, 국가의 정해진 통치기획에 따라 수사를 진행하는 검찰에 대한 고발이며, 그 무엇보다도, 5월 9일의 면담요청 거부가 보여 주듯이, 가족들의 목소리를 듣기를 거부하면서 통치본위의 국가개조 대안을 준비하는 대통령에 대한 비판이다. 이것은, 국가가 구축하는 진실체계가 가족들의 목소리와 동떨어져 있고 그런 한에서 그것은 생명의 진실과 무관하고 심지어 대립할 수 있음을 강력하게 주장하는 것이다.

---

25. 같은 글.

둘째는 전면성과 충분성의 요건이다. "세월호 참사 진상 규명은 참사의 근본적인 원인, 직·간접적인 원인, 침몰 전 및 최초 3일간 초동 대응, 구조·수습과정, 국회 및 언론의 대응, 가해자들에 대한 조치, 피해자 가족들에 대한 지원 및 보상, 피해자 가족들의 치유와 지역사회 치유 등 전 과정을 그 조사범위로 하여야 하고, 그 범위를 다룰 수 있는 충분한 조사기간이 보장되어야 합니다."[26] 이전의 호소문에서 가족들은 '사고책임은 선사에, 구조책임은 정부에'라는 관점에서 문제에 접근했다. 그런데 여기에서 가족들은 사고원인을 직접원인, 간접원인, 근본원인 등으로 세분하고 사고원인에 대한 좀 더 전면적인 접근방식을 제안한다. 이것은, 청해진해운과 그 회장 유병언에게 모든 사고책임을 전가하려는 정부와 검찰, 언론의 일면적이고 정치공학적인 관점과 태도로부터는 실체적 진실이 규명될 수 없고 그와는 완전히 다른 진실접근 방식이 필요하다는 인식을 제시하는 것이다. 구조책임과 관련해서도 "침몰 전 및 최초 3일간 초동 대응, 구조·수습과정, 국회 및 언론의 대응" 등으로 세분되어 제시된다. 나아가 지금까지 제시되지 않았던 처벌과 보상, 그리고 치유 문제에 대해서도 일정한 윤곽을 제시하는데, 그것은 "가해자들에 대한 조치, 피해자 가족들에 대한 지원 및 보상, 피해자 가족들의 치유와 지역사회 치유 등 전 과정"이 조사대상에 포함될 것을 요구하는 것으로 나타난다. 그리고 그 조사는 어떤 외부적 필요에 따라 시한이 규정되어서는 안 되고 오직 진실규명이라는 내적 필요에 따라 충분한 시간을 갖고 수행되어야 한다고 함으로써 진실규명을 단순한 수단이 아니라 그 자체가 자기목적성을 갖는 것으로 설정한다. 이것은 〈가대위〉의 진실접근이 국가의 진실접근과 갖는 중요한 차이 중의 하나다.

---

26. 같은 글.

셋째는 무無예외주의 요건이다. "세월호 참사 진상규명은 현장 관련 공무원에서 교육기관, 정부부처, 대통령에 이르기까지 모든 관련 공무원, 국회, 언론 및 관련 민간인을 그 조사대상으로 하여야 하고, 그 언행, 여러 쟁점 관련 결정 및 집행 책임소재, 그 시기, 내용 및 방식 등의 적절성 등에 대한 철저한 조사가 이루어져야 합니다."[27] 조사대상에서 어떠한 제한도 없어야 한다는 이 언명은 특별히, 자신은 조사대상일 수 없고 징계, 문책, 처벌, 개조의 주체일 수 있을 뿐이라는 예외주의적 입장(성역화)을 여러 차례 표명해 온 박근혜 대통령(과 그 핵심 보좌진)을 겨냥하는 것이다. 이 점에서 이것은, 진실구성 과정 외부의 초월적(예외적) 위치에서 대의주권자가 진실구성의 과정 자체를 통치의 수단으로 이용하는 국가진실체제의 본질적 한계와 문제점에 대한 비판이다.

넷째는 투명한 공개의 요건이다. "제대로 된 진상규명이 이루어지기 위해서는 현장의 목소리에서 청와대 보고 및 지시에 이르기까지 모든 정보가 투명하게 공개되어야 하고, 전 과정에서의 보고와 지시의 흐름, 예산의 결정과 집행의 흐름이 제대로 파악되고 평가될 수 있어야 하며, 모든 관련 민간기관의 문서 등의 정보공개도 이루어져야 합니다."[28] 이것은, 현장접근에 대한 해경통제, 언론보도 통제, 유언비어 통제, 경찰에 의한 KBS 및 청와대 접근 통제 등 각종의 통제와 비밀주의로 일관해 온 정부의 통치원리에 대한 정면에서의 고발이며 정보통제를 주요한 수단으로 구성되는 국가진실체제에 대한 비판일 뿐만 아니라, 투명한 공개를 통해 누구나가 진실의 총체에 접근하고 또 진실구성에 관여할 수 있어야 한다는 진실구성에서의 민주적 정보원칙을 제시한 것이다.

다섯째는 권력으로부터의 독립성 요건이다. "세월호 참사에 대한 철저

27. 같은 글.
28. 같은 글.

한 진상규명은 정부나 국회 주도가 아닌 독립성과 전문성을 갖춘 진상조사기구에 의하여 이루어져야 합니다. 그리고 이 진상조사기구는 관련 정부기관 등에 자료나 물건 제출요구, 관련자의 동행명령, 청문회 개최, 정당한 사유 없는 협조 거부 시의 제재 등의 조사 권한을 행사할 수 있어야 하고 충분한 예산과 인력이 보장되어야 합니다."[29] 이것은, 각급 정부, 국회, 사법기관 등 시민사회에서 분리되어 일종의 귀족적 특권을 향유하는 대의권력기관들이 유일한 진실 주체로 자임하고 또 그렇게 행동하지만, 실제적으로는 가족들이 바라는 바의 진상규명을 담당할 능력이나 의지는 없고 단지, 진실의 이름으로 생명의 진실을 은폐하고 왜곡하려는 총력적 의지를 갖고 있을 뿐이라는, 여러 차례의 뼈아픈 경험에 의해 깨닫게 된 인식에 근거한다. 권력기관들이 진상을 규명하는 것보다 진상을 은폐하고 왜곡하는 데 더 큰 관심을 갖게 되는 것은 결코 우연이 아니다. 그것은, 착취와 수탈의 자본주의 체제에서 생명을 효율적으로 희생시키는 것이 권력의 본질이고 그 때문에 생명의 진실을 잘 희생시키는 것도 권력의 역할이라는 필연적 사태로부터 기인한다. 이러한 사태에 대한 경험적 직관 위에서 가족들은, 자신들이 원하는 진실규명의 과제를 더 이상 정부나 국회 혹은 사법부 등의 권력기관에 맡겨서는 안 되고 '민간 주도의 독립적이고 전문적인 진상조사기구'가 맡아야 한다는 결론에 이른다. 하지만 이 진상조사기구가 무력해지지 않기 위해서는 반드시, "관련 정부기관 등에 자료나 물건 제출요구, 관련자의 동행명령, 청문회 개최, 정당한 사유 없는 협조 거부 시의 제재 등의 조사 권한을 행사할 수 있어야 하고" 또 "충분한 예산과 인력이 보장되어야" 한다. 이 모든 정치적 사법적 권한이나 경제적 자원, 그리고 인력은 지금까지 국가에 독점되어

29. 같은 글.

온 것이다. 따라서 철저한 진상규명은 국가가 독점하고 있는 이 권한, 자원, 능력을 가족들과 시민들의 수중으로 되가져오는 것, 즉 재전유reappropriation 없이는 불가능하고 이를 위한 입법(즉 특별법 제정)을 요구한다. 이 요구의 충족은 입법권이 오직 국회에만 있는 한국의 경우에는, 최소한 세월호 사태에 책임 있는 자로서의 국회의 진정한 자기반성을 필요로 할 것이고, 나아가 국민과 다중이 입법권을 확보하기 위한 근본적 투쟁이 요구될 것이다.

여섯째는 정보공유와 자유로운 정보접근의 요건이다. "세월호 참사 진상규명은 관련 국회의 국정조사, 형사수사 및 재판, 감사원 및 정부 내 감사, 청와대 및 정부기관의 자체 평가 및 대안 제시, 특별검사와 민간 차원의 진상조사 등 여러 민·관 차원의 진상조사의 결과 등을 반영하여야 하고, 민·관 차원의 다양한 진상조사의 경우에도 관련 기관 등의 정보에 접근할 수 있어야 합니다." 정부가 정보를 독점하고 비밀로 관리하는 상황에서 이것은 진상규명이 충분하게 완성되도록 만들기 위해 꼭 필요한 장치이다. 정부 정보에 대한 자유로운 접근권에 대한 이 규정은, 네 번째의 투명한 정보공개 원칙과 더불어 정보상의 민주주의와 민주적 진실구성을 가능케 할 필수조건이다.

일곱째는 실효적인 문책의 요건이다. "세월호 참사 진상규명은 그 결과에 근거하여 책임 있는 관련기관 및 관련자에 대하여 민·형사상 책임, 행정적 책임 및 정치·도의적 책임을 물을 수 있어야 합니다." 진상조사가 이루어진다 할지라도 그것이 말 잔치로 끝나고 만다면 생명희생을 가져오는 물질적 관계들은 계속해서 재생산되면서 온존될 것이다. 문책은 그 물질적 관계를 변경하기 위한 최소한의 조치로서 실질적 변화를 가져올 인사상의 장치이다.

여덟째는 대안이 진상규명에 기초해야 한다는 요건이다. "세월호 참

2017년 1월 28일 서울 광화문 광장의 희망촛불

사 진상규명은 그 결과에 근거하여 관련 법제 및 관행 개선, 예산 조정, 실질적이고 실효성 있는 매뉴얼 마련, 관련 정부기관, 민간단체들 간 위기대응협력시스템 구축 등이 이루어져야 하고, 그 이행을 강제하기 위한 시정 요구, 후속조치 조사 등의 절차가 진행되어 유사한 참사에 대한 확실한 재발방지 시스템이 구축되어야 합니다." 실효성 있는 개혁대안은 위로부터 정치공학적으로 구축되어서는 안 되고 반드시 진상규명에 근거하여 이루어져야 한다는 이 주장은, 진상규명 없이 통치상의 필요에 따라 이미 제시되고 있는 박근혜 대통령의 국가개조론의 본말전도를 비판하면서 진정한 대안은 진상규명 없이는 불가능하다는 원칙을 천명한다.

이 성명서는, 진실에 대한 질적으로 다른 규정과 접근법(국가진실체계와는 다른 대안적 진실 개념)을 제시한 점에서, 진실규명 주체가 권력에서 독립적일 필요성(생명진실의 자율성)을 제시한 점에서, 진실조사가 전면적이고 충분하게 이루어질 필요성(자기목적으로서의 진실)을 부각시킨 점에서, 진실 앞에서의 예외 없는 평등(무예외주의)을 천명한 점에서, 그리고 진실규명을 실효적인 것으로 만들 장치들(권력의 재전유, 정보공개와 공유 및 자유로운 접근권, 실효적 문책)을 제시한 점에서 아래로부터의 민주주의를 가능케 할 새로운 삶정치적 원칙들을 구체화한 문서로 이해할 수 있다. 2014년 5월의 정치상황에서 이것은, 위로부터의 국가개조론 기획과는 대비되고 또 대립되면서 그것을 넘어서는 아래로부터의 생명진화론의 프로그램을 제시한 것이다. 이런 의미에서 이것은, 한국사회가 나아갈 갈등하는 두 가지 경로들 중에서 아래로부터의 경로를 대표하며 그것의 개요를 제시한 것이라 할 수 있다.

위로부터의 개조대안과 아래로부터의 개조대안의 조우

가족들의 KBS 항의방문과 청와대 앞 노상 농성시위는 한국 언론의 현주소를 적나라하게 폭로하는 계기가 되었다. 분노로 결집된 가족들과 이에 연대한 시민들이 언론지배층 내부를 균열시켜 서로 간의 경쟁과 다툼을 격화시켰고 이로써 언론이 권력의 시녀로 기능하고 있는 현실을 적나라하게 드러냈기 때문이다. 세월호 희생자 비하 발언으로 공분의 표적이 되었던 김시곤 보도국장은 5월 9일 오후 자진사퇴를 발표하면서 길환영 사장의 사퇴를 동시에 요구했다. 길환영 사장이 보도와 관련해 사사건건 개입했다는 것이 그 이유였다. 길환영 사장이 이 요구에 침묵하면서 사퇴를 거부하자 그는, 그로부터 8일 뒤인 5월 17일 KBS 기자총회에서, 길환영 사장의 개입 배후에 청와대의 개입이 있었다고 다시 한번 폭로했다. 청와대-KBS 사장-KBS 보도국장을 잇는 한국 언론의 권력 예속선을 단적으로 보여 주는 그 폭로의 요지를 간추리면 다음과 같다.

> (1) 4월 16일 밤 청와대 홍보수석이 해경에 대한 비판 보도를 자제해 달라고 주문했다. (2) 5월 5일 길환영 사장이 해경을 비판하지 말라고 재차 압

박했다. (3) 자신의 보직사퇴는 청와대가 길환영 사장을 통해 자신에게 요구한 것이다. (4) 이외에도 길환영 사장은, 국정원 댓글 사건 관련 뉴스는 후반부에 배치하라, 박근혜 대통령 관련 뉴스는 9시 뉴스에서 앞쪽 20분 내에 넣으라, 대통령의 해외 순방 때에는 관련 뉴스 아이템 숫자를 늘리라고 지시했다. (5) 청와대와 길환영 사장의 압력이 보도본부의 자기 검열로 이어졌으며 취재부서 간부들도 대통령 비판과 관련한 아이템은 올리지 않는 분위기가 만들어졌고 대통령 취임 이후 지금까지 대통령 비판 아이템은 한 건도 하지 못했다.[30]

청와대를 정점으로 하는 권력은 대의주권자인 대통령을 예외영역(성역)으로 만들어 비판을 봉쇄하면서 오직 그 치적만을 부각시키며, 정부기관(여기서는 해경)에 대한 비판을 자제토록 압박하고, 공영방송의 인사권을 좌지우지함으로써 방송사 내에 자기검열의 분위기를 조성하여 결국 방송을 '권력의 입'으로 만든다는 것, 이것이 김시곤 보도국장의 폭로를 통해 드러난 사실이다.

세월호 정세 속에서 권력의 언론조작은 이에 머문 것이 아니다. 역시 정부기관인 교육부는, 4월 21일 수학여행 전면금지를 결정한 17개 시·도 교육국장회의에서 학생들이 SNS에 '악성댓글'이나 '유언비어'를 올리지 않도록 해달라고 당부했다. 그리고 다음 날 다시 시도장학사, 과장들에게 동일한 내용의 문자메시지 지침을 보내면서 유언비어를 올릴 시 처벌된다고 말함으로써 세월호 참사에 대한 담론 자체를 가로막았다. 여기에 사이버수사대가 개입한 흔적도 드러나는데, "사이버수사대가 학생부장 선생님께 직접 전화를 걸어 '세월호 관련 비방 내용을 올리지 말고, 지우

30. 신동윤, 「청와대, KBS 뉴스 개입. 사장은 대통령 기사 챙겨」, 『뉴스타파』, 2014년 5월 17일, http://newstapa.com/news/201411331.

라고 할 때 지우지 않으면 구속된다.'고 말했다고 들었다."[31]는 한 학생의 증언이 그것이다.

4월 17일 산업통상자원부는 산하 공공기관에 유언비어와 악성댓글을 자제해 달라는 공문을 내려보냈다. 이 공문은, 세월호 관련 정부입장을 각 기관의 SNS채널 성격에 맞게 내용을 꾸며 올리되 '온라인의 예민한 반응을 고려해 달라'는 주의사항을 덧붙이고 산업통상자원부 공식 트위터 계정에 오른 글을 RT(퍼 나르기)할 때 참고할 링크 주소[32]를 알려주는 것도 빼놓지 않았다. 이 지침에 따라, 4월 17일 산업통상자원부 공식 트위터는 "제주도를 향하던 세월호가 사고를 당해 산입부와 유관 공공기관은 가용 자원으로 구조 활동을 돕고 있습니다. 그러나 일부 악성댓글과 유언비어 등은 피해자분들과 가족분들에게 상처를 줄 수 있습니다. 이런 일이 없도록 국민 여러분의 관심과 협조를 부탁드립니다."[33]라고 올렸고 해당 트윗은 산업통상자원부 산하 한국수력원자력, 한국원자력문화재단 등에 의해 4월 30일까지 34회 리트윗되었다. 이런 방식으로 공공기관의 구조활동내역 트윗들(△ 한전은 해저 케이블 순시선을 사고 당일 침몰 현장으로 급파했고 휴대폰 충전 설비와 의약품 등의 구호물품도 지원했고, △ 전기안전공사는 전남지사 인원을 파견해 전기안전시설을 점검하고 만일의 사태에 대비해 현장에 대기 중이다 등)도 한전 광주전남본부, 한국석유공사, 한국전력공사 등에 의해 리트윗되었다.

권력에 의한 위로부터의 사회여론 디자인 작업은 이에 머물지 않았다. 방송통신심의위원회는 '24시간 비상근무'를 하면서 "유언비어 등 매체

31. 「교육부, 세월호 SNS단속 논란」, 『아시아경제』, 2014년 4월 30일, http://www.asiae.co.kr/news/view.htm?idxno=2014043011102576320.

32. https://twitter.com/with_dabansa/status/456648738786660352

33. 김은지, 「청와대, 정부부처에 SNS 대응지침 내린 정황 확인」, 『시사인』, 2014년 4월 30일, http://www.sisainlive.com/news/articleView.html?idxno=20178.

별 중점 모니터링을 실시하고, 필요 시 네티즌 자정 권유 및 사업자 '삭제' 신고 등을 병행"[34]했다. 또 정부기관들 사이에서 세월호 관련 정부 입장을 서로 리트윗하는 모습도 발견된다. 4월 22일 해양경찰청이 "일부 SNS 상에서 제기되고 있는 '민간인 다이버 참여기회 제한' 주장은 사실이 아닙니다. 현재 사고해역에는 700여 명의 해경, 군 특수부대, 구난업체 전문 잠수요원들이 사력을 다하고 있습니다."[35]라고 트윗하자 산업통상자원부, 국가보훈처, 방위사업청, 방송통신심의위원회 등이 그것을 리트윗했다. 하지만 그것이 정부발 '가짜 뉴스'[36]를 확대재생산하는 방식이었다는 것은 이후의 수사와 재판 과정에서 확인되었고 법원에 의해서도 인정되었다.

주목할 것은, 공영방송 인사 조정에서와 마찬가지로, 이 모든 사회여론 디자인 작업들을 청와대가 통제하고 있음을 보여 주는 언급들이다. 산업통상자원부는 위의 SNS 지침을 내리면서 "BH[즉 청와대 — 인용자]에서는 각 부처와 공공기관 SNS 채널에 이를 자제해달라는 메시지 전파를 요청했다."[37]고 쓰고 있다. 이것은, 청와대 홍보실이 우리 사회의 여론 형성을 전방위적으로 조직하는 컨트롤타워 역할을 하고 있음을 보여 준다. 이 조작적 사회여론 디자인 작업에는, 사람들의 생각을 미리부터 유언비어로 단정하는 편견 조성, 처벌하겠다는 협박, 정보기술적 조언, 정서

34. 같은 글.

35. 같은 글.

36. '가짜 뉴스'는 2008년 광우병 쇠고기 수입반대 촛불집회, 2012년 대선, 2014년 세월호 추모와 진상규명 촛불집회, 2016년 박근혜 즉각퇴진 촛불집회 등 중요한 사회역사적 계기마다 대규모로 유포되었는데, 그 '가짜 뉴스'들의 최초의, 그리고 최대의 조직적 발원지가 다름 아닌 '국가'였다는 점은 국정원이 여론조작을 위해 운영한 알파팀의 실재와 그 활동 증거를 통해 확인되었다(http://www.hani.co.kr/arti/society/society_general/791089.html, 그리고 2017년 4월 18일 자 JTBC '소셜라이브' 알파팀 특집 보도).

37. 김은지, 앞의 글.

적 주의사항 명시, 자기검열 분위기 조성 등에 이르기까지 매우 세밀한 개입행위가 수반되고 있다는 것을 알 수 있다.

2017년 2월 25일 서울 광화문 광장에 붙은 패러디 포스터

현실의 세월호 사고에 대응하는 과정에서는 불통·혼선·당황의 뒤죽박죽의 행동을 보였던 정부기관들과 언론은, 사고 이후 사람들의 인지프레임을 조직하는 데서는, 놀랍게도, 긴밀한 협조와 일사불란한 집합 행동을 보여 준다. 이 사실은, 한국의 정치 권력과 문화 권력이 사람들의 현실인지를 친권력적인 방향으로 왜곡하고 사람들의 두뇌와 마음에 허구적으로 조작된 표상을 심어 넣는 것을 통치의 주요 수단으로 사용하는 인지권력임을 의미한다. KBS의 인사, 보도에 대한 청와대 개입들, 그리고 교육부를 비롯한 각종 정부부처에 대한 청와대의 통제는 이 인지권력의 행동 양식의 핵심적 단면을 드러낸 것들이었다.

그럼에도 불구하고 청와대에 대한 신뢰는 점점 침식되고 〈가대위〉에 대한 신뢰는 점점 높아져 갔다. 〈가대위〉의 분노의 항의시위는 박근혜 정부가 말하는 민주주의의 가상성과 허구성을 폭로했고, 대통령 박근혜가 말하는 '정상성'의 본질이 무엇인가를 명료하게 밝혀 주었다. 단적으로 말해, 그것의 본질은 권력의 입맛에 단 것은 정상적인 것이며 권력의 입맛에 쓴 것은 비정상적인 것이라는 데에 있었다. 권력의 입맛에 단 말은 진실이 되고, 권력의 입맛에 쓴 말은 유언비어가 될 때 민주주의란 독재가 뒤집어쓴 탈 외에 다른 어떤 것도 아닐 것이다.

하지만 '탈', 그것은 결코 무시할 수 없는 중요성을 갖는다. 왜냐하면 탈을 쓴 자는 그 탈에 맞춰 춤을 춰야 하기 때문이다. 5월 9일 청와대가 가족들의 면담요구를 거부한 후 일주일 만이자 〈가대위〉의 진상규명 호소문이 나온 바로 그날인 5월 16일에 박근혜 대통령이 가족대표들과의 대화를 시도하지 않을 수 없었던 것은 뒤집어쓴 탈과 실재 사이의 괴리에서 오는 여론 악화와 지지도 감소 때문이었을 것이다. 대통령과 가족들의 만남 기회는 이날 전에도 있었다. 4월 17일과 5월 4일 여론에 떠밀려 대통령이 팽목항을 방문했을 때, 그리고 이 기간 중인 4월 29일에 대통령이 안산 합동분향소에서 분향했을 때다. 또 박근혜 대통령이 가족들에게 사과한 적도 있었다. 4월 29일 국무회의 모두 발언과 5월 6일 부처님 오신 날 봉축 법요식 봉축 메시지에서였다. 그러나 이 모든 방문면담과 사과들은 오히려 가족들의 환멸과 분노를 자극하는 것으로 귀결되었다. 어떤 이유에서였을까?

사고 다음 날인 4월 17일 진도체육관에서 박근혜 대통령은 "(실종자 수색에) 1분 1초가 아깝다", "실종자 구조에 최선을 다할 것"이라고 말했다. 심지어 이날 체육관에서, (정부의 말을) 믿지 못하겠으니 후속대처 상황을 확인해 달라고 한 실종자 가족에게 직접 전화를 걸어 "구조에 최선을 다할 것"이라고 다시 한번 다짐까지 했지만, 실제로는 단 한 사람의 생존자도 구조하지 못했다. 구조하기보다 수몰하는 것에 목적이 있었던 것이 아닌가, 의문을 품게 할 만큼 이해할 수 없는 행동들(퇴선유도 방기, 선내진입시도 방기 등 초동대처에서의 어이없는 행동들은 말할 것도 없고 침몰 후 미국·일본·해군·공군·민간잠수부·다이빙 벨 등 여러 면에서의 구조 지원자들 및 구조장비들에 대한 해경 측의 거부 혹은 현장접근 제한, 위험을 이유로 한 적극적 잠수활동 억제, 조명탄·조명등·바지선 등의 기초적 구조물자 제공의 절약, 구조보다 과시에 관심을 보이면서 구조활동을 실질적으로 방해한 대통령 이하 고위공직자들의 권위주의적인 행태들 등등)은 '구조에 최선을 다할 것'이라는 박근혜 대통령 자신의 약속과는 거리가 멀어도 한참 먼 것이었다.

4월 29일 안산분향소 방문에서 대통령이 남긴 것은, '유가족'이라고 소개된 할머니 한 사람을 따뜻이 위로하는 사진 한 장이었다. 누가 봐도 연출되고 조작된 것임이 분명한 이 상징계 이미지가 가려 버린 실재계가 있었는데 그것은 대통령을 향해 실제 세월호 가족들이 내놓은 피맺힌 절규였다. 가족들은, "내 자식이기도 하지만 대통령 자식이기도 하다. 대통령이 현장에 직접 내려가서 구조 지휘하라. 어느 나라 경찰 군대에 호소해야 아이들을 구할 수 있냐. 보상도 필요 없다 거짓 방송 하지 마라."라고 외쳤다. 같은 날 대통령 박근혜가 세월호 참사에 대해 사과 발언을 했지만, 일어서서 고개를 숙이는 것이 아니라 의자에 앉은 채로였으며 가족들이나 시민들을 향해서가 아니라 국무위원들을 향한 것이었고 자신의 책임을 토로하는 것이 아니라 공무원 사회의 적폐를 지적하는 것, 즉 책임을 전가하는 방식이었다. 잘못 적힌 내용에 수신자 주소까지 틀린 편지였다 할 것이다. 유가족 대표는 이러한 사과를 즉각적이고 공개적으로 거부했다.

5월 4일 박근혜 대통령이 수많은 경호 인력들을 대동하고 팽목항을 다시 찾았을 때, 실종자 가족들은 실종자의 생존 가능성에 대한 적극적 기대는커녕 시신 유실의 우려에 불안해하고 있었다. 실종자 가족들이 '(시신이) 유실되지 않도록 해 달라.'고 요청하자 대통령은 '염려하지 마시라.'라고 대답했다. 하지만 6월 6일에는 현장에서 무려 40여 킬로미터 떨어진 바다에서 시신이 발견되었으며 9명의 실종자들은 아직도 돌아오지 않고 있다. 이렇게 '모든 것을 책임지겠다.'는 대통령의 번지르르

한 약속의 말들은 번번이 휴지 조각으로 바뀌었다. 권력의 언어는 단지 기술적이고 수사적인 언어에 불과했으며 생명의 언어와는 다른 성질의 것이었다.

5월 6일 부처님 오신 날 봉축 메시지에서 박근혜 대통령은 "국민의 생명을 지켜야 할 대통령으로서 어린 학생들과 가족을 갑자기 잃은 유가족들께 무엇이라 위로를 드려야 할지 죄송스럽고 마음이 무겁다."고 말하고 "물욕에 눈이 어두워 마땅히 지켜야 할 안전규정을 지키지 않았고, 그런 불의를 묵인해준 무책임한 행동들이 결국은 살생의 업으로 돌아왔다."고 말했다.[38] 하지만 5월 9일 청와대 앞에 구조와 진실을 요구하기 위해 찾아온 가족들의 면담요구를 냉정하게 거부하면서 열린 민생대책회의에서 박근혜는 경제 살리기, 즉 물욕충족의 방안을 역설했다. 이런 행태의 반복이 가져온 것은 대통령 지지율의 추락이었고 다가오는 6·4 지방선거에 대한 〈새누리당〉의 불안이었다.

5월 16일, 참사 한 달 만이자 5·16 쿠데타 43년째 되는 날 가족대표를 청와대에 초청하는 방식으로 이루어진 면담은, 이런 의미에서 세월호 참사와 그에 대한 무책임하고 무능한 대응으로 인해 발생한 권력 누수를 만회하고 지배권력의 위기를 타개하기 위한 방책으로 읽을 수 있다. 이제 이날 가족대표들과 대통령 사이에 오간 대화내용과 그 귀결에 대해 생각해 보자.

지금까지 하염없이 그래 왔듯이, 가족대표들은 실종자를 조속히 찾을 방안을 만들어 달라고 요구했다. 대통령은 여러 가지 방법을 쓰고 있고 마지막까지 유실이 되지 않게 하겠다고 답했다. 하지만 앞서 말한 바

---

38. 「朴대통령 "국민생명 지켜야 할 대통령으로서 죄송"」, 『연합뉴스』, 2014년 5월 6일, http://www.yonhapnews.co.kr/politics/2014/05/06/0501000000AKR20140506021651001.HTML.

처럼 시신의 이동범위는 점점 넓어졌고 실종자 시신 발견의 속도는 느려지고 있었으며 아직 여러 사람이 생사를 알 수 없는 상태에 있었다.

가족대표들은 희생자들이 사고 당시에 선원보다 먼저 119에 신고하고 그 위기의 상황에서 서로 돕고 희생한 사람들이므로 대통령이 단원고에 방문하여 희생된 학생들을 '영웅'이라고 불러줌으로써 명예를 살려 달라고 요구했다. 박근혜는 이에 "알겠습니다."라고 답했지만 대통령이 이후에 단원고를 방문한 적은 없다. 담화를 통해 희생자를 영웅으로 호명했지만, '위기의 상황에서 서로 돕고 희생한 사람들' 전체가 아니라 일부의 희생자를 '국가영웅'으로 호명하는 방식이었다.[39]

가족대표들은, 해경이 선내진입을 하지 않고 조타실 쪽에서 선원들을 우선으로 구조하고 4반 학생이 창문을 두들기며 살려달라고 하는 것까지 외면하는 등 초기 구조 대응에서 문제가 있었다고 제기했다. 이에 대통령은 검경수사본부에서 조사를 철저히 하고 있고 책임을 묻겠다고 답했다. 하지만 그날까지 해경은 (그 자리에서 즉각적으로 가족대표 중의 한 사람이 반론했다시피) 수사 대상으로 되기는커녕 수사 주체로 활동하고 있었다.[40] 유족들의 '걱정하시는 부분'을 충분히 명심해서 '나중에 이런 부분이 흐지부지됐다든가 뭐가 좀 수사가 제대로 안 됐다든가 이런 걱정을 하시지 않도록 제가 각별하게 챙기겠습니다.'라는 대통령의 약속은 상황을 모면하기 위한 거짓말에 불과했음은 이후의 시간이 입증한 사실이다.

가족대표 중의 한 사람은, 정말 이 나라를 떠나고 싶게 만드는 부정

---

39. 이에 대해서는 뒤에서 다시 다룰 것이다.
40. 국정조사와 여론의 압박에 밀려 해경에 대한 수사가 뒤늦게 시작된 이후에도 수사 위치는 별건 수사로 지역 차원에서 소극적으로 전개될 뿐이었으며 이 문제와 관련해 재판에 회부되거나 처벌을 받은 해경은 실무선 몇 사람에 불과하다.

부패를 없애 달라고 말했다. 이에 대통령은, 나라를 위해 일하는 사람들이 '부패', '기강해이', '유착', '이상한 짓' 하지 않는 사회를 만들기 위해 애쓰겠다고 답했지만, 그 답의 실행으로 나타난 개각 행동은 전관예우로 축재하고, '차떼기'로 불법 정치자금을 모으고, 제자의 논문을 표절·도용하고, 조선의 생물학적 민족성이 '게으름'이라고 모독하면서 일본의 식민지배, 분단, 전쟁, 대미 종속 모두를 신의 뜻으로 긍정하는 등 총체적으로 부패하고 기강 없으며 화폐 및 권력에 유착적인 '이상한' 인물들의 꾸러미를 내각의 각료로 국민들 앞에 내민 것이었다.

가족대표가, 잘 기능하는 컨트롤타워를 주문했을 때 대통령은 국가안전처[41] 산하에 일사불란하게 움직이는 구조대를 만들겠다고 응답했는데, 이후 그것은 테러진압용까지 염두에 둔 '특수구조기동대' 신설이라는 살벌한 모습으로 나타났다.

그리고 실종자 구조와 더불어 가장 중요한 것으로 가족들은 진상규명을 위한 다각적 장치들을 주문했다. 그것은 국정조사, 특검, 그리고 (앞의 호소문에서 표명된 바의) 민간주도의 독립적이고 전문적인 진상조사기구 설립을 위한 특별법 제정 등이었다. 가족들은 이 모든 것에서 가족의 참여가 보장되어야 한다고 주장했다. 이 요구에 대통령은, 국정조사가 필요하고 특검도 필요하며 진상조사기구 설립을 위한 특별법 제정이 필요하다는 데에 동의했다. 하지만 진상조사기구가 수사권을 갖는 것에만은 회의적인 반응을 보였다. 실제로 6월 초 가족들의 압력으로 국정조사가 시작되었지만 여야의 정략적 이해가 조사의 실질적 진전을 가로막았으며 심지어는 가족들을 조사장에서 추방하는 사례까지 발생했다. 검찰수사의 무능함이 명확히 드러났는데도 대통령이 약속했던 특검은 정부

41. 2014년 11월 행정체계 개편에서 이 '국가안전처'는 '국민안전처'라는 이름으로 신설되었다.

와 〈새누리당〉의 방해로 구성조차 되지 않았다. 여야 합의로 제정한 〈세월호특별법〉은 세월호특별조사위원회에 가족들과 시민들이 요구한 수사권이나 공소권을 부여하지 않음으로써 허울만의 진상조사기구로 추락시켰으며 정부는 그러한 허울만의 특조위 활동마저도 예산 부족을 이유로 중도하차 하도록 만들었다.

2016년 12월 10일 광화문 촛불집회 참석자들이 광화문 차도에 분필로 쓴 각종 문구들

면담 자리에서 가족대표 중의 한 사람은 유가족들의 파탄 난 생활에 대한 지원대책에 대해 물었고 대통령은 유가족들이 안정된 생활을 할 수 있도록 정부가 끝까지 함께하겠다고 답했다. 하지만, 표리부동하게도 박근혜 정부는 가족과의 면담이 있기 전에 사망자 장례비의 절약을 지시한 바 있고, 5월 2일에는 정홍원 총리의 입을 빌려 희생자 장례비는 이후 보상금에서 공제하겠다는 방침을 밝힌 바 있으며, 이미 지원한 긴급생활 지원금(월 108만 원, 최대 3개월)도 이후에 환수할 수 있다고 말했다. 유가족들의 연이은 자살 기도에 이러한 조치가 영향을 미치지 않았다고 말할 수 있을까?

또 가족대표들은 중소기업연수원에서 이루어지고 있는 생존 학생 치유를 위한 프로그램을, 전문가들이 아니라 바로 자신들이 만들고 있다고 고발했다. 다른 한 대표는, 수학여행 배가 오하마나호에서 세월호로 대체된 것에 책임이 있는 단원고 교장의 무능력하고 무성의한 태도, 교육청의 무대책과 무응답이 진도에서 겪었던 해경의 무응답, 무책임의 경험과 똑같다는 뼈아픈 비판을 내놓았다. 이것은 청와대와 대통령 자신에게 그대로 적용될 수 있는 비판이었기 때문이다.

짧지 않은 이 대화시간 동안 가족들은 무엇을 느꼈을까? 가족대표 한 사람의 다음 말은 한국 사회에서 다중들이 겪는 권력 체험의 구조를 단적으로 보여 준다.

> 저희 가족들은 다칠 대로 다치고 상할 대로 다 상해서 어느 누가 무슨 이야기를 해도 믿지 못합니다. 외람된 말씀이지만 대통령님께서 이렇게 말씀을 하셨는데도 아마 우리 속에서 대부분 '진짜일까? 진짜일까? 정말일까?' 그런 생각이 본능적으로 나타나고 있는데, 대통령님을 못 믿어서가 아니라 이미 그렇게 길들여져 있습니다. 우리 아이들 기다리라고 해서 기다리다가 다 죽었는데 팽목항에서 해경에서 하는 이야기는 "기다리십시오. 조치하겠으니 기다리십시오. 그러면 곧 결과가 나옵니다."를 한 달 동안 계속 반복을 하는 겁니다. 그런데 기다린 결과 나온 것 없습니다.…눈만 감으면 그분들이 하시는 그 멘트가 그대로 떠오릅니다. 뭐냐 하면 "가족 여러분들이 원하시는 방법은 가족 여러분께서 모두 동의해 주신다면 저희는 최선을 다해서 지원하겠습니다."라는 멘트가 있습니다. 이건 해경에서 저희 쪽에 거의 매일 몇 차례씩 하는 멘트거든요. 이 멘트가 왜 나왔냐 하면 저희는 첫날부터 요청한 게 그겁니다. 저희는 모르지 않습니까? 어떻게 구조를 해야 하는지 모르지 않습니까? 해경이 해야 되는 거잖아요. "빨리 가서 우리 애 좀 꺼내주십시오. 애들 다 분명히 살아 있습니다. 꺼내주십시오." 그런데 가보면 안 하고 있어요. 둘째 날 "해 주십시오." 가봤는데 안 하고 있습니다. 세 번째 날 금요일에 갔는데 역시 금요일까지 아무런 구조작업이 전혀 이루어지지 않았습니다. 이것은 제가 개인적으로 거기에서 작업할 때 잠수사들 증언까지 받았습니다. 표면 수색작업만 하는데 그걸 구조작업이라고 이야기하는 겁니다. "그러지 마시고 제발, 우리 대한

민국 아닙니까? 삼면이 바다로 둘러싸이고 1년에 1,600건 이상의 해양사고가 나는 대한민국 아닙니까? 그런 대한민국의 해경이 아닙니까? 그런데 왜 구조를 못 합니까? 방법이 없습니까? 그 줄 하나 매달아 놓고 보트 타고 들어오면 꺼내오는 겁니까? 제발 방법을 알려주십시오, 알려주십시오." 그랬을 때 나온 대답이 아까 말씀드린 대답입니다. "가족 여러분이 원하시는 방법이 있으면, 그리고 그 방법을 가족 여러분이 모두 동의해 주신다면 저희는 최선을 다해 그 방법을 지원하겠습니다." 지금까지 몇 번씩 반복되는 대답입니다.[42]

정부는 말한다 : '우리는 당신들을 위해 하고 싶은 것이 없다. 우리가 당신들을 위해 뭘 할 수 있는지 말해 보라. 그 방법에 당신들 모두가 동의한다면 우리가 최선을 다해 그 방법을 지원하겠다고 말하겠다. 하지만 우리가 나서서 실제적으로 당신들을 지원하고 싶지는 않다.' 그리고 실제적 요구가 있으면 다시 말한다 : '알았다. 기다려라. 조치하겠으니 기다려라. 그러면 곧 그 결과가 나올 것이다.' 수없이 반복된 경험을 통해 우리는 그 기다림의 결과가 무엇일지를 이미 알고 있다. 생명은 죽음에 이르고, 사람들은 지쳐버리고 결국 포기하게 되는 것이며, 포기하자마자 명령과 복종의 구조 속에 다시 편입되어 남은 생명력을 약탈당하는 것이다.

또 다른 가족대표의 말이다.

모 총리라는 분께서 4일 이랬습니다. 제가 물어봤습니다. 저야 모르니까 "우리나라에 두 번째 주인 아니십니까? 4일 동안 어떤 방안을 갖고 계십니까?" 그렇게 말씀드렸는데 어처구니가 없이 모 장관님한테 옆에 대고 "전

---

42. 「청와대가 발표한 가족대책위-박 대통령 면담」, 『한겨레』, 2014년 5월 17일, http://www.hani.co.kr/arti/society/society_general/637440.html.

화 걸어봐." 제가 "뭐 하시는 겁니까?" 그랬더니 기조실장한테, 자기는 모르니까 기조실장한테 전화를 걸어요. 4일입니다, 4일. 애들 물에 잠겨놓고 4일을 그런 식으로 장관이, 국무총리가 저희 앞에서 그런 이야기할 때 저희들은 얼마나 가슴이 찢어졌는지 정말 모릅니다.[43]

'나는 모르겠고 아랫것이 알 것이다.' 이 하향연쇄의 끝 마디가 참사로 자녀들을 잃은 가족들이다. '구조에 대해 (그리고 진실에 대해) 나는 모르겠고 너희가 알 것이다.' 모든 권력을 장악한 최고권력자와 모든 것을 잃은 사람들의 이 대화에서 가족들의 성토를 들은 대통령은 이렇게 말한다.

유가족 여러분들이 가족 잃은 슬픔에다가 지금 말씀하신 바대로 겪으신 그 마음의 상처, 정말 어떻게 위로의 말씀을 드려야 될지 모르겠습니다. 그 희생이 헛되지 않게 하고 영원히 기억되게 하고 그러려면 우리 공직기강부터, 정말 국민한테 헌신하는 그런 공직사회로 바꾸고 또 부패 구조도 뿌리를 뽑고 정말 4월 16일 이후로 대한민국이 정말 역사에서 달라졌다는, 그 희생 위에서 이렇게 달라졌다는 그런 것을 꼭 만들어 내는 것만이 안타까운 희생이 헛되지 않게 하는 것이고, 이렇게 많은 상처를 받으신 유가족 여러분에게 조금이라도 위로가 되는 길이라는 것 제가 계속 마음에 다짐하고 있습니다. 이것을 같이 풀어나가는 데에 한 치라도 여한을 남기지 않도록 그렇게 하겠습니다.[44]

가족들에게 한 치의 여한도 남기지 않기 위해 준비한 국가개조의 대안

43. 같은 글.
44. 같은 글.

은, 세월호에 '궁극적 책임'이 있다고 자인한 대통령이, 유신헌법 제정에 참여했던 김기춘 비서실장을 유임시키고, 여론의 뭇매로 인사청문회에 나가지도 못하고 자진사퇴했던 문창극을 총리로, 이미지 조작 전문가 이병기를 국정원장으로, 제자의 석사학위 논문을 자신의 정교수 승진 논문으로 둔갑시킨 김병수를 교육부 장관으로 지명한 후, 이제는 정상생활로 돌아가자고 국민들에게 호소하는 것이었다. 이 때문에 한 가족대표의 다음 말은, 지금껏 '우리[정부 ― 인용자]가 구조하겠습니다. 염려하지 마십시오.'라고 되풀이 말해 온 박근혜 대통령의 권위주의적 허언에 대한 따끔한 일침이라고 할 수 있다.

> 대한민국이 지금 침몰하고 있다고 생각합니다. 대한민국이 침몰하고 있습니다. 그러면 이 침몰하는 대한민국을 그냥 눈으로 보고 있을 겁니까? 사후약방문 잘해서 침몰하는 대한민국을 어떻게 희망의 불씨를, 이 불씨를 놓치지 않고 절망을 희망으로 되돌릴 수 있을 것인지는 우리 국민의 몫이고요. 대통령님의 몫이라고는 말씀드리고 싶지 않습니다. 저는 제 몫이라고 생각합니다. 평생 저희가 짊어지고 가야 할 제 몫입니다.[45]

사회개혁의 두 경로가, 위로부터의 길과 아래로부터의 길이 이보다 더 첨예하고 긴장된 관계에서 조우할 수 있을까? 이 대화의 마지막 부분에서 가족대표들은 이미 언급한 진상규명을 위한 특별법에 대한 대통령의 입장에 대해 묻고, 초안은 자신들이 준비할 수 있으므로('아래로부터')[46] 그것의 국회 입법이 이루어질 수 있도록 지원해 달라('위로부터')고 요청한

45. 같은 글.
46. 2014년 7월 9일 〈가대위〉가 준비한 〈세월호 특별법〉 전문은 『뷰스앤뉴스』, 2014년 7월 9일, http://www.viewsnnews.com/article/view.jsp?seq=112249 참조.

2017년 3월 4일 열린 19차 촛불집회에서 촛불 시민들에게 따뜻한 차를 무료로 나눠주고 있는 촛불 시민들

다. 국민들의 입법권(국민발안권, 국민표결권)을 박탈하고 입법권을 국회가 독점하고 있는 대한민국에서 국민인 세월호 가족들은, 자신들이 초안을 준비할 세월호 특별법의 입법을 대통령이 지원해 줄 것을 요청한 것이다. 이때 대통령은, "유족의 애끊는 마음이 잘 반영이 되도록 해 달라 그렇게 제가 지원을 하겠습니다."[47]라고 답했다. 대통령의 이 약속이 만약 진지하고 엄중한 것이었다면 국가개조 대안의 수립도, 아래로부터 추진하면 위에서 돕겠다는 이 입법의 약속과 분리된 것이어서는 안 될 것이다. 그런데 국가개조 대안의 윤곽에 대해 묻는 가족들의 곧 이어진 질문에는, 개혁은 오직 위로부터만 이루어질 수 있고 아래는 오직 구경꾼이며 대상일 뿐이라는 듯이 다시금, "지켜봐 달라"는 말만을 반복할 뿐이었다.

파괴와 건설의 스펙타클

가족대표들은 아쉬움을 토로하며 청와대를 나설 수밖에 없었고 5월

47. 가족대표와 박근혜 대통령 면담 전문인 앞의 글.

19일의 대통령 대국민담화까지 다시 사흘을 지켜보아야 했다. 이날 박근혜는 청와대 춘추관에서 세월호 참사에 대한 사과와 후속 개혁조치를 담은 대국민담화를 발표했다. 여기서 대통령은, (1) 불법 과적 등으로 이미 안전에 많은 문제가 예견되었는데도 바로잡지 못한 것, (2) 초동대응 미숙으로 살릴 수도 있었던 학생들을 살리지 못한 것 등이 최종적으로 자신에게 책임이 있음을 처음으로 인정했다. 하지만 이러한 '책임인정'이 실제적인 '책임짐'으로 이어진 것은 아니다. 그것은, "국민의 생명과 안전을 책임져야 하는 대통령으로서 국민 여러분께서 겪으신 고통에 진심으로 사과드립니다."[48]라는 간단한 사과 말을 거친 후 곧바로, "그 고귀한 희생이 헛되지 않도록 대한민국이 다시 태어나는 계기로 반드시 만들"기 위한 '책임 지움', 즉 대통령의 주권행사로 넘어간다. 여기서 오랫동안 사람들을 궁금하게 했던 국가개조 대안(정부조직법 개정안)이 드디어 그 모습을 드러낸다.

맨 처음에 제시된 것은 파괴, 즉 일종의 충격장치로서, 해경을 해체한다는 선언이다.[49] 해체의 이유는, 세월호 사고에서 해경이 본연의 임무를 다하지 못했고 해경의 구조 업무가 사실상 실패한 것에서 찾아진다. '해경은 출범한 이래, 구조·구난 업무는 사실상 등한시하고, 수사와 외형적인 성장에 집중해 온 나머지 몸집은 계속 커졌지만 해양안전에 대한 인력과 예산은 제대로 확보하지 않았고, 인명구조 훈련도 매우 부족했다'는 것이다.

둘째로 제시되는 것은 건설, 즉 국가안전처라는 거대한 조직을 신설하겠다는 선언이다. 그것이 어떤 기능을 담당할까? 우선, 해양 안전의 전

---

48. 같은 글.
49. 「박대통령 세월호 참사 대국민담화 전문」, 『연합뉴스』, 2014년 5월 19일, http://www.yonhapnews.co.kr/politics/2014/05/19/0501000000AKR20140519035400001.HTML.

문성과 책임을 대폭 강화하기 위해 해경의 해양 구조·구난과 해양경비 분야를 국가안전처로 흡수한다.[50] 그리고 국민안전을 최종 책임져야 할 안전행정부가 제 역할을 다하지 못했으므로 그것의 안전 업무를 국가안전처로 흡수한다.[51] 또 해경을 지휘 감독하는 해양수산부도 책임에서 자유롭지 않은 만큼 해수부의 해양교통 관제센터VTS를 국가안전처로 흡수한다.[52]

국가안전처는 이렇게 세 부처로부터 업무를 이관받으면서 각 부처에 분산되어 있던 안전 관련 조직을 통합하고, 지휘체계를 일원화해서 육상과 해상에서 일어나는 모든 유형의 재난에 현장 중심으로 대응할 수 있는 체제로 구상된다. "육상의 재난은 현장의 소방본부와 지방자치단체, 재난 소관 부처"가, "해상의 재난은 해양안전본부를 두어 서해·남해·동해·제주 4개 지역본부를 중심으로 현장의 구조, 구난 기능"을 담당한다. "각 부처에서 주관하고 있는 항공, 에너지, 화학, 통신 인프라 등의 재난에 대해서도 특수재난본부"를 설치하고 "첨단 장비와 고도의 기술로 무장된 특수기동구조대를 만들어 전국 어느 곳, 어떤 재난이든 즉각 투입할 수 있도록 하고 군이나 경찰 특공대처럼 끊임없는 반복훈련을 통해 '골든타임'의 위기 대응능력" 갖게 한다는 것이다. 국가안전처에는 "이러한 기능을 실질적으로 보장하기 위해 안전 관련 예산 사전협의권과 재해 예방에 관한 특별교부세 배분 권한을 부여할 것"이라는 계획도 덧붙여졌다.

해체가 책임을 지우는 방식이라면, 국민안전에 최종책임을 갖고 있으면서도 제 역할을 다하지 못한 청와대의 해체가 마땅히 따랐어야 할 것

50. 해경의 수사·정보 기능은 경찰청으로 넘긴다.
51. 이외에 안전행정부의 인사·조직 기능은 신설되는 총리 소속의 행정혁신처로 이관하며 안전행정부는 행정자치 업무에만 전념토록 하겠다는 것이다.
52. 이렇게 함으로써 해양수산부는 해양산업 육성과 수산업 보호 및 진흥에 전념토록 하겠다는 것이다.

이다. 하지만 청와대는 해체되기는커녕 오히려 만능의 공룡조직 국가안전처와 행정혁신처를 거느리고 통솔하는 상위기구로 자리 잡았다. 이러한 개편을 통해 "우리 사회 전반에 퍼져 있는 끼리끼리 문화와 민관유착이라는 비정상의 관행", "해운 분야뿐만이 아니라 우리 사회 전반에 수십 년간 쌓이고 지속되어 온 고질적인 병폐"를 척결하겠다는 것이다. 이러한 방식으로 대통령의 담화는 정부의 구조책임을 사실상 면제한다. 청와대는 개조의 주체이므로 개조 대상일 수 없고 해경, 안행부, 해수부 등의 개조대상들의 모든 인사는 어떤 행정적 사법적 처벌도 없이 국가안전처로 자리를 옮길 뿐이다. 또 이로써 기존 부서에서의 모든 과오와 책임은 간단히 청산될 것이다. 담화는, 앞으로 민관유착의 위험성이 있는 분야에서의 공무원 임명 제한, 민간전문가 중심으로 공무원 채용방식을 변경하기, 퇴직 공직자 취업 제한, 부정청탁금지법안 입법 등 정부조직과 인사운영의 묘를 살려냄으로써 관피아를 척결하겠다는 등의 다짐을 지루하게 이어갈 뿐이다.

정부의 구조책임에 대한 이 관대한 조처와는 달리 모든 죄과와 처벌의 스펙타클은, 정부가 사고책임자로 규정한, 청해진해운과 유병언 일가에 집중된다. "앞으로 대한민국에서 부당하게 이득을 취하는 것이 결코 이득이 되지 않고, 대형참사 책임자가 솜방망이 처벌을 받지 않도록 만들겠"[53]다는 전제 위에서 웅장한 단죄계획이 발표된다.

> 이번 사고의 직접적인 원인은 선장과 일부 승무원들의 직무유기와 업체의 무리한 증축과 과적 등 비정상적인 사익추구였습니다. 이번에 사고를 일으킨 청해진해운은 지난 1997년에 부도가 난 세모그룹의 한 계열사를 인수

53. 같은 글.

하여 해운업계에 진출한 회사입니다. 17년 전, 3천억 원에 가까운 부도를 낸 기업이 회생절차를 악용하여 2천억 원에 이르는 부채를 탕감받고, 헐값에 원래 주인에게 되팔려서 탐욕적인 이익만 추구하다 이번 참사를 내고 말았습니다.[54]

그리고 대책은 처벌 위주다. "탐욕적으로 사익을 추구하여 취득한 이익은 모두 환수해서 피해자들을 위한 배상재원으로 활용하도록 하고, 그런 기업은 문을 닫게 만들겠습니다."[55] 기업만을 처벌 대상으로 언급한 것은, 관피아들이 부당하게 취득한 이익에 대해서 환수하여 피해자 배상재원으로 삼겠다는 말이나 그런 인물은 공직사회에 발을 들여놓지 못하게 하겠다는 식의 언급이 전혀 없었던 것과 비교된다. 청해진해운에 대해서는 "이를 위해, 범죄자 본인의 재산뿐 아니라, 가족이나 제3자 앞으로 숨겨놓은 재산까지 찾아내어 환수할 수 있도록 하는 입법을 신속하게 추진할 것입니다."[56]라고 말한다. 이와 달리, 민과의 유착을 통해 사익을 취득한 정부 내 인사들에 대해서는 가족이나 제3자 앞으로 숨겨놓은 재산은 물론이고 본인의 재산조차 환수하겠다는 분명한 말이 전혀 없다. 특혜와 정경유착에 대해서는, "이를 비호하는 세력이 있었다면, 그것 역시 명백히 밝혀내서 그러한 민관유착으로 또다시 국민의 생명과 안전이 위협받지 않도록 우리 사회 전반의 부패를 척결해 나갈 것", "이를 위해 필요하다면, 특검을 해서 모든 진상을 낱낱이 밝혀내고 엄정하게 처벌할 것"[57]이라는 식으로 가정법을 사용하여 어떤 실질적 조치도 없이 빠져나

54. 같은 글.
55. 같은 글.
56. 같은 글.
57. 같은 글.

갈 수 있는 구멍을 활짝 열어놓고 있다.[58]

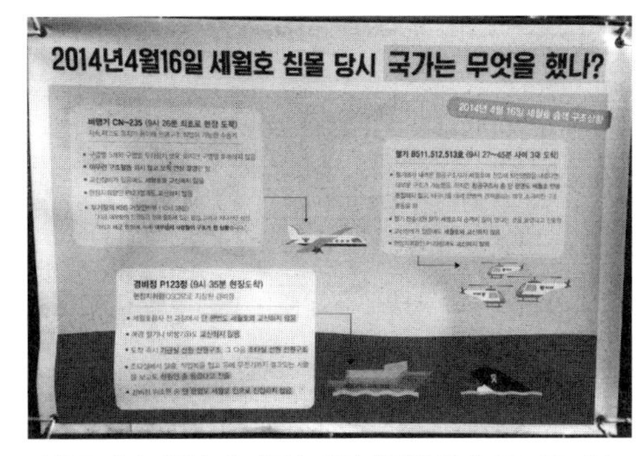

광화문 광장 세월호 유가족 농성장에 걸린 플래카드. 2014년 4월 16일 세월호 침몰 당시 국가는 무엇을 했는지 묻고 있다.

세월호의 선장과 승무원에 대해서는, "이번 참사에서 수백 명을 버리고 도망친 선장과 승무원의 무책임한 행동은 사실상 살인행위입니다. 선진국 중에서는 대규모 인명피해를 야기하는 중범죄를 저지른 사람에 대해서는 수백 년의 형을 선고하는 국가들이 있습니다. 우리도 앞으로 심각한 인명피해 사고를 야기하거나, 먹을거리 갖고 장난쳐서 많은 사람들에게 피해를 준 사람들에게는 그런 엄중한 형벌이 부과될 수 있도록 형법 개정안을 제출하겠습니다."[59]라며 역시 처벌 위주의 대책을 제시한다. 승객보다 먼저 탈출한 선장과 승무원의 살인행위가 만약 살인행위라면,[60] '초동대응의 미숙[물론 미숙만이 문제는 아니다! — 인용자]으로 살릴 수도 있었던 학생들을 살리지 못한 것'에 최종적 책임이 있음을 자인한 (대한민국호의 선장인) 대통령 자신도 살인행위의 책임을 피할 수 없음을 인정하는 것이 논리적 일관성을 갖는 화법이었을 것이다.

가족들이 오랜 시간의 진지한 토론을 통해 생각해 낸 것이라며 그토록 절실하게 요구했던 것, 즉 "수사권, 예산권, 문책권을 갖는 민간주도

58. 2016년 10월에 폭발한 박근혜-최순실-재벌 게이트에서 박근혜 자신이 '엄정하게 처벌'받아야 할 '민관유착'의 핵심 고리였다는 것이 드러난 것은 참으로 아이러니하다.

59. 같은 글.

60. 그런데 선장과 조타실 승무원들은 승객보다 먼저 탈출했지만 구조 책임이 있는 해경이 도착하기 전에 탈출하지는 않았다.

의 독립적이고 전문적인 진상조사기구와 이를 위한 특별법 제정"과 관련해서는, "여야와 민간이 참여하는 진상조사위원회를 포함한 특별법을 만들 것도 제안합니다. 거기서 세월호 관련 모든 문제들을 여야가 함께 논의해 주기 바랍니다."[61]라는 방식으로, (1) 그 자신을 주동적 책임 주체가 아니라 방관적 지원 주체로 설정하고, (2) 스쳐가듯이 간단하게 삽화적으로 언급함으로써, (3) 내용적으로는 가족들이 제안한 실질기구를, 모든 문제를 '논의하는' 일종의 잡담기구로 형해화 시켜 놓았고 (4) 그나마 논의 주체를 '여야'에 한정할 뿐 '민간'은 제외시킨다.

담화의 마지막을 장식한 것은, 책임을 국민 모두에게 분산시키면서 '안전 대한민국'[62]을 위한 국가영웅을 선별적으로 호명하는 것이었다.

> 하지만 이번 사고를 계기로 진정한 '안전 대한민국'을 만든다면, 새로운 역사로 기록될 수도 있을 것입니다. 그 막중한 책임이 우리 국민 모두에게 주어져 있다고 생각합니다. … 이제 좌절에서 벗어나 앞으로 나아가야 합니다. 대한민국을 바로 세우고 새롭게 만들어야 합니다. … 이번 세월호 사고에서 한 명의 생명이라도 구하기 위해 생업을 제쳐놓고 달려오신 어업인들과 민간 잠수사들, 각계의 자발적인 기부와 현장을 찾아주신 수많은 자원봉사자들이 계셨습니다. 어린 동생에게 구명조끼를 입혀 탈출시키고 실종된 고 권혁규 군, 구명조끼를 친구에게 벗어주고 또 다른 친구를 구하기 위해 물속으로 뛰어들어 사망한 고 정차웅 군, 세월호의 침몰 사실을 가장 먼저 119에 신고하고도 정작 본인은 돌아오지 못한 고 최덕하 군. 그리고 제자들을 위해 최후의 순간까지 최선을 다한 고 남윤철, 최혜정 선생님. 마지막까지 승객들의 탈출을 돕다 생을 마감한 고 박지영, 김기웅, 정

61. 같은 글.
62. 이것은 유가족의 언어를 전용한 것이다.

현선 님과 양대홍 사무장님, 민간 잠수사 고 이광욱 님의 모습에서 대한민국의 희망을 봅니다. 저는 이런 분들이야말로 우리 시대의 진정한 영웅이라고 생각합니다.[63]

언급된 사람들의 위대함은 '안전 대한민국' 이전에, 담화문이 인정하고 있듯이 눈앞의 생명들에 연대한 것('한 명의 생명이라도 구하기 위해 생업을 제쳐놓고 달려'옴)에 있다. 그들의 행위의 최우선 순위는 국가가 아니라 생명을 살리는 것에 두어져 있었다. 이와 달리 박근혜 정부는, 청와대부터 총리, 해수부, 해경에 이르기까지 세월호 참사와 그 이후 내내 생명과 연대하려는 노력을 거의 보여 주지 않았고 오히려 그에 역행했다. 다시 말해 박근혜 정부에게는 이 생명영웅들을 호명할 수 있는 자격이 없다. 박근혜 정부는 수십 일 동안, 수많은 생명의 희생에도 불구하고, 어떻게 (그 생명에 반하는) '정부를 구할 것인가?'에만 열중했기 때문이다. 그런데도 담화의 이 마지막 대목에서 다시 박근혜 정부는, 생명을 희생한 이들에게서 '대한민국의 희망'을 본다면서, 위대한 생명들의 국가영웅화를 부추기고, 이로써 국민들이 국가를 위해 생명을 희생해 줄 것을 요구한다. 국민 여러분들이 영웅적으로 국가를 위해 희생해 준다면 '저는', '국민 여러분과 함께', '과거와 현재의 잘못된 것들과 비정상을 바로잡고 새로운 대한민국을 만들기 위해 저의 모든 명운을 걸 것'이라고 말할 때, 그것은 '국민의 생명이 희생되는 국가체제의 일상화'를 다시 한번 약속하는 것이라 해야 할 것이다.

63. 같은 글.

정부와 생명 사이의 이율배반

우리는 5·19 대통령 담화를 〈가대위〉와 그에 연결된 사회적 에너지들을 국가주의적 방식으로 흡수해가는 기획의 일부로서 독해했다. 그것은 국가안전처와 행정혁신처 신설이라는 웅장한 판타지와 대통령의 눈물이라는 정서적 감동을 결합한 기획이었다. 희생자 생존자 가족들 50여 명은 이에 대한 입장을 정리하기 위해 당일 진도로 출발했다. 아직도 진도에 남아있는 실종자 가족 등을 만나 담화에 대한 의견을 모으는 것이 필요했기 때문이다. 이튿날 가족들은 진도에서 〈세월호 사고 희생자/실종자/생존자 가족 대책위원회〉 명의의 대국민호소문의 형태로 입장을 발표한다.

호소문 처음에 명시되는바, 〈가대위〉의 진실은 세 가지의 핵심구성요소를 갖는다. 생명 구조, 진상규명, 그리고 치유이다. "우리 희생자, 실종자, 생존자 및 가족 대책위원회는 이 참사가 초래한 거대한 고통 속에서도 (1) 실종자를 마지막 한 명까지 모두 가족의 품으로 돌아가게 하고, (2) 사고의 진상을 철저하게 규명하며 (3) 안전한 대한민국을 만들어 다시는 이러한 일이 발생하지 않도록 해야 한다는 일념하에 대통령님의 대국민 담화를 지켜보았습니다."[64]

가족들은 대국민 사과, 진상규명, 국가안전처 신설 등 전날의 담화내용이 대통령의 '깊은 고민'을 느낄 수 있게 했다고 인정한다. 이 인정으로부터 우리는, 지금까지 대통령이 보여온 관심 부족, 책임 전가, 허식, 냉대로부터 가족들이 얼마나 큰 고통을 느껴왔는가를 미루어 짐작할 수 있다. 사고 후 한 달이 지난 뒤에야 처음으로 책임인정과 눈물사과를 보여

64. 「세월호 가족 대책위 기자회견문 전문」, 『한겨레』, 2014년 5월 20일, http://www.hani.co.kr/arti/society/society_general/638009.html.

주었기 때문이다. 하지만 이 인정 뒤에 이어지는 것은 그 담화의 두 가지 근본적 맹점에 대한 예리한 지적이다.

첫 번째 맹점은 생명의 소중함에 대한 성찰과 그에 기초한 자기반성의 부재이다. "세월호 참사의 가장 큰 원인은 한 생명에 대한 소중함을 잊어버린 우리 모두의 자화상이었습니다. 생명의 소중함에 앞서 자본의 이윤을 추구한 사람들이 있었고, 그것이 규제 완화로 이어졌으며 세월호의 침몰을 낳았던 것입니다. … 담화문에 아직도 남아있는 17명의 실종자들이 '대한민국 국민'이라는 사실을 우리는 단 한 마디도 찾을 수 없었습니다. 담화문에 대한민국 국민인 실종자는 존재하지 않았습니다. 대통령조차도 국민의 생명을 귀하게 여기지 않았던 것입니다."[65]

실종자, 그것은 지금 한국 사회에서 잃어버린 생명의 상징이다. 실종자에 대한 무관심은 생명의 소중함에 대한 무관심이다. 가족들은 책임있는 사람들의 진정한 자기반성이 치유의 시작이고 진실규명이 그것의 완성이라고 말한 바 있다. 세월호 참사에서 자기반성이 생명의 소중함에 관한 성찰이 아니라면, 그리고 그것의 진실규명이 생명을 위험에 빠뜨리고 있는 인간들의 사회적 관계(즉 사회의 체제와 성격)에 대한 규명이 아니라면 다른 무엇일 수 있는가? 실종자 구조에 무관심한 대통령 담화는 여전히 생명존엄, 생명진실과 거리가 멀고 결국 생명이 겪는 상처의 치유를 시작조차 할 수 없는 성격의 것이라고 가족들은 생각한다. '많은 것을 바꾸어야 한다는 것은 모두가 공감하고 있는 내용'이지만 그 변화는 생명의 소중함에 대한 자각에 기초하지 않는 한 무의미한 것이며 그 자각에 기초하지 못한 모든 개조의 기술들은 생명의 기술이 아니라 생명을 적대시하는 생명통제적 기술에 지나지 않는다. 그래서 가족들은 "유가족,

65. 같은 글.

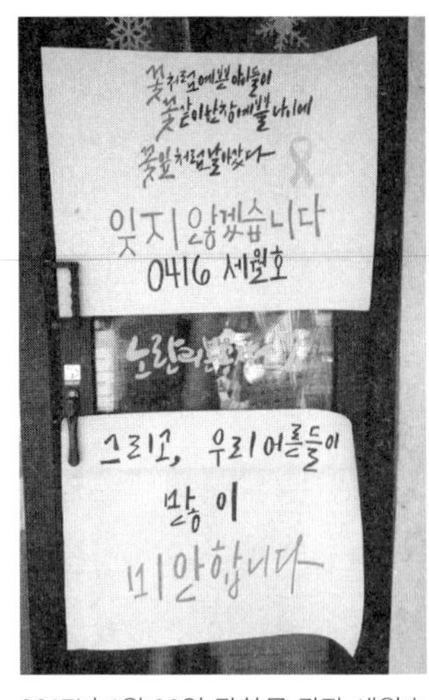

2017년 1월 28일 광화문 광장 세월호 유가족 농성장 노란리본공작소 입구

실종자 가족 저희 모두에게 가장 소중한 것은 실종된 저희 아이들, 실종된 저희 가족들"[66]이라는 전제 위에서 가족들, 선생님들, 내 딸들, 내 아들들을 "마지막 한 명까지 우리의 품으로 돌아올 수 있도록 구조에 총력을 기울여 주기"[67]를 당부하면서, 우선 대통령을 향해 "우리는 하나의 생명을, 우리의 곁을 떠난 실종자를 소중히 여기는 대통령을 원합니다. 대통령도 실종되었으나 잊혀 가고 있는, 쓰러져가고 있는 우리 국민을 소중히 하여야 합니다."[68]라고, 정치의 근거를, 정치가 가능할 수 있는 원천을 환기시킨다.

그리고 언론을 향해 가족들은, 대통령의 눈물만이 아니라 세월호에 갇힌 아이들의 눈물, 선생님들의 눈물을 망각하지 말라고, 그 각각의 눈물들이 위대하고 존엄한 것임을 자각하라고 요구한다. "오늘 아침 모든 신문 지상을 통해 우리는 대통령의 눈물을 보았습니다. 눈물의 힘은 크고 국민들의 마음을 흔들 수 있습니다. 그러나 대통령 담화를 전면 보도하는 언론들이 잊어버린 것은 우리 부모를 기다리는, 세월호에서 아직도 절규하며 신음하고 있는 아이들의 눈물입니다."[69] 그리고 국민들을 향해 가족들은, "우리 아이들의 눈물을 잊지 말아 주십시오. 우리 선생님들의 눈물을 잊지 말아 주십시오. 일반인, 승무원, 실종된 모두를 위해 함께

---

66. 같은 글.
67. 같은 글.
68. 같은 글.
69. 같은 글.

눈물을 흘려주십시오."[70]라고 공감과 연대를 호소한다.

가족들이 지적하는 담화의 두 번째 맹점은, 대통령이 가족들의 목소리를 진심으로 경청하지 않는다는 것이다.

> 우리는 청와대 면담에서 가족대책위의 목소리를 분명히 전달하였습니다. 가장 큰 요구는 실종자에 대한 완벽한 구조, 수색이었으며 그 외에 우리 가족들은 철저한 진상규명을 위하여 1) 특별법 제정을 통한 진상규명에 있어서 피해자 가족의 필수적 참여, 2) 대통령·정부기관·교육기관·언론 등을 포함한 성역 없는 조사 대상, 3) 청와대 보고 및 지시를 포함한 모든 관련 정보의 투명한 공개, 4) 충분한 조사 권한과 기간, 전문성 등이 보장되는 독립된 진상조사기구 설치, 5) 피해자 가족들에 대한 지원, 지역사회 치유 등을 포함하여 가족들이 처한 문제에 대한 포괄적인 대책, 6) 형사 절차·감사원 감사·국정조사·특별검사 등 각 절차에서 수집되는 정보에 대한 접근의 보장 등을 요청하여 왔습니다.[71]

대통령은 5월 16일 가족면담이 자신이 준비하는 국가개조안에 가족들의 목소리를 반영하기 위해서라고, "가족의 의견이 무엇보다 중요"[72]하기 때문이라고 말한 바 있다. 하지만 담화에서는 오직 대통령의 목소리만이 지배할 뿐 가족의 목소리는 흔적조차 찾기 어려웠고 가족들의 요구에 대한 제대로 된 응답은 물론 발견할 수 없다. 특별법 제정을 언급했지만 "여야가 함께 논의해 주기를 바란다."[73]는 식으로, 건성으로 한 언급이었

70. 같은 글.
71. 같은 글.
72. 「청와대가 발표한 가족대책위-박 대통령 면담」, 『한겨레』, 2014년 5월 17일, http://www.hani.co.kr/arti/society/society_general/637440.html.
73. 「박대통령 세월호 참사 대국민담화 전문」, 『연합뉴스』, 2014년 5월 19일, http://www.yon-

을 뿐이다.

국민들의 목소리를 귀 기울여 듣지 않는 정부는 국민의 정부가 아니라 국민에 대한 정부이며, 그렇기 때문에 국민에게는 정부가 아니다. 그래서 가족들은 담화에 "우리의 목소리"에 대한 답변이 언급되지 않은 점을 매우 유감으로 생각한다고 말하면서, "우리는 정부가 우리의 목소리를 진심으로 경청하기를 원합니다. … 가장 중요한 것은 가족들의 목소리를 경청하여 가족들의 의견에 기반을 둔 대책으로부터 출발하는 것입니다. 가족의 목소리로부터 출발하는 진상규명, 이것이 정부가 가져야 할 진상조사의 대원칙이어야 합니다."[74]라고 주장한다. 가족들의 목소리에 귀 기울이는 것이야말로 "바다 속에 잠들어 있는 … 아이들의 목소리",[75] 그 비가시화된 생명의 진실을 제도화할 수 있는 유일한 길일 것이기 때문이다.

가족들은 이에 머물지 않고 미래 정부가 가져야 할 리더십의 특징을 제시하는 데로 나아간다. 이것은 위기에 직면하여 선장, 선원들을 살인죄로 단죄하고 해경 등의 기구를 해체하겠다는 식의 박근혜 정부의 리더십에 대한 비판을 통해 제시된다. 그렇다면 미래 정부의 그 리더십의 특징은 무엇인가? 그것은, 각자로 하여금 각자의 위치에서 본연의 책임을 지도록 하고 그 책임에 맞는 역할을 하게 하는 리더십이다.

> 살인죄로 단죄하겠다는 태도가 아니라 각자의 위치에서 본연의 책임을 지게 하는 리더십으로 이 나라를 이끌어주시기를 희망합니다. 잘못한 이에게 채찍을 들고, 욕을 하는 것은 쉽게 할 수 있는 일입니다. 그러나 그 사

---

hapnews.co.kr/politics/2014/05/19/0501000000AKR20140519035400001.HTML.

74. 「세월호 가족 대책위 기자회견문 전문」, 『한겨레』, 2014년 5월 20일, http://www.hani.co.kr/arti/society/society_general/638009.html.

75. 같은 글.

> 람이 그 일을 자신의 위치에서 책임지지 못했기에 참사가 발생하였고, 각자가 본연의 책임을 지게 하는 것은 아무나 할 수 없는 일입니다. 그것이 설령 대통령이라 하더라도 말입니다. 해경을 해체하고 모든 것을 바꾸어서 그 자리를 묵묵히 지키고 책임졌던 사람들을 물러나게 하는 것만이 답은 아닙니다. 그 책임에 맞는 역할을 할 수 있도록 대통령께서 힘을 실어주고, 권한을 부여하며 그들을 응원하고 우리가 최종적으로 바라는, 국민 한 사람 한 사람을 보호할 수 있도록 하였어야 합니다.[76]

이것이 "인간의 존엄성이 존중되고, 모든 사람의 안전이 보장되는 나라, 국가에 대한 믿음과 사회에 대한 신뢰를 회복한 나라"[77]를 위한 리더십이다. 이 생각은 주권의 대의자(대통령)가 주권자들(국민)을 임의로 단죄하고 그 위치를 임의로 배분하는 것(즉 통치독재)의 위험성에 대한 경고로 읽어야 마땅할 것이다.

그런데 각자의 위치, 본연의 책임, 책임에 따르는 역할이 어떻게 주권 대의자의 임의가 아니라 생명체들의 필요와 자연스럽게 연결되어 배분될 수 있을까? 여기서 우리는, 오늘날의 이윤체제(즉 자본주의)에서 각자의 위치가 개체들의 뜻과 생명적 필요에 의해서가 아니라 경제적 필요에 따라 인위적으로, 심지어 강제적으로 배분되고 있다는 점을 생각하지 않을 수 없다. 그 위치에 따르는 역할 역시 경제적 필요에 따라 인위적으로 규정되며, 책임을 지는 방식도 생명의 논리에 의해 규정되기보다 이윤체제의 필요를 반영하는 법에 입각해 사법적으로 규정된다. 이런 의미에서는, 주권 대의자의 그 임의성(통치독재)이, 오히려 그보다 더 심층적인 자리에 놓여 있는 자본주의적 이윤체제의 필연성(자본독재)에 따라 규정된

76. 같은 글.
77. 같은 글.

다고 말하는 편이 더 적합할 것이다. 이러한 관점에서 볼 때, 생명 개체들이 자신들의 욕망과 필요에 따라 자유롭게 위치할 수 있게 하는 리더십이, 각자의 위치에서 본연의 책임을 지게 하는 리더십에 선행되어야 한다. 이러한 리더십을 갖추려는 정부는, 각 생명 개체들이 생명 외적인 필요에 따라 외부로부터 강제적으로 주어진 현재의 위치와 역할에서 벗어나 자신의 생명 본연의 목소리에 귀 기울이려고 노력할 때, 이 탈자脫自, ecstasy의 노력들을 일탈이나 불법으로 간주하여 다스리는 것이 아니라 오히려 그것의 가치를 인정하고 그 특이화의 힘들을 연결하고 제도화할 수 있기 위해 노력해야 할 것이다.

가족들은 "희생자, 실종자 **모두**는 대한민국의 영웅이며, 모두가 책임을 회피할 때 각자의 자리를 굳건히 지킨 이들로 인해 우리는 안전한 대한민국을 볼 수 있을 것입니다."[78]라고 말한다. 이것은 **일부** 희생자를 선별하여 국가영웅화함으로써 희생자(와 그 가족)을 분열시키려 한 박근혜 담화의 생각에 대한 정면에서의 비판이다. 영웅hero은 ser-(위에서 봄, 덮음)에서 유래한 말이다. 그것은 주어진 지평을 초월하는 자를 지칭한다. "각자의 자리를 지킨 이들"인 그 영웅들이 지킨 그 '자리'는 과연 무엇인가? 그것은 현존하는 국가와 자본이 개개인에게 부과하는 그 자리, 이윤의 종복의 자리인가? 아니다. 그것은, 이윤체제가 지정한 자리가 아니라, 그 자리를 벗어난 자리, 엑스터시의 자리, 생명의 자리였다. 이윤체제가 지정해 준 자리를 넘어선 본연의 자기 자리, 드물지만 고귀한 자리를 지킴으로써 사람들은 자신들에게 내재하던 영웅적 힘, 체제초월적인 힘을 발휘했다. 이윤체제가 맡긴 역할에 책임짐으로써가 아니라 생명 본연의 부름에 응답함(responsibility, 책임짐)으로써 생명 개체에 잠들어 있

78. 같은 글(강조는 인용자).

던 영웅성이 발휘되었다. 예컨대 박지영은 청해진해운의 아르바이트 승무원이기를 멈추고 그것의 명령을 거부하는 순간, 수많은 생명을 구하는 실질적 선장이 될 수 있었다. 이 박지영을 포함하여 대통령 담화에서 '국가영웅'으로 잘못 이름 불린 정차웅, 최덕하, 남윤철, 최혜정, 김기웅, 정현선, 양대홍… 등은 실제로는 국가영웅의 이름들이 아니라 국가와 자본의 명령을 초월하는 자리에서 생성된 생명영웅의 이름들이다.

고 박지영 님을 추모하는 수원과학대학교 홈페이지의 포스팅

배가 전복되어 침몰되는 결정적 위기의 순간에 배를 탈출했던 사람들, 선내에서 자구책을 세우고 서로 도우며 살길을 모색했던 많은 실종자들과 희생자들은 각자의 방식으로 상황을 조감('살펴봄')하며 그 상황을 넘어설 길을 모색했다. 그 결과가 달랐을지라도 그들은 모두 생명 본연의 목소리에 충실했고 나름의 방식으로 주어진 상황에 응답했다. 배 밖에서나 안에서나, 살았거나 죽었거나 간에 상황을 초월하기 위해 각자가 그 나름대로 자신들의 신체력, 지성, 감성, 기술을 동원했고 그 에너지들에 상응하는 생명공통체가 4월 16일 진도 앞바다에서 전개된 그 특이한 순간에 형성되었다는 것은 일련의 증언들, 문자메시지들, 핸드폰 동영상들을 통해 알 수 있는 사실이다. 그러므로 우리가 생명을 돌보고 생명의 출구를 전력으로 모색했던 이들을 관례적으로 '희생자'犧牲者라고 부르는 것은 너무 일면적인 것인지 모른다. '犧牲'은 '제사에 쓰이는 소'에서 나온 말이기 때문이다. 생명의 영웅들은 생명을 잃었다는 점에서는 '희생'되었지

만, 국가나 제사를 위해서가 아니라 생명을 위한 어려운 투쟁 속에서 생명을 살리면서 그렇게 되었기 때문이다. 그들의 생명은 어떤 신성한 것을 위한 수단으로 바쳐진 것이 아니라 신성한 것 그 자체였기 때문이다.

세월호 승객들이 생명공통체를 구축한 것과는 대조적으로, 세월호의 조타실 승무원들, 해경 지휘부들, 정부기관 책임자들, 대통령 등은 책임을 회피하기에 바빴다. 물론 그들은 사고 후 가족들의 분노를 관리·감시하고 국민들의 생각과 목소리를 통제하는 방식으로 '그들만의 대한민국', '그들만의 통치체제'의 안전을 도모하는 데에는 놀랄 만한 기량을 발휘했다. 사과를 담은 5월 19일 담화에 대한 입장을 준비하기 위해 가족들이 진도로 내려가는 순간에도, 경찰들은 그 가족들을 미행하고 감시할 만큼 '대한민국의 안전'을 위해 빈틈없이 노력했다. 여기서 드러나는 것은, 현존하는 정부와 생명 사이의 화해할 수 없는 간극, 하나로 보이는 국가공동체 내부에서 정부와 생명시민 사이의 뚜렷한 이율, 그리고 그 사이의 배반이다.

제2의 세월호, 제곱의 후쿠시마

5월 19일 대통령 박근혜는 춘추관에서 기자들 앞에서 담화를 발표한 후 질의응답도 받지 않은 채, 아랍에미리트로 떠나 버렸다. 민변 〈세월호 참사 진상규명과 법률지원 특별위원회〉가 "(대통령 담화는) 박근혜 대통령에게 세월호 참사는 이미 끝난 일이라는 메시지를 더 분명하게 했다."[79]고 말한 것은 이러한 정황과 무관하지 않을 것이다. 앞에서 이미 말

79. 「민변 세월호 참사 특별위원회 성명」, 『공무원U신문』, 2014년 5월 22일, http://www.upublic.co.kr/news/articleView.html?idxno=1235.

했듯이 담화는 최종책임에 대한 인정과 책임짐을 분리시키고, 책임자로서 스스로 어떤 책임을 지겠다는 것인지에 대해서는 단 한 마디도 하지 않았다. 대통령이 '책임지는' 방식은, 오히려 책임을 물어 국민들을 단죄하고 재배치하는 것('책임지움'), 즉 극단적인 책임 전가였고 독단적 권력 행사였다.

아랍에미리트로의 출국은 사실상 담화문 그 자체가 휴지에 지나지 않는다는 것, 그 속에 진실의 이름으로 서술되어 있는 언어들이 내면적이거나 객관적인 어떤 진실 같은 것과는 무관하며 정황적 필요에 따라 내놓은 정치실용주의적 통치언어에 불과하다는 것, 볼을 타고 흘러내린 그 눈물이 먹이를 씹으며 그 먹이를 애도하는 악어의 눈물에 다름 아니라는 것을 행동으로 웅변하는 것이었다. 왜 그런가?

한국 원전의 수입국 아랍에미리트는 고리 원전과 더불어, 바로 제2의, 아니 제곱의 세월호를 불러올 위험의 화약고로 주목받고 있는 한국 원자력 산업의 트레이드마크 중의 하나이기 때문이다. 아랍에미리트는, 출국에 앞서 발표한 담화에서 대통령 자신이 언급한 '안전 대한민국'과 정확하게 대립되는 '위험 대한민국'의 표상이며 가족대표와의 5·16 면담에서 밝힌 바의 저 '물욕을 넘어서고자 하는 의지'를 무력화하는 '미래 성장산업'의 대명사이기 때문이다. 세월호 가족들에게서, 구조는 자본구조가 아니라 생명 구조이고, 진실은 생명을 죽게 하는 이윤체제의 진상을 명백히 드러내는 것이며, 치유는 책임 있는 성찰을 통해 각자가 진실에 다가서는 것이다. 그런데 대통령 박근혜는, 이윤체제 및 그것에 수반된 과적과 과속으로 인해 가족을 잃은 유가족들에게 사과하고 가족의 생각과 의견을 중요하게 반영했다는 국가개조 담화문의 잉크가 채 마르기도 전에, 바로 이윤체제를 '구조'하고 그것의 경제적 '과적'을 도모하기 위해 아랍에미리트로 달려간 것이다.

더욱 아이러니한 것은 세월호가 침몰했던 4월 16일, 바로 이날이 원자력안전위원회가 고리 핵발전소 1호기의 재가동을 승인한 날이라는 점이다. 유병언의 이름을 딴 기업인 (주)아해는 원자력 발전소에 사용되는 역삼투압 농축폐액 처리계통과 폴리머 고화계통 공급 업체로서 국내 원전의 경우 신고리 3, 4호기 및 신한울 1, 2호기 납품업체이고 수출 원전의 경우, 바로 아랍에미리트 원전의 핵폐기물재처리 기계 납품업체이기 때문이다. 원자력을 둘러싸고 정부, 유병언, 아랍에미리트 사이에 얽히고설킨 이 매듭들이 무엇을 의미하는지 생각해보자.

1978년 고리 발전소가 운전을 시작한 후 현재 한국에는 4곳(한울, 월성, 고리, 한빛)의 원자력 발전소와 23개의 원자로가 운전 중이다. 핵발전소 밀집도 면에서 한국은 세계 1위 수준이다. 발전량 기준으로는 세계 5위이며, 회사 단위로는 세계 2위의 원자력발전회사인 한국수력원자력이 있다. 원전은 한국 내 전체 전기 생산의 34.8%를 차지하고 있다.

이러한 상황은 무엇을 의미할까? 핵 자체의 일반적 위험은 차치하고라도, 이러한 상황으로 인해 두 가지 특수한 위험들이 누적되고 있다. 첫째는 높은 핵발전소 밀집도로 인해 증가하고 있는 방사능 사고 위험이다. 통계적으로 핵발전소 개수가 많은 순서대로 대형 핵사고가 일어났고(1979년 미국 스리마일, 1986년 소련 체르노빌, 2011년 일본 후쿠시마), 이 통계는 다음 대형사고가 프랑스, 한국 순으로 일어날 것임을 예고한다. 그리고 대형사고가 가져올 위험도는 원전밀집도가 가장 높고, 대도시 인근에 핵발전소가 있는 한국이 가장 높다.

둘째, 노후화된 원전 재가동으로 인해 높아지는 위험이다. 고리 원자력 발전소는 2007년 설계수명이 끝났다. 2013~2027년(6차 전력수급계획) 사이 수명이 끝나는 원전은 2012년 11월 설계수명이 다 돼 멈춘 월성 1호를 비롯해 울진1호·고리2호·고리3호·고리4호·영광1호·울진2호 등 총

8기다. 고리원전의 경우 가동수명이 10년 연장되어 고장과 수리를 반복하며 2014년 현재 36년째 가동 중이다.[80] 월성 1호기의 경우도 30년이 넘어 수명연장 심사 중이다. 수명연장심사를 통한 원자력 발전소의 재가동 승인은 세월호의 신자유주의적 수령 연장과 유사한 것이지만, 그보다 훨씬 더 큰 잠재적 위험을 내포한다. 핵발전소 사고의 1차 피해지역은 발전소에서 20~30km 반경인데, 국내 핵발전소 반경 30킬로미터 내에는 420만 명의 국민이 거주하고 있다. 울산시청과 부산시청도 그 반경 속에 포함되어 있을 정도다.

원자력 발전소의 수, 밀집도, 재사용으로 인한 이러한 위험 외에 중요한 것이 핵폐기물 문제이다. 한국에서 핵폐기물은 연간 700~750톤씩 방출된다. 하지만 한국에는 단 한 개의 핵폐기물처리장도 없다. 현재 경주에 건설 중인 방폐장은 중저준위 핵폐기물처리장이며 고준위 핵폐기물(사용후핵연료) 처리에는 어떤 실효적인 대책도 수립되어 있지 않다. 방출되는 핵폐기물은 원자로 옆 임시수조에 저장 중이다. 그런데 그 임시저장 수조마저 2013년 현재 이미 71.4%가 찼다. 고리 원전은 2016년에 포화에 이르며 가장 늦은 신월성 원전도 2022년에 포화 상태에 이른다. 이것은, "화장실은 없고 오물을 커다란 요강에 임시로 저장 중인데, 요강이 이제 꽉 찼다."[81]로 비유될 수 있는 상황이다. 다르게 말하면, 한국 원전은 '화장실 없는 아파트', 아니 '항문 없는 몸'이다.

핵폐기물의 위험도는 어느 정도일까? 연소된 핵연료는 강한 방사선과 높은 열을 뿜어내고 세슘과 플루토늄, 크세논(제논) 등과 같은 인체에 해로운 방사성물질을 새로 생성한다. "원자로에서 막 꺼낸 사용후핵연

80. 〈반핵부산시민대책위〉는 고리 1호기의 사고·고장이 확인된 것만 130회라 주장했다.
81. 황보연, 「이 많은 원전 핵폐기물, 어디로 가져갈 텐가」, 『한겨레』, 2013년 12월 8일, http://linkis.com/www.hani.co.kr/arti/xUlUy.

료의 방사능은 1미터 거리에서 17초만 인체에 노출되더라도, 한 달 안에 예외 없이 사망에 이른다. 사용후핵연료의 방사능이 인체에 해롭지 않은 수준으로 떨어지는 데는 최소한 10만 년쯤 걸린다."[82] 문제는 세계 어느 곳에서도 핵폐기물 영구처분에 대한 기술적 불확실성을 해소하지 못한 상태라는 것이다. 우주로 내보내는 것도, 바다에 매몰하는 것도, 남극에 묻는 것도, 깊은 지층에 묻는 것도 모두 위험과 불확실성을 제거하지 못한다. 그래서 원자력 국가들의 대처는 핵폐기물을 멀리 떨어진 섬으로 옮기거나 감시가 드문 곳에 불법투기함으로써 비가시화하거나 국경 너머로 외부화함으로써 마치 그것이 사라진 것 같은 이미지를 만들어 내는 데 집중되곤 한다. 이 때문에 원자력 산업의 존속은 위험의 은폐를 위한 고도의 이미지 조작과 대규모의 광고홍보 비용의 지출을 요구하는 것이다.

한국도 그 대열에 동참한, 원전의 수출산업화는 핵위험을 세계화하는 운동이다. 2009년 12월 27일 전 대통령 이명박은 역대 최대 해외공사 수주계약이자, 최초의 원전 수출 계약을 했다고 자랑했다. 아랍에미리트와 400억 달러(약 47조 원)의 1,400MW급 원전 4기를 수출하기로 계약을 체결했다는 것이었다.[83] 원자력을 일거에 미래 성장산업으로 추어올린 이 계약의 문제점은, 거대한 초기건설 비용을 한국이 융자해 주기로 한 금융적 문제(자금 조달의 곤란, 그리고 아랍에미리트가 한국보다 금리가 싼 현실에서 고리로 빌려서 저리를 받을 수밖에 없는 금리손실 등) 외에, 수출된 원자력 발전소에서 나오는 핵폐기물이 국내로 반입될 위험성이 크다는 것이다. 아랍에미리트는 미국과의 협정에 의해 국내에 핵폐기물처리장을 설치할 수 없는 것으로 알려져 있기 때문이다. 이것이 국내에서 이미 포화에 이르고 있는 핵폐기물 처리 문제를 가중한다.

---

82. 같은 글.
83. 이후 요르단과 터키와도 원자로 및 원자력 발전소 수출 계약을 했다.

유병언 계열사인 (주)아해는, 현재 한국에서 가장 큰 원전 사고 위험 요소를 안고 있는 발전소인 고리원전 납품업체이면서, 앞서 말한 바처럼, 아랍에미리트 원전에서 나오는 핵폐기물을 처리할 기계의 납품을 수주한 업체이다. '원전마피아'라는 이제는 대중화된 용어가 상징하듯, 원전 수출 자체가 거대한 민관유착의 온상일 뿐만 아니라 (주)아해의 핵폐기물재처리 기계 수주는, 박근혜 대통령이 가족면담과 그 후의 담화에서 척결하겠다고 한, 관민유착의 전형적인 사례로 의심받고 있다.[84] 이 유착이, 종업원이 얼마 되지 않는 도료 전문업체인 (주)아해가 5천여 명의 종업원을 거느린 미국의 핵폐기물처리 전문업체를 누르고 핵폐기물처리 기계 입찰에 성공할 수 있었던 비밀이라는 것이다. 세월호 참사 여파로 (주)아해의 전직, 현직 대표가 모두 구속되고 회사가 법정관리에 들어간 것을 고려할 때, 그리고 검찰이 아해 유병언을 세월호 참사의 배후주범으로 지목했음을 고려할 때, 박근혜가, 세월호 참사의 희생자에게 사과하고 관민유착을 뿌리 뽑겠다고 약속한 바로 그 날, 아랍에미리트 바카라 원전기공식에 참여하기 위해 기자들의 질의조차 받지 않고 출국한 것은 담화의 진정성을 의심스럽게 하는 행동이지 않을 수 없다. 이것은, 원전이 국가주도 산업인 만큼, 대통령 자신이 자의든 타의든 저 원전마피아의 핵심적 일부로 편입되어 있는 체제적 현실 자체를 적나라하게 보여 주는 것이지 않을까? 이제 위험은 결코 우연의 산물이 아니며 권력, 기업, 체제가 조성하는 필연의 산물로 되고 있다.

더 진지하게 주목해야 할 것은 원자력의 무기화와 국제적 군사 역학 관계의 문제이다. 1956년 처음 체결되어 수차례의 개정을 거친 후 1973년 3월 19일 발효된 한국과 미국 사이의 원자력 협정은 2014년 3월 19일

---

84. 이 경우에는 유병언과 국가수반이었던 이명박 사이의 유착이 문제로 된다.

1945년 8월 6일 히로시마 원폭 2달 후인 10월 초에 촬영된 건물 잔해. 히로시마현 산업 장려관으로 사용되던 이 '원폭 돔'은 현재 히로시마 평화 기념 공원의 일부이다.

만료되었고 유효기간을 2년 연장하는 '한·미 원자력 협정 연장 교환각서'를 통해 2016년 3월 19일까지로 연장한 후, 2015년 11월 25일 '미국산 우라늄의 20% 미만 저농축'과 '사용 후 핵연료에 대한 건식 재처리 방식인 파이로프로세싱의 추진'을 핵심 내용으로 하는 신 원자력협정을 발효시켰다. 구 협정에는 한국이 미국 연방 정부 측의 사전 동의나 허락 없이 핵연료의 농축과 재처리를 하지 못하도록 규정되어 있었다. 핵연료의 농축과 재처리는 핵폐기물의 양을 감소시키고 또 핵무기를 만들기 위해서라면 반드시 필요한 과정이다. 북한이 핵무기를 이미 개발했고 남한의 우파 정치세력의 일부가 핵무기 개발의 필요성을 제기하는 가운데 '협정개정을 위한 협상에서 원자력 산업에서 한국이 차지하는 위상이나 규모를 감안하여 과거보다 격상된 한미 간의 전략적 협력 방안이 협정 문안에 반영될 수 있도록 노력'[85]한 것의 결과가, '20% 미만'이라는 단서를 달고 있지만 사용 후 핵연료 재처리의 권리를 확보한 것이다.

이와 관련해 2011년 5월 26일 한국을 방문한 독일 『슈피겔』 지 '위키리크스 전문기자' 마르셀 로젠바흐가 간담회에서 한 말이 주목된다. 그

85. 「韓美 원자력협상 연내 타결 목표… 협정문안 조율」, 『연합뉴스』, 2014년 6월 20일, http://www.yonhapnews.co.kr/politics/2014/06/20/0503000000AKR20140620010900071.HTML?template=2087.

는 2010년 2월 22일 작성된 한 외교전문을 인용하면서, 천영우 당시 외교통상부 2차관(현 청와대 외교안보수석)이 같은 해 2월 17일 미국 당국자들을 만나 한국의 핵연료 재처리 문제가 한미관계에서 곧 '중요한 사안'이 될 수 있을 것임을 암시했고 한국이 이제 세계 5대 핵 에너지 생산국이며, 일본 같은 다른 핵 에너지 생산국들은 이미 재처리 시설을 갖추고 있다는 점을 지적했다고 말했다. 마르셀에 따르면, 천 차관은 이 문제에서 한국이 일본과 차별대우를 받는다는 인상을 한국의 여론이 받아들이지 않을 것임도 강조했다. 이 말과 관련하여 미국의 당국자는 '재처리 시설 건설에 드는 막대한 비용 때문에 어차피 한국은 향후 20년 동안은 재처리를 시작할 수 없을 것이지만, 아마도 경주 근처에 재처리 시설의 건설을 시작할 수 있을 것'[86]이라는 판단을 내놓았다. 그리고 미국 측은, 한국인들이 '미국이 한국의 핵산업 발전을 방해한다는 인상을 받게 되면 양국 관계에 해가 될 것'이라는 평가는 옳으며 이 사안을 "세심하게 다룰 필요가 있다"고 결론지었다. 그리고 이 간담회로부터 약 2년 뒤인 5월 28일 박근혜 대통령은 월스트리트저널과의 인터뷰에서 "이미 불안정한 한반도에서 북한의 새로운 핵실험이 주는 한 가지 효과는 이웃 국가들이 독자적인 핵무기 개발을 할 필요가 있다는 우려를 하게 하는 것"[87]이라고 말했다. 그 이웃 국가에는 일본만이 아니라 한국도 당연히 포함된다. 이러한 정황을 고려할 때, 신 협정에 대해 동아일보를 비롯한 일부 언론은 20% 이상의 재처리가 허용되어 있는데 한국은 20% 미만인 점을 불만으로 제기했지만, 한국이 핵연료재처리 권리를 확보한 2015년의 신 협

---

86. 「獨 〈슈피겔〉 '위키리크스 전문기자' 마르셀 로젠바흐 방한 간담회」, 『프레시안』, 2011년 5월 26일, http://www.pressian.com/ezview/article_main.html?no=62235.
87. '북이 4차 핵실험 시 남도 핵개발'이라는 YTN의 오보 논란을 가져온 이 대담 내용에 대해서는 http://www.voakorea.com/a/1925597.html 참조.

정은 '핵주권의 확보'라는 이름하에 한반도 전체를 핵무기 공장으로 전화하고, 주요 도시들을 제2의 세월호, 제곱의 후쿠시마, 몇 제곱의 히로시마로 전화시킬 위험성을 그 어느 때보다도 높이고 있다고 할 것이다.[88]

정지시킬 것과 가속시킬 것

한반도를 포함하여 지구 전체가 위험의 폭주기관차로 되고 있는 이 현실에 어떻게 대응해야 할 것인가? 맑스는 '혁명이 세계사의 기관차'라고 말했다. 러시아 맑스주의자 플레하노프는 그것을, '우리가 탄 역사의 기차는 전속력으로 달려 목적지까지 우리를 데려다줄 것이다.'라는 기계적이고 진화론적인 표상으로 바꿔놓았다. 파시즘의 시대를 경험한 벤야민은 플레하노프의 진보주의적 표상을 정지의 표상으로 바꾼다. 맑스는 혁명이 세계사의 기관차라고 말했지만 오히려 혁명은 이 기차를 타고 여행하는 인류가 비상 브레이크를 잡아당기는 것이 아닐까, 라고. 그런데 21세기에 가속주의자accelerationist들은 다시 정지가 아니라 가속 속에서 대안을 찾고 있다.[89]

대안들의 이 긴장 속에서 곰곰이 생각해보면, 맑스의 언명은 정지되어야 하고 가속되어야 할 것이 무엇인지에 대해 이미 구분하여 말했던 것으로 보인다. 정지되어야 할 것은 이윤체제다. 가속되어야 할 것은 플레

88. 물론, 2014년 7월 3일 박근혜-시진핑 공동선언이 보여 주듯이 박근혜 정부의 공식입장은 '핵무기 개발'이 아니라 '한반도 비핵화'였다. 『조선일보』는 북한 비핵화 명시가 없는 한반도 비핵화 선언이 "한국의 안보와 국익에 심각한 피해"를 끼친다고 비판했다.(「朴대통령-시주석 채택 한중 공동성명 전문」, 『연합뉴스』, 2014년 7월 3일, http://www.yonhapnews.co.kr/politics/2014/07/03/0501000000AKR20140703143800001.HTML.

89. 가속주의자에 대해서는 조정환, 「들뢰즈와 가속주의 정치학」(경희대 콜로키엄 〈들뢰즈와 21세기〉, 2015년 12월 28일 발표 논문) 참조.

하노프가 예찬하고 있고 벤야민이 반대하고 있는 그것, 즉 기술이나 진보가 아니라 오히려 현존하는 모순을 타개하는 생명의 약동, 즉 혁명이다. 그런데 삶과 세계를 바꾸는 혁명은 진상규명 없이는 불가능하다. 세월호 참사의 진상, 이윤체제의 진상, 세계사의 진상을 밝히는 작업은 대안의 가능성을 정초하는 기본적인 작업이기 때문이다. 진상규명 없는 반성은 불가능하며 진상규명 없는 개조는 허구이고 진상규명 없는 혁명은 만용이다. 그런데 세월호 가족들이 말하듯이 거꾸로도 마찬가지다. 반성 없는 진상규명은 말장난이고, 개조 없는 진상규명은 요식행위이며, 혁명 없는 진상규명은, 국정조사 진행 과정의 착종, 특별법과 특조위가 겪었던 교란과 난관 등이 경험적으로 보여 주듯이 사실상 불가능하다.

잔인한 4월에 등장하여 항쟁의 5월을 이끈 〈가대위〉의 1개월은 진상규명은 혁명('안전한 나라')으로 향해야 하고 혁명은 진상규명에 뿌리 박아야 한다는 것, 혁명 없이 진상규명 없고 진상규명 없이 혁명 없다는 것, 또 혁명과 진상규명은 생명의 목소리에 귀 기울이는 것에서 시작되어야 한다는 것, 그것은 국가 진실체제와 대립하는 독자적 진실체제를 요구한다는 것 등을 우리 모두를 향해 또렷이 말하고 있다. 익숙한 말로서는 표현되기 어려워 동물의 울부짖음과 같은 것에서 시작된 그 목소리에서, 수몰되어 들리지도 않는 생명의 목소리를 빙의하는 그 목소리에서, 더듬거리고 주저하며 좌충우돌 속에서 조금씩 형상을 갖추어 가다가 때로 길을 잃고 그러다가 다시 조음기관을 가다듬는 그 목소리에서, 만약 우리(인간)가 들어야 할 것을 듣고 배워야 할 것을 배우지 못하는 존재라면, 아마도 우주에서 인간존재가 사라지는 것을 그렇게 두려워하거나 아까워할 필요조차 없을지도 모른다.

11장 | 2016 : 절대군주제의 '즉각퇴진'과 절대민주주의

혼합정체

2016년 10월 29일 수만 명이 대한민국 수도 중심부에 집결하여 제기한 가장 근본적인 물음은 "이게 나라냐"이다. 물론 이 물음의 직접적 대상은 박근혜 정권의 부패와 실정을 겨냥하면서 박근혜 정부가 통치하는 대한민국이 과연 '나라'인지 묻는 것이다. 사전적으로 '나라'는 일정한 영토와 거기에 사는 사람들로 구성되고, 주권主權에 의한 하나의 통치 조직을 가지고 있는 사회 집단을 일컫는 말이다. 이것은 때로 국가의 동의어로 사용되기도 하지만 국가보다 덜 제도정치적인 의미의 인간, 동물, 사물의 정치공동체를 지칭하기도 한다. 그러므로 "이게 나라냐"라는 물음 속에는 '대한민국이 사람을 비롯한 생명체가 깃들어 살기에 적합한 세상인가'라는 물음도 포함되어 있다.

대한민국의 국가 성격을 규정하고 있는 헌법 1조 1항은 대한민국이 '민주공화국'임을 천명하고 있다. 무엇이 민주공화국인가? 이 질문에 대한 구체적 대답은 없지만 헌법전문前文에 그 대강이 일정하게 표현되어 있다고 볼 수 있다. 전문에 따르면, 대한민국은 대한국민[1]이 세운 나라로서 3·1 운동, 대한민국 임시정부, 4·19 민주이념을 계승하는 나라이고, 조국의 민주개혁과 평화적 통일을 사명으로 삼는 나라이다. 이를 위해서 헌법이 가장 먼저 고려하는 것은 민족적 수준의 단결을 공고히 하는 것이다. 그 방법은 일차적으로 동포애를 강화하는 것인데, 이것은 정의와 인도의 원칙 위에서 이루어질 수 있다. 이것은 또 사회적 수준의 개혁들을

1. 한국법제연구원에서 제공하는 대한민국 헌법 영문 'CONSTITUTION OF THE REPUBLIC OF KOREA'에서, 대한국민의 '국민'은 'people'로서, '민족'을 뜻하는 'nation'과 구별되어 번역된다. 국민은 그 배치 여하에 따라 신민(subject)으로도, 다중(multitude)으로도 변이될 수 있다. 이 장에서 국민-신민(people-subject), 국민-다중(people-multitude)은 그러한 변이태를 표현한다.

요구한다. 그것은 역사적으로 대물림 되어 오는 낡은 사회적 폐습을 일소하고 정의에 반하는 것, 즉 불의를 타파하는 것이다. 이럼으로써만 대한국민의 자율과 국민들 사이의 내적 조화가 달성될 수 있을 것이기 때문이다. 헌법은 이처럼 서로 다른 대한국민 각인의 자율과 그 차이를 넘는 서로 간의 조화가 생산적으로 사용되도록 만드는 것을 추구한다. 이를 위해 정치·경제·사회·문화 등 삶의 모든 영역에서 각인의 기회 균등을 조건으로, 각인의 능력을 최고도로 발휘하게 하고 자유와 권리에 따르는 책임과 의무를 다하게 하고자 한다. 이러한 목적, 수단, 과제, 조건 등을 갖춘 질서가 헌법이 규정하는 '자유민주적 기본질서'이다. 이 질서를 통해 대한국민은 안으로는 국민생활의 균등한 향상을 기하고 밖으로는 항구적인 세계평화와 인류공영에 이바지할 수 있다는 것이 헌법의 정신이다. 이런 방식으로 국민들 및 그 자손들의 안전과 자유와 행복을 영원히 확보할 것을 다짐하는 정치체제가 민주공화국으로서의 대한민국이며 1948년 7월 12일에 제정되고 8차에 걸쳐 개정된 헌법을 국회의 의결을 거쳐 국민투표에 의하여 개정하여 공표한 것이 현행의 대한민국 헌법이다. 민주공화국이라는 말은 그러므로 이러한 역사적 연혁, 민족적 과제, 사회적 장치, 국제적 기획 등을 갖춘 대한민국의 자유민주적 기본질서를 하나의 정치체제로서 집약하고 성격 규정하는 술어로 이해할 수 있다.

이런 맥락에서 보면 "이게 나라냐"라는 탄식은 일차적으로 현실의 대한민국이 헌법상 민주공화국 대한민국이라는 이념형에서 얼마나 멀리 일탈했는가를 표현한다. 그것은 박근혜 정부의 행동이 헌법과 법률을 위반한 정도가 극심하다 혹은 중대하다는 직관의 표현일 것이다. 이렇게 헌법은 옳지만 행위자들이 잘못되었다는 방향에서 해석될 때, 대안은 기존 헌법질서의 수호(즉 호헌)에서 찾아지게 되고 범법과 범죄가

2016년 12월 3일 광화문 촛불집회 경찰버스에 붙은 현수막 “안녕, 우리랑 나라 바꾸자”

‘박근혜-최순실-재벌 게이트’(이하 ‘박근혜 게이트’)의 핵심문제로 취급될 것이다. 이럴 때, 박근혜 게이트의 성격은 본질적으로 사법적인 것으로 이해될 것이다. 시기적으로 보면, 2016년 12월 이후 박근혜 게이트가 다루어져 온 주요한 방식이 이것이었다. 2016년 12월 3일 탄핵소추안이 발의되고 12월 9일 의결되면서 대통령의 헌법 및 법률 위반 문제가 정세의 핵심적 관심사로 떠오르게 되었기 때문이다. 그 결과 탄핵소추안 의결로 인한 대통령의 권한 정지, 3개월여에 걸친 헌법재판소의 심리, 그리고 2017년 3월 10일 탄핵심판을 통한 대통령 파면 결정에 이르는 정치적 탄핵과정, 그리고 2016년 12월 21일부터 2017년 2월 28일까지 70일에 걸쳐 진행된 특검의 수사과정이 언론과 국민들의 관심을 지배하게 되었다. 2016년 11월 17일부터 2017년 1월 15일까지 60일 동안 국회에서 지속된 ‘박근혜 정부의 최순실 등 민간인에 의한 국정농단 의혹 사건 진상규명을 위한 국정조사’도 정치적 조사라기보다 사법적 조사의 성격을 크게 벗어나지 않았다. 대통령 박근혜의 헌법 및 법률 위반과 헌법수호 의지 결여를 이유로 파면 결정이 내려진 2017년 3월 10일 다음 날인 토요일 20차 주말 집회를 끝으로 공식적인 주말 촛불집회도 (부산, 광주 등 일부 지역을 제외하면) 막을 내렸는데, 이것은 게이트에 대한 사법적 접근이 촛불 대오에서도 승리했음을 알 수 있게 하는 지표이다. 정기 주말 촛불집회가 막을 내렸기 때문에, 문제에 대한 비사법적 접근의 가능성이 차단되고 이미 기소된 범죄혐의자들에 대한 재판, 박근혜·우병우·재벌총수 등에 대한 수사와 기소와 같은 사법적 과정만이 주요 관심사로 부각되는 것은 필연적이다.[2]

그런데 2016년 10월 29일 처음으로 거리와 광장에 나와 문제를 제기한 촛불다중들은 탄핵보다도 (혹은 탄핵 이외에도) "즉각퇴진"을 주장했다. 분명히 즉각퇴진은 사법처리의 요구와는 다른 성질의 것이었다. 그것은 어떤 사법적 절차를 거친 후에 제기된 요구가 아니며 구체적 법률적 판단에 근거한 것도 아니다. 그것은 정치적 명령이나 윤리적 요청에 가까운 것이었다. 그럼에도 불구하고 거대한 대중의 일치된 목소리로 제기되었던 그 요구의 성격은 무엇이었을까? 그 근거는 무엇이었을까? 그것은 무엇보다도 "이게 나라냐"라는 탄식에 깊이 깃들어 있는 현행의 민주주의, 특히 대의제 민주주의에 대한 근원적 회의懷疑이다. 그 회의는 직접행동에 나선 다중의 집회에서 무수히 외쳐진 한 문장, 즉 '우리가 주인이다'라는 집단의식과 집단결의에 근거한다. 이 점에서 2016년 10월의 촛불봉기는 2008년 5월 다중의 촛불봉기를 직접적으로 계승한다. 왜냐하면 2008년 촛불봉기는 대한민국 헌법 1조를, 즉 "대한민국은 민주공화국"이며 "모든 권력은 국민으로부터 나온다"는 헌법적 규정을 다중의 목소리와 직접행동으로 표현한 역사적 사건이었기 때문이다. 조금 더 소급하면 그것은, 2002년의 월드컵에서 등장한 붉은 악마의 응원구호 "대~한민국"에 연원을 두고 있다. 현재의 헌법 1조는 20세기 중반(1948년 7월 17일)에 제정되어 수정된 것이지만,[3] 그 내용이 20세기와는 다른 의미를 획득하면서 광장과 거리를 무대로 한 직접행동의 주장과 요구로 출현한 것

2. 역설적이게도 탄핵 무효를 주장하는 태극기 집회가 문제에 대한 다른 접근, 예컨대 정치적 접근의 여지를 남겨 놓고 있다고 할 수 있다.

3. 제헌헌법에서, 현행 헌법의 제1조 1항은 제1조였고 제1조 2항은 제2조였다.

은 21세기 벽두였다. 2016년 10월 봉기의 다름은, 권력의 국민적 원천(1조 2항의 후반부)을 강조하고 민주공화국이라는 정치체제 규정(1조 1항)을 환기시켰던 2008년 5월 봉기와는 달리, 대한민국의 주권은 국민에게 있다는 헌법 1조 2항의 전반부 규정에 더 큰 강조점을 두었다는 것이다. 민주공화국을 권력의 국민적 원천에서 이해하면서 국민을 권력의 직접적 행사 주체로 사고할 때, 대의민주주의적 대의권력은 심판과 거부의 대상으로 나타난다. 실제로 2008년의 촛불봉기는 이명박 정권만이 아니라 정당체계, 사법체계, 그리고 언론체계 등 권력의 4부 전체에 대한 강한 불신을 드러냈다. 대의민주주의에 대한 강한 회의와 직접행동으로의 전향은 전적으로 2008년의 유산이다. 이 당시 다중의 직접민주주의적 열망은 대의민주주의와 대립하는 것으로 표현되는 경향이 있었다. 대의민주주의로부터 직접민주주의로의 강한 구부림의 경향이 있었던 것이다. 2016년 10월 봉기도 이 점에서는 2008년의 '다중 직접성'에 대한 열망을 공유한다. 이것이 '즉각퇴진' 요구의 뿌리이다. '대의 주권자는 즉시 꺼져버려!'라고 외치는 '즉각퇴진' 요구에서 다중은 대의민주주의와 강하게 대립한다. 이 요구에서는, 국민 전체를 대의하기보다 국민의 일부, 나아가 극소수의 친밀집단만을 대의할 뿐인 사익추구적 대의 정권에 대한 비판은 물론이고 이런 수준을 넘어 대의 행위 그 자체에 대한 회의가 강하게 묻어 있다. 그것은, 대의제가 민주주의를 가져오기는커녕 국민으로부터 분리되어 사익을 절대화하는 반민주적 절대군주 권력을 가져왔다는 사실, 현행의 대의민주주의란 말은 절대군주제를 은폐하는 은어隱語에 불과하다는 사실, 박근혜 정권은 대의민주정부로 위장한 절대군주제 정부라는 사실 등에 대한 자각과 이에 대한 지탄을 포함하고 있다. 이런 점을 중심으로 보면, 촛불봉기가 가리키는 대안은 결코 기존 헌법질서의 수호, 즉 호헌에 머무는 것이 아니다. 그것은 절대군주제로 귀결되는 기존 헌법질서의 개혁, 다른 질서로의 대체를 가리킨다. 그 대안은, 모든 권력이 궁극적 주권자인 국민으로부터 나온다는 현재의 헌법적 규정이 실제로는 국민을 권력의 대상으로, 요컨대 피지배자·피착취자·피수탈자로 만들고 있는 헌법적 현실의 실제적 변경을 요구하는 것이며 권력이 국민이 아니라 (옷을 바꿔 입은 군주인) 대통령과 (옷을 바꿔 입은 귀족인) 입법자들 및 사법인들 및 상층 언론인들에 의해서만 행사되는 헌법적 현실의 실제적 변경을 요구하는 것이다. 달리 말해 그것은, 국민이 권력의 원천으로 인정될 뿐만 아니라 이에서 나아가 권력의 직접적 행사권자로 살 수 있는 새로운 질서의 창출을 요구하는 것이다. 그리고 이러한 질서만이, 국민이 주인인 질서, 요컨대 국민의, 국민에 의한, 국민을 위한 자기지배의 질서로서의 민주주의라는 이름에 값하는 것이라는 혁명적 주장을 표현하는 것이다.

그런데 2016년의 대한민국 다중은, 2008년과는 달리, 대의민주주의가 절대군주제를 가져온다는 이유로 대의민주주의를 즉각 기각하는 방향으로 나아가지는 않았다. '즉각퇴진'의 구호 외에, 그리고 동시에 '탄핵'의 요구를 제기했기 때문이다. '즉각퇴진' 요구는, '기속적羈束的 대의제'를 취했던 좌파 정치학적 용어로 풀면, 소환과 해임(파면)의 요구이다.[4] 대의자들이 기속된 권력의 한계를 넘어설 때 피대의자들에 의해 소환되어 해임되는 것이 기속적 대의제의 준칙이다. 그런데 대한민국의 현행 헌법은 소환과 해임의 권력을 국민-다중에게서 분리시켜 국회와 헌법재판소의 권력으로 만들어 놓았다. "대통령·국무총리·국무위원·행정각부의 장·헌법재판소 재판관·법관·중앙선거관리위원회 위원·감사원장·감사위원

4. 맑스가 '파리 코뮌'에서 발견한 대의제가 기속적 대의제다. 코뮌은 대리인들에게 권리를 양도하지 않고 위임하며 대리인이 그 위임된 바를 넘는 결정권을 행사할 때 해당 대리인을 소환하여 해임했다.

기타 법률이 정한 공무원이 그 직무집행에 있어서 헌법이나 법률을 위배한 때에는 국회는 탄핵의 소추를 의결할 수 있다."고 규정한 헌법 제65조 1항과, 탄핵의 심판을 헌법재판소가 하도록 규정한 헌법 111조 1항이 그것이다. 대의자들이 피대의자들에 의해 소환되고 해임되는 것이 아니라 다른 대의기관들(국회나 헌법재판소)에 의해 이루어지도록 규정하고 있는 것이다. 이 때문에 대의자들은 자신들에게 역할을 위임한 피대의자들로부터는 자유롭게 되고 자신에 대한 탄핵권을 가진 다른 대의 집단의 눈치를 보게 된다. 그 결과 대의자들은 피대의자들의 필요를 대의하기보다 자기 자신, 자신의 가족, 자신의 후원자, 다른 대의 집단, 그리고 군주(대통령) 등 자신의 입지와 연관된 사람들의 이익을 위해 행동하도록 이끌리는 사회의 상층지배집단, 즉 일종의 대의 귀족집단으로 정립된다. 혈족 신분제가 사라진 현실에서 의회와 정당 체계는 대의 절차를 통해 사회의 귀족집단을 끊임없이 재구성하면서 그들 사이에서 절대군주권을 획득하고 분배하기 위한 투쟁을 합법화하는 질서이다. 국회가 국민에 의해 선출된다는 점에서 의회권력의 국민적 '기원'이 남아 있는 것은 분명하지만, '자유 대의제'[5]하에서 그 기원의 체제는 실제적으로는 헌법과 법률에 대한 국민의 직접 발의권과 결정권을 약탈하는 장치에 지나지 않는다. 그래서 "대한민국의 주권은 국민에게 있고 모든 권력은 국민으로부터 나온다"는 대한민국 헌법 1조의 2항은 헌법의 서술이 총강-기본권(국민의 권리와 의무)-입법부(국회)-정부의 순으로 차례차례 전개되면서 형해화된다. 그 결과 권력의 원천과 권력의 귀속 및 행사 사이에 심연이 도입되고 국민이 직접 행사할 수 있는 권력은 인권, 평등권, 신체권, 거주이전권, 직업선택권, 주거권, 양심권, 종교권, 집회시위권, 언론출판권, 학문

5. 여기서 '자유'란 '기속'과는 달리, 대의자들이 그 기원으로부터 자유롭게 된다는 의미이다.

2016년 12월 3일 경찰버스에 붙은 각종 스티커

예술권, 재산권, 선거권, 청원권, 재판권, 보상청구권, 구조요청권, 교육권, 근로권, 단결권, 단체교섭권, 단체행동권, 복지생활권, 양성평등권, 모성권, 보건권 등의 기본권에 국한된다. 국가권력과 제도정치적 삶의 대부분에서 권력 원천이자 주권자인 국민은 그것의 기원적 구성 주체이면서도 그 결과에서 소외되어 국가권력의 피보호자, 권력 행사의 대상으로 배치된다. 예컨대 국민은, 주권자의 가장 기본적인 권력이라고 할 수 있는 헌법과 법률의 발의와 제정에서 배제된다.

그러면 국민에게서 박탈된 그 권력, 즉 헌법과 법률을 발의하고 개정하는 권력은 누가 갖고 있는가? 헌법 52조는 말한다 : "국회의원과 정부는 법률안을 제출할 수 있다." 국민에게 법률 발의권은 없으며 오직 국회의원과 정부만이 갖고 있다. 헌법 128조 1항은 말한다. "헌법 개정은 국회 재적의원 과반수 또는 대통령의 발의로 제안된다." 국민에게 헌법개정의 발의권은 없으며 오직 국회와 대통령에게만 있다. 그리고 헌법 40조는 말한다. "입법권은 국회에 속한다." 이렇게 법률과 헌법의 제정권은 국민에게 없으며 국회에만 주어져 있다. 국민이 입법과 관련하여 관여할 수 있는 시간은 오직 헌법개정안 국민투표에서뿐이다 : "헌법개정안은 국회가 의결한 후 30일 이내에 국민투표에 붙여 국회의원선거권자 과반수의 투표와 투표자 과반수의 찬성을 얻어야 한다"(130조 2항). 하지만 이 국민투표는 아래로부터 위로 상향적으로 국가구성을 향해 나아가는 결정권으로서의 국민투표referendum가 아니라 군주와 귀족이 발의하고 의결한 사안에 대한 하향적 신임투표plebiscite로서 국민에게 강제되는 성격의 투표이다.[6] 국민들의 발의는 물론이고 국민들 사이의 상호토론도 충분히 보장되지 않기 때문이다. 이렇게 법안과 헌법의 발의와 제정을 대통령, 정부, 국회가 즉 군주제와 귀족제가 분점하고 있으면서 대통령에게 막강한 권력을 부여하고 있다는 사실은 대한민국의 권력 체제가 귀족제를 통해 국민의 주권을 국가권력 속으로 절합하고 이를 바탕으로 군주권력을 창출하여 국가통합을 달성하는 근대적 절대군주제 정체임을 보여 준다.

그렇다면 대한민국의 주권의 소재지와 권력의 원천을 국민으로 규정하면서 대한민국을 민주공화국으로 규정한 헌법 1조의 의미는 무엇인가? 이것은 한편에서 근대 절대군주제에 흡수되어 불능화되는 권력의 기원과 잠재력에 대한 규정에 불과하지만, 다른 한편에서는 근대의 현실적 절대군주제가 국민 이외의 다른 권력 원천을 발견하지 못했으며 국민을 주권자로 삼지 않고는 자신의 정치권력을 구성할 수 없었다는 자백을 포함하고 있다. 즉 국가권력이 주권자 국민에게 절대적으로 의존하고 있다는 사실, 그래서 주권자 국민이 구성된 정치권력으로부터 자발적으로 이반하거나 저항할 때 그 국가권력의 존립이 위태로워진다는 사실을 의미한다. 대의체계는 권력 원천이자 주권자로서의 국민의 그 권력을 체계적으로 군주와 소수 귀족의 것으로 전치시키고 국민주권을 군주주권으로 둔갑시키는 분리결합disjunction의 장치, 즉 분리시키는 방식으로 재결합하고 결합시키는 방식으로 분리시키는 장치다.

대한민국이 민주공화국인 것은 기원에 있지 실효에 있지 않다. 실효에서 대한민국은 '왕이 없는 정체'인 '공화국'이 아니며 국민이 주인인 '민주정'도 아니다. 권력의 원천인 국민을 모든 권력을 박탈당한 노예로 재

6. 'referendum'과 'plebicite'의 차이에 대해서는 이기우, 『모든 권력은 국민에게 속한다』, 미래를소유한사람들, 2016, 50~51쪽의 해석을 참조.

정립하고 주권자인 국민을 군주주권의 피치자로 재정립하는 질서, 권력이 민주적 기반으로부터 자유로워지는 질서가 대의제를 통과해서 구축되는 '자유민주적 기본질서'이다. 그런데 그 '자유로움'이 한계를 벗어나 '분리결합'disjunction이 아닌 분리separation 그 자체로 나타날 때, 기원은 새로운 질서의 구성을 시작할 수 있다. 그러므로 게이트 상황에서 터져 나온 "이게 나라냐"는 탄식은 노예로 된 주권자들의 절망의 표현이면서 동시에 잠재적 주권자가 현실적 노예로 전치되지 않을 수 있는, 다시 말해 주권자가 주권자로서 권력을 당당하게 행사할 수 있는 새로운 질서에 대한 열망을 담은 절규로 해석되어야 한다. 우리가 주목해야 할 것은, 이러한 정동이 2008년 5월에는 대의민주기관들 일체에 대한 불신과 거부로 나타났던 것과는 달리 2016년 10월에는 '즉각퇴진'이라는 거부의 태도만이 아니라 '탄핵'이라는 제도적 절차에 대한 요구로도 나타났다는 것이다.[7] 앞서 서술했다시피 탄핵은 현행 헌법에서 국민의 직접권이 아니라 국회를 매개로 해서만 실현할 수 있는 매개권이다. 권력을 사유화하고 국민을 배신한 대통령을 국민 자신이 직접 소환하고 해임할 길이 현행의 헌법질서 내에서는 막혀 있지만 국회라는 대의적 경로를 통해서는 열려 있는 현실에서, 국민-다중들은 실력으로 기존의 헌법질서를 해체하는 저항권의 길을 선택하기보다 헌법질서 내에서 대의적 헌법기관인 국회를 통해 역시 대의적 헌법기관인 대통령에 대한 소환과 해임을 달성하는 대의제의 경로를 선택했다. 이것이 탄핵이다.

촛불다중들이 문제를 제기하면서 '즉각퇴진'과 '탄핵'이라는 두 갈래에 걸쳐 대통령에 대한 소환해임 요구를 들고 나왔을 때, 국회의원들 대

7. 2008년 5월 촛불봉기에서 '깃발'이나 '당'에 대한 거부감을 보였던 다중들이 2016년 10월 촛불봉기에서 는 다양하고 독특한 자기표현의 깃발들을 들고 나오고 스스로 '당'으로 자임한 것에서도 '제도'에 대한 태도 변화와 유사한 태도 변화를 읽을 수 있다.

부분은 '내각개편'을 통해 문제를 통제가능한 틀 내에서 다룰 수 있는 해법을 찾고 있었다. 여야에 의해 순차적으로 또 제 각각 다른 모양으로 제기된 '거국중립내각론' 혹은 조금 더 나아간 것으로서의 '질서 있는 퇴진론'이 그것이다. 이것은 다중들의 혁명적 요구와 행동에 의해 기존의 이른바 대의제적 '자유민주적 기본질서'가 상당한 충격을 받지 않도록 저지하는 길이고 군주의 질서 있는 교체를 통해 기존 질서의 드러난 문제를 봉합하고자 하는 방책이었다. 하지만 촛불다중들은 이러한 방책들을 단호히 거부하면서 대통령에 대해서는 '즉각퇴진'을, 의회에 대해서는 대통령에 대한 즉각적인 탄핵소추발의를 요구하기를 멈추지 않았다. 이것은 민주적 다중이 군주제 헤게모니를 타파하기 위해 대의 귀족제의 내각개편 노선을 비판하면서 귀족제를 압박하여 의회귀족의 야당파가 다중의 행동과 요구에 연합하도록 만드는 길을 선택했다는 의미이다. '즉각퇴진'을 요구하는 촛불집회가 평화집회로 나타났던 것은 '헌법질서 속에서의 체제혁신'이 4·13 총선 이후의 여소야대 귀족질서에서 민주적 다중의 집합적 선택경로로 열려 있었고 또 그것이 가능했기 때문일 것이다. 그것은 기존의 대의민주주의를 그대로 지속하자는 것이 아니라 대의제의 새로운 사용법을 발견하자는 것이었다. 절대군주제 헤게모니하에서 대의제의 '위로부터의 사용'은 앞서 살펴본 것처럼 주권자이자 권력 원천인 국민을 노예로 바꾸는 수단이다. 하지만 절대군주제 헤게모니를 깨뜨리기 위해 다중이 대의 귀족제를 '아래로부터 사용'할 때, 그것은 다른 의미를 갖게 된다. 이럴 때 대의는 권력의 원천인 주권자 다중이 아래로부터 자신의 주권을 권력장場 속에 실효화하는 장치로 될 수 있기 때문이다. 이것은 대의민주주의의 민주화라고 부를 수 있는 과정을 관철시킨다.[8]

이상의 고찰을 통해 우리는 대한민국의 헌법이 민주제, 귀족제, 군주제의 혼합정체를 구조화하고 있음을 알 수 있다. 대의민주주의는 국민주권의 장인 민주제를 귀족제에 결합하고 다시 그것을 군주제로 통합하는 제도형식이다. 이 대의제도의 형식을 통해서 헌법 1조에서 인정된 민주적 국민주권은 군주제 권력을 뒷받침하는 힘으로 흡수되고 동원된다. 최근 자주 운위되는 '제왕적' 대통령제란 행정권력이 사법권력을 장악하고 있을 뿐만 아니라 의회권력을 지배하고 있는 현실을 가리키는 말인데, 이는 대한민국 정치체제의 군주제적 성격을 표현하는 말로 이해할 수 있다. 군주제의 이러한 헤게모니는, 뒤에서 살펴보겠지만, 5·16 박정희의 쿠데타와 1972년의 유신헌법 개헌에 의해 확대되었다. 1987년 6~9월 항쟁과 직선제 개헌은 귀족들만이 아니라 군주도 국민에 의해 직접 선출되도록 만들었지만 군주제의 전반적 헤게모니는 건드리지 않은 채 남겨두었다. 하지만 박근혜 게이트를 통해 군주의 절대부패와 사익화의 극단적 양상이 드러나면서 군주제 헤게모니에 대한 비판이 전면화하고 그것의 대안을 둘러싼 투쟁이 일정에 올랐다. 이제 그 투쟁의 양상들을 좀 더 구체적으로 살펴보도록 하자.

대한민국에서 군주제 헤게모니의 헌법적 기반

대한민국의 군주제는 앞서 우리가 살펴본 것처럼 국민주권을 군주권력으로 전환시키는 대의민주주의 자체에 의해 재생산된다. 대한민국 헌법은 이 전환의 체계적 메커니즘을 내장하고 있다. 국민의 주권이 권력의 원천이지만, 대의제에 의해 그 원천 주권은 헌법 2장에 서술된 기본권들

8. 촛불봉기 속에서 성남시장 이재명의 지지율이 치솟은 이른바 '이재명 현상'은 그가 국민-다중의 이러한 움직임을 간파하고 자신을 아래로부터 위로 향하는 국민-다중의 민주적 주권 요구의 실행자('국민의 머슴으로서의 정치가'론)로 위치 지었던 것과 무관하지 않다.

만을 행사할 수 있을 뿐이다. 앞에서 본 바처럼 헌법 11조에서 39조에 걸쳐 '자유'의 형식으로 서술된 기본권은 평등, 신체, 거주이전, 직업선택, 사생활, 통신, 양심, 종교, 언론출판, 학문예술, 집회시위, 선거, 공무담임, 청원, 재판, 보상청구, 배상청구, 범죄피해구조, 교육, 근로, 단결, 단체교섭, 단체행동, 인간다운 생활, 복지, 최저생활, 재해예방 안전, 건강, 환경, 주거, 가족, 모성, 보건 등 삶의 다양한 미시정치적 부면에 걸쳐 있다. 미시영역에서 국민의 권리행사는 매우 중요하다. 하지만 국민의 기본권은 국가가 성립하는 한에서, 그 국가 안에서 보장되는 것이며 국가에 의해 보호되는 권리이다. 즉 기본 권리 주체로서의 국민은 국가의 보호 대상이며 국민의 기본적 권리는 국가에 의해 보장되어야 할 권리이지만, 그런 만큼 국가권력의 안전과 질서를 위해 (자유와 권리의 본질적 내용을 침해하지 않는 한에서) 법률로써 제한될 수 있는 성질의 것으로 간주된다(헌법 37조). 즉 기본권은 제한되고 지배될 수 있는 상대적 권리로 간주된다.

이런 조건 속에서 "입법권은 국회에 속한다"는 규정은 결정적이다. 국회는 국민의 투표에 의해 선출된 사람들로 구성되지만, 그 투표는 아래로부터 구성해서 올라오는 상향식 국민투표가 아니라 귀족적으로 짜인 선거법을 기초로 위에서 선별된 소수 후보들 중에서 어쩔 수 없이 선택해야 하는 강제된 국민투표이다. 이렇게 강제된 국민투표에 의해 선출된 국회가 입법권을 독점하며 국회가 임의에 따라 제정한 법률에 의해 국민의 권리들이 제한될 수 있는 것이다. 국민들이 법안의 발의권이나 토의권, 표결권을 갖고 있지 않고 법률이 국회에 의해 만들어진다는 것은 국민의 권리가 선출의원들, 즉 귀족제의 지배 아래에 놓여 있다는 뜻이다. 국회의원은 일단 선출된 이후에는 회기 중에 체포 또는 구금되지 않는 면책특권을 갖는다. 국회의원이 체포 또는 구금될 수 있도록 만들 수 있는 것은 동료 귀족들, 즉 국회 자신의 동의뿐이다. 그리고 국회의원은 국회에

2016년 12월 24일 광화문 사거리에 붙은 스티커

서 직무상 행한 발언과 표결에 관해서는 국회 밖에서 책임을 지지 않는다. 의원에 대한 자격심사, 징계, 제명 등도 국민에 의해서는 불가능하고 오직 국회의 자기결정에 의해서만 가능하다(64조). 이러한 사실은 국회 그 자체가 국민과 국민의 주권으로부터 분리된 특권적 자족 기관으로 기능한다는 것을 보여 준다. 국민의 기본권은 법률로써(즉 국회와 정부에 의해) 제한될 수 있지만, 국민은 국회의 입법권이나 기타 의원의 권한을 제한할 수 없다. 국회의 입법권을 제한할 수 있는 것은 대통령뿐인데 법률안의 일부 또는 전부에 대한 수정요구에 의해서다. 이 재의요구에 대해서도 국회가 재적의원 과반수의 출석과 출석의원 3분의 2 이상의 찬성으로 그 법률안을 법률로 확정할 수 있으므로 대통령의 법률안 제한권은 절대적인 것이 아니라 상대적인 것이다.

정치와 밀접히 연관된 입법권 외에 국회는 경제와 밀접히 연관된 예산안에 대한 심의확정권을 갖는다. 그리고 국채 모집이나 "예산 외에 국가의 부담이 될 계약을 체결"하는 것과 같은 정부의 행동도 국회의 의결을 필요로 한다. 조세의 종목과 세율도 법률로 정하므로(59조) 국민 자신이 아니라 입법권을 갖는 국회가 (병역과 더불어 국민의 의무로 규정된) 납세에 대해 결정적인 권력을 행사한다고 볼 수 있다. 또 국회는 군주적 행정권력에 일정한 제한을 가할 수 있다. 국정감사와 국정조사의 권력, 그리고 국정보고 청취권력, 국무총리와 국무위원에 대한 해임건의의 권력, 그리고 무엇보다도 대통령을 포함한 주요 공무원들에 대한 탄핵소추의 권력이 그것이다. 이런 의미에서 대한민국의 귀족제 권력은 군주제 권력에 대해 일정한 견제권을 갖고 있다. 국회는 이렇게 법률과 조세, 그리고 예산 등 국가의 정치적·경제적 핵심 사안들의 구조와 방향 그리고 수준을 결정한다. 원칙적으로 보면 그러한 권한은 국민 전체에 대한 봉사로서 국민 전체의 행복과 자유를 도모하는 것이어야 할 것이다. 그런데도 현실의 국회의원들은 자기 자신과 가족, 자신의 스폰서, 자신의 지역구민의 이익을 차례로 먼저 고려하고 그 후에 국민 전체를 고려하는 것으로 나타난다.[9] 또 정당들의 대부분의 활동은 군주권력을 쟁취하기 위한 투쟁에 집중되고 있기 때문에 국회의원들은 국회를 국민에 대한 봉사기구로서보다는 자신의 정당의 집권(군주 되기)을 위한 투쟁의 무대이자 장치로 간주한다. 이런 과정을 통해 귀족제는 민주제가 아니라 군주제에 예속된다.

대한민국 헌법은 입법권을 국회에 귀속시키는 대신 행정권력을 대통령과 정부에 귀속시킨다. "행정권은 대통령을 수반으로 하는 정부에 속한다"고 규정한 헌법 66조 4항이 그것이다. 여기에도 국민의 자리는 없다. 신분제가 인정되지 않고 있는 대한민국에서 근대의 군주인 대통령은 그 권력을 국민의 주권력에서 가져오지 않을 수 없다. 국회는 자신의 입법권으로 대통령에게 국가 원수의 직책을 부여했고 외국에 대해 국가를 대표

9. 이기우, 『모든 권력은 국민에게 속한다』, 미래를소유한사람들, 2016, 62쪽.

할 권력을 부여하는 대신 국가의 독립, 영토의 보전, 국가의 계속성과 헌법을 수호할 책무를 부여했다. 취임선서에서 "헌법을 준수하고 국가를 보위하며 조국의 평화적 통일과 국민의 자유와 복리의 증진 및 민족문화의 창달에 노력"(69조)하는 주체는 국민 자신이 아니라 대통령인 "나"이다. 국민은 대통령이 이러한 책무를 수행함에 있어서 동원할 수 있는 동원력으로 배치된다. 이런 의미에서 선출 대통령제는 근대적 조건 속에서 부활한 군주제이다. 대통령의 권한은 전면적이고 다차원적이다. 경제적으로 대통령은 징수된 조세에 예산이라는 사용형태를 부여하고 국채 발행권을 갖는 정부의 수반이다. 군사적으로 대통령은 국민의 병역 실체인 국군을 통수하고 선전 포고와 강화를 하는 무장 권력을 가진다. 정치적으로 대통령은 법률집행에 필요한 대통령령을 발할 수 있고, 대외적으로 조약을 체결, 비준하는 국제 권력을 가진다. 대통령은 국무총리, 국무위원, 행정각부의 장, 감사원장, 중앙선거관리위원 등에 대한 임면권, 사면권 등을 통해 개별 공무원에 대한 통제를 행할 수 있는 인사 권력을 가진다. 대통령은 대법원장, 헌법재판소 재판관, 검찰총장 등에 대한 임명권을 통해 사법부에 대한 통제권을 행사할 수 있다. 대통령제의 군주제적 성격은 무엇보다도, 대통령이 법을 넘어서는 예외 권력을 갖도록 규정하고 있는 것에서 드러난다. 대통령은 위기상황에서 긴급조치권을 발동할 수 있고 법률의 효력을 가지는 명령을 발할 수 있다. 나아가 대통령은 국가비상사태 시에 계엄을 선포하고 필요한 병력을 동원할 수 있으며 국민의 기본권을 제한할 수 있다. 또 대통령은 내란 또는 외환의 죄를 범한 경우를 제외하고는 재직 중 형사상의 소추를 받지 않을 수 있는 특권을 갖고 있다(84조).[10]

---

10. 바로 이러한 특권에 의지하여 박근혜는 파면되기 전까지 검찰의 수사도, 특검의 수사도 받지 않았다. 범죄행위의 온갖 증거가 은닉되어 있을 것으로 추정되는 청와대는 군사기밀보안

이러한 상황은 국회가 국민의 주권을 모아 군주의 주권으로 전도시키고 국민 위에 군주를 옹립하는 귀족제적 입법 장치로 기능하고 있음을 보여 준다. 다시 말해 국회의원과 대통령을 국민의 손으로 직접 선출하는 대의제적 국민투표 과정이 실제로는 국민의 수중에서 입법, 사법, 행정의 모든 권력을 빼앗아 귀족의원들과 군주대통령에게로 양도하는 합법적 체계에 다름 아님을 보여 준다. 이 체계의 정상적 작동은 국민을 더욱 무력하게 만들고, 군주 헤게모니하의 군주-귀족 연합체에 점점 더 큰 권력을 가속적으로 부여하는 과정이 된다.[11]

박근혜 게이트와 지대질서, 그리고 정치적 지대의 약탈

군주제 헤게모니는 권력의 거대한 집중과 주권자 다중의 권력으로부터의 배제, 그리고 국민의 권력에의 종속을 특징으로 한다. 박근혜 게이트는 대의민주주의에 근거한 대한민국의 군주제 권력이 그 집중된 국가권력으로 거대한 규모의 정치적 지대를 약탈하고 사유화하는 과정에서 발생했다. 정치권력이 신분질서의 공고화를 통한 정치지대의 수취에 몰두했던 근대 이전의 군주제에서와는 달리, 오늘날의 군주제는 지대수취를 축적의 핵심수단으로 삼는 방향으로 나아가고 있는 신자유주의적인 인지자본주의 질서를 공고화하는 데 정치권력을 사용함으로써, 즉 기업세계의 군주들인 거대기업들의 경제적 지대축적과정을 법적·제도적으로 원조함으로써 그 대가로 일정한 정치적 수수료(정치지대)를 제공받는 방

시설이라는 특권적 이유를 들어 압수수색을 거부했다.

11. 한국에서 군주제가 강력한 헤게모니를 행사하게 된 특수한 역사적 조건에 대해서는 뒤에서 다룬다.

식으로 움직인다. 이 과정에서 귀족권력과 군주권력이 갖고 있는 국부의 재분배권은 중요한 지렛대로 작용한다.

이 관점에서 박근혜 사건을 재정리해 보자. 가장 중요한 것은 국가정보의 사유화와 사적이고 불법적인 이용이다. 박근혜는 결정된 국가정보를 최순실에게 제공하여 최순실이 그 정보로 정치지대를 약탈할 수 있도록 공모한다. 미르 재단, K-스포츠 재단과 수많은 페이퍼컴퍼니들은 약탈한 정치지대를 사유화하기 위한 일련의 장치들이다. 다른 한편, 박근혜는 최순실로부터 더 많은 정치지대를 수취할 수 있는 방향으로 국가의 경제질서·사회질서·정치질서·외교질서의 틀을 짤 수 있는 아이디어를 제공받는데, 이 아이디어를 관철시키는 것으로서의 국정은 (공모관계로 인해 본질적으로 자신의 사익이기도 한) 최순실의 사익을 보장하는 공정으로 기능한다. 이런 방식으로 동계 올림픽과 같은 국가행사들은, 대통령의 측근이나 조력자, 부역자인 개인들이나 사기업들이 축재를 할 수 있는 기회로 이용된다. 즉 국가의 일거수일투족 자체가 국민의 복리와 행복을 위한 봉사로 되는 것이 아니라 극소수 사인들의 축재수단으로 전락하는 것이다. 흔히 '국정농단'으로 불리는 이 과정에서 박근혜는, 국민주권주의 헌법질서가 대의민주제를 통해 생산한 자유민주적 군주권력을 매개로 바로 그 헌법의 국민주권적 기초와 접속불가능할 정도로 분리되는 방향으로 나아갔다.

둘째, 정치지대의 사적 전유를 추구하는[12] 박근혜의 통치는 자본에 의한 경제지대 약탈을 돕는 방향으로의 군주권력 행사에 기반을 둔다. 정치지대의 중요한 부분이 이러한 정치적 조력에 대한 보답, 즉 '뇌물'의 형태로 획득될 수 있기 때문이다. 흔히 '정경유착'이라고 불리는 이 과정

12. 물론 이 '사적 전유'가 박근혜 명의의 통장으로 현금이 직접 입금되도록 만드는 식의 '직접적' 방식을 의미하지는 않는다.

2016년 8월 5일 브라질 리우 올림픽 개막식날 열린 올림픽 반대 시위. "우리는 테메르의 퇴진과 우리 권리를 원한다! 우리는 올림픽을 원하지 않는다!" 이들의 구호는 "Fora Temer!"(테메르 나가라!)였다.

에서 박근혜는 삼성, 롯데, SK 등 재벌기업들에 중대한 법적·제도적 지원을 제공했고 공적 이유에서 대통령에게 보장된 권력을 이 사기업들의 지대수취를 위한 방편으로 사용했다. 예컨대 박근혜는 국민연금을 동원하여 삼성물산과 제일모직의 합병이 이루어지도록 돕는 방식으로 이재용의 후계승계 작업을 지원했다. 후계승계에 성공한다면 이재용은 삼성 전체 계열사에 대해 소유하고 있는 극미한 지분(2013년 기준 0.23%)으로 삼성 계열사 전체를 지배할 수 있다. 삼성의 미래전략실에 의해 관리되고 통제되는 총수지배체제와 계열사 간 순환출자를 통해 적은 소유권으로 결정적 의결권을 행사할 수 있기 때문이다. 이것은 이재용에게는 계열사 간 거래에서 생기는 막대한 부를 획득할 수 있게 하는 반면, 사회적으로는 소유권과 의결권의 괴리 심화, 권한과 책임의 괴리, 무노조 경영, 불법적인 노동 관행, 협력업체에 대한 그룹 차원이나 계열사 차원의 통제와 수탈 등 총수 이외의 모든 이해당사자를 철저히 배제하는 기업경영을 가져온다.[13] 박근혜에게 주어지는 정치지대인 뇌물은 이재용이 기업 수준에서 행하는 경제지대 수탈에 대한 정치적 약탈, 즉 지대의 정치적 재분배이다.

셋째, 박근혜는 행정권력에 주어진 조세사용권, 즉 예산편성권을 국민 전체가 아니라 자신의 정치지대 사유화를 지지해 줄 수 있는 특수집

13. 송원근, 「삼성 이재용의 경영권 승계, 정당한가」, 2014년 7월 7일, http://www.pressian.com/news/article.html?no=118527.

단을 위해 행사했다. 이른바 '문화계 블랙리스트' 사건에서 드러난 국가 권력의 이 오용 과정에서 박근혜는 문화계를 좌/우로 나누고 우파로 분류한 집단('화이트리스트')에 예산을 몰아주면서 좌파라고 분류한 집단군('블랙리스트')은 지원에서 배제했다. 또 이러한 공작정치를 적극적으로 지원하지 않고 미온적이거나 비판적인 공무원을 갖가지 명목으로 직책에서 추방했다. 정치와 사회의 지대약탈체제로의 재구축이 박근혜 통치의 본령인 한에서, 요컨대 지대에 대한 갈망이 통치행위의 동기와 방향 전체를 지배하고 있는 한에서 생명(과 그 활동)은, 그것이 지대를 낳는 가치원천으로 고려되는 만큼 더욱더 강하게 지배대상의 위치로 내몰리게 된다. 이 사물화된 생명관념과 지대약탈이라는 정치적 동기 속에서는 생명에 대한 보호 행위조차도 생명에 대한 통제와 약탈 행위의 일부에 지나지 않는다. 이러한 관계의 반복과 고착은 통치자의 마음속에 생명의 존귀함을 상기시키기는커녕, 생명 그 자체에 대한 절대적 무관심을, 심지어는 생명은 위험한 것이라는 생명적대적 인식을 정착시킨다. '세월호 7시간'으로 상징되는 시간은 304명의 목숨이 사라지고, 수많은 생명들이 죽음의 공포에 떨었으며 이를 실시간으로 지켜보던 전 국민과 세계시민들이 안타까움에 눈물로 안절부절못하고 있던 시간에도 자신의 미용과 정유라의 승마지원에 대한 관심에 사로잡혀 있었던 어떤 군주의 저 초월적 시간, 생명에 대한 철저한 무관심의 시간을 보여 준다.

절대군주제의 '즉각퇴진'

약 8년 만에 다시 폭발한 2016년 10월 29일의 촛불봉기는 이러한 지대약탈체제가 지속될 수도 없고 지속되어서도 안 된다는 주권자 다중의 민주적이고도 단호한 의사표출이었다. 그것은 분명 폭발적인 것이었지만 2014년 4·16을 분기점으로 지속적으로 누적되어 온 지대약탈적 군주제 헤게모니 체제에 대한 불만의 표출이라는 점에서 연속적인 것이었다. 그것은, 2008년의 대규모 촛불봉기에도 불구하고 해결되기는커녕 심화되고 전면화되어 온 신자유주의적 자본주의 약탈체제에 대한 불만의 집중이었다. 그것은 오랜 시간 동안 지배와 통제의 대상이었고 죽도록 내버려 두어지고 심지어 죽도록 강요되었던 생명력들의 절규와 탄식의 표출이었다. 무엇보다도 그것은 지대약탈체제하에서 그 약탈의 대상으로 놓이는, 그러면서도 모든 사람의 공통의 삶을 생산하고 재생산하는 다중들의 삶 정치적 네트워크의 부상이었다. 광화문, 종로, 태평로를 비롯한 메트로폴리스의 핵심 마디만이 아니라 부산, 광주, 대구, 대전, 제주, 춘천 등 수많은 지역적 연결 마디들이 대한민국의 군주권력의 중심 청와대를 포위하고 정치지대 약탈체제의 즉각적 중단을, 즉 대통령의 즉각퇴진을 요구했을 때, 그것의 힘은 어떤 힘이고 헌법질서와 어떤 관계를 갖는 힘이었으며 역사의 어떤 위치에 놓이는 힘이었을까?

현대의 인지자본주의 질서와 그것을 지배하는 군주제 헤게모니가 재벌과 군주를 비롯한 소수집단의 지대약탈을 보장하기 위해 국민-다중들을 권력에서 인위적으로 배제하는 방향으로 나아가고 있지만, 그런 만큼 그 약탈집단이 수취하는 지대는 바로 그 잉여가치를 창출할 국민-다중들의 협력과 공통되기가 없이는 불가능하다. 왜냐하면 인지자본주의적 지대약탈은 다중들의 존재조건인 생태계(태양·대지·숲·바다·대기 등 자연적인 공통장)와 사회체(시장·사회단체·지역사회·국가사회 등 사회적인 공통장), 그리고 인지장(기억·지각·상상·정보·기술·디지털플랫폼 등의 인지적인 공통장) 등에 걸쳐 있는 다양한 공통장들에 대한 소유와 통제의 권리, 한마디로 그것들에 대한 지배권에 근거를 두고 있기

제주 성산읍에 걸린 박근혜 퇴진 현수막

때문이다. 따라서 인지자본주의의 지배계급은 지대를 약탈하기 위해서라도 다중의 공통되기를 가속시키지 않으면 안 된다. 우리가 페이스북이나 트위터, 인스타그램, 네이버 등에서 볼 수 있는 것처럼, 오늘날 인지자본의 지대약탈은 수많은 다중들이 플랫폼에 접속하여 '게시'와 '좋아요!', '공유하기' 등을 통해 서로 긴밀하게 연결되어가는 공통되기 과정의 활성화를 반드시 필요로 한다.

이 공통장들의 공통장이야말로 우리들의 삶을 생산하고 재생산하는 바탕이고 동력이다. 정치는 이제 더 이상 국가의 수준에서 전개되는 통념적 정치, 즉 입법·행정·사법으로 구성된 국가정치만으로 이해될 수 없으며 그 국가정치를 중심으로 이해되어서도 안 된다. 왜냐하면 전통적으로 정치는 사람들 사이의 힘 관계를 조정하고 그에 걸맞은 주체성을 생산하는 것이었는데 오늘날 그러한 역할의 상당 부분이 경제적 생산의 영역으로 확대되었거나 이전되었기 때문이다. 오늘날 경제적 생산은 유형의 사물을 생산하는 것을 넘어 정보와 정동과 지성을 생산하고 재생산하는 과정이고 인간을 포함한 다양한 물들(동물, 식물, 기계, 사물 등등) 사이의 관계를 새롭게 재정립하는 과정이며 새로운 인간, 새로운 주체성을 생산하고 재생산하는 과정으로 되고 있기 때문이다. 고용·임시고용·비고용의 노동자들, 여성들과 남성들, 각급의 학생들, 청년·장년·노년·유년 등 각 연령의 세대들, 원주민과 이민자 들, 생산자와 유통자와 소비자 들, 흑인과 백인 등 각색 피부색의 사람들, 기독교인 불교도 이슬람교도 등등 고용·성별·인종·종교·세대·국적·역할·피부색을 불문한 다양하고 이

질적인 사람들이 참여하는 생산의 과정이 직접적으로 정치적인 역할을 수행한다. 인지자본주의는 본질적으로 정치적인 삶의 이 과정을 가치회로 속으로 통과시켜야만 재생산될 수 있기 때문에 여전히 이 과정은 경제라는 이름으로 불린다. 하지만, 자본주의 경제의 가치화 형식이 삶과정 자체가 갖는 정치적 내용과 성격을 지울 수 있는 것은 아니다. 그러므로 삶정치는 국가정치에서 독립적으로 전개되는 정치적 과정이며 국가정치가 적응하지 않으면 안 되는 조건이자 국가정치의 원천이자 근거로서 기능하는 원源정치이다.

이런 의미에서 공통장의 공통되기로서의 삶정치는 (맑스-데리다의 용어로) '유령'적이지만 주권의 궁극적 장소이기도 하다. 주권성sovereignty의 궁극성은 자율성autonomy이다.[14] 자율성이야말로 주권성으로 현상하는 것의 근거이다. 양자는 흔히 대립하는 것으로 나타나지만, 그것은 현실의 대의과정이 주권화를 자율적 힘의 소외, 주권으로부터의 배제, 주권의 대상으로의 재배치라는 방식으로 조직하기 때문이다. 혁명의 필연성과 영구성은 바로 대의제하에서 자율성의 이 역설적 위치에서 주어진다. 다중 자율이라는 삶의 잠재력이 군주 주권이라는 정치적 현실태와 모순에 빠지고 그것이 적대로까지 나아갈 때, 군주 주권을 전복하고 새롭게 재구성하는 것만이 그 적대와 긴장을 해소시킬 수 있는 유일한 길이기 때문이다. "대한민국의 주권은 국민에게 있고 모든 권력은 국민으로부터 나온다."는 헌법 1조 2항은 그러므로 궁극주권, 주권의 잠재력을 지시하는 것으로 이해할 수 있다. 여기서 주권이자 권력 원천인 삶과 생명의 자율적 구성력이 '국민'이라는 이름으로 불리고 있지만 실제로 그것은 국가 이전

14. sovereignty는 'super'(초)와 'reign'(지배)을 결합한 말인데, 이것을 "외적 통제로부터의 자유, 즉 자율"(freedom from external control : autonomy)로 규정하고 있는 Merriam Webster Dictionary의 정의는 이 점을 시사한다.

의 국민, 즉 국가구성의 과정에서 국민으로 현상하게 될 이질적인 생명력들과 그것의 다양체로서의 다중을 일컫는 것으로 읽을 수 있다. 헌법 서술자들이 국가의 입장에서 바라보기 때문에 그것에 '국민'이라는 이름이 주어지는 것일 뿐이다. 헌법 1조가 지시하고 있는 이 유령적 국민-다중은 대의민주주의 이전의 절대적 민주력이며, 오늘날의 군주제 헤게모니, 절대군주제 통치의 궁극적 토대로서의 절대민주주의적 힘이다.

그러므로 21세기에 들어 간헐적이지만 지속적으로 분출하는 촛불봉기는, 이 잠재적 주권체로서의 생명의 공통장들이 자신의 실재성을 주장하면서 절대군주권력의 자신으로부터의 분리를 고발하고 그것을 다중의 자기지배로 대체하고자 하는 운동의 적극적 시발이라고 할 수 있다. 촛불봉기가 대의민주주의의 다중 소외효과를 제어하기 위해 국민발안, 국민소환, 국민표결 등 직접민주주의 제도를 가급적 폭넓게 도입하고자 하는 방향으로 전개되는 것은 촛불봉기 그 자체가 다중의 직접행동임을 고려할 때 자연스러운 것이라 할 수 있다. 민중총궐기와 교집합을 이루며 전개된 다중의 촛불봉기[15]는 헌법 1조의 2항을 구호, 노래, 피켓, SNS의 형태로 다양하게 반복하면서 국민-다중이 주권의 실체이고 모든 권력이 그것을 원천으로 한다는 사실을 그 스스로 상기하고 또 권력을 향해 각

15. 2002년 촛불집회는 11월 30일 광화문에서 '미선이 효순이를 위한 촛불 추모 행사'를 열자고 제안한 네티즌 앙마의 제안에서 비롯되었고, 2008년 촛불봉기는 5월 2일 청계광장에서 미국산 쇠고기 수입 조치를 비판하며 촛불을 든 〈이명박 탄핵을 위한 범국민운동본부〉라는 인터넷 카페에서 시동되었던 것과 달리, 2016년 촛불봉기는 2015년과 2016년 민중총궐기를 주최했던 〈민중총궐기 투쟁본부〉를 중심으로 꾸려진 〈박근혜정권퇴진 비상국민행동〉에서 비롯되었다. 2002년과 2008년 촛불봉기에서 '네티즌'과 '민중'이 함께하면서도 양자를 가르는 어떤 균열선이 작동하고 있었다면, 2016년 촛불봉기에서는 양자가 자연스럽게 섞이면서 행동하는 집단지성적 다중을 구성했다. 드물지 않았던 이민자, 외국인 참여자들을 고려하면 〈비상국민행동〉의 '국민'이라는 이름이 부적합한 측면도 있다. 이 '부적합성'에 착목하면서 '우리'를 표현할 수 있는 새로운 정치 언어의 필요성을 강조한 글로는 후지이 다케시, 「누가 싸우고 있는가」, 『한겨레』, 2016년 12월 4일, http://www.hani.co.kr/arti/opinion/column/773212.html 참조.

인시켰다. 그리고 다중은 촛불 행동을 통해 거리 권력을 구현함으로써 스스로를 권력의 행사 주체로 부각시켰다. 1,500여 개 이상의 사회단체가 참여한 〈비상국민행동〉 주도로 134일에 걸쳐 연인원 1,600만 명 이상이 참가한 집회와 시위의 행동은 기존의 군주제 정치권력을 침식하고 그것의 성격을 바꾸는 주요한 동력으로 작용했다. 자유발언, 공연, 행진, 연극, 전시 등등 다중의 창발성이 유감없이 발휘되었던 이 시간은 또 다중의 정동과 정신의 격렬한 변형이 일어난 시간이기도 했다. 기존 정치세계의 지각을 뚫고 솟구친 이 거대한 정치적 욕동에 놀란 귀족권력들이 기존의 군주제 헤게모니하의 귀족연합 권력체계의 골간을 건드리지 않을 이러저러한 수습책을 내놓았지만, 다중은 '대통령의 즉각퇴진'(군주제 헤게모니의 해체)의 입장을 일관되게 견지하며 귀족권력들의 수습책들을 비판했다. 다중들은 귀족의회가 즉시 탄핵에 나설 것을 촉구했고 그 촉구의 힘이 점점 강렬해졌다. 그 결과 의회귀족들이 자신의 입지에서 이 요구에 부응할 수 있는 방법은 헌법에 의해 그들에게 부여되어 있는 대통령에 대한 탄핵권을 행사하는 것 외에 다른 것이 없게 되었다. 정치경제학적 관점에서 보면, 이것은 군주제에 의한 정치지대의 약탈을 거부하고 그 정치지대를 공통장의 것으로 사회화, 공통화하라는 명령의 한 형태였다.[16]

군주제와 그 사수를 위한 대응

JTBC가 최순실의 태블릿 PC의 비밀을 폭로한 것은 2016년 10월 24

16. 그 출발점은 불법적으로 축적된 최순실 자산에 대한 추징환수 요구다.

일 저녁 8시경이다. 보도의 핵심은 국가공무원이 아닌 이른바 '비선' 최순실이 국가정책 문건을 청와대로부터 받아보고 심지어 그것을 수정해 왔다는 내용이었다. 국민에 의해 선출된 군주제 권력이 사유화되어 선출되지 않은 사인에 의해 좌우되고 있다는 폭로였다. 권력의 원천(국민주권)과 권력의 현실 사이에 더 이상 '대의'라고 부를 수 없을 만큼의 간극이 벌어지고 국가의 군주가 더 이상 국민을 대의하지 않게 혹은 대의할 수 없게 되었다는 것이다. 이 보도는 국민을 실재적 주권자로 다시 호명하고 주권자 국민이 나서지 않을 수 없는 상황을 보도의 형식으로 구체화한 것이다. 여론이 들끓기 시작한 바로 다음 날 대통령 박근혜는 대국민 사과 담화문 형식을 빌려 자신을 변명한다. 사인 최순실의 국정개입이 "청와대 보좌체계"가 완비되지 않은 상황에서 국정을 좀 더 꼼꼼히 챙기고자 하는 "순수한 마음"에서 "다양한 사람들의 의견"을 듣는 과정의 일환이었고 이제는 중단한 과정이었다는 것이다. 하지만 손바닥으로 하늘을 가리는 것은 하늘의 넓이와 깊이와 그 힘을 보지 않는 방법일 수는 있지만 실제로 하늘을 가릴 수 있는 방법은 아니었다.

두 번째 사과 담화는 국정농단의 주범으로 지목된 최순실이 구속되고 경제수석 안종범이 미르와 K-스포츠 재단 출연금 강제모금 혐의로 체포된 다음 날인 11월 4일에 나왔다. 정치지대의 사유화가 사인만이 아니라 국가공무원과 공식 국가기관들까지 동원한 조직적 작업이라는 사실은, 최순실이 청와대 행정관들을 수족처럼 부리는 것을 보여 준 TV조선의 박근혜 비밀의상실 보도(10월 25일)에 의해 이미 실증된 바였다. 점점 입지가 좁아진 박근혜는 이 사과 담화에서 자신에게 국정을 맡겨준 주체가 국민임을 인정하면서 "저를 믿고 국정을 맡겨주신 국민 여러분께 돌이키기 힘든 마음의 상처를 드려서 너무나 가슴이 아픕니다."라고 말한다. 그러면서도 박근혜는 위법적인 것으로 지탄되고 있는 자신의 국정

2016년 10월 24일 JTBC 뉴스 캡처

행동이 "국가경제와 국민의 삶에 도움이 될 것이라는 바람에서 추진된 일"이라고 변명하기를 멈추지 않는다. 정치지대 약탈을 본질로 삼는 군주제 헤게모니하의 대의주의의 역설은 "국민의 마음을 아프지 않게 해드리겠다는 각오"로 수행하는 국정 "노력"이 항상 "정반대의 결과를 낳게" 된다는 것이며 "미래 성장동력을 만들기 위해 정성을 기울"이는 "국정과제들"이 모두 "비리로 낙인 찍히"게 된다는 것이다. 이것은 군주의 인격에 따라 정도나 양상에 차이가 있겠지만 본질적으로는 구조적인 것이다. 박근혜는 국민을 진정으로 대의하는 국정이 오래전부터 중단되어 왔고 자신의 국정 노력 일체가 국민에게 고통과 상처를 주는 결과를 가져온다는 사실을 인정한 바로 직후에 "안보"와 "경제"의 위기를 들어 국민을 겁박하면서 국민을 고통스럽게 할 바로 그 "국정은 한시라도 중단되어서는 안" 된다고 강조한다. "더 큰 국정혼란과 국정공백을 막기 위해", 즉 정치지대 약탈체계가 지속될 수 있도록 하기 위해 박근혜가 제안하는 방법은 "진상규명과 책임추궁을 검찰에 맡기고 정부는 본연의 기능을 하루속히 회복"하는 것인데, 이것은 자신의 통제력이 여전히 남아 있는 검찰에게 진실규명권을 위임하게 함으로써, 즉 국민의 진실규명권을 차단함으로써 진실을 은폐하고 군주제를 위기에서 구출하고자 하는 정치적 책략이었다. 이런 책략을 통해 2차 사과담화에 이르기까지 박근혜는 "국민 여러분[즉 민주제 — 인용자]과 국회[귀족제 — 인용자]의 요구를 더욱 무겁게 받아들이"는 방식으로 군주제를 개혁함으로써 "국민께서 맡겨주신 책임에 공백이 생기지 않도록" 정치지대 약탈적 국가권력의 행사를 다시 한번 다잡을 각오를 다진다.

하지만 그 각오는 현실화될 수 없었다. 왜냐하면 공식 수사기관이 늑장을 부릴수록 더 수사 기능을 강화했던 언론의 보도, 이에 이어진 검찰 수사와 국정조사를 통해 드러난 온갖 정황들과 사실 증거들이 박근혜 자신과 최순실, 그리고 청와대 주요 인사들의 헌법과 법률 위반을 더욱 명백히 가리키고 있었기 때문이다. 세 번째 사과 담화는 촛불다중들의 압박에 내몰린 국회의 야당파가 탄핵 움직임을 본격화하기 시작한 11월 29일에 나왔다. 여기서 박근혜가 내놓은 것은 첫째, 자신의 행동의 거시적 정당성에 관한 변함없는 변명이다. 자신은 "오로지 국가와 국민을 위하는 마음으로 모든 노력을 다 해 왔"고 "지금 벌어진 여러 문제들 역시" "국가를 위한 공적인 사업이라고 믿고 추진했던 일들"이었다는 것이다. 국고와 정치지대의 약탈 행동임이 분명한 그 국정 수행이 "국가와 국민을 위한 것"이라는 말이 거짓말이 아닐 수 있다면, 그것은 '국가'가 지대약탈을 본령으로 삼는 기관이고, 약탈한 지대의 재분배를 통해 혜택을 받는 사람들만이 '국민'일 때뿐이다. 그리고 그럴 때에만 "단 한 순간도 저의 사익을 추구하지 않았고 작은 사심도 품지 않고 살아왔습니다."라는 말이 일말의 논리적 타당성을 갖게 된다.[17] 그리고 그러한 논리가 타당할수록, 대의민주주의하에서 군주가 국가를 위한 공적 사업을 국가와 국

17. 실제로 박근혜가 자신의 이익을 국익과 혼동하고, 자신의 지지자들을 국민과 혼동한다고 생각할 만한 정황들은 많았다.

민을 위해 추진하면 할수록 대다수의 사람들은 더욱더 대의되지 못하고 약탈당하며 국가와 국민의 범주에서 배제된다는 사실이 입증된다. 세 번째 담화의 두 번째 내용은 두 번째 담화에서 언급했던 "주변 관리의 부실", 즉 주변의 타인들이 사익을 추구하지 못하도록 관리하지 못한 불찰을 고려하여, "모든 것을 내려놓"고 "임기단축을 포함한 진퇴"를 다툴 문제로 받아들이겠다는 책임짐의 태도이다. 그런데 이러한 책임짐의 태도는 놀랍게도 범죄적 행위의 책임을 최순실과 같은 수십 년 된 지기지우이자 공모자에게 그리고 대통령의 명령을 받들었던 청와대의 주요 공무원들에게 모조리 전가하는 방식으로 이루어진다. 그것은 자신의 책임을 도덕적인 수준에 한정하면서 실제적 결백을 기정사실화하려는 탈사법의 전략이고, 범죄를 주변 사람들에게 전가함으로써 그들의 삶을 약탈하고 이용하는 방식이다. 여기서 지대약탈의 논리가 그대로 재현된다. 이 두 가지보다 더 주목해서 보아야 할 세 번째 점은 '임기 단축을 포함한 진퇴 문제'를 '국회'의 결정에 맡기겠다는 주장이다. 두 번째 담화에서 국민 여러분과 국회의 요구를 무겁게 받아들이겠다고 밝혔지만, 여기서 '국민 여러분'의 요구, 즉 '즉각사퇴'를 주장하는 국민-다중의 민주적 요구는 전혀 고려되지 않는다. 박근혜는 군주제가 아래로부터 국민-다중의 퇴진 요구에 직면한 위기 상황에서 군주제를 지키는 방법은 민주제를 배제, 억압, 말소시키고 그간의 독단적 통치과정에서 약화된 귀족제와의 연합을 재강화하는 길뿐임을 발견한다. 그것은 지금 퇴진 요구를 제기하고 있는 국민-다중이 아니라 귀족의회가 군주의 진퇴 결정의 주체라고 인정함으로써 귀족의회를 국민-다중 위로 격상시키고 이로써 귀족제의 헤게모니에 군주권력을 양보하는 듯한 제스처를 취하는 것이다. 박근혜는 "여야 정치권이 논의하여 국정 혼란과 공백을 최소화하고 안정되게 정권을 이양할 수 있는 방안을 만들어 주시면 그 일정과 법 절차에 따라 대통령직에서 물러나겠습니다."라고 말하는데, 이는 80%에 달하는 국민-다중의 즉각퇴진 요구에 대한 정면 거부이며 정파적으로 분열되어 있고 탄핵 문제를 둘러싸고 동요, 갈등하고 있는 귀족의회('여야 정치권')를 진퇴 결정의 주체로 만들어 그곳을 군주제 사수 투쟁의 무대로 삼겠다는 전략이었다. 그래서 박근혜는 "국민 여러분께 진심으로 죄송하다."며 '국민'을 사과대상으로는 삼지만, "대한민국의 희망찬 미래를 위해 정치권에서 지혜를 모아주실 것을 호소드립니다."라는 말을 통해 국민 위에 군림할 권력으로 '정치권'을 호명함으로써 국민-다중을 결정의 주체에서는 물론이고 지성의 주체에서도 배제하는 방식으로 오만방자한 군주의 태도를 지속한다.

그렇다면 박근혜의 시선에 태극기 집회에 모인 사람들은 누구이고 무엇이었을까? 촛불다중을 배제하는 것이 박근혜의 절대군주적 의식 속에서 일관된 것이라면, 태극기 집회에 참석한 사람들은 왜 결정 주체나 지성 주체에서 배제되는 것일까? 12월 9일 탄핵소추안 가결에 반대해서 모이기 시작한 태극기 집회는 크게 〈탄기국〉('대통령탄핵기각을 위한 국민총궐기운동본부')과 〈한국자유회의〉를 주축으로 소집된다. 이 집회는 처음에는 〈박사모〉, 〈자유총연맹〉, 〈애국단체총연합〉, 〈고엽제전우회〉, 〈엄마부대〉 등 우익관변단체의 관제집회적 성격이 강했지만 회를 거듭하면서 자발적 참여자들이 늘어나는 추세를 보였다. 박근혜 탄핵에 대한 찬성과 반대의 비율이 거의 80 대 20으로 수 개월 동안 변함없이 유지되는데도, 태극기집회의 규모가 커지고 자발적 참여자가 늘어난 이 현상은 무엇을 의미하는 것일까?

이념적으로 태극기 집회의 주도자들은 신자유주의를 지지한다. 신자유주의는 다중의 지적·정서적·행동적 창조력의 자유로운 활성화를 추구하는 체제이지만 그 성과를 권력과 거대기업이 독점적으로 전유하는 체제이다. 신자유주의가 노동하는 다중의 공통체에 대한 거대한 지대약탈체제로 정립된 21세기 현실에서 신자유주의에 대한 지지는 지대의 약탈권과 분배권에 대한 지지를 핵심으로 삼는 것으로 해석할 수 있다. 이것은 태극기집회가 두 개의 계급집단으로 구성되어 있다는 사실에서 확인된다. 한 집단은 전·현직 국회의원, 전·현직 법관과 변호사, 퇴직 정보기관원, 기업가 등 기존 과두지배체제의 귀족적 구성원들, 그리고 이들과 연결되어 있는 관변단체의 각급 구성원들이다. 집회의 주도권과 발언권은 대체로 이 집단이 행사한다. 또 하나의 집단은 세대적으로 주로 노년과 장년인 일반 시민들이다. 이들의 참여 동기는 이해관계, 종교적 믿음, 권위숭배적 사회심리 등 다양하다. 이 두 집단을 하나로 묶는 것은 '빨갱이'라고 불리는 어떤 유령 같은 힘에 대한 반대와 거부이다. '빨갱이'라는 말은 지시대상을 달리해 가면서 그때그때 화자가 위험하다고 생각하는 대상을 지시하는 만능어로 사용된다. 이들은 2017년 촛불봉기의 과정에서 촛불을 지지하는 80%의 인구 전체를 '빨갱이'로 인식하는 태도를 보였는데, 이것으로 '촛불=반박근혜=빨갱이'라는 등식이 성립하게 된다. 2002년 '붉은 악마'가 대한민국 축구단을 응원하는 응원 집단으로 출현한 이후, 2017년에는 대한민국이 '빨갱이'가 80%를 차지하는 '빨갱이' 사회로 정립된 것이다.

태극기집회의 주도층인 사회 상층 구성원들의 반'빨갱이'주의는 경제적·정치적 이해관계 측면에서 쉽게 설명할 수 있다. 박근혜 체제야말로 지대약탈을 보장할 뿐만 아니라 그 스스로 그 약탈 대오에 앞장서 있는 인물이기 때문에 박근혜 체제의 붕괴가 가져올 수 있는 지대약탈의 불가능성이 이 계층의 집회 참여 동기로 된다. 그리고 그것은 1948년 분단을 가져온 남한 만의 단정 수립 이후 1961년 5·16 군부 쿠데타와 박정희 체제, 그리고 1972년 유신체제에서 전두환 권위주의 체제로 이어져 온 탈헌법적 이윤착취체제, 그리고 1987년 직선제 개헌 이후 도입되어 김대중·노무현 정부를 거쳐 이명박·박근혜 정권하에서 본격화한 지대약탈체제를 사수하는 것을 목표로 삼는다. 참여의 이해관계적 동기가 사회 상층에만 있는 것은 아니고 다른 계층에게도 있다. 21세기의 신자유주의적 세계는, 지대약탈층이 생산계층을 약탈하는 일차적이고 전 사회적인 갈등 구도 외에 생산계층 내부에도 연금을 수령하는 노년층과 정규직 노동자층이 불안정 고용에 시달리는 비정규직 노동자와 청년층의 삶을 약탈하는 이차적이고 미시적인 약탈 구도를 창출했는데 한국도 예외가 아니다. 박근혜 정권은 국가와 재벌을 통해 약탈된 지대를 사유화하는 한편 지대의 다른 일부를 노년층과 일부 취약계층에게 선별적으로 재분배함으로써 정권에 대한 공고한 세대적·계층적 지지기반을 만들어 왔다. 박근혜 정권은 노년층과 사회적 약자층에 산포되어 있는 광범위한 불안을 이용하기 위해 보편적 복지보다 선별적 복지를 선호했다. 이 정권이 자신에 비판적인 세력을 배제하는 '블랙리스트' 체제를 고수하는 것은 이와 무관하지 않다. 군주제 통치에 의해 선별되어 지원금의 형태로 혜택을 받는 관변단체들, 복지의 형태로 혜택을 받는 노년계층과 빈민계층이 군주제의 지지집단으로 되는 것은 이런 정치적 맥락을 고려하면 일면 자연스러운 일이다.

이해관계 외에도 군주제 통치에 대한 지지심리를, 그리고 그러한 통치체제를 유지하기 위한 움직임에 참여할 동기를 확산하는 역사적 집단이 있는데 그것은 분단과정에서 '인민민주주의' 북한에 의해 탄압을 받은 경험이 있는 기독교 집단이다. 이 집단은 하느님-예수-인간으로 이어지는 위계적 세계구성에 대한 믿음이라는 교의적 측면에서 군주제를 선호할 심리구조를 이미 갖고 있다고 할 수 있다. 하지만, 더 중요한 것은 이들이 역사적으로 다수 인민이 스스로를 주권자로 선언하면서 정치적 행동 주체로 나서는 '민주주의'에 대한 트라우마를 갖고 있다는 것이다. 그 상처로 인해 다중의 그러한 제헌적 자치력의 폭발을 제어할 절대 군주에 대한 기대를 갖게 된다. 사회 위에 군림하는 지도자로서의 절대군주에 대한 갈망이 인간 위의 신을 믿고 섬기는 교의나 메시아니즘(구원자 숭배)와 결합될 때 강한 군주제 지지심리가 형성된다.[18] 이 심리는 지도자나 영웅의 아우라와 권위에 대한 숭고한 숭배심으로 응축된다. 친박 국회의원인 이정현은 탄핵소추에 반대하면서 박근혜를 예수에 비유했고 탄핵심판 변론 과정에서 변호인 서석구는 박근혜를 수난받는 소크라테스나 예수의 자리에 놓았다. 이것들은 태극기 집회 속에 광범위하게 퍼져 있는 '수난받는 박근혜'라는 인지심리를 구체적 형상으로 이미지화하는 것이었다. 신, 성인의 이미지가 정치적 군주의 이미지로 치환되는 것은 너무나 쉽다. 탄핵심판이 대통령 박근혜의 파면으로 인용된 후, 지지자들은 박근혜를 '제2의 단종'으로 표상하곤 한다. 탄핵 인용을 "참, 묘하다. 단종이 삼촌 수양대군에 의해 영월 땅에 위리안치된 해가 정유년丁酉年이다. 우리의 박근혜 대통령이 탄핵을 당하고 삼성동 자택에 위리안치 된 금년이 또한 정유년丁酉年이다. 조사해 본 바는 없지만 정유년丁酉年은 국가의 최고 지도자가 어떤 사건에 연루되어 유배를 가거나 인신에 의한 핍박을 받는 해인가 보다."[19]라고 받아들이는 사회심리 위에서 핍박받는 자에 대한 울분과 원한의 감정이, 비극적 통곡의 소리가 솟구친다. 그 통곡은, 탄핵당해 파면된 전임 대통령 박근혜의 삼성동 사저 밖에서 울렸는데, 이들에게 박근혜는 "대통령 마마"였다. 탈근대적 상황 속에서도 군주

---

18. 최현숙·김진호·이나미 대담, 「태극기 집회를 어떻게 볼 것인가?」, 박은하·이상훈 정리, 『주간경향』, 2017년 3월 18일, http://m.khan.co.kr/view.html?artid=201703181628001 참조.
19. 오병규(ss8***), 「단종 애사(哀史)와 박근혜 그리고 … .」, 2017년 3월 21일, http://forum.chosun.com/bbs.message.view.screen?bbs_id=1010&message_id=1310783¤t_sequence=05V0X~&start_sequence=zzzzz~&start_page=1¤t_page=10&direction=1&list_ui_type=0&search_field=1&search_word=&search_limit=all&sort_field=0&classified_value=&cv=.

1918년 모스크바. 러시아의 마지막 황제 니콜라스 2세의 폐위 이후 망가진 조각상

제가 마음속에 생생하게 살아있는 사람들이 국민일까? 태극기 집회에서 자주 보이던 구호 중에 "촛불은 인민, 태극기는 국민"이라는 구호가 있었지만, 박근혜를 '제2의 단종'으로, '대통령 마마'로, 수난받는 성인으로, 핍박받는 예수로 사유하는 사람들이 '주권자로서의 국민'people으로 이해될 수는 없다. 이들에게 정확하게 어울리는 이름은 군주국의 관원과 백성을 지칭하는 말인 '신민'subject일 것이다.

이 전근대적 신민의 지속과 재생산이 포스트모던 문화와 디지털 테크놀로지와 결합된 '가짜 뉴스'에 의해 뒷받침되었다는 사실은 태극기 집회의 '신민'이 전근대적이기는커녕 탈근대적인 유형의 신민임을 보여 준다. 2008년 촛불봉기 당시에 촛불을 지지했던 언론은 물론이고 촛불을 철저히 외면하거나 촛불을 적대시했던 언론들, 대표적으로는 조선일보와 TV조선까지 촛불을 지지하고 찬양했던 것이 2017년 촛불봉기에서 나타난 주목할 만한 양상이다. 이 때문에 보수 태극기 집회는 MBC를 비롯한 공영방송 일부 외에는 언론 원군援軍을 얻지 못했고 담론세계에서 소외되는 역사적으로 이례적인 경험을 해야 했다. 이 때문에 태극기 집회의 참석자들은 제도언론이 편파적이고 불공정하다고 외치기를 멈추지 않았는데, 격세지감과 역사의 아이러니를 느끼게 하는 사태였다. 왜냐하면 제도언론의 편파성과 불공정성에 대한 체험과 그에 대한 비판은 이전에는 촛불다중의 몫이었기 때문이다. 제도언론의 외면 속에서, 마치 지난 시기의 촛불들이 그랬듯이, 태극기 집회의 참가자들은 주된 뉴스를 카톡방, 트위터, 페이스북, 블로그, 유투브 등 SNS와 비제도 신문에서 찾을 수밖에 없었다. 군주제 지지자들이 SNS에서의 담론투쟁과 비제도 신문을 통한 '가짜 뉴스' 선동을 제도언론에 대항하고 자신들을 언변할 주요한 수단으로 사용하기 시작하면서 이전까지 제도언론의 보수성에 대항하는 진보의 보루로, 군주제에 대항하는 민주제의 진지로 사고되었던 SNS가 보수와 진보, 군주제와 민주제가 갈등하는 공간으로 변했다. 이 갈등은 쌍방 모두가 동일하게 '진실'을 주장하는 방식으로 전개되었지만, 그 진실을 달성하는 방법은 달랐다. 군주제 지지자들은 태극기 집회에 사람들을 끌어들이기 위해 국회, 헌법재판소, 검찰, 특검 등의 헌법기관들이나 제도언론에 대한 비난, 욕설, 악선동을 사용했다. 또 이들은, JTBC의 최순실 태블릿에 대한 가짜뉴스에서 보이듯이, 거짓말, 짜깁기, 임의적인 정보변경 등 탈근대적 기술의 가짜뉴스들을 무차별적으로 사용했다. 태극기 집회에서 이용된 '가짜 뉴스'에 앞서, 이미 박근혜가 '가짜 사과담화'를 통해 위기에서의 탈출구를 모색했고 '거짓 대담'[20]을 통해 지지자를 결집시키려 시도했다. 이 선례를 따라, 태극기 집회 참가자들은 가짜 뉴스를 통해 지지자들이 받아들일 만한 진실의 체계를 구성하고 그것의 환상적 호소력을 통해 투쟁의 동력을 구축하는 투쟁 전술을 구사했다. 담론적 소외 상태에서 언론을 통해 대의되지 못한다고 느낀 태극기 집회 참가자들은 이러한 '가짜 뉴스'들의 집합을 유일한 '진실'로 오인하면서 박근혜 군주제의 충직한 신민이기를 지속해 나갈 수 있었다.

---

20. 정규재 TV와의 대담을 보라. https://www.youtube.com/watch?v=UHFsgj29oKU

귀족제의 대응: 거국중립내각, 명예로운 퇴진, 그리고 탄핵

박근혜 게이트에 직면하여 '즉각퇴진'과 탄핵을 외치는 촛불들의 함성, 군주제 헤게모니를 뒷받침해 온 〈새누리당〉의 실추와 분당, 역시 군주제 헤게모니를 언변해 온 보수언론들의 이반, 탄핵 인용에 의한 박근혜의 파면과 구속 등은 군주제 헤게모니의 파산을 두려워하면서 그것을 저지하려는 신민들의 애끓는 시위에도 불구하고, 군주제 헤게모니가 지속될 수 없는 것이라는 점을 적나라하게 보여 주었다. '제왕적 대통령 중심제'로 표현되곤 하는 군주제 헤게모니는 다중의 삶정치와 대립하면서 다중의 불만을 부단히 고취하는 것이었고 현행의 헌법 및 법률과도 부단히 마찰하는 것이었다. 박근혜만이 아니라 거의 모든 전임 대통령들도 헌법이나 법률 위반에서 자유롭지 않았다는 사실은 군주제 헤게모니의 불법부당성을 일깨우는 증거로 예거된다.

군주제 헤게모니하에서 군주제와의 연합을 통해 수혜를 받고 있는 귀족들의 태도는 무엇이었던가? 이들은 한편에서 군주제 헤게모니의 문제점을 지적하면서도 실제로는 그것을 재생산하는 중요한 축으로 기능했고 바로 자신의 정당, 자신의 그룹, 자신의 연고권에서 군주를 내기 위해 경쟁하는 것을 정치활동의 본령으로 삼고 있었다. 10월 29일 촛불다중이 집단적으로 박근혜 '즉각퇴진'의 요구를 제기했을 때,[21] 귀족의회의 정당들이 보인 태도는 이 점을 잘 보여 준다. 촛불다중의 '즉각퇴진' 요구에 대한 청와대의 수습책은 황교안에서 김병준으로의 '총리교체'안이었다. 그렇다면 정당들의 대안은 무엇이었는가? 원내정당 중 퇴진투쟁에 동

21. 10월 29일부터 11월 11일까지는 하야, 퇴진, 탄핵 가운데서 하야 구호가 우세했지만, 11월 12일 이후로는 셋 중에서 퇴진 구호가 우세해지고, 11월 26일 5차 집회부터는 탄핵 구호가 우세해졌다. 하지만 이 장에서는 하야와 퇴진은 구분하지 않고 '즉각퇴진' 구호로 지칭한다.

참하고 있었던 것은 〈정의당〉뿐이었고 다른 정당들은 내각 개편, 즉 거국(중립)내각 대안에 동조하고 있었다. 그 대안의 최초 제안자는 〈민주당〉의 문재인이었는데, 그 제안은 대통령의 탈당과 2선 후퇴를 전제하는 것이었다. 대통령이 탈당하고 2선으로 후퇴하면 내각 구성의 권한은 의회로 이양되게 된다. 이것은 군주제 헤게모니의 귀족제 헤게모니로의 대체다. 〈국민의당〉은 대통령 탈당에서는 〈민주당〉과 같은 입장이었지만 대통령이 2선으로 후퇴하지 않은 채 3당 대표와 협의해 책임총리를 임명하는 거국중립내각을 제안했다. 이것은 내각 구성에서 군주제와 귀족제의 타협과 절충의 방안이다. 〈새누리당〉은 중립성(엄밀하게 말하면 이 '중립성'은 여러 귀족집단들에 대한 내각의 중립성이지 다중의 참여까지 보장된다는 의미의 중립성은 아니다)을 보장할 대통령의 탈당을 거부하면서 대통령의 2선 후퇴나 책임총리 안도 거부하는 '거국내각'을 제안했다. 이것은 군주제 헤게모니 체제를 유지하면서 그 체제하에서 내각을 재구성하는 방안이다.

그러나 군주제 헤게모니의 온존을 용인하는 이 방안들은 촛불들의 거센 비판에 직면했고 점점 거대해지는 촛불들의 힘에 놀라 11월 초가 되면 보수적 야당들과 차기 대선에 출마할 의지를 가진 유력 야권정치가들도 대통령 퇴진 요구를 수용하기 시작한다. 10월 29일 첫 촛불집회에서 성남시장 이재명이 박근혜 대통령의 퇴진을 주장한 이후, 11월 2일에는 서울시장 박원순, 〈국민의당〉 전 대표 안철수가 퇴진 대오에 동참했다. 마침내 11월 15일에 〈민주당〉이 대통령의 퇴진을 당론으로 받아들이기에 이르렀다. 하지만 퇴진과 관련한 야권의 실질적 대안은 '즉각퇴진'이 아니라 '명예로운 퇴진' 혹은 '질서 있는 퇴진'으로 수렴되어 갔다. 문재인이 11월 20일 박근혜의 '명예로운 퇴진'을 주장하고, 안철수가 같은 달 25일 '질서 있는 퇴진'의 길을 완전히 닫아서는 안 된다고 말하면서다. 동일하게 퇴진을 주장하는 것이지만 이것은 촛불다중의 '즉각퇴진' 주장과는 근본적으로 다른 것이었다. '명예로운' 혹은 '질서 있는' 퇴진은 '대통령의 정치적 사퇴(권한 이양) 선언→여야 합의로 거국(과도)내각 구성→대통령의 법적 사퇴(하야)→조기 대선 실시'[22]의 과정을 밟는 것인데, 이것의 본질은 사실상 다중에 의한 강제퇴진을 저지하는 데 있다고 볼 수 있다. 문재인의 대변인 역할을 맡고 있던 〈더불어민주당〉 의원 김경수가 명예로운 퇴진의 의미에 관해 "박 대통령이 즉각퇴진 **의사를 밝힌다면** 최소한의 명예는 지킬 수 있는 퇴진이 될 것이란 뜻에서 '명예로운 퇴진'이 되겠지만, 끝까지 버티다 탄핵을 당하는 등 국민들로부터 강제 퇴진 당하는 상황이 되면 최소한의 명예도 지키지 못하는 불명예스러운 퇴진이 될 수 밖에 없을 것이란 의미다."[23]라고 설명하는 데서 드러나듯이,[24] 귀족의회는 퇴진을 받아들이지 않으려는 여당은 물론이고 퇴진을 주장하는 야당조차도 다중에 의한 강제퇴진이 가져올 민주제적 급변의 사태를 저지하는 것이 필요하다는 데 공감하고 있었다. 질서 있는 퇴진이 명예로운 것이라면 그것은 군주 자신에게만이 아니라 지금까지 군주제와 연합해 온 귀족들에게도 그러한 것이라고 할 수 있을 것이고 그것만이 위기에 처한 군주제 헤게모니하에서 유지되어 온 지금까지의 군주-귀족 연합 과두질서를 큰 상처 없이 귀족제 헤게모니하에서 재수습할 수 있는 방안일 것이기 때문이다. 11월 28일 여당인 〈새누리당〉의 중진들까지 이 명예로운 퇴진론을 받아들여 퇴진촉구 건의의 형태로 그것을 표현했을 때 귀족의

22. 이정애, 「박 대통령 버티기에 '질서있는 퇴진' 돌파구가 안 보인다」, 『한겨레』, 2016년 11월 15일, http://www.hani.co.kr/arti/politics/politics_general/770456.html.

23. 소중한, 「문재인 "대통령 결단하면 명예퇴진 협력할 것"」, 2016년 11월 20일, http://www.ohmynews.com/NWS_Web/View/at_pg.aspx?CNTN_CD=A0002262670 (강조는 인용자).

24. 즉각퇴진과 명예로운 퇴진의 핵심적 차이는 즉각퇴진을 실행하는 것인가, 즉각퇴진의 의사를 밝히는 것인가에 있다.

회의 의견은 여야를 불문하고 거의 하나로 통일된 것이었다.

하지만 그 방안은 군주제 헤게모니의 지속 가능성에 미련을 버리지 못한 박근혜의 거부로 성공하지 못했다. 앞서 서술했듯이 11월 29일에 나온 박근혜의 3차 담화는 임기단축을 포함한 진퇴의 문제를 국회에 넘기겠다는 내용을 담고 있었는데, 그것은 '즉각퇴진'이라는 다중의 요구는 물론이고 국회의 단일안이라 할 수 있는 '명예로운 퇴진'의 첫 단계, 즉 '대통령의 정치적 사퇴 선언'조차 거부하는 것이었기 때문이다. 11월 28일 명예로운 퇴진을 건의했던 〈새누리당〉은 이제 3차 담화의 메시지를 받들어 불과 사흘 후인 12월 1일에는 '4월 퇴진' 당론으로 돌아섰고 이로써 명예로운 퇴진론은 좌절했다.

탄핵 대안이 부상한 것은 이러한 조건에서다. 탄핵 대안은 촛불다중이 '즉각퇴진'과 더불어 제기하였고, 성남시장 이재명이 받아들였으며, 〈정의당〉이 가장 먼저 당론으로 삼았고, 〈민주당〉이 11월 21일에 당론으로 받아들였으며, 〈새누리당〉 비박계도 받아들인 것이었다. 하지만 명예로운 퇴진론이 좌절하기 전에는 다중들의 촉구에도 불구하고 의회는 탄핵을 명예로운 퇴진의 압박수단 정도로만 간주하고 있었다. 11월 20일 야권 대선주자 6명(문재인, 안철수, 이재명, 박원순, 김부겸, 안희정)과 〈정의당〉 대표 심상정, 〈국민의당〉 전 공동대표 천정배를 포함한 8명이 모인 '비상시국 정치회의'에서 "국민적 퇴진 운동과 병행해 탄핵 추진을 논의해줄 것을 국회와 야 3당에 요청하겠다"고 한 것은 이러한 분위기를 표현한다. 국민적 퇴진운동의 국회 내 이름은 명예로운 혹은 질서 있는 퇴진이었고 그와 병행해 추진할 탄핵은 박근혜에게 그것을 압박하기 위한 수단이었다. 박근혜의 3차 담화가 나온 11월 29일은, '11월 30일 발의하여 12월 1, 2일 표결한다'는 계획 속에서 각 당이 먼저 탄핵소추의결서 초안들을 낸 후 당간 협의를 통해 소추안을 결정하기로 하고 11월 28일 〈정의당〉이 가장 먼저 탄핵소추의결서 초안을 발표한 다음 날이기도 한다. 의회는 이러한 움직임이 대통령을 압박하여 명예로운 퇴진 요구를 받아들일 것을 기대하고 있었다.

명예로운 퇴진의 압박수단이었을 때는 야당 전체는 물론이고 여당 비박계까지 탄핵 대안을 받아들였지만, 명예로운 퇴진론이 불발되고 국회가 국회로서 실제로 취할 구체적이고 유일한 행동이 탄핵소추로 주어졌을 때 〈새누리당〉 비박계는 물론이고 〈국민의당〉, 그리고 〈민주당〉까지 동요하기 시작했다. 〈새누리당〉 비박계는 3차 담화에서 박근혜가 제안한 바를 실현하기 위해, 대통령 퇴진과 관련한 여야 협상을 먼저하고 이것이 결렬되면 12월 9일에 탄핵표결을 하자는 입장으로 선회했다. 〈국민의당〉은 비박계의 지지 없이는 탄핵소추안이 부결될 위험이 크므로 비박이 동참할 때까지 표결을 연기하자는 태도를 보였다. 또 〈민주당〉 대표 추미애는 탄핵 논의가 한창인 12월 1일에 명예로운 퇴진론의 변형으로 2017년 1월 조기퇴진론을 제기했다. 즉각퇴진 요구를 명예로운 퇴진론으로 물타기 했던 귀족의회가 탄핵소추까지 회피하려 드는 상황에서, 탄핵소추 무산의 위기를 극복한 힘은 국회 내부에서 나온 것이 아니라 촛불다중들로부터 나왔다. 〈박근혜정권퇴진 비상국민행동〉은 12월 2일 국회를 방문해 2일 표결처리의 무산을 비판하고 탄핵을 못하면 촛불국민들로부터 국회해산 요구가 나올 수밖에 없다고 압박했다. 대의민주주의하에서 군주의 부패와 실정을 견제하고 단죄할 수 없는 귀족들은 존재이유가 없다는 비판이었다. 11월 29일 박근혜의 3차 담화와 12월 1일 〈새누리당〉의 '4월 퇴진' 당론 확정, 그리고 기회주의적 야당의 탄핵안 2일 처리 실패, 〈국민의당〉의 기회주의적 동요, 추미애의 조기퇴진론 등에 분노한 촛불다중은 SNS를 통해 국회를, 특히 〈새누리당〉 비박계와 〈국민의당〉을 격렬하게 비판하면서 지체 없는 탄핵소추를 요구했다. "역풍 두려워하지 말고 우선 탄핵안 처리해라. 부결되면 국민들이 다시 일어날 거니까 국민을 믿으라"[25]는 말이 보여 주듯이, 설사 부결되더라도 국회가 탄핵안을 밀어붙여야 한다는 것이 즉각퇴진을 요구하는 촛불 다중이 대의귀족들에게 요구하고 있는 기본 입장이었다. 이러한 분위기 속에서 야 3당은 좌충우돌하며 입장을 조율하기를 거듭한 후 마침내 12월 3일 오전 4시 10분 야 3당 및 무소속 국회의원 6인을 포함한 171인에 의해 탄핵안을 발의하면서 8, 9일로 예정된 본회의에서 보고하고 표결키로 합의했다. 이처럼 국회 내부의 동요와 갈등이 심각하고 국회에 대한 국민의 불신이 고조되는 상황에서 12월 3일 '촛불의 선전 포고 — 박근혜 즉각퇴진의 날'을 주제로 토요일 오후에 열린 6차 촛불집회는 놀라운 광경을 연출했다. 겨울이 시작되어 춥기 때문에 100만을 넘기 어려우리라는 〈퇴진행동〉의 예상을 깨고 232만 명의 촛불이 광화문에 운집했다. 3·1 운동이나 6·10 항쟁의 참가자 수를 넘어 헌정 사상, 아니 유사 이래 가장 많은 사람들이 결집한 이 집회에서 다중들은 대통령에게는 즉각퇴진을, 국회에는 지체 없는 탄핵소추안 처리를 요구했다. 그리고 탄핵소추안 가결을 압박하기 위해 12월 7일부터 9일까지 3일 동안은 평일임에도 불구하고 여의도 국회의사당 앞에서 집중집회를 개최했다. 이러한 일련의 촛불 행동들이 〈새누리당〉 비박계를 가결대오로 끌어내고 심지어 탄핵안 부결을 위해 사력을 다했던 친박계 일부까지 이탈시켜 가결에 동참하도록 만듦으로써 투표자 299명 중 가可(찬성) 234표, 부否(반대) 56표로 탄핵소추안 가결을 이끌어낸 절대적 힘이었다.

대통령 탄핵을 둘러싼 귀족의회의 수동성과 동요 속에서 의회 속에

---

25. 시민 신춘철의 발언 (허승 외, 「232만 촛불 "국민을 믿고 탄핵하라"」, 『한겨레』, 2016년 12월 4일, http://www.hani.co.kr/arti/society/society_general/773211.html#csidx7da0422bcfabbe6bee4c72544b08b1b).

세 가지 경향이 공존하고 있음이 드러났다. 하나는 군주제 헤게모니를 지지하고 군주의 보전을 위해 노력하는 군주주의적인 신민성 귀족이다. 이 경향은 국민을 신민으로 파악하기 때문에 실제로는 국민주권을 인정하지 않는다. 이 경향은 지구제국의 군주인 미국의 지배를 지지하고 반북반공 관념과 정서를 국내 정치에 이용하여 반군주제 세력을 억압한다. 둘째는 군주제를 귀족의 통제 아래에 두고자 하는 귀족주의적 세력이다. 이 경향은 국민주권의 관념을 갖고 있지만 국민주권은 그것을 대의할 정당의 권력으로 실현됨으로써만 힘을 발휘할 수 있다고 믿는다. 권력을 장악한 정당을 새로운 집합적 군주로 간주하기 때문에 이 경향은 군주제와 민주제 사이에서 동요한다. 셋째 경향은 국민의 주권적 움직임을 대의할 뿐만 아니라 그 움직임에 동참하면서 민주제를 의회 속에서 관철하려는 경향이다. 〈자유한국당〉으로 개명한 구 〈새누리당〉의 친박계가 첫째 경향을 대표하며 국민의 주도하에서 귀족에 의한 군주의 폐위(파면)와 구속을 가져온 박근혜 게이트로 치명적인 상처를 입었다. 〈새누리당〉에서 분리한 〈바른정당〉은 첫째 경향의 우위 속에서 첫째와 둘째 경향 사이에서 동요한다. 〈국민의당〉은 둘째 경향의 우위 속에서 둘째와 첫째 경향 사이에서 동요한다. 〈정의당〉은 셋째 경향을 대표한다. 〈민주당〉은 둘째 경향을 대표하지만 그 속에도 첫째와 셋째 경향의 영향력을 어느 정도 받는가에 따라 우파, 중도파, 좌파로 구분할 수 있는 다양한 경향들이 공존한다. 각 경향들은 시민사회 속에서 자신의 지지동맹 세력을 찾는데, 첫째 경향의 가장 큰 지지동맹 세력은 재벌들이며 둘째 경향의 가장 큰 지지동맹 세력은 중소기업들, 제도 내 지식인 집단들이고 셋째 경향의 가장 큰 지지동맹 세력은 조직된 노동조합 세력이라고 할 수 있다. 실업자, 비정규직, 여성, 청(소)년, 채무자 등 신자유주의적 인지자본주의의 주요 희생자 집단들은 자신을 대의하거나 언변할 세력을 갖지 못한 채 현행의 대의민주주의 정치구조와 언론구조에 대한 깊은 환멸감을 갖고 있다.

2016년의 촛불다중은 군주 퇴진의 요구를 물리력을 통해 직접 실현하기보다 귀족의회에 대한 압박과 의회에 의한 탄핵제도를 통해 관철하려 했다. 이 점에서 2016 촛불다중혁명은 영국 명예혁명의 측면과 프랑스 혁명의 측면을 동시에 갖는다고 할 수 있다. 촛불다중의 압박에 의한 귀족의회의 동원, 그 속에서 나타나는 민주제와 귀족제의 연합의 측면에서, 즉 동력의 측면에서 그것은 마그나카르타(대헌장)를 가져온 1215년 영국 명예혁명과 유사하다. 그런데 군주의 파면이라는 그 결과의 측면에서는 1789년 프랑스 혁명처럼 극적이지는 않지만 그것과 유사하다. 그런데 국민의 힘에 의한 정권타도나 국민에 의한 소환의 제도와는 달리 의회에 의한 탄핵제도는 귀족의 권력을 강화하고 민주제의 권력을 약화시키는 역설적 측면을 갖는다. 온 국민과 세계의 이목이 대한민국 국회에 집중되었던 12월 초 열흘이 지나자, 권력의 중심은 이제 의회귀족에서 사법귀족에게로 넘어갔다. 12월 9일 탄핵소추안 가결 이후 2017년 3월 10일 대통령 박근혜의 파면에 이르는 90일여의 탄핵심판의 시기는 박근혜 게이트에 대한 특검의 수사와 겹치면서 모든 관심이 헌법재판소와 특검에 집중되도록 만들었다.[26] 국민-다중과는 무관하게 대통

"이번에는, 정의가 가장 강한 자들의 편이다." 1789년 프랑스 파리에서 제작된 판화. '정의'를 상징하는 여성 형상이, 귀족과 성직자의 맞은 편에 앉은 제3신분 사람의 편에 서 있다.

26. 사법의 시간은 5월 9일 대선 일정이 확정되고 정치의 시간이 개시된 후에도 특별수사본부를 통해 계속되고 있다.

령이 임명하는 9인(거기에는 국회에 의해 선출된 자 3인, 대법원장에 의해 지명된 자 3인이 포함된다)으로 구성되는 헌법재판소가 대통령의 탄핵소추안을 심판하는 역설의 상황 속에서 국민-다중은 철저히 배제된 채 헌법재판관들이 자신들의 뜻을 제대로 대의해 줄 것을 염원할 수 있을 뿐이었다. 국민-다중은 사법귀족들과 그들의 법률적 양심에 모든 것을 맡긴 채 군주제와 귀족제 내부의 권력 드라마를 구경할 수밖에 없도록 강제되었다. 청와대 앞 100미터 앞에서 대통령 퇴진을 요구하는 시위대오가 멈춰야 했던 것처럼, 조속한 탄핵 인용을 촉구하는 다중의 촛불집회도 헌재 100미터 앞에서 멈춰야 했다.

국회의 탄핵소추 과정에서 이루어진 민주제와 귀족제의 연합은 헌법재판소의 탄핵심판 과정에서도 일정하게 관철되었다. 헌법재판소의 사법귀족은, 군주제를 지지하면서 대통령과 태극기를 신격화하고 헌법재판소를 모독하기[27]를 서슴지 않았던 대통령 변호인들과 각을 세우면서, 대통령을 비롯한 모든 국가기관의 존립근거는 헌법이지만, "국민은 그러한 헌법을 만들어 내는 힘의 원천"[28]이라는 점을 분명히 인정했다. 국민이 제헌의 원천권력임을 인정한 것이다. 그러면서 헌법재판소는 대통령에 대한 파면선고를 내리는 재판부의 권한이 (임명권자가 아니라) "국민들로부터 부여받은" 것임을 인정했다. 이러한 인정 위에서 전개된 탄핵 심판과 결정은, 현행의 헌법이 1948년에 만들어지고 30년 전인 1987년에 최종적으로 개정된 것이지만 그것의 헌법취지가 2017년을 살고 있는 국민의 헌법의지와 어긋나지 않고 그 양자 사이에 일치가 있다는 전제 위에서, 그

27. 박근혜의 변호인 김평우는 헌법재판관이 국회(청구인)의 수석대리인이라고 비꼬았다 (http://www.hani.co.kr/arti/society/society_general/783753.html).

28. 「박근혜 대통령 탄핵 헌법재판소 선고문」, 『경향신문』, 2017년 3월 10일, http://news.khan.co.kr/kh_news/khan_art_view.html?artid=201703101130001.

리고 설령 양자 사이에 간극이 있다고 하더라도 성문화된 현행헌법이 기준이 될 수밖에 없다(즉 문제는 현행의 헌법과 법률에 대한 위반 여부다)는 전제 위에서 이루어진다.

2017년 3월 10일 11시 21분 헌법재판소는 대통령 박근혜가 각종 인사자료, 국무회의자료, 대통령 해외순방일정, 미국 국무부장관 접견 자료 등 공무상 비밀을 담고 있는 문건을 최서원(최순실)에게 전달하여 최서원으로 하여금 문건에 대한 의견을 주거나 내용을 수정하거나 대통령의 일정을 조정하거나 공직 후보자를 추천하거나 나아가 납품청탁, 인사청탁 등의 직무활동에 관여하는 식으로 국정개입을 하도록 허용했다는 이유로, 그리고 자신과 최서원이 임직원 임면·사업추진·자금집행·업무지시 등 운영상 의사결정권을 갖는 문화체육 관련 재단법인들(미르·케이스포츠)을 설립하여 대기업들로부터 거액의 출연금을 받았다는 이유로, 이렇게 만들어진 재단들이 광고회사 플레이그라운드와 스포츠회사 더블루케이를 매개로 한 최서원의 사익추구의 도구로 사용되도록 허용하고 지원했다는 이유로, 요컨대 헌법상 '국민 전체에 대한 봉사자'여야 할 공무원이 사적 개인의 이익을 위해 대통령의 지위와 권한을 남용함으로써 헌법, 국가공무원법, 공직자윤리법을 위반하고, 기업의 재산권과 기업경영의 자유를 침해했다는 이유로 대통령 박근혜의 파면을 재판관 전원일치로 주문했다. 헌법재판소는, 박근혜가 자신의 재임 기간 내내 이루어져 온 이러한 헌법 및 법률 위반의 행동을 은폐하고 그에 관한 각종 의혹제기를 억압하여 다른 헌법기관에 의한 견제나 언론에 의한 감시가 이루어질 수 없도록 만듦으로써 대의민주제 원리와 법치주의 정신을 훼손했고 또 이 사건에 대한 진상규명에 협조하겠다는 약속을 반복적으로 어기는 등 사건 소추 과정에서 보여 준 일련의 언행이 국민의 신임을 배반했으며 법 위배행위가 반복되지 않도록 할 헌법수호의 의지를 보여 주지 않은 것 등을 헌법수호의 관점에서 용납될 수 없는 중대한 법 위배행위로 본 것이다.

하지만 헌법재판소는 증거불충분을 이유로 박근혜의 공무원법 위반(임면권 남용) 소추를 기각했고, 역시 증거불충분을 이유로 박근혜의 헌법 21조 위반(언론자유 침해) 소추를 기각했다. 또 헌법재판소는, 국가가 국민의 생명과 신체의 안전보호 의무를 충실하게 이행해야 하고 대통령은 국가가 그 의무를 충실히 이행할 수 있도록 권한을 행사하고 직책을 수행하는 의무를 진다는 점을 인정하면서도, 이 의무로부터 재난 상황에서 대통령이 취할 구체적이고 특정한 행위 의무가 발생하지는 않는다면서 생명권 보호 의무에 상당한 여지를 부여함으로써 생명권 보호 의무 위반 소추도 기각했다. 그리고 헌법재판소는 대통령이 직책을 성실히 수행할 의무를 부담하고 있음을 인정하면서도, 성실의 개념이 상대적이고 추상적이어서 성실한 직책수행의무의 위반 여부는 탄핵심판절차의 판단대상이 되지 않는다고 각하했다.[29] 더욱이, 헌법재판소는 대통령의 정치적 무능력이나 정책결정상의 잘못 등 직책수행의 성실성 여부는 그 자체로 소추 사유가 될 수 없다고 판시한다.

이러한 판시가 현행의 헌법 자체에 입각하고 그것에 충실하게 이루어졌다는 점을 의심하기는 어려울 것이다. 하지만 이것에서 우리는 현행 헌법의 역사적 한계를, 그리고 국회와 헌법재판소에 의해 진행되는 탄핵심판제도의 귀족주의적 한계를 뚜렷이 확인할 수 있다. 국회, 언론, 헌법재판소 등의 귀족들은 군주의 명백한 불법에 대해 규탄할 수 있고 파면까지 할 수 있지만, 국민은 헌법을 만들어 내는 제헌력의 원천이면서도 군주의 불법에 대해 고발하는 것 외에 할 수 있는 것이 없다. 대통령의 권

29. 김이수, 이진성 두 재판관만이 대통령이 헌법상 성실한 직책수행의무 및 국가공무원법상 성실 의무를 위반했지만 파면 사유를 구성하기는 어렵다는 보충의견을 제출했다.

한이 막강하여 국민 각인의 생명과 자유에 결정적 영향을 미칠 수 있고 또 증거들을 은폐할 수 있는 상당한 권력이 대통령에게 주어져 있는 헌법적 현실에서 헌법재판소의 판결문에서처럼, 대통령에 대한 정치적 책임 추궁이 증거제일주의에 따라서만 이루어질 수 있다면, 또 생명권 보호 의무가 생명을 보호할 구체적 행동의무를 수반하지 않는다면, 그리고 성실성 자체가 책임추구의 대상이 되지 않는다면, 그리고 무엇보다도 대통령의 정치적 무능력이나 정책결정상의 잘못이 소추 사유가 될 수 없다면, 이것은 군주제에는 엄청난 자유와 권력를 부여하고 민주제는 최소화하는 것이라 하지 않을 수 없다. 판결문의 파면 주문에 한편 기뻐하면서도 세월호 방기가 탄핵사유가 될 수 없는 법적 현실에 눈물 흘려야 했던 세월호 가족들의 가슴 아픈 경험은 우리에게, 헌법을 만들어 내는 힘의 원천인 국민이 입법의 주체가 될 수 있도록, 대의자들의 통치행위가 국민의 의사에 근거하도록, 국민의 의사를 대변하도록, 그것이 국민의 이익과 행복을 보장하지 못할 시에 그들을 직접 소환하여 심판할 수 있도록 직접민주제를 강화하는 방향의 절대민주적 헌법을 만들어낼 필요성에 대해 생각하도록 만든다.

헌법 논쟁 : 호헌, 개헌, 제헌

그러나 현행 헌법에서 다중이 자신의 삶의 필요에 맞는 헌법을 만들 수 있는 제도적 길은 닫혀 있다. 헌법을 발안할 수 있는 권한은 군주제를 대표하는 대통령과 귀족제를 대표하는 국회에 전적으로 주어져 있고 헌법안을 심의·의결하는 권한은 국회에 주어져 있기 때문이다. 국민은 위로부터 주어진 헌법안을 국민투표를 통해 신임하거나 불신임할 권리만 있다. 국민-다중은 '헌법을 만들어 내는 힘의 원천'으로 규정되면서도 실제로는 그 스스로 헌법을 만들어낼 수 없는 아이러니한 헌법적 지위에 놓여 있는 것이다.

그런데 헌법을 만들 제도적 길이 늘 닫혀 있었던 것은 아니다. 국민이 헌법을 직접 의결할 권한을 가진 적은 없지만 헌법을 발안할 권한을 가졌던 적은 있다. 대한민국 헌정사에서 헌법의 국민발안권을 규정한 것은 1954년 3호 헌법에서다. 이 헌법의 98조 ①항은 "헌법개정의 제안은 대통령, 민의원 또는 참의원의 재적의원 3분지 1이상 또는 민의원의원선거권자 50만인이상의 찬성으로써 한다."고 규정한다. 그런데 국민은 자신이 헌법을 발안한 경우에도 의결권을 갖지는 못했다. "헌법개정의 의결은 양원에서 각각 그 재적의원 3분지 2이상의 찬성으로써 한다."(98조 4항)고 되어 있기 때문이다. 3호 헌법에서 국민은 국회가 의결한 헌법안에 대한 거부권도 행사할 수 없었다. 양원에서 의결하면 바로 대통령에 의해 공포되었기 때문이다. 예외가 있다면 "대한민국의 주권의 제약 또는 영토의 변경을 가져올 국가안위에 관한 중대사항"(7조2항)에 관해서다. 이러한 사항에 관해서 국민은 "민의원의원선거권자 50만인이상의 찬성"으로 국민투표를 발의할 권한을 갖고 양원이 의결한 헌법개정안을 표결에 부칠 수 있었다. 국민발안권과 (제한된 형태의) 국민표결권은 1960년 4·19 혁명 직후에 만들어진 4호 헌법(일명 '제2공화국 헌법')에도 존치되었고 심지어 1969년 박정희의 대통령 3선을 위해 만들어진 7호 헌법에서도 존치되었다. 오히려 7호 헌법에서는 대통령의 헌법발의권이 삭제된다. 대통령의 헌법발의권이 부활하는 대신 국민발안권이 삭제되는 것은[30] 유신헌법으로 알려진 1972년의 8호 헌법에서다. 게다가 8호 헌법은 발의된 헌법의 헌법으로의 확정과정을 이원화하여 국회의 헌법의결권을 사실상 박탈했다. 즉 대통령이 제안한 헌법개정안은 국민투표로 확정되도록 하고,

국회의원이 제안한 헌법개정안은 국회의 의결을 거치되 (실제로는 대통령의 뜻을 집행하는 거수기인) 통일주체국민회의의 의결로 확정되도록 했기 때문이다.

1980년 전두환 정권하에서 이루어진 9호 헌법은 유신헌법의 이러한 독소성을 제거하고 헌법에 대한 국회의 의결권을 회복시켰지만, 1954년에서 1972년까지 18년 동안 유지되었던 국민발안권은 회복시키지 않았으며 대통령과 국회가 헌법개정안 발의권을 독점하고 국회가 의결하는 제헌헌법 체제로 복귀했을 뿐이다. 이 체제에서 국민은 의결된 헌법에 대한 신임투표에 참여할 수 있는 수동적 권리만을 갖는다. 놀라운 것은 국민-다중의 항쟁의 여파 속에서 만들어진 1987년의 10호 헌법조차도 이러한 헌법체제를 고수하면서 헌법을 군주적이고 귀족적인 정치과정 속에 폐쇄시키고 헌법제정과 관련하여 그 원천 권력인 국민-다중 자신의 민주적 관여의 여지를 철저히 차단하고 있다는 것이다.

헌법 하위에 놓인 '법률'의 제정에 있어서 국민의 민주적 관여의 여지는 더욱 철저히 차단되고 역사적으로 악화되어 왔다. 1948년의 1호 헌법인 제헌헌법 31조는 "입법권은 국회가 행한다"는 말로 행사의 주체만을 규정하고 있다. 이것도 국민-다중의 입법적 참여를 제한하는 규범적 규정이지만 최소한 발의에서 국민이 참여할 수 있는 가능성을 조금은 열어놓고 있는 규정이라 할 수 있다. 1960년 11월의 5호 헌법까지 유지되었던 이 규정은 박정희의 쿠데타 이후 만들어진 1962년 12월 6호 헌법에서 돌연 "입법권은 국회에 속한다."는 규정으로 바뀐다. 행사권이 귀속권,

30. 1962년 헌법 위의 헌법으로 구상된 〈국가재건비상조치법〉은 5·16 쿠데타를 일으킨 군인들에 의해 만들어졌으며 헌법개정 권한을 국회를 대신하는 국가재건최고회의에 부여한다. 국가재건최고회의는 "5·16 군사혁명의 이념에 투철한 국군 현역 장교 중에서 선출된 최고위원"으로 구성되는 조직이었다.

1948.7.12 대한민국 헌법기초의원 일동

즉 소유권으로 바뀐 것이다. 이 규정은 이후 현행의 10호 헌법까지 전혀 변하지 않고 유지되고 있다. 이 때문에 법률에 대한 국민-다중의 참여는 헌법에서보다 더 일관되게 봉쇄되어 왔다고 할 수 있다. 이를 통해 국민의 삶과 힘을 원천으로 하는 헌법과 법률의 제정·개정의 과정이, 군주와 귀족이 국민에 대한 자신의 권력을 재구성하는 장치로 이용되어 오고 있는 것이다.

박근혜 게이트에서 촛불다중이 직접 대통령을 파면할 수도, 파면을 제도적으로 청원할 수도 없었던 것 역시 군주와 귀족의 헌법 및 법률 독점에 기인한다. 국민-다중으로부터 권력을 위임받은 공무담임자가 위법행위나 부당행위를 했을 때에 주권자인 국민 자신이 해당 공무담임자를 소환하여 파면할 수 있는 권리는 흔히 국민소환권이라 불린다. 이것은 대의제가 주권자로부터 분리되어 대의자들 자신의 사적 이익을 위한 장치로 추락하지 않을 수 있도록 견제할 수 있는 국민의 가장 기본적인 권리의 하나이다. 이 국민소환권, 즉 주권자 자신에 의한 공무원 파면권을 대한민국 헌법에서 박탈한 것은 국민에 의해 선출된 귀족의회 자신이었다. 1948년에 제정된 제헌헌법 27조는 비록 의결권이 없이 청원권의 형태로 불구화된 형태지만 공무원에 대한 국민의 소환권을 규정하고 있었다. "공무원은 주권을 가진 국민의 수임자이며 언제든지 국민에 대하여 책임을 진다. 국민은 불법행위를 한 공무원의 파면을 청원할 권리가 있다."[31]

31. 大韓民國憲法 제정 1948. 7. 17. [헌법 제1호, 시행 1948. 7. 17].

는 조항이 그것이다. 5호 헌법까지 유지되던 이 조항은 1962년 12월 26일에 전부개정된 6호 헌법에서 삭제된다. 6호 헌법은 누가, 어떤 동기에서, 어떻게 만들었던가? 박정희 소장을 중심으로 하는 군사 쿠데타 세력들이 쿠데타로 장악한 불법적 권력을 공고화하기 위해 초헌법적 기구인 국가재건최고회의를 통해 만든 것이다. 1961년 5월 16일, 박정희 소장 주도로 쿠데타를 일으켜 정권을 장악한 '군사혁명위원회'는 '국가재건최고회의'로 이름을 바꾼 뒤 헌법기관인 양원(민의원·참의원) 및 지방의원, 그리고 정당 및 사회단체를 모두 해산시키고 정치활동을 완전히 금지시켰다. 이로써 중단된 헌정의 공백을 메꾸기 위해 국가재건최고회의는 6월 6일 〈국가재건비상조치법〉을 제정, 공포하였다. 헌법 위의 법인 이 법은 국가재건최고회의에 입법·사법·행정의 삼권을 부여하고, 국민의 기본적 인권을 '혁명과업' 수행에 종속시키며, 기존의 제2공화국 헌법의 효력은 〈국가재건비상조치법〉에 저촉되지 않는 범위 내에서만 인정한다고 규정하였다. 헌법개정은 이처럼 초헌법적 법인 〈국가재건비상조치법〉에 따라 이루어지는데, 1962년 7월 11일 국가재건최고회의가 최고위원 내에 헌법개정특별심의위원회를 발족하고, 7월 16일에 9인소위원회(유진우, 한태연, 박일경, 이동호, 양병두, 김도창, 신직수, 문홍주, 이종극)를 구성한 후 11월 3일 헌법개정안을 확정한 다음, 11월 5일 국가재건최고회의가 그 안을 만장일치로 의결하고 대통령권한대행 박정희 명의로 발의 공고한 다음, 국민투표와 같은 절차를 거침이 없이 국가재건최고회의 자신이 이 개정안을 전체 찬성으로 통과시켜 만든 것이 6호 헌법이다. 다시 말해 이 헌법은 군사쿠데타를 헌법으로 합법화하고 쿠데타 체제를 공고히 하기 위해 쿠데타 주도세력에 의해 만들어진 헌법이다. 6호 헌법에서 삭제된 국민의 공무원 파면(청원)권은 26년여에 걸친 군사독재 시기에 개정된 7호~9호 헌법까지는 물론이고 1987년 시민항쟁과 노동자투쟁 속에서 만들어진 10호(1987년 10월 29일 개정) 헌법에서조차 군사쿠데타의 상처를 그대로 안은 채 부활되지 못하고 있다. 그러므로 국민-다중은 제헌헌법에서 불구적 형태로 나타났던 국민소환권의 회복은 물론이고 청원권 형태를 넘어서는 그것의 온전화를 헌법적 과제로 안고 있다 할 것이다.

이런 역사적 맥락 때문에, 박근혜 게이트의 와중에서 제기되고 대선 국면에서 일시 잠복해 있는 개헌 논의에 주목하게 된다. 자세히 살펴보면 개헌 논의에 두 가지 흐름이 있음을 알 수 있다. 하나는 군주-귀족 연합체제에서 군주제 헤게모니를 귀족제 헤게모니로 대체하려는 흐름이며 또 하나는 억압되어 온 민주제의 헤게모니를 강화하려는 흐름이다. 박근혜 게이트 국면에서 전자는 군주제의 위기 속에서 귀족제 헤게모니를 통해 군주제를 재구성하려는 시도로 나타났으며 후자는 지금까지의 헌법들, 특히 6호 헌법 이후에 약화된 국민-다중의 기본권을 강화하고 국민-다중을 명목상의 주권자에서 명실상부한 주권자로 자리매김하려는 헌법개정의 움직임으로 나타났다. 헌정사적으로 보면 1960년 4·19 혁명을 추동력으로 이루어진 3차 개헌과 4차 개헌, 그리고 1987년 시민항쟁을 추동력으로 이루어진 9차 개헌이 후자의 경향성을 어느 정도 포함하고 있다면 1961년 5·16 군사쿠데타 이후 군사독재 정권의 연장과 강화를 목적으로 이루어진 5차, 6차, 7차 개헌은 군주제 헤게모니를 강화하려는 경향이 강하다. 물론 대한민국 역사에서 이루어진 일련의 개헌은 위로부터의 쿠데타를 헌법화하는 것이든, 아래로부터의 투쟁을 헌법화하는 것이든 민주제의 전면화를 억제하려고 했다는 점에서는 공통되었다. 쿠데타에 기초한 개헌이 그러한 경향을 갖는 것은 필연적인 것이고, 이와 달리 민주항쟁을 통해 촉발된 경우에도 민주화의 요구가 강하면 강할수록 그 요구를 수렴하여 기본권을 강화하되 그것이 체제의 불안정을 가져오지 않을 수준에 억제되도록 국민-다중에 대한 귀족적·군주적 통

1960년 4·19 혁명

제장치를 동시에 강화하는 방향의 개헌이 이루어져 왔기 때문이다.

그렇다면 미래의 '10차' 개헌을 둘러싼 움직임들에는 어떤 힘들이 작용하고 있는지 조금 더 구체적으로 살펴보자. 1987년 헌법에 대한 개헌 논의는 1990년부터 시작된다. 그 주요 경향은 4·19 혁명 직후 제2공화국 헌법(4호 헌법)에서 도입되었다가 5·16 쿠데타 직후 6호 헌법에서 폐지된 의원내각제를 재도입하는 것이었다. 이 해에 민정, 민주, 공화 3당을 합당하여 민자당을 창당하면서 각 당의 수장이었던 노태우, 김영삼, 김종필은 기존의 대통령제를 의원내각제로 개헌하는 것에 합의한 비밀 각서를 작성했지만 비밀문서의 유출과 국민의 내각제 반대로 무산되었다. 1997년 새정치국민회의와 자유민주연합(자민련)의 DJP 연합에서도 자민연의 연합조건이 내각제였다. 이 때문에 2000년에 구성될 16대 국회에서 내각제 개헌을 하기로 자민연과 합의한 새정치국민회의는 당 강령을 내각제로 바꾸고 대선에서 내각제를 공약으로 내걸었다. 하지만 16대 총선에서 연립여당 의석이 과반 이하가 되면서 사실상 개헌은 불가능하게 되었다. 2002년 선거에서 개헌을 공약으로 내걸었던 노무현은 자신의 임기 말인 2007년 1월 9일에 국정의 일관성, 연속성, 안정을 위한 대통령 4년 연임제 및 대통령과 국회의원의 임기를 일치시키는 임기일치 개헌을 제안하였지만 야당과 언론의 반대로 무산되었다. 이명박 정권도 분권형 대통령제 개헌에 대한 의지를 갖고 있었지만 4년 중임제를 선호하는 박근혜 계열의 반대와 이재오를 중심으로 하는 친이명박 개헌파의 세력 약화로 역시 무산되었다. 박근혜는 4년 중임제 개헌을 공약했지만 임기 내내 개헌에 반대했고 2016년 10월 24일 박근혜 게이트가 폭발하기 직전의 위기 상황에서 개헌이라는 '블랙홀'로 사람들을 끌어들임으로써 자신의 문제를 덮을 목적으로 개헌 이슈를 꺼냈지만 불과 몇 시간 뒤 JTBC의 태블릿 피시 보도로 게이트가 폭발함으로써 물거품이 되고 만 것은 주지의 것이다. 이처럼 10차 개헌 논의와 시도는 국회 주도가 아니라 주로 대통령 주도로 전개되고 또 실패해 왔다. 그런데 대통령발 개헌발의를 통한 게이트 덮기 전술의 실패와는 별개로 2016년 12월 29일에는, 대통령 박근혜 탄핵심판과 특검수사가 진행 중인 가운데, 국회가 36명을 위원으로 하는 헌법개정특별위원회의 구성을 의결했다. "지난 30여 년간 국내외의 정치, 경제, 사회적 환경이 급변하여 기존 헌법 체제하에서 개별 법률의 개정이나 제도의 보완만으로는 해결할 수 없는 여러 문제가 나타나고 있어 헌법 개정은 더 이상 미룰 수 없는 과제가 되었다"는 것이 그 이유였다.[32]

이상의 개헌 동향을 살펴볼 때, 가장 먼저 눈에 띄는 것은 개헌 논의에서 주권자인 국민-다중이 배제되고 대통령이나 국회를 중심으로 그 논의가 전개되어 오고 있다는 사실이다. 이것은 개헌의 방향이 군주제 강화나 귀족제 강화로 귀결될 수밖에 없도록 만드는 조건이다. 이 조건

---

32. 개헌 내용으로는 권력구조 개편, 국민 기본권 강화 및 지방분권 등이 거론되었다.

은 헌법발의권을 대통령과 국회에만 부여하고 국민으로부터는 박탈해 놓은 현행 헌법에 의해서 조성되고 있다. 둘째 특징은, 첫째 특징에서 자연스레 따라 나오는 것인데, 정치권의 개헌 논의의 본질이 권력 구조 개편에 있다는 것이다. 그 쟁점은 대통령중심제의 정비강화인가 의원내각제로의 전환인가로 모아지고 다분히 이해대립을 품고 있는 이 쟁점에 대한 절충안으로 대통령과 총리가 권력을 분점하는 이원집정부제안[33]이 제안되고 있다. 우리의 언어로 번역해보면, 대통령중심제의 강화는 군주제의 헤게모니를 확대시키는 것이고 의원내각제로의 대체는 군주제를 귀족제의 헤게모니하에서 운영하겠다는 뜻이다.[34] 이원집정부제는 군주제와 귀족제의 타협으로서 운영방식에 따라 군주제 헤게모니나 귀족제 헤게모니로 수렴되는 경향을 갖는다. 예컨대 오스트리아식 이원집정부제는 귀족제 헤게모니로, 프랑스식 이원집정부제는 군주제 헤게모니로 수렴하는 경향이 있다. 대통령이나 대통령 후보와 같은 현실적이거나 잠재적인 대권 장악자들은 대통령중심제 강화(4년 중임제)를 주장하는 경향이 있는 반면, 여타의 국회의원들은 의원내각제를 선호하는 경향이 있다. 이것은 군주와 귀족의 입장 차이에서 나오는 자연스러운 선호분별이라 할 수 있다. 내각제 개헌은 국민들로부터, 민주제의 흔적기관처럼 최소한의 것으로 남아 있는 대통령에 대한 직접 선출권마저 박탈할 것이므로 국민들은 내각제보다 대통령제를 선호하는 경향이 있고 내각제에 대한 이러한 국민적 반감을 고려해서 귀족의회가 내놓는 것이 군주와 귀족

---

33. '분권형 대통령제'나 '대통령직선 내각제' 등은 이원집정부제의 변형태들로 볼 수 있다.

34. 내각제가 대통령에게 제왕적 권력이 주어지는 것을 막을 수 있다는 이유에서 주장되곤 하지만 일본의 아베 총리나 영국의 대처 총리 사례가 보여 주듯이 내각제하의 총리가 제왕적 권력을 행사하는 경우도 적지 않다. 이런 현상은 대통령제와 내각제의 차이가 군주제를 선택하는가 않는가의 차이가 아니라 군주제를 어떻게 재생산할 것인가를 둘러싼 제도형식상의 차이일 뿐이기 때문에 나타난다.

의 권력분점론으로서의 이원집정부제이다. 이런 맥락에서 '제왕적 대통령제', '패권주의' 등의 용어는 의회귀족들이 군주제 헤게모니를 견제하기 위해 사용하는 전술적 암호라고 볼 수 있고 정책의 연속성, 통치의 안정성 등의 용어는 군주가 귀족제에 대한 불신을 표현하는 같은 성격의 암호로 볼 수 있다. 대통령중심제만이 아니라 내각제도 제왕적 총리를 통해 권력을 집중시킬 수 있고, 내각제만이 아니라 연임의 대통령제도 정책 연속성을 보장할 수는 없다는 점에서 이러한 용어들의 기능은 과학적이라기보다 정략적인 것이라 할 수 있다. 셋째, 지금까지의 개헌 논의는 헌법을 다양한 정치적 문제들의 근거라고 보면서 헌법 위의 헌법, 요컨대 초헌법적 권력 실재들을 관심 밖으로 밀어내는 경향이 있다. 최순실 사태는 '비선실세'라는 이름의 초헌법적 힘이 기능할 수 있는 여지가 실재함을 보여 주었다. 국민을 주권자로 규정한 헌법 언어보다 군주를 주권자로 사고하는 권력 언어와 군주 위의 군주인 화폐 언어를 주요한 언어로 사용하면서 기능하는 이 '비선'의 힘은 청와대, 국회, 검찰, 법원, 국정원 등의 헌법기관들로 하여금 헌법과 법률을 위반하면서라도 정치지대의 약탈운동에 나서도록 자극했다. 드러난 모든 객관적 사실들과 증거들까지 부정하면서 탄핵, 구속 등 일련의 헌법적 행정에 반대하고 있는 박근혜 지지자들의 태도, 군주정 언어를 넘어 신정과 종교의 언어에 호소하고 있는 이 지지자들의 태도와 사회심리는 우리 사회를 지배해 온 초헌법적 권력이 재생산되어 온 사회적 심층의 실재성을 보여준다. 촛불다중이 현행 헌법의 한계를 절감하고 그것의 개혁을 간절히 원하면서도 박근혜 게이트에서 개헌보다 호헌의 태도와 정동을 보였던 것은 이 초헌법적 권력의 작용을 저지하려는 노력의 표현이다.

절대민주주의의 길 : 민주주의들의 민주화

박근혜 퇴진이 다중의 힘에 의해 직접적이고 즉각적으로 이루어지지 않고 의회귀족에 의한 탄핵소추와 사법귀족에 의한 수사와 탄핵심판을 거치는 장기적 우회경로를 밟을 수밖에 없었던 것은, 촛불다중봉기의 정치적 영향력에 커다란 한계를 부여한다. 한편에서는 개헌 논의, 다른 한편에서는 대통령선거가 촛불다중의 민주제적 행동과 요구를 흡수하면서 그것의 주권적 힘을 귀족제와 군주제의 틀 속으로 흡수해 버리고 있기 때문이다. 개헌 논의가 군주제와 귀족제의 절충의 방향으로 흘러가고 있음에 대해서는 앞서 언급했다. 이것은 주권자 국민이 헌법의 근거임을 입으로는 인정하면서도 실제로는 국민을 헌법의 하위구성요소로, 피지배자로 편입시키는 정치적 과정이다. 대선은 어떨까? 대선의 결과가 국민-다중의 삶에 커다란 변화를 가져오면서 촛불다중의 요구를 실현하는 경로가 될 수 있을까? 지난 수개월의 촛불투쟁이 군주제 헤게모니 권력의 부패와 실정과 시대착오성을 대중적 수준에서 폭로하고 그 권력 기반을 결정적으로 붕괴시켰고, 대선은 그것을 기반으로 치러지고 있기 때문에 대선의 결과가 촛불다중의 요구와 투쟁 성과를 일정하게 반영할 수밖에 없으리라는 것은 자명하다.[35] 그러나 국민이 권력 원천으로 규정되면서도 기본권을 행사할 수 있을 뿐(때로는 그것조차 제한된다) 대부분의 권력 구조와 권력 행사에서 배제되고 있는 현실에서, 또 사적 이해관계에 따라 움직이는 언론들이 투표 행동에 영향을 미치면서 선거국면을 크게 좌우하는 현실에서 선거결과가 촛불다중의 요구와 투쟁 성과를 올곧게 반영하게 되기를 기대하기는 어렵다. 〈2017대선주권

35. 이 점은 반촛불의 〈자유한국당〉 후보에 비해 촛불을 제도적으로 수렴하려는 정당들(〈정의당〉, 〈민주당〉, 〈국민의당〉 등)의 후보들이 우세한 것에서 드러난다.

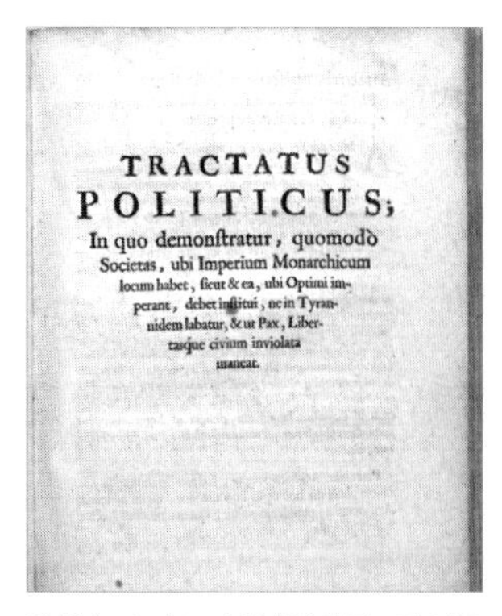
TRACTATUS
POLITICUS;
In quo demonſtratur, quomodò
Societas, ubi Imperium Monarchicum
locum habet, ſicut & ea, ubi Optimi imperant, debet inſtitui, ne in Tyrannidem labatur, & ut Pax, Libertasque civium inviolata
maneat.

바뤼흐 스피노자의 『정치론』 타이틀 페이지. 이 책의 11장 「민주정에 대하여」는 "마침내, 세 번째의 국가, 우리가 민주정이라 부르는 완전히 절대적인 국가에 이르렀다."라는 문장으로 시작한다.

자행동〉, 〈공약이행감시단〉, 〈한국매니페스토실천본부〉, 대통령선거 부정선거 감시단 〈시민의 눈〉과 같은 시민단체들의 발족은 이러한 위험을 막으면서 최대한 올곧은 반영이 이루어질 수 있도록 만들기 위한 촛불다중의 노력의 표현방식일 것이다.

대통령 선거는 주지하다시피 군주를 선출하는 과정이다. 이념형적으로 사고해보면 민주공화국에서 군주는 주권자 국민-다중의 정치적 인격화여야 할 것이다. 하지만 대의제 민주주의가 법률안의 발안, 대의자의 소환, 중요 사안에 대한 국민표결 등 주권자의 직접 권력 대부분을 국민-다중으로부터 박탈하는 체제로서 기능하는 한에서 그것은 선출 군주를 그 권력의 원천인 국민-다중으로부터 분리 정립한다. 그리고 군주에 대한 국민의 예속이 이에 뒤따른다. 이 예속을 받아들일 때 국민은 국민-신민이 되며 이 예속을 거부하고 주권자로서의 특이한 자기를 회복하고자 할 때 국민은 국민-다중이 된다. 그러므로 대선은, '국민-신민을 통치기반으로 삼아온 박근혜 대통령의 파면이 국민-다중의 주권적 자기통치를 가져올 수 있는 어떤 조건을 창출할 수 있는가'라는 기준에서 평가되지 않으면 안 된다. 왜냐하면 국민-다중은 그 자체로 절대적 주권자이고 모든 권력의 원천이라는 점에서 절대군주의 권력으로 물구나무선 채로 나타나는 경우에조차 그것에 잠재하는 절대민주주의적 역량이기 때문이다. 주권은 예속되지 않는 특이성들이며 공통체로서의 국가 그 자체가 그 특이성들의 특수한 형태의 연합이다. 주권 다중은 국가 속으로 통합되어 국민을 구성하는 내부이지만 결코 그것에 완전히 포함될 수 없는 외부성이기도 하다. 그러므로 절대민주주의적 역량인 주권자 국민-다중의 입장에서 국가와 정치를 사유하는 것은 다양한 형태와 수단을 취하는 권력의 구성, 권력의 행사를 국민-다중 전체의 자기통치의 과정으로서 파악하는 것이지 않으면 안 된다. 다시 말해 절대민주주의야말로, 일부의 직접민주적 요소를 포함한 대의민주적 법치주의라는 대한민국의 현행 헌법체계와 정치체제를 평가하고 그 대안을 사유할 수 있는 근본적이고 또 유일한 지평이다.

2016년 10월의 촛불다중은, 2008년의 촛불다중과는 달리, 대의민주주의를 배척하기보다 자신에게 봉사하는 것으로 활용하려는 태도를 보였다. '우리가 주인이다', '국민의 명령이다', '즉시 탄핵하라' 등의 구호들은 이러한 태도 변화를 보여 준다. 일종의 사문서死文書로 남아 있었던 헌법 1조를 공중 앞에 끄집어내 거리를 활보하는 힘으로 만든 이 인식과 태도의 변화는 대의자들로 하여금 주권자의 명령에 복종하도록 만드는 것에 그 합리적 핵심이 있다. 대의자들 중에서도 이러한 움직임에 적극 호응하는 태도들이 나타난 것은 중요한 변화이다.[36] 국회의원에 의한 대통령 탄핵을 규정한 대의제 장치가 주권자 국민-다중의 '즉각퇴진' 요구를 받아 그것을 간접적으로 실현하는 공복, 하인, 머슴으로 기능하도록 만들었던 것은 촛불다중의 힘이었고 그 힘은 자발적으로 촛불을 켜고 광장과 거리에 운집한 연인원 1,600만에 달하는 압도적 수의 다중과 그들의 결집된 목소리에서 나왔다. 거대한 민주주의적 집회가 자신으로부터 분리된 대의민주주의를 견인하여 다중의 명령에 복종하는 장치로 만들 수 있었

36. '대한민국의 주인은 국민이고 대통령, 국회의원 등의 공무원은 국민이 월급 주는 머슴'이라고 말하는 이재명의 '머슴론'이 대표적 사례라 할 수 있다. 문재인의 일련의 정치 행보, 박영수 특검의 수사, 이정미 재판관의 판결 등도 촛불다중의 이러한 태도 변화의 영향을 상당 정도 반영했다. 심지어 여당인 〈새누리당〉의 분당도 이 영향에서 자유롭지 않은 현상이다.

던 것이다. 하지만 집회에 참여한 사람들의 수가 '유사 이래 최다'라는 거듭된 보도에서 보이듯이, 대의자들을 자신의 공복으로 복종시킬 수 있는 조건은 드물고 예외적이다. 촛불의 수가 줄어들고, 공식 주말 촛불집회가 끝나면서 대의자들의 태도가 하인이 아니라 주인의 태도로 서서히 원점 회귀하는 것을 보면[37] 대의민주주의를 다중의 자기통치의 수단으로 만들 수 있기 위해서는 집회민주주의적 인원수와 직접적 목소리 외의 다른 장치가 필요함을 알 수 있다.

절대민주주의가 다중의 비상 행동으로서 예외적 순간에 예외적 방식으로 대의민주주의의 일탈을 멈추게 하는 비상 브레이크 이상일 수는 없을까? 그것이 일상의 행동으로서 일상의 시간 속에서 긍정적 방식으로 기능하게 할 수는 없을까?

이를 위해서는 우선 국민-다중이 대의민주적 절차를 기다리기 전에 자신의 욕망, 의지, 생각을 일상에서 직접적으로 표현하는 주체로, 즉 직접행동의 주체로 움직이는 것을 필요로 한다. 집회민주주의적 촛불은 비상적 상황 속에서 기억 속에 남아 있는 오래된 정치적 방어기제의 직접적 분출이었다. 그것은 합법인가 불법인가를 넘는 다중의 직접적인 정치적 자기표현이었다. 다중의 정치적 자기표현은 지배적 정치관행에 의해, 그리고 각종의 법률에 의해, 심지어 헌법에 의해 제약되고 있는 삶의 행정이다. 그러므로 다중은 자신의 삶의 모든 문제들에서 직접적으로 자신의 입장을 밝히는 직접행동을 시도하고, 그것을 습관화하고, 그 습관을 확산할 필요가 있다. 이를 통해 다중의 절대민주주의적 권력이 지금까지의 제약, 억제를 넘어 가감 없이 실행될 수 있을 것이기 때문이다. 다중의 삶이 헌법과 법률에서 비롯되는 것이 아니다. 헌법은 바로 다중의 삶의 욕

37. 전임 대통령의 파면과 궐위 상태에서 치러지는 19대 대통령 선거의 이슈가 사회대개혁(촛불대선)에서 안보(안보대선)로 급격히 이동하고 있는 것은 그 지표다.

망의 이러한 직접적 자기표현, 주권 권력의 직접적 행사를 원천으로 제정되어 나오고 끊임없이 수정되는 결과물이기 때문이다. 촛불다중들이 '촛불이 국민이고 국민이 헌법이다'고 외쳤던 것은 이러한 사실에 대한 직관을 표현한다. 이와 달리, 탄핵소추는 오직 법적인 기준에 따라 이루어져야 하며 '촛불이 헌법에 우선하는 민주주의는 없다'고 반대했던 애국단체총협의회의 생각[38]은 절대민주주의에 대한 군주/귀족제와 국민-신민들의 공포를 표현한다.

이 물음에 대한 답으로 시민들이 이미 추구하고 있는 것은 권력 구조 개헌과는 질적으로 다른 직접민주주의 개헌 요구이다. 대한민국 헌법은 그 1조에서 국민-다중의 절대민주주의적 주권을 명시적으로 인정하고 있지만, 권력 구조를 다루는 조항에서 그 주권을 체계적으로 군주제적 틀 속으로 이전시키고 국민-다중을 국가권력의 행사 주체에서 배제한다. 이로써 국민-다중은 기본권을 갖지만 구조화된 국가권력에 대해서는 국외자로 놓이게 된다. 이것이 주권자 다중으로부터 자유로워진 대의민주주의로서 이른바 '자유'민주주의 질서의 현실이다. 이러한 헌법적 현실을 고려하여 2016년 봉기의 과정에서 촛불다중들이 직접민주주의 개헌의 요구를 제기하는 것은 지극히 당연하고 자연스러운 과정이다. 그 요구들은 〈시민평의회〉, 〈시민의회〉, 〈시민주권회의〉 등의 단체들을 통해 다양한 방식으로 표현되고 있다. 이들은 하향적 구조의 현행의 정치과정을 상향적으로 바꾸는 것을 지향한다. 이들의 직접민주주의적 요구의 초점은 국민발안, 국민소환, 국민표결로 모아지고 있다. 이것들은 지금의 대의민주주의가 갖는 한계를 극복하며, 그것의 부작용을 최소화하고, 오류를 시정할 수 있는 장치들이기 때문이다. 직접민주주의 요구가 대의민

38. 「촛불이 헌법에 우선한 민주주의는 없다!」, 『올인코리아』, 2016년 12월 12일, http://allinkorea.net/sub_read.html?uid=35203§ion=section39§ion2=.

주주의를 대체하는 것이 아니라 그것을 보완하는 것으로 제기되고 있는 것이다. 국민표결에 기초한 국민발안과 국민소환 제도가 대의민주주의의 한계, 부작용, 오류 등의 문제점을 시정하는 순기능을 하리라는 것은 분명하다. 나아가 이것들이 현대의 디지털기술을 기초로 하는 시민정치플랫폼 형태[39]와 결합될 때, 다중의 직접행동의 총화인 광장 집회민주주의가 갖는 시간적·공간적 제약을 넘어 다중의 주권 행동을 일상화함으로써 집회민주주의를 보완하는 기능도 할 수 있을 것이다.

직접민주주의 개헌 요구의 시대적 적실성은 이에 관심을 보이는 대의기관이나 대의자들이 늘어나고 있는 것에서도 확인된다. 국회헌법개정특별위원회 제2소위원회는 2017년 2월 헌법에 대한 국민발안제 도입에 의견을 모았다. 헌법 국민발안제가 도입된다면 유신이 제거한 국민의 권리를 45년이 넘어 회복한다는 의미를 갖는다. 지방자치단체의 장과 지방의회의원에 대한 주민소환권은 이미 제도화되어 있지만 입법권을 갖고 있는 국회의원의 이해관계와 밀접히 관련되어 있는 국회의원 국민소환제는 아직도 도입되지 않고 있다. 하지만 국회의원 국민소환법은 2012년 민주통합당 초선의원들이 발의한 이후 2014년 〈민주당〉 대표 김한길의 발의를 거쳐 촛불혁명 국면에서 〈민주당〉 의원 18명의 연명으로 다시 발의되는 등 (비록 거듭 무산되어 왔지만) 이제는 〈국민의당〉과 〈바른정당〉에서조차 긍정적으로 검토될 만큼 설득력을 얻어가고 있다. 하지만 대통령과 기타 선출되지 않은 공무원들에 대한 국민소환은 논의조차 되지 않고 있다. 국회의원들이 국회의 탄핵제도가 그것을 대체할 수 있다고 믿

39. 스페인의 포데모스도 활용하고 있는 루미오(https://www.loomio.org/), 미국의 온라인청원사이트 체인지닷오알지(change.org) 등은 시민의 온라인 숙의직접민주주의 정치플랫폼으로 기능한다. 한국에서도 시민입법청원사이트인 국회톡톡(toktok.io)이 2015년부터 운영되었고 촛불혁명 국면에서 박근혜게이트닷컴(parkgeunhyegate.com), 박근핵닷컴(parkgeunhack.com) 등의 시민정치플랫폼이 실험되었다.

(고 싶)기 때문일 것이다. 이것은 국회의원의 귀족적 위치가 대의제도에 대한 국민소환의 일반화를 가로막고 있는 현실적 장애물임을 보여 준다. 국민발안이나 국민소환보다 덜 주목받고 있는 것이 국민표결권이다. 많은 경우 헌법 개정(제130조 2항), 그리고 대통령이 국가안위에 관한 중요정책 중 필요

시민입법청원사이트 국회톡톡(toktok.io) 첫 화면

하다고 인정하는 경우(제72조) 등 헌법에 명시되어 있는 국민투표를 국민표결제로 오인하는 것, 그래서 현행의 헌법이 국민표결제를 보장하고 있다고 보는 것이 국민표결제 도입에 대한 이러한 관심 부족을 가져오는 원인으로 보인다. 하지만 현행의 국민투표 제도는 필요적 국민투표로서(대통령이 필요하다고 인정해서가 아니라) 아래로부터 국민-다중 자신이 필요하다고 인정해서 제기하고 시행되는 임의적 국민투표제와는 다른 것이다. 예컨대 사드 배치를 국민투표에 회부하여 국민의 동의를 구해야 한다는 주장이 많았고 〈국민의당〉 안철수도 사드의 국민투표 회부를 주장한 바 있지만 현행 헌법은 국가안위에 관한 중요정책을 국민투표에 부칠 수 있는 것을 '대통령'의 필요인정, 즉 대통령의 임의에 한정하고 있다. 즉 국민-다중의 필요인정(즉 임의)에 의한 국민표결권은 인정되지 않고 있는 것이다. 그러므로 임의적 국민표결권의 도입이야말로 직접민주주의를 강화함에 있어 결정적 요소라 할 수 있다.

절대민주주의는 이렇게 직접민주주의를 통한 대의민주주의의 보완

을 필요로 하며 직접민주주의에 의해 보완되는 대의민주주의를 국민-다중의 절대주권에 종속시킬 것을 요구한다. 직접민주주의를 강화하는 개헌은 이러한 과제의 달성을 위한 중요한 수단이다. 하지만 헌법을 둘러싼 투쟁이 투쟁의 유일한 무대일 수는 없다. 대한민국의 헌정사가 보여 주는 것은 헌법이 초헌법적 힘과 이해관계에 의해 끊임없이 규정되어 왔다는 것이다. 조직된 군사력의 압도적 힘에 의해 규정되었고 그 군사력이 대한민국의 자본주의적 산업화를 이끌었던 1962년에서 1987년까지의 헌법은 물론이고 지금까지의 모든 개정헌법들이 '국민'을 단일한 실체로 규정하고 국민의 욕망에 특정한 정치적 방향을 부여한다. 예컨대 소유권의 보장은 헌법과 법률의 기본원리이고 개인과 기업의 경제상의 자유와 창의에 대한 존중이 경제질서의 근간이며 납세 외에 국방(방위노동)과 교육(인지노동), 그리고 근로(신체노동)는 국민의 의무이다. 국민이 이러한 원리, 질서를 욕망하고 의무를 받아들이는 통일된 실체라고 누가 규정한 것일까? 역사는 대한민국 헌법의 탄생이 분단이 기정사실화되는 상황에서 한반도 남쪽을 사회주의에 대항하는 첨단의 진열창으로 만들려는 미국의 의지에 의해, 그리고 이것을 자신들에게 유리한 조건으로 받아들이고 그 의지를 국내화한 지주층과 자본가들의 의지에 의해 강력하게 규정되어 왔음을 보여 준다. 이것은, 국민은 주권자이고 모든 권력의 원천이라는 헌법적 규정을 내리는 실질적 주체가 이들 소수의 국민, 심지어 비국민이라는 충격적 사실을 보여 준다. 현행의 성문화된 형식헌법은 내재적 지평에서 구성되어 나온 것이 아니라 헌법 위의 헌법, 초헌법적 세력에 의해 규정되는 방식으로 외부로부터 구성되었다. 헌법을 통해 국민의 것으로 규정되는 삶의 원리와 기본질서는 이 초헌법적 세력들의 욕망을 국민의 것으로 일반화한 것에 지나지 않는다. 그러므로 헌법을 둘러싼 투쟁은 헌법 내부의 투쟁일 수만은 없고 헌법 밖에서 헌법을 규정하고 있는 초헌법적 세력과의 투쟁과 결합되지 않으면 안 된다.

그런데 이 초헌법적 세력이 헌법을 규정하면서 다른 것이 아닌 헌법을 통해 통치하려고 했다는 점, 그리고 그 헌법에서 권력의 원천을 신이나 군주나 귀족과 같은 어떤 다른 곳이 아니라 국민의 주권에서 찾으려 했다는 것은 의미심장하다. 헌법에서 국민은 이미 통합된 어떤 실체로서 등장한다. 권력은 국민의 통합, 통합된 국민을 전제하고 그것으로부터 나온다. 그러므로 국민이 주권자라는 규정은 다수의 이질적인 다중들을 국민이라는 단일한 실체의 주권자로 통합시킬 수 있는 힘이 실제적 주권자라는 사실을 표현한다. 국민을 주권자로 인정한다는 것은 개별 개별의 국민, 특이성으로서의 국민을 주권자로 인정한다는 것이 아니다. 통합되지 않은 국민은 그 자체로 주권자도 아니며 권력 원천도 아니다. 오직 통합된 국민만이 권력 원천이며 국민들을 통합할 수 있는 힘만이 실제적 권력으로 된다. 헌법이 국민을 주권자로 규정하면서도, 즉 민주제를 헌법적 권력의 근거로 설정하면서도 사실상 군주제로 귀결되는 것은 이 때문이다. 군주제야말로 역사가 발견한 통합과 통일의 유일한 체제이기 때문이다.

국민의 주권성을 국민의 통합에서 찾을 때, 국민의 주권은 군주제에서만 자신의 실재를 발견할 수 있다. 그것이 민주제에 대한 제한, 억제, 압살로 귀결된다는 것은 지금까지 우리가 서술한 바이다. 그러므로 민주주의에 대한 사유는 통합되지 않은 국민, 내적으로 균열되고 이질적인 국민, 특이하고 단수적이며 독특한 존재로서의 국민들, 즉 국민-다중에 대한 사유로 나아가야 한다. 민주주의는 국민 전체를 출발점으로 삼지 않고 개개의 특이한 국민들을 그 출발점으로 삼아야 하며, 통합된 국민 전체를 목표로 삼지 않고 개개의 특이한 국민들이 발휘할 생명력, 활력, 그리고 그들의 행복을 지향하는 것이어야 한다. 이를 위해서는 '전체'

의 개념은 국민들 상위에 놓이는 초월적 범주가 아니라 이 특이한 국민들의 '공통되기'의 개념으로, 즉 부분 국민들의 옆에서 부분들의 하나로 부분들과 함께하는 비-전체의 범주로 대체되어야 한다. 국민통합을 가져올 수 있는 단일한 군주권력이 통합된 전체로서의 국민의 이름으로 명령하는 현행의 절대군주적 국가체제와는 달리, 다양하고 이질적인 국민들로 하여금 공통되는 과정 속에 놓이도록 하는 비-전체적 공통체가 개개의 국민들의 행복을 극대화하고 개개 국민들의 능동적이고 활력적 움직임이 그 공통체를 발전시키는 동력으로 기능하는 민주제적 체제는 다른 모든 것으로부터 분리되어 그것들 위에 있다는 의미, 즉 초월의 의미를 갖는 절대군주제의 '절대'와는 다른 의미에서 '절대적'이다. 절대민주주의에서 절대는 다중의 특이한 힘들의 지평이며 그 이질적 힘들의 구성적 완전화의 지평이다. 다양한 힘들의 구성적 공통되기는 더 큰 완전성으로 나아가는 열려 있는 여정이다. 특이한 힘들의 이 공통되기의 여정이 내재적으로 절대적인 삶의 과정을 구성한다. 삶의 이 내재적 구성constitution의 과정이 실질적인 헌법constitution이다. 다중의 삶은 그 자체가 헌법을 만드는 과정, 즉 제헌과정이며 이질성에 의해 횡단되면서도 구성하기를 그치지 않는 삶활력이야말로 실질적 제헌권력이다. 제정된 헌법은 이 제헌권력의 영구적 구성운동에 근거한다.

하지만, 이 제헌권력에 근거하면서도 제헌권력으로부터 분리되어 제헌권력 위에 자리 잡는 초월적 절대의 권력은 제헌권력의 구성운동이 직접적으로 형식헌법으로 제정되지 못하도록 가로막는다. 초월적 절대의 권력은 제헌권력의 다질성을 자신에게 예속시킨 만큼 통합적이며 그렇게 통합된 국민을 출발점으로 삼고 국민의 다른 부분들을 자신의 권력 아래에 종속시키거나 배제하기 때문에 본질적으로 전체주의적이다. 전체주의적 권력은 자신의 의지를 언어, 기술, 습관의 직조 속에 기입한다. 이런 방식으로 기능하는 초월적 절대권력이 크면 클수록 제헌권력의 능력은 그만큼 축소된다. 대의제의 절대군주제적 이용은 다중의 제헌권력의 무능화, 불능화를 가져온다. 직접민주제에 대한 요구의 증대는 이 현상에 대한 거부반응이며 제헌권력의 자기운동에 길을 열어주려는 노력의 표현이다. 직접민주제의 폭넓은 도입은 대의제의 절대민주제적 이용을 위한 조건이 될 수 있을 것이지만 그것은 다중의 제헌권력의 내재적 절대성의 발휘를 전제로 한다.

사전적으로 법치주의는, 사람이나 폭력이 아니라 법이 지배하는 국가원리 혹은 헌법원리를 지칭한다. 이때 법이 성문화된 형식법을 의미하게 되면 '법치'는 '삶' 위에 '법'을 올려놓게 되고 법을 척도, 절대규범으로 삼게 된다. 물론 해당 법이 다중의 삶의 필요와 요구를 충실히 반영하고 있다면 법의 통치는 삶과 마찰하지 않을 것이다. 그런데 현행의 실정법은, 거대하게 집중된 사유재산과 화폐권력의 지배를 통해 국민을 통합할 수 있는 경제귀족들이 의회귀족들에게 독점된 입법권을 통제하여 자신들의 특수한 요구를 국민 전체의 일반적 요구로 만들어 내는 수단이다. 그래서 현행의 실정법에서 법과 삶 사이의 괴리는 뚜렷하다. 법 앞에서의 평등은 삶 속에서의 불평등을 은폐하는 가림막으로 기능한다. '법대로 하다'가 '삶을 해치는 방식으로 법을 사용하다'를 의미하는 경우가 허다하다. 이런 의미에서 '법치주의'는 군주와 귀족의 지배를 정당화하는 논리이며, 그들의 뜻을 관철하기 위해 사용하는 도구이다. 박근혜 정권은 '법치'의 이름으로 통합진보당을 해산하고, 전교조를 법외노조화하고, 집회 및 시위의 자유와 같은 시민의 기본권을 임의로 제한했다. 법치주의는 코에 걸면 코걸이로 이용되고 귀에 걸면 귀걸이로 이용되기도 한다. 국민-다중의 기본적 자유를 박해하는 수단으로 법치주의를 이용하던 박근혜가 탄핵소추 당하자, 박근혜의 변호인들과 〈새누리당〉이 '수사

테오도르 키델센, 〈5월 17일 노르웨이 제헌절〉, 연도 미상.

없이 소추 없다', '형사재판 없이 탄핵심판 없다'는 식의 논리로 헌재의 탄핵 심판을 법치주의의 절차법에 대한 훼손이고 법치주의 위반이라고 비난한 것이 그 예이다. 이들은 박근혜의 통치, 즉 국정을 최순실 일파의 사익추구의 장으로 만들고 국민들의 노후연금을 재벌에게 헌납하고 예산분배를 파당적 정치판단에 종속시키고 교육계를 부정, 특혜, 비리의 장으로 만든 통치행위를 '중대한' 법위반이 아니라고 주장하면서 중대한 법위반이 아닐 경우 탄핵할 수 없다는 '법치주의' 논리를 전개했다. 이들의 '법치주의'에서 법은 삶을 초월해 있고 삶을 파괴하는 통치를 정당화한다. 이런 의미의 법치주의의 본연의 역할은 다중의 삶에 대한 군주와 귀족들의 지배를 안정적으로 재생산하는 것이다. 이 점에서 법치는 안보의 수단이다.

이렇게 법치주의가 국민-다중에 대한 통치와 지배의 논리라면 법치주의 그 자체를 폐지해야 하는가? 신이나 폭력 혹은 사람의 직접적 지배로 돌아가야 하는가? 아니다. 대안으로 사고될 수 있는 법치주의가 있다. 그것은 삶 내재적 법, 다중의 제헌권력, 민주적 절대헌법의 지배로서의 법치주의이다. 다중이 삶의 필요에 따라 요구하고 노동과 활동으로 창조하고 구성하는 삶의 내재적 논리가 절대헌법의 논리이고 삶내재적 법치주의의 원리이다. 이런 관점에서 촛불혁명 초기에 제기되었던 물음에 대해 생각해 볼 수 있다. '국정농단' 사태에 직면하여 '수사'를 외치기보다 '즉각퇴진'을 외쳤던 촛불다중의 행동에 실정법적 근거가 있느냐는 물음이 있었다. 이것은 법을 삶과 분리된 형식체계로 보는 초월적 법치주의의 시각이었고 법을 도구로 삶을 억압하려는 권력의 질문방식이었다. 왜냐하면 즉각퇴진의 요구는 권력의 불의에 대한 생명의 체감과 삶의 내재적 정동에 기초한 직접 행동이었기 때문이다. 그것은 실정법 이전의 절대헌법의 작용이었기 때문이다. 촛불다중의 즉각퇴진 요구는 실정법을 근거 짓는 제헌권력이자 절대헌법적 행동이고 내재적 법치주의의 행동이었기 때문이다.[40]

국민-다중의 이러한 정치적 행동만이 제헌권력의 유일 양태가 아니라는 점이 고려되어야 한다. 임금노동을 뜻하는 협의의 노동만이 아니라 광의의 노동, 삶과 동의어로 된 노동이 다중의 제헌권력의 가장 직접적인 무대이다. 맑스는 자연을 인간에게 적합한 것으로 만드는 인간활동을 노동으로 규정했다. 이 말은 자연이 인간에게 부적합하게 존재한다는 사실에서 노동이 출발함을 의미한다. 자연이 인간에게 부적합하게 존재한다는 것은, 자연과 인간 사이, 인간과 인간 사이, 주어진 것과 구성할 것 사이에 노동으로 매개해야 할 어떤 차이가 있다는 것이다. 그리고 노동은 이 차이를 가로지르는 구성의 능력을 의미한다. 자연을 인간에게 적합한 것으로 만든다는 것은 이질적인 것들 사이에서 공통의 지평을 만든다는 것을 의미한다. 이런 의미에서 삶으로서의 노동은 정치적인 성격을 갖는다. 그러므로 삶-정치-노동은 차이를 횡단하면서, 그리고 새로운 차이

---

40. 2017년 2월 11일 촛불집회에 참석한 문재인이 "민심이 바로 헌법이다. 헌재는 이 민심을 잘 받들어주시길 바라마지 않는다"(http://moneys.mt.co.kr/news/mwView.php?no=2017021120588091547)고 말할 때, 그리고 3월 15일에 대선일 동시 개헌투표에 대한 〈자유한국당〉, 〈바른정당〉, 〈국민의당〉 3당 합의안에 반대하면서 "정치권 일각의 개헌 논의는 국민주권을 부정하는 것"이므로 개헌은 "국민의 참여 속에서 국민의견이 폭넓게 수렴돼 결정돼야 한다"고 말할 때, 또 안철수가 "개헌은 국민이 참여하는 공론화 과정이 꼭 필요하다."(http://www.womennews.co.kr/news/112593)고 말할 때, '민심', '국민의 참여', '국민의견', '국민이 참여하는 공론화' 등의 표현은 절대헌법에 대한 일정한 감각과 호응을 표현한다. 이들의 문제는, 절대헌법이 실정헌법으로 구성될 절대민주주의적 경로의 제도화에 대해서는 침묵하면서 대부분 대의민주주의(적 흡수장치)의 현 상태에 의지하는 경향을 보인다는 것이다.

를 생성하면서 부단히 완전하게 되어가는 내재적 공통되기의 과정이고 더 큰 공통적인 것의 생산활동이다. 이것이야말로 절대민주주의의 근거로서의 절대적 구성, 절대헌법의 운동이다. 이 절대헌법의 자기운동 속에서 삶-노동은 정치와 뒤섞이며 정치는 삶-노동과 뒤섞인다. 이러한 삶정치적 노동, 삶노동적 정치 속에서는 누구나 정치가이며 누구나 노동자이다. 촛불 자유발언대와 만민공동회, 그리고 피켓·깃발·구호와 함께하는 집회에서 누구나 정치가이듯이, 절대민주주의적 삶정치에서는 누구나 노동-정치가, 정치-노동자이다. 다중의 삶정치를 제도화한 절대민주주의 헌법에서는 다중이 직접적으로 정치가이듯이 다중을 대의하는 정치가들도 다중의 일부로서 다중에 복무하는 정치-노동자, 노동-정치가일 것이다. 다중이 직접적으로 정치-노동자, 노동-정치가인 조건에서 대의제가 기능한다면, 그것은 오프라인 다중정치플랫폼(집회)과 온라인 다중정치플랫폼을 통해 형성될 다중의 헌법의지(이른바 '민심'과 '민의')에 근거해야 할 것이다. 대의자들은 다중의 이 헌법의지로부터 분리되지 않는 한에서만 위임민주주의 정치 행동을 할 수 있고 그 한계를 벗어날 때에는 소환-해임되는 것을 받아들여야 할 것이다. 대의하는 정치-노동자의 소득은 다중의 평균소득을 넘어서는 안 될 것이다. 군주제적 대의민주주의에서 대의 정치가들이 전유하고 향유해 온 정치지대는 다중의 보편적 기본소득으로 재전유되고 사회화되어야 할 것이다. 이런 방식으로 절대민주주의는 대의민주주의를 민주화하고, 직접민주주의를 민주화하며, 집회민주주의와 일상민주주의를 민주화하는 힘으로 기능할 것이다. 모든 사람의 절대적 구성역량과 헌법의지에 의한 모든 민주주의의 민주화, 이것이 촛불다중혁명이 가리키는 이정표다.

:: 참고문헌

국내 저서 · 번역서

5.18 기념재단.『5월 민중항쟁과 정치, 역사, 사회』. 5.18 기념재단, 2007.

가타리, 펠릭스.『카오스모제』. 윤수종 옮김. 동문선, 2003.

강현수,『도시에 대한 권리』, 책세상, 2010.

고진, 가라타니.『세계사의 구조』. 조영일 옮김. 도서출판b, 2012.

그람시, 안토니오.『안토니오 그람시 옥중수고 이전』. 리처드 벨라미 엮음. 김현우 · 장석준 옮김. 갈무리, 2011.

그람시, 안토니오.『옥중수고』 1, 2권. 이상훈 옮김. 거름, 1999.

그레이버, 데이비드.『부채 그 첫 5000년』. 정명진 옮김. 부글, 2011.

그로, 프레데리크 외.『미셸 푸코 : 진실의 용기』. 심세광 외 옮김. 길, 2006.

김재인.『혁명의 거리에서 들뢰즈를 읽자』. 느티나무책방, 2016.

깡귀엠, 조르주.『생명과학의 역사에 나타난 이데올로기와 합리성』. 여인석 옮김. 아카넷, 2010.

깡길렘, 조르쥬.『정상적인 것과 병리적인 것』. 여인석 옮김. 인간사랑, 1996.

낭시, 장-뤽.『무위의 공동체』. 박준상 옮김. 인간사랑, 2010.

네그리, 안또니오.『네그리의 제국 강의』. 서창현 옮김. 갈무리, 2010.

______.『디오니소스의 노동』 1. 이원영 옮김. 갈무리, 1996.

______.『디오니소스의 노동』 2. 이원영 옮김. 갈무리, 1997.

______.『혁명의 만회』. 영광 옮김. 갈무리, 2005.

______.『혁명의 시간』. 정남영 옮김. 갈무리, 2004.

네그리, 안또니오 · 쎄르지오 볼로냐 외.『이딸리아 자율주의 정치철학 · 1』. 이원영 편역. 갈무리, 1997.

네그리, 안또니오 · 마이클 하트.『공통체』. 정남영 · 윤영광 옮김. 사월의 책, 2014.

______.『다중』. 조정환 · 정남영 · 서창현 옮김. 세종서적, 2008.

______.『선언』. 조정환 옮김. 갈무리, 2012.

______.『제국』. 윤수종 옮김. 이학사, 2001.

네그리, 안또니오 · 펠릭스 가따리.『미래로 돌아가다』. 조정환 편역. 갈무리, 2000.

______.『자유의 새로운 공간』. 조정환 옮김. 갈무리, 2007.

네그리, 안또니오.『맑스를 넘어선 맑스』. 윤수종 옮김. 새길, 1994.

______.『야만적 별종』. 윤수종 옮김. 푸른숲, 1997.

노왁, 마틴 · 로저 하이필드.『초협력자』. 허준석 옮김. 사이언스북스, 2012.

니체, 프리드리히.『선악의 저편 · 도덕의 계보』. 김정현 옮김. 책세상, 2002.

다이어-위데포드, 닉.『사이버-맑스』. 신승철 · 이현 옮김. 이후, 2003.

다이어-위데포드, 닉 · 그릭 드 퓨터.『제국의 게임』. 남청수 옮김. 갈무리, 2015.

다이어-위데포드, 닉 · 스티브 라이트 외.『이제 모든 것을 다시 발명해야 한다』. 윤영광 · 강서진 옮김. 갈무리, 2010.

다윈, 찰스.『종의 기원』. 김관선 옮김. 한길사, 2014.
드보르, 기.『스펙타클의 사회』. 유재홍 옮김. 울력, 2014.
들뢰즈, 질.『대담 : 1972~1990』. 김종호 옮김. 솔, 1993.
_____.『베르그송주의』. 김재인 옮김. 문학과지성사, 1996.
_____.『시네마 2』. 이정하 옮김. 시각과 언어, 2005.
들뢰즈, 질 외.『비물질노동과 다중』. 자율평론 옮김. 갈무리, 2005.
들뢰즈, 질 · 펠릭스 가타리.『천 개의 고원』. 김재인 옮김. 새물결, 2001.
들뢰즈, 질 · 안또니오 네그리 외.『비물질노동과 다중』. 자율평론 기획. 갈무리, 2005.
들뢰즈, 질 · 펠릭스 과타리.『안티 오이디푸스』. 김재인 옮김. 민음사, 2014.
라비노비치, 알렉산더.『혁명의 시간』. 류한수 옮김. 교양인, 2007.
라인골드, 하워드.『참여군중』. 이운경 옮김. 황금가지, 2003.
라자라토, 마우리치오.『부채인간』. 허경 · 양진성 옮김. 메디치미디어, 2012.
라투르, 브뤼노.『우리는 결코 근대인이었던 적이 없다』. 홍철기 옮김. 갈무리, 2009.
랑시에르, 자끄.『감성의 분할』. 오윤성 옮김. 도서출판b, 2008.
_____.『미학 안의 불편함』. 주형일 옮김. 인간사랑, 2008.
_____.『정치적인 것의 가장자리에서』. 양창렬 옮김. 길, 2008.
러브록, 제임스.『가이아』. 홍욱희 옮김. 갈라파고스, 2004.
레닌, 블라디미르 일리치.『제국주의론』. 남상일 옮김. 백산서당, 1986.
레비, 피에르.『집단지성』. 권수경 옮김. 문학과지성사, 2002.
라인보우, 피터.『마그나카르타 선언』. 정남영 옮김. 갈무리, 2012.
레디커, 마커스 · 피터 라인보우.『히드라 : 제국과 다중의 역사적 기원』. 정남영 · 손지태 옮김. 갈무리, 2008.
르페브르, 앙리.『리듬분석 : 공간, 시간, 그리고 도시의 일상생활』. 정기헌 옮김. 갈무리, 2013.
마굴리스, 린.『공생자 행성』. 이한음 옮김. 사이언스북스, 2007.
마굴리스, 린 · 도리언 세이건.『마이크로코스모스』. 홍욱희 옮김. 김영사, 2011.
마뚜라나, 움베르또 · 프란시스코 바렐라.『앎의 나무』. 최호영 옮김. 갈무리, 2007.
마라찌, 크리스티안.『금융자본주의의 폭력』. 심성보 옮김. 갈무리, 2013.
_____.『자본과 언어』. 서창현 옮김. 갈무리, 2013.
_____.『자본과 정동』. 서창현 옮김. 갈무리, 2014.
마르코스 · 후아나 폰세 데 레온 엮음.『우리의 말이 우리의 무기입니다』. 윤길순 옮김. 해냄, 2002.
마르크스, 칼.『경제학-철학 수고』. 김태경 옮김. 이론과실천, 1987.
_____.『자본론』 1 (상). 김수행 옮김. 비봉출판사, 2005.
_____.『자본론』 1 (하). 김수행 옮김. 비봉출판사, 2001.
_____.『자본론』 2. 김수행 옮김. 비봉출판사, 2004.
_____.『자본론』 3 (상). 김수행 옮김. 비봉출판사, 2004.
_____.『자본론』 3 (하). 김수행 옮김. 비봉출판사, 2004.
_____.『프랑스혁명사 3부작』. 임지현 · 이종훈 옮김. 소나무, 1990.
_____.『철학의 빈곤』. 강민철 · 김진영 옮김. 아침, 1989.
마르크스, 칼 · 프리드리히 엥겔스.『경제학노트』. 김호균 편역. 이론과실천사, 1988.

______.『공산당 선언』. 강유원 옮김. 이론과 실천, 2008.
______.『독일 이데올로기 I』. 박재희 옮김. 청년사, 2007.
______.『칼 맑스 프리드리히 엥겔스 저작선집』. 박종철출판사, 1997.
맑스, 칼.『잉여가치학설사』 1권. 아침, 1989.
______.『정치경제학 비판 요강』. 김호균 옮김. 백의, 2000.
맑스코뮤날레 조직위원회 엮음.『현대자본주의와 생명』. 그린비, 2011.
멘티니스, 미할리스.『사빠띠스따의 진화』. 서창현 옮김. 갈무리, 2009.
미시마 유키오 · 고사카 슈헤이 외.『미시마 유키오 對 동경대 전공투 1969~2000』. 김항 옮김. 새물결, 2006.
바네겜, 라울.『일상생활의 혁명』. 주형일 옮김. 시울, 2006.
베라르드 [비포], 프랑코.『노동하는 영혼』. 서창현 옮김. 갈무리, 2012.
______.『봉기』. 유충현 옮김. 갈무리, 2012.
베라르드 '비포', 프랑코.『미래 이후』. 강서진 옮김. 난장, 2013.
______.『프레카리아트를 위한 랩소디』. 정유리 옮김. 난장, 2013.
베르그손, 앙리.『물질과 기억』. 박종원 옮김. 아카넷, 2005.
______.『의식에 직접 주어진 것들에 관한 시론』. 최화 옮김. 아카넷, 2001.
______.『창조적 진화』. 황수영 옮김. 아카넷, 2005.
벡, 울리히.『위험사회』. 홍성태 옮김. 새물결, 2006.
벤야민, 발터.『아케이드 프로젝트』 1~6권. 조형준 옮김. 새물결, 2008.
보드리야르, 장.『시뮬라시옹』. 하태환 옮김. 민음사, 1993.
본펠드, 워너 엮음.『탈정치의 정치학』. 김의연 옮김. 갈무리, 2014.
본펠드, 워너 · 존 홀러웨이 편저.『신자유주의와 화폐의 정치』. 이원영 옮김. 갈무리, 1999.
부케티츠, 프란츠.『자연의 재앙, 인간』. 박종대 옮김. 시아출판사, 2004.
비르노, 빠올로.『다중』. 김상운 옮김. 갈무리, 2004.
셰네, 프랑수아 엮음.『금융의 세계화』. 서익진 옮김. 한울, 2008.
슈뢰딩거, 에르빈.『생명이란 무엇인가』. 전대호 옮김. 궁리, 2007.
슈미트, 칼.『정치신학』. 김항 옮김. 그린비, 2010.
스피노자, 바뤼흐.『신학정치론』. 김호경 옮김 · 해설. 갈무리, 2017(근간원고).
______.『에티카』. 강영계 옮김. 서광사, 2007.
스피노자, 베네딕트 데.『정치론』. 김호경 옮김 · 해설. 갈무리, 2008.
시몽동, 질베르.『기술적 대상들의 존재 양식에 대하여』. 김재희 옮김. 그린비, 2011.
쏘번, 니콜래스.『들뢰즈 맑스주의』. 조정환 옮김. 갈무리, 2005.
쑹훙빈.『화폐전쟁』. 차혜정 옮김. 랜덤하우스, 2008.
아감벤, 조르조.『도래하는 공동체』. 이경진 옮김. 꾸리에, 2014.
______.『세속화 예찬』. 김상운 옮김. 난장, 2010.
______.『예외상태』. 김항 옮김. 새물결, 2009.
______.『장치란 무엇인가』. 양창렬 옮김. 난장, 2010.
______.『호모 사케르』. 박진우 옮김. 새물결, 2008.
안바일러, 오토.『노동자 농민 병사 소비에트』. 박경옥 옮김. 지양사, 1986.
앤더슨, 페리 · 칼 보그 외.『안토니오 그람시의 단층들』. 김현우 · 신진욱 · 허준석 편역. 갈무리, 1995.
윤인로.『신정-정치』. 갈무리, 2017.
이기우.『모든 권력은 국민에게 속한다』. 미래를소유한사람들, 2016.
이상락.『정보시대의 노동전략』. 갈무리, 1999.
이진경.『자본을 넘어선 자본』. 그린비, 2004.
일리히, 이반.『그림자 노동』. 박홍규 옮김. 미토, 2005.
조정환.『21세기 스파르타쿠스』. 갈무리, 2002.
______.『공통도시』. 갈무리, 2010.
______.『미네르바의 촛불』. 갈무리, 2009.
______.『아우또노미아』. 갈무리, 2003.
______.『인지자본주의』. 갈무리, 2011.
______.『제국기계 비판』. 갈무리, 2005.
______.『제국의 석양, 촛불의 시간』. 갈무리, 2003.
______.『지구제국』. 갈무리, 2002.
조정환 · 이와사부로 코소 외.『후쿠시마에서 부는 바람』. 갈무리, 2012.
조정환 · 이정우 · 황수영 · 최호영.『인지와 자본』. 갈무리, 2011.
카스텔스, 마누엘.『네트워크 사회의 도래』. 김묵한 · 박행웅 · 오은주 옮김. 한울, 2014.
카프라, 프리초프.『생명의 그물』. 김용정 · 김동광 옮김. 범양사출판부, 1998.
코소, 이와사부로.『뉴욕열전』. 김향수 옮김. 갈무리, 2010.
______.『유체도시를 구축하라』. 서울리다리티 옮김. 갈무리, 2012.
______.『죽음의 도시, 생명의 거리』. 서울리다리티 옮김. 갈무리, 2013.
쿠퍼, 멜린다.『잉여로서의 생명』. 안성우 옮김. 갈무리, 2016.
크로포트킨, 표트르 알렉세예비치.『만물은 서로 돕는다』. 김영범 옮김. 르네상스, 2005.
클라인, 나오미.『쇼크 독트린』. 김소희 옮김. 살림Biz, 2008.
클리버, 해리.『자본론의 정치적 해석』. 한웅혁 옮김. 풀빛, 1986.
파스퀴넬리, 맛떼오.『동물혼』. 서창현 옮김. 갈무리, 2013.
페데리치, 실비아.『캘리번과 마녀』. 황성원 · 김민철 옮김. 갈무리, 2011.
푸코, 미셸.『사회를 보호해야 한다』. 박정자 옮김. 동문선, 1998.
______.『생명관리정치의 탄생』. 오트르망 옮김. 난장, 2012.
______.『성의 역사 — 제2권 쾌락의 활용』. 신은영 외 옮김. 나남출판, 2004.
______.『성의 역사 — 제3권 자기에의 배려』. 이영목 옮김. 나남출판, 2004.
______.『안전, 영토, 인구』. 오트르망 옮김. 난장, 2011.
______.『정신의학의 권력』. 오트르망 옮김. 난장, 2014.
______.『주체의 해석학』. 심세광 옮김. 동문선, 2007.
푸코, 미셸 · 둣치오 뜨롬바도리.『푸코의 맑스』. 이승철 옮김. 갈무리, 2005.
푸코, 미셸 외.『자기의 테크놀로지』. 이희원 옮김. 동문선, 2002.
피어슨, 키스 안셀.『싹트는 생명』. 이정우 옮김. 산해, 2005.
하비, 데이비드.『반란의 도시』. 한상연 옮김. 에이도스, 2014.
하트, 마이클.『네그리 사상의 진화』. 정남영 · 박서현 옮김. 갈무리, 2008.
______.『들뢰즈 사상의 진화』. 김상운 · 양창렬 옮김. 갈무리, 2004.

호어, 찰리.『천안문으로 가는 길』. 김희정 옮김. 책갈피, 2002.
혹실드, 앨리 러셀.『감정노동』. 이가람 옮김. 이매진, 2009.
홀러웨이, 존.『권력으로 세상을 바꿀 수 있는가』. 조정환 · 번역집단 @Theoria 협동번역. 갈무리, 2002.
_____.『크랙 캐피털리즘』. 조정환 옮김. 갈무리, 2013.
황수영.『베르그손, 생성으로 생명을 사유하기』. 갈무리, 2014.
휴즈, 어슐러.『싸이버타리아트』. 신기섭 옮김. 갈무리, 2004.
힐퍼딩, 루돌프.『금융자본』. 김수행 · 김진엽 옮김. 새날, 1994.

국내 논문 · 대담 · 언론기사 · 인터넷 사이트

강내희.「동아시아의 지역적 시야와 평화의 조건」.『문화과학』 52호, 2007년 겨울.
"강한 상호작용". 〈위키백과〉, https://ko.wikipedia.org/wiki/강한_상호작용.
「교육부, 세월호 SNS단속 논란」.『아시아경제』. 2014년 4월 30일, http://www.asiae.co.kr/news/view.htm?idxno=2014043011102576320.
〈국가통계포털〉, http://kosis.kr/.
김기태.「2011 vs 1968」.『한겨레21』 882호, 2011.10.24.
김민경 · 김지훈.「강일원 재판관 "주심이 국회 대리인이라는 발언 유감"」.『한겨레』. 2017년 2월 22일, http://www.hani.co.kr/arti/society/society_general/783753.html.
김성일.「대중의 새로운 구성 – 2002년의 한국사회와 대중분석」.『문화과학』 31호, 2002년 가을.
김세균.「'시민사회론'의 이데올로기적 함의 비판」.『이론』 2호, 1992년 가을.
김세균.「민중사회를 위하여」.『동향과 전망』 49호, 2001년 여름.
김완 · 하어영 · 정환봉.「[단독] 국정원, '알파팀'에 클릭수 늘리는 프로그램까지 제공」.『한겨레』. 2017년 4월 17일, http://www.hani.co.kr/arti/society/society_general/791089.html.
김은지.「청와대, 정부부처에 SNS 대응지침 내린 정황 확인」.『시사인』. 2014년 4월 30일, http://www.sisainlive.com/news/articleView.html?idxno=20178.
김종철.「대지를 떠난 문학」. 2010. 3. 25(목), 동대문도서관 시청각실.
김혜영.「[유족들이 마련한 '세월호 특별법' 전문]」.『뷰스앤뉴스』. 2014년 7월 9일, https://www.viewsnnews.com/article?q=112249.
네그리, 안토니오.「다중의 존재론적 정의를 위하여」. 영광 옮김.『자율평론』 4호, 2003년 3월, http://waam.net/xe/autonomous_review/91252.
_____.「묵시록의 두 얼굴 : 코펜하겐에서 보내는 편지」. 연구공간 L 옮김.『진보평론』 47호, 메이데이, 2011년 봄.
_____.「인류의 공통적인 것을 발명하기」. 다지연 불어세미나팀 옮김.『아우또노마 M』 7호(『자율평론』 33호), 다중지성의 정원, 2010년 3분학기.
_____.「지대에 대항하는 민주주의」. 조정환 옮김.『아우또노마 M』 7호(『자율평론』 33호), 다중지성의 정원, 2010년 3분학기.
노명우.「새로운 군중의 출현」.『문화과학』 31호, 2002년 가을.
大韓民國憲法 제정 1948. 7. 17.[헌법 제1호, 시행 1948. 7. 17].
「獨 〈슈피겔〉 '위키리크스 전문기자' 마르셀 로젠바흐 방한 간담회」.『프레시안』. 2011년 5월

26일, http://www.pressian.com/ezview/article_main.html?no=62235.
라투르, 브루노.「현실정치에서 물정치로」.『인간 · 사물 · 동맹』. 홍성욱 엮음. 이음, 2010.
마르크스, 칼.「화폐체제 및 신용체제에서의 사적 생산과 공동체에서의 인간적 생산」. 조정환 옮김.『자음과 모음』 19호, 2013년 봄.
「민변 세월호 참사 특별위원회 성명」.『공무원U신문』. 2014년 5월 22일, http://www.upublic.co.kr/news/articleView.html?idxno=1235.
「박근혜 대통령 "북한 4차 핵실험시 핵 도미노 우려"」.『VOA 뉴스』. 2014년 5월 30일, http://www.voakorea.com/content/article/1925597.html.
「박근혜 대통령 탄핵 헌법재판소 선고문」.『경향신문』. 2017년 3월 10일, http://news.khan.co.kr/kh_news/khan_art_view.html?artid=201703101130001.
「박근혜 대통령과 세월호 유가족 17명의 면담 발언록 전문」.『오마이뉴스』. 2014년 5월 17일, http://www.ohmynews.com/NWS_Web/View/at_pg.aspx?CNTN_CD=A0001992466.
「朴대통령 "국민생명 지켜야 할 대통령으로서 죄송"」.『연합뉴스』. 2014년 5월 6일, http://www.yonhapnews.co.kr/politics/2014/05/06/0501000000AKR20140506021651001.HTML.
「박대통령 세월호 참사 대국민담화 전문」.『연합뉴스』. 2014년 5월 19일, http://www.yonhapnews.co.kr/politics/2014/05/19/0501000000AKR20140519035400001.HTML.
「朴대통령-시주석 채택 한중 공동성명 전문」.『연합뉴스』. 2014년 7월 3일, http://www.yonhapnews.co.kr/politics/2014/07/03/0501000000AKR20140703143800001.HTML.
박은호.「[심층진단-수도권 대기개선책 (상)] 예산 4조원 '경유차 대책' 실효성 의문」.『서울신문』. 2006년 9월 4일 4면, http://www.seoul.co.kr/news/newsView.php?id=20060904004002.
「세월호 가족 대책위 기자회견문 전문」.『한겨레』. 2014년 5월 20일, http://www.hani.co.kr/arti/society/society_general/638009.html.
「세월호 사고 희생자 · 실종자 · 생존자 및 가족 대책위원회 5월 16일 성명」.『노동과 세계』. 2014년 5월 16일, http://worknworld.kctu.org/news/articleView.html?idxno=243076.
「세월호 실종 학생 대국민호소문」.『허핑턴포스트』. 2014년 4월 18일, http://www.huffingtonpost.kr/2014/04/17/story_n_5170758.html.
「세월호사고 희생자 · 실종자 · 생존자 가족대책위원회의 5월 7일 성명」.『미디어오늘』. 2014년 5월 7일, http://www.mediatoday.co.kr/?mod=news&act=articleView&idxno=116428.
소중한.「문재인 "대통령 결단하면 명예퇴진 협력할 것"」. 2016년 11월 20일, http://www.ohmynews.com/NWS_Web/View/at_pg.aspx?CNTN_CD=A0002262670.
손호철.「반세계화(지구화) 투쟁은 역사적 반동인가? — 네그리 · 하트,『제국』의 비판적 평가」. 맑스코뮤날레 쟁점토론회 발제문, 2003년 9월 5일.
송원근.「삼성 이재용의 경영권 승계, 정당한가」. 2014년 7월 7일, http://www.pressian.com/news/article.html?no=118527.
신동윤.「청와대, KBS 뉴스 개입. 사장은 대통령 기사 챙겨」.『뉴스타파』. 2014년 5월 17일, http://newstapa.com/news/201411331.
오병규(ss8***).「단종 애사(哀史)와 박근혜 그리고…」. 2017년 3월 21일, http://forum.chosun.com/bbs.message.view.screen?bbs_id=1010&message_id=1310783¤t_sequence=05V0X~&start_

sequence=zzzzz~&start_page=1¤t_page=10&direction=1&list_ui_type=0&search_field=1&search_word=&search_limit=all&sort_field=0&classified_value=&cv=.
"운동 (생물)". 〈위키백과〉, http://ko.wikipedia.org/wiki/운동_(생물).
울카맨.「광화문의 두 흐름, 그 첫 만남에 대하여」.『자율평론』 3호, 2002년 12월, http://waam.net/xe/autonomous_review/91249.
유경근.「유경근 세월호가족대책위 대변인 특별기고」.『한겨레』. 2014년 7월 9일, http://www.hani.co.kr/arti/society/society_general/646260.html.
유동민.「맑스의 잉여가치론의 재해석」.『지구화시대 맑스의 현재성 · 1』. 맑스코뮤날레 조직위원회, 2003.
이동연.「붉은 악마와 주체형성:내셔널리즘인가 스타일의 취향인가」.『문화과학』 31호, 2002년 가을.
이정애.「박 대통령 버티기에 '질서있는 퇴진' 돌파구가 안 보인다」.『한겨레』. 2016년 11월 15일, http://www.hani.co.kr/arti/politics/politics_general/770456.html.
이진경.「노동의 기계적 포섭과 기계적 잉여가치 개념에 관하여」.『지구화시대 맑스의 현재성 · 1』. 맑스코뮤날레 조직위원회, 2003.
_____.「생명의 잉여가치와 정치경제학 비판」.『문학동네』 65호, 2010년 겨울.
장시복.「미국 서브프라임 모기지 사태와 세계경제의 위기」.『21세기 대공황과 마르크스주의』. 정성진 엮음. 천경록 외 옮김. 책갈피, 2009.
장영락.「문재인 · 이재명, 촛불집회 한자리 "민심이 헌법… 국민 염원 헌재가 받들 것"」.『머니S』. 2017년 2월 11일, http://moneys.mt.co.kr/news/mwView.php?no=2017021120588091547.
조정환.「금융위기와 다중지성의 코뮌」. 맑스코뮤날레 조직위원회 엮음.『맑스주의와 정치』. 문화과학사, 2009.
_____.「레닌의 카이로스」.『마르크스주의연구』 제1권 제2호. 한울, 2004.
_____.「'사회주의적 발전' 대안의 종말과 그 너머」.『21세기 스파르타쿠스』. 갈무리, 2002.
_____.「세계화는 지금 우리에게 무엇으로 나타나는가?」.『비평』 13호, 2006년 겨울.
_____.「세계화의 기원과 동력을 찾아서」.『비평』 14호, 2007년 봄.
_____.「세계화의 이중성과 대안세계화의 길」.『비평』 23호, 2009년 여름.
_____.「아랍혁명, 존엄의 카라반, 그리고 다중의 전지구적 대장정」.『오늘의 문예비평』 81호, 2011년 여름.
_____.「제국, 자본주의적 주권의 최근 형태」.『지구 제국』. 갈무리, 2002.
_____.「제국의 석양은 시작되는가」.『제국의 석양, 촛불의 시간』. 갈무리, 2003.
_____.「지구제국의 위기와 미국 일방주의」.『자율평론』 5호, 2003년 6월 30일.
_____.「진보란 무엇인가 : 척도의 시간에서 구성의 시간으로」.『황해문화』. 2003년 여름.
진주원.「문재인 · 안희정 · 이재명 · 안철수 "국민 참여 개헌해야… 정치인들만 결정 안 돼"」.『여성신문』. 2017년 3월 15일, http://www.womennews.co.kr/news/112593.
「청와대가 발표한 가족대책위-박 대통령 면담」.『한겨레』. 2014년 5월 17일, http://www.hani.co.kr/arti/society/society_general/637440.html.
최현숙 · 김진호 · 이나미 대담.「태극기 집회를 어떻게 볼 것인가?」. 박은하 · 이상훈 정리.『주간경향』. 2017년 3월 18일, http://m.khan.co.kr/view.html?artid=201703181628001.
「촛불이 헌법에 우선한 민주주의는 없다!」.『올인코리아』. 2016년 12월 12일, http://allinkorea.

net/sub_read.html?uid=35203§ion=section39§ion2=.
카치아피카스, 조지.「파리코뮌과 광주민중항쟁」.『노동자의 힘』 54호, 2004년.
클리버, 해리.「맑스주의 이론에서 계급관점의 역전 : 가치화에서 자기가치화로」.『사빠띠스따』. 이원영 · 서창현 옮김. 갈무리, 1998.
하트, 마이클.「지구화와 민주주의」.『자율평론』 2호. @Theoria 옮김. 2002년 9월, http://waam.net/xe/autonomous_review/91224.
「韓美 원자력협상 연내 타결 목표… 협정문안 조율」.『연합뉴스』. 2014년 6월 20일, http://www.yonhapnews.co.kr/politics/2014/06/20/0503000000AKR20140620010900071.HTML?template=2087.
허승 외.「232만 촛불 "국민을 믿고 탄핵하라"」.『한겨레』. 2016년 12월 4일, http://www.hani.co.kr/arti/society/society_general/773211.html#csidx7da0422bcfabbe6bee4c72544b08b1b.
홍미정.「시리아 위기와 석유 · 가스 파이프라인 경쟁」.『중동문제연구』 제14권 1호. 중동문제연구소, 2015.
홍여진.「"자전거 바퀴 바람 넣는 걸로 세월호 공기 넣은 꼴"」.『뉴스타파』. 2014년 6월 27일, http://newstapa.org/12881.
황보연.「이 많은 원전 핵폐기물, 어디로 가져갈 텐가」.『한겨레』. 2013년 12월 8일, http://linkis.com/www.hani.co.kr/arti/xUlUy.
후지이 다케시.「누가 싸우고 있는가」.『한겨레』. 2016년 12월 4일, http://www.hani.co.kr/arti/opinion/column/773212.html.

외국어 단행본

Angelis, Massimo De. *The Beginning of History*, London : Pluto Press, 2006.
Berardi, Franco, *The Soul at Work : From Alienation to Autonomy*. Los Angeles, CA : Semiotext(e), 2009.
Boutang, Yann Moulier. *Capitalisme Cognitif : La Nouvelle Grande Transformation*. Paris : Éditions Amsterdam, 2007.
Brecher, Jeremy and Tim Costello. *Global Village or Global Pillage*. Cambridge, MA : South End Press, 1998.
Casarino, Cesare & Negri, Antonio. *In Praise of the Common*. Minneapolis, MN : University Of Minnesota Press, 2008.
Castells, Manuel. *The Rise of the Network Society*. Oxford : Blackwell Publishers, 1997.
Davis, J., Hirshcl, T. & Stack, M.(ed.). *Cutting Edge*. London : Verso, 1997.
Deleuze, Gille & Felix Guattari. *A Thousand Plateaus*. trans. Brian Massumi. Minneapolis, MN : University of Minnesota Press, 1987.
Dyer-Witheford, Nick & Greig de Peuter. *Games of Empire : Global Capitalism and Video Games*. Minneapolis, MN : University Of Minnesota Press, 2009.
Federici, Silvia. *Caliban and the Witch : Women, The Body, and Primitive Accumulation*. New York : Autonomedia, 2004.
Foucault, Michel. *Naissance De La Biopolitique*. Paris : Gallimard, 2004.
______. *Subjectivité et vérité, Cours au Collège de France. 1980~1981*. ed. Frédéric Gros. Par-

is : Seuil/Gallimard, 2014.

Holloway, John. *Crack Capitalism*. London : Pluto Press, 2010.

Lazzarato, Maurizio. *La fabrique de l'homme endette*. Paris : Éditions Amsterdam, 2011.

______. *Signs and Machines : Capitalism and the Production of Subjectivity*. trans. Joshua David Jordan. Los Angeles, CA : Semiotext(e), 2014.

Linebaugh, Peter. *The Magna Carta Manifesto : Liberties and Commons for All*. London : University of California Press, 2008.

Lévy, Pierre. *Becoming Virtual*. New York : Plenum Trade, 1998.

______. *Collective Intelligence*. New York : Plenum Trade, 1997.

Marx, Karl. *Grundrisse*. New York : Vintage Books, A Division of Random House, 1973.

Murphy, Timothy S. & Mustapa, Abdul-Karim. *The Philosophy of Antonio Negri* vol. 2. London : Pluto Press, 2007.

Negri, Antonio & Michael Hardt. *Commonwealth*. Cambridge, MA : Harvard University Press, 2009.

______. *Empire*. Cambridge, MA : Harvard Univerity Press, 2000.

______. *Multitude*. London, NY : The Penguin Press, 2004.

Negri, Antonio. *GlobAL*. Paris : Éditions Amsterdam, 2007.

______. *Insurgencies : Constituent Power and the Modern State*. Minneapolis, MN : University Of Minnesota Press, 1999.

______. *Le Pouvoir Constituant : Essai sur les alternatives de la modernité*. traduit par Étienne Balibar et François Matheron. Paris : PUF, 1992.

______. *Lent Genêt : Essai sur l'ontologie de Giacomo Leopardi*. Paris : Editions Kimé, 2006.

______. *The Politics of Subversion*. trans. James Newell. Cambridge : Polity Press, 1989.

______. *Time for Revolution*. trans. Matteo Mandarini. New York : Continuum, 2003.

Pasquinelli, Matteo. *Animal Spirits : A Bestiary of the Commons*. Rotterdam : NAi Publishers/ Institute of Network Cultures, 2008.

Read, Jason. *The Micro-Politics of Capital*. New York : State University of New York Press, 2003.

Thoburn, Nicholas. *Deleuze, Marx, and Politics*. Great Britain : Routledge, 2003.

Tiqqun. *Contributions à la guerre en cours*. Paris : La Fabrique, 2009.

______. *This is not a Program*. Los Angeles, CA : Semiotext(e), 2011.

Vercellone, Carlo(direction). *Sommes-nous sortis du capitalisme industriel?*. Paris : La Dispute, 2003.

외국어 논문 · 언론기사

Agamben, Giorgio. "Metropolis", Generation Online, http://www.generation-online.org/p/fpagamben4.htm.

Boutang, Yann Moulier. "Finance, Instabilité, et Gouvernabilité des Externalités", *Multitudes* n. 32, Printemps 2008.

Caffentzis, George. "No Blood for Oil : The Political Economy of the War on Iraq", http://

www.commoner.org.uk/02-9groundzero.htm.
Corsani, Antonela. "Rente Salariale et Production de Subjectivité", *Multitudes* n. 32, Printemps 2008.
Dyer-Witheford, Nick. "The Circulation of the Common", http://www.fims.uwo.ca/people/facult y/dyerwitheford/Commons2006.pdf.
Evans, Fred. "Cyberspace and the Concept of Democracy", http://www. firstmonday.dk/issues/issue5_10/evans/index.html#note1.
Fedrici, Silvia. "The New African Student Movement", ed. Silvia Federichi et al., *A Thousand Flowers*, Africa World Press INC., 2000.
Harvey, David. "The Art of Rent:Globalization, Monopoly, and the Commodification of Culture", Generation Online, http://www.generation-online.org/c/fc_rent1.htm.
Joe, Jeong-Hwan. "Class Composition in South Korea since the Neoliberal Economic Crisis", *Multitudes*, December 2003, http://www.multitudes.net/Class-composition-in-South-Korea/.
Lazzarato, Maurizio. "Maurizio Lazzarato : The Misfortunes of the 'Artistic Critique' and of Cultural Employment", http://eipcp.net/transversal/0207/lazzarato/en.
Negri, Antonio & Éric Alliez. "Peace and War", *Theory, Culture & Society*, 20 : 2 (2003).
Negri, Antonio & Judith Revel. 'The Common in Revolt', *UniNomade 2.0*, August 13, 2011, http://uninomade.org/commoninrevolt/.
Negri, Antonio. "The multitude and the metropolis", http://www.generation-online.org/t/metrop olis.htm.
Sbert, José Mariá. "Progress", *The Development Dictionary*, ed. Wolfgang Sachs, London and New Jersey : Zed Books Ltd, 1992.
Vercellone, Carlo. "The Crisis of Law of Value and the Becoming-Rent of Profit", *Crisis in the Global Economy*, ed. by Andrea Fumagalli & Sandro Mezzadrea, Los Angeles, CA : Semiotext(e), 2010.
______. "The new articulation of wages, rent and profit in cognitive capitalism", http://www.generation-online.org/c/fc_rent2.htm.
Yoshihiko Ikegami. "From the Low-level Radioactive Zone—A Civil-Bio Society", April 16th, 2011, http://jfissures.wordpress.com/2011/04/16/from-the-low-level-radioactive-zone-%e2%80%93-a-civil-bio-society.
曺貞煥.「世界資本主義の危機と代案をめぐる葛藤 緊縮, 福祉, 占拠という三つ の岐路に立って」. 金闇愛 譯.『現代思想』2012年 2月.

영상 자료

JTBC. 〈[170418 소셜라이브] 국정원 여론공작부대 '알파팀'〉. 2017년 4월 19일, http://news.jtbc.joins.com/article/article.aspx?news_id=NB11456792.
고발뉴스. 〈다이빙 벨〉. 2015년 8월 3일, https://www.youtube.com/watch?v=t1lQ6OmMDz4.
미디어몽구. 〈세월호 실종자 가족 대표의 분노〉. 2014년 4월 17일, https://www.youtube.com/watch?v=gJ39vLgQqRc&feature=youtu.be.

정규재 TV. 〈박대통령의 육성 반격〉. 2017년 1월 25일, https://www.youtube.com/watch?v=UHF sgj29oKU.

본문에 사용한 이미지 출처

22쪽 https://ko.wikipedia.org/wiki/%ED%8C%8C%EC%9D%BC:Tahrir_Square_on_February11.png
63쪽 http://telekommunisten.net/telekommunist-international/
80쪽 http://www.wikiwand.com/pt/Bruno_Latour
91쪽 https://www.flickr.com/photos/stevensnodgrass/
100쪽 https://www.flickr.com/photos/worldcantwait/6997845405/in/photostream/
107쪽 [마크 그레이엄(@geoplace)와 스테파노 데 사바타(@maps4thought)], 옥스퍼드 인터넷 인스티튜트의 인터넷 지리학, 2013년 10월, geography.oil.ox.ac.uk. 데이터 출처 : 세계은행 2011, http://cii.oii.ox.ac.uk/geographies-of-information-inequality-in-sub-saharan-africa/
112쪽 http://migrant.nodong.net/index.php?document_srl=323356&mid=notice
150쪽 https://www.flickr.com/photos/fibonacciblue/17130711447
154쪽 http://alba.or.kr/xe/228354
160쪽 https://sites.google.com/site/basicincomey/act/2016biencongress
166쪽 https://www.flickr.com/photos/bensutherland/6343806890/
168쪽 https://opentextbc.ca/introductiontosociology2ndedition/wp-content/uploads/sites/164/2016/10/mohamed-bouazizi.png
171쪽 https://commons.wikimedia.org/wiki/File:Nouakchott-Dispersion_des_manifestants-2011.jpg
176쪽 https://www.flickr.com/photos/noradbase/32298137402
181쪽 https://www.flickr.com/photos/gigiibrahim/8456016080/
186쪽 https://www.flickr.com/photos/gigiibrahim/8719315487/
191쪽 https://www.flickr.com/photos/87913776@N00/6926091382/
197쪽 https://farm8.static.flickr.com/7106/13972997526_576f303fcb_b.jpg
201쪽 https://www.flickr.com/photos/home_of_chaos/6807115787/
204쪽 http://m.blog.naver.com/namiku_zzang/140398531
208쪽 https://www.flickr.com/photos/gungirlnewyork/6330088666/in/photostream/
216쪽 러시앤캐시 광고 〈바쁠땐 택시도 타고〉, https://www.youtube.com/watch?v=ugbtYK8i-_k
220쪽 https://www.flickr.com/photos/photographingtravis/15200559589
224쪽 https://www.flickr.com/photos/home_of_chaos/3400877675
227쪽 https://www.flickr.com/photos/34268121@N07/5723439194/
236쪽 http://nodong.org/906321
241쪽 https://www.flickr.com/photos/annaustin/
243쪽 https://www.flickr.com/photos/80497449@N04/8280699806/
246쪽 https://commons.wikimedia.org/wiki/File:A_Japanese_is_writing_no_WTO.jpg
251쪽 http://www.mwtv.or.kr/
262쪽 https://goo.gl/8dO4bm
265쪽 bulgasari, 〈May 15, 1980 Protest, Downtown Seoul〉, https://www.youtube.com/

watch?v=tkEX_ahUc64

275쪽 https://www.facebook.com/ys5memory/?fref=ts

280쪽 http://www.greenkorea.org/?p=1545

288쪽 https://www.flickr.com/photos/home_of_chaos/5571367441/

295쪽 https://www.flickr.com/photos/photographingtravis/15200559589

300쪽 http://blog-imgs-78.fc2.com/k/a/d/kado777/02336kjh.jpg

323쪽 미디어몽구. 〈세월호 실종자 가족 대표의 분노〉. 2014년 4월 17일, https://www.youtube.com/watch?v=gJ39vLgQqRc&feature=youtu.be.https://www.youtube.com/watch?v=gJ39vLgQqRc&feature=youtu.be

377쪽 https://goo.gl/yQYQoY

407쪽 https://www.flickr.com/photos/ideasgraves/28748267771/

415쪽 JTBC. 〈10월 24일 (월) 뉴스룸 다시보기 1부〉. 2016년 10월 24일, http://news.jtbc.joins.com/article/article.aspx?news_id=NB11340643&pDate=20161024

438쪽 https://upload.wikimedia.org/wikipedia/commons/e/e7/1948.07.12_%EB%8C%80%ED%95%9C%EB%AF%BC%EA%B5%AD_%ED%97%8C%EB%B2%95%EA%B8%B0%EC%B4%88%EC%9D%98%EC%9B%90_%EC%9D%BC%EB%8F%99.png

부록 1 : 촛불시민혁명대헌장(안) 전문

2016년 10월 29일 광화문광장에서 시작된 분노의 함성은 진정한 민주주의를 향한 국민들의 열망을 일깨워 촛불시민혁명으로 이끌었다. 2017년 3월 10일 "피청구인 대통령 박근혜를 파면한다"는 헌법재판소의 준엄한 심판은 적폐와 비정상으로 점철된 대한민국을 근본적으로 개혁하라는 국민의 요구이다. 그 핵심은 홍익인간, 민주주의, 법치주의, 공화주의, 생태주의, 사회공동체주의, 역사정의에 기초하여 제왕적 권력구조, 재벌경제구조 그리고 남북한 분단체제에서 오는 적폐의 청산과 개혁입법을 통해 복지국가를 실현하고 통일국가를 수립하는 것이다.

촛불시민혁명은 3·1독립운동, 4·19민주혁명, 5·18광주민주화항쟁, 6·10시민혁명, 6·15남북정상공동성명, 10·4남북정상공동성명과 역사적 궤를 같이 한다. 촛불시민혁명은 평화시민혁명이며 명예시민혁명으로 국가 대개혁의 기회를 제공하고 있다. 하여, 촛불시민혁명의 정신과 요구를 국민주권국가로 발전시키는 동력으로 삼아 실천하는 것은 우리의 사명이며 시대정신이다.

이제 미래 대한민국의 첫 출발은 촛불시민혁명의 정신을 법·제도화하는 데 있다. 19대 대선 전에 촛불시민권과 정치권 간에 '촛불시민혁명대헌장' 실현을 약속하고, 대선 후에 시민·국회·대통령 3자가 공동추진기구를 만들어 이를 실천하는 것은 시대적 소명이자 책무이다.

이에 시민권과 정치권은 촛불시민의 요구를 담은 아래 국민대협약을 반드시 지킬 것을 국민과 역사 앞에 약속한다.

제1조(국민참여권의 강화) 헌법 개정 시 그 전문에 촛불시민혁명의 정신을 삽입한다. 또한 직접민주주의의 강화를 위해 주권자인 국민이 법률 및 헌법에 대한 발의를 하고 고위 선출직 공직자에 대해 소환을 할 수 있는 국민발안권, 국민소환권 그리고 국민 투표권 조항을 헌법에 삽입한다.

제2조(제왕적 대통령제의 개혁) 모든 권력이 대통령에 집중된 현행 5년 단임제 대통령 중심제를 지방 분권형 통치제로 전환하며 결선투표제를 도입한다.

제3조(국회의원 선거제도와 정당제도 개혁) 국회의원 선거제도, 공천제도,

정당제도를 국민주권주의에 상응하도록 개혁한다. 이에 연동형 비례대표제를 도입하고 선거 연령을 18세로 하향한다. 수개표제를 부활하고 개표를 투표한 동일 장소에서 한다.

제4조(경제민주화) 재벌 특권경제를 개혁하고 양극화를 해소하기 위해 경제민주화 방안을 법제화한다.

제5조(교육개혁) 모든 교육은 국가가 책임지며 원칙적으로 무상교육제도를 대학까지 확대한다. 또한 교육개혁을 위해 독립적 국가교육위원회를 신설한다.

제6조(사법개혁) 국민배심원제도를 전반적으로 도입한다. 법원장급 이상은 국민직선제로 선출한다.

제7조(언론개혁) 방송통신위원회를 폐지하고 방송의 자율성과 공익성을 보장한다.

제8조(검찰/국정원개혁) 검찰의 수사권과 기소권을 분리한다. 정치적 중립이 보장되도록 검찰총장에 대한 국민선거제 및 국민소환제를 도입한다. 국정원의 국내 정보 수집업무 및 수사권을 폐지하고 대북한 및 해외, 안보 및 테러, 국제범죄만 전담하도록 개혁한다.

제9조(자주국방/균형외교/평화통일정책) 국방과 외교는 자주·균형외교에 기초한다. 한미동맹은 지속하되 전시작전권은 환수한다. 남북기본합의서, 6·15 남북정상공동선언과 10·4 남북정상공동선언에 기초한 평화통일정책을 이행한다.

제10조(사회/복지문제 해결) 복지국가 건설이 한국 사회의 시대적 과제임을 인식하고 저출산·고령화문제, 청년실업문제, 보편적 복지문제에 대한 개혁정책을 추진한다.

제11조(촛불시민혁명 위원회/조형물) 촛불시민혁명의 정신을 계승·발전시키기 위해 대통령 직속기구로 '대헌장 공동추진위원회'를 둔다. 또한 촛불시민혁명을 역사에 남기고 미래 세대의 교육으로 삼기 위해 조형물을 건립한다.

부록 2 : 조정환 저작 목록

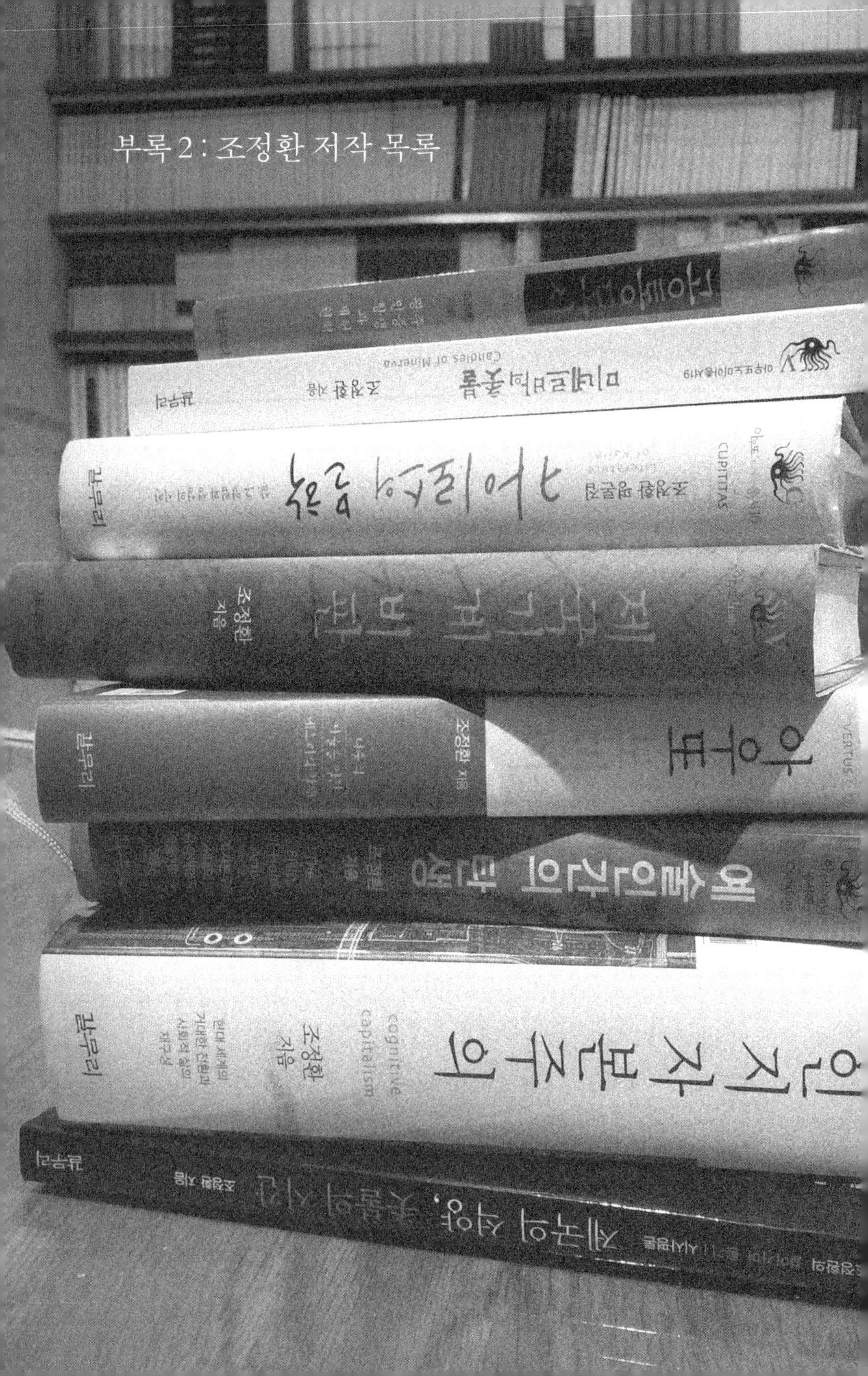

1. 단독저서

『민주주의 민족문학론과 자기비판』(연구사, 1989)
『노동해방문학의 논리』(노동문학사, 1990)
『지구 제국』(갈무리, 2002)
『21세기 스파르타쿠스』(갈무리, 2002)
『제국의 석양, 촛불의 시간』(갈무리, 2003)
『아우또노미아』(갈무리, 2003)
『제국기계 비판』(갈무리, 2005)
『카이로스의 문학』(갈무리, 2006)
『미네르바의 촛불』(갈무리, 2009)
『공통도시』(갈무리, 2010)
『인지자본주의』(갈무리, 2011)
『예술인간의 탄생』(갈무리, 2015)
『절대민주주의』(갈무리, 2017)

2. 공저서

『민족문학 주체 논쟁』(정한용 엮음, 청하, 1989:「민주주의 민족 문학의 현단계와 문학적 현실주의의 전망」)
『80년대 한국 인문사회과학의 현단계와 전망』(학술단체연합심포지움준비위원회 엮음, 역사비평사, 1989:「민중문학운동의 목표와 방법문제에 대하여」)
『생명의 힘 진실의 힘』(민족문학작가회의 자유실천위원회 엮음, 눈, 1990:「노동의 새벽과 박노해 시의 변모를 둘러싼 쟁점비판」)
『지구화시대 맑스의 현재성』(맑스코뮤날레 조직위원회 엮음, 문화과학사, 2003:「1987년 이후 한국에서 주권합성과 계급구성」)
『탈영자들의 기념비』(당대비평 특별호, 생각의나무, 2003:「대의민주주의 속에 민주주의는 없다」)
『책으로 읽는 21세기』(길, 2004:「디지털 시대의 마르크스 - 닉 위데포드,『사이버-맑스』」)
『비물질노동과 다중』(자율평론 기획, 갈무리, 2005:「비물질노동과 시간의 재구성」)
『맑스, 왜 희망인가?』(맑스코뮤날레 조직위원회 엮음, 메이데이, 2005:「오늘날의 코뮤니즘과 삶 정」)
『공공도큐멘트』(미디어버스 편집부 엮음, 미디어버스, 2007:「다중시대의 예술」)
『한국근대문학의 전환과 모색』(상허학회 엮음, 깊은샘, 2007:「삶문학의 관점에서 본 한국문학의 근대성과 탈근대성」)
『민중이 사라진 시대의 문학』(갈무리, 2007:「1987년 이후 계급 재구성과 문학의 진화」)
『들뢰즈와 그 적들』(한국비평이론학회, 우물이있는집, 2007:「들뢰즈의 소수정치와 네그리의 삶정치」)
『한국현대작가와 불교』(민족문학작가회의 비평분과위원회 엮음, 예옥, 2007:「화엄 존재론을 통해 다시 생각하는 리얼리즘」)
『현대철학의 모험』(철학아카데미 엮음, 길, 2007:「실천으로서의 철학, 마르크스주의의 형성」, 「마르크스주의의 전개-레닌, 로자 룩셈부르크, 비판이론/ 조정환」,「안토니오 네그리와 자율주의 정치」)
『들뢰즈 사상의 분화』(소운서원 엮음, 그린비, 2007:「들뢰즈 현상과 정치」)
『21세기 자본주의와 대안적 세계화』(맑스코뮤날레 조직위원회 엮음, 문화과학사, 2007:「들뢰즈의 시간론 서설」)
『레닌과 미래의 혁명』(그린비, 2008:「레닌의 제헌권력, 그 열림과 닫힘」)
『민주화 20년, 지식인의 죽음』(경향신문 특별취재팀 엮음, 후마니타스, 2008:「민주화 20년, 지식인의 죽음」)
『맑스주의와 정치』(맑스코뮤날레 조직위원회 엮음, 문화과학사, 2009:「금융위기와 다중지성의 코뮌」)
『고르디아스의 매듭 다시 묶기』(총체미디어 연구소 엮음, 백남준아트센터, 2009:「백남준의 예술실천과 우리 시대의 혁명」)
『5 · 18 민중항쟁에 대한 새로운 성찰적 시선』(조희연, 정호기 엮음, 한울, 2009:「광주민중항쟁과 제헌권력」)
『플럭서스 예술혁명』(갈무리, 2011:「플럭서스와 우리」,「백남준의 예술실천과 미학혁신」)
『인지와 자본』(갈무리, 2011:「총론 실재적 행동인을 위하여」,「포획적 인지장치로서의 자본」)
『문학, 무엇을 할 것인가』(한국작가회의 자유실천위원회 엮음, 동녘, 2011:「광주항쟁 이후, 새로운 주체의 탄생」)
『현대자본주의와 생명』(맑스코뮤날레 조직위원회 엮음, 그린비, 2011:「생명에 대한 정치철학적 사유를 위한 서설」)
『미지에서 온 소식』(문경원, 전준호 지음, 워크룸프레스, 2012:「인지 자본주의와 재난 자본주의 사이에서:후쿠시마라는 이름」)
『후쿠시마에서 부는 바람』(조정환 엮음, 갈무리, 2012:「혁명과 재앙 사이의 후쿠시마」,「인지자본주의와 재난자본주의 사이에서」)
『20세기 사상 지도:마르크스에서 지제크까지, 눈으로 그려 보는 현대 철학』(대안연구공동체 기획, 부키, 2012:「안토니오 네그리 … 제국에 맞서는 다중의 힘을 역설한 사회운동가」)
『안철수냐 문재인이냐』(방민호 엮음, 예옥, 2012:「진짜 대권은 우리가 쥐고 있다」)
『공공도큐멘트 2 : 누가 우리의 이웃을 만드는가』(미디어버스 편집부 엮음, 미디어버스, 2013:「우리 시대 도시형성의 조건과 예술가」)
『우리 시대의 분노』(전남대학교출판부, 2013:「분노의 정치경제학」)
『처음 읽는 독일 현대철학』(철학아카데미 엮음, 동녘, 2013:「노동의 존재론과 칼 맑스의 혁명사상」)
『비등하는 역사, 결빙의 현실』(오창은, 맹문재 엮음, 푸른사상, 2013:「상상의 두 체제와 상상력의 전환」)
『옥상의 정치』(김만석, 조정환 외, 갈무리, 2014:「잉여로서의 옥상과 잉여정치학의 전망」)
『문명이 낳은 철학 철학이 바꾼 역사 2』(진태원, 한정헌 엮음, 길, 2015:「자유주의, 사회주의, 코뮤니즘:근대 정치사상의 세 유형과 갈등적 진화사」)
『민족문학론에서 동아시아론까지 : 최원식 정년기념논총』(백영서 · 김명인 엮음, 창비, 2015:「한국문학의 근대성과 탈근대성」)
『희망의 도시』(서울연구원 엮음, 한울, 2017:「예술인간의 탄생과 반자본주의적 '공통도시'의 전망」)

『스피노자의 귀환』(서동욱 · 진태원 엮음, 민음사, 2017 :「스피노자와 네그리_활력의 존재론과 절대 민주주의 정치학」)

3. 편역서

『오늘의 세계경제 : 위기와 전망』(C. 하먼, 갈무리, 1994)
『현대 프랑스 철학의 성격 논쟁』(A. 캘리니코스 외, 갈무리, 1995)
『소련의 해체와 그 이후의 동유럽』(C. 하먼 외, 갈무리, 1995)
『이딸리아 자율주의 정치철학 1』(S. 볼로냐 외, 갈무리, 1997)
『자유의 새로운 공간』(A. 네그리 외, 갈무리, 2000)

4. 번역서, 번역글

『변혁기 러시아의 리얼리즘 문학』(G. 루카치, 동녘, 1986)
『오늘날의 세계경제 : 위기와 전망』(A. 캘리니코스 외, 갈무리, 1994)
『오늘날의 노동자계급』(A. 캘리니코스, 갈무리, 1994)
『디오니소스의 노동 1』(A. 네그리 외, 갈무리, 1996)
『디오니소스의 노동 2』(A. 네그리 외, 갈무리, 1997)
『사빠띠스따』(H. 클리버, 공역, 갈무리, 1998)
『신자유주의와 화폐의 정치』(W. 본펠드 외, 갈무리, 1999)
『거울들의 책』(Subcomandante Marcos, *The Book of Mirrors*,『당대비평』 제6호, 1999년 3월).
『노동자 계급에게 안녕을 말할 때인가』(A. 캘리니코스 외, 책갈피, 2001)
『권력으로 세상을 바꿀 수 있는가』(J. 홀러웨이, 갈무리, 2002)
『무엇을 할 것인가』(W. 본펠드, 갈무리, 2004)
『들뢰즈 맑스주의』(N. 쏘번, 갈무리, 2005)
『다중』(A. 네그리 외, 공역, 세종서적, 2008)
『1989년 동유럽 혁명과 국가자본주의 체제 붕괴』(C. 하먼, 책갈피, 2009)
『선언』(A. 네그리 외, 갈무리, 2012)
『크랙 캐피털리즘』(J. 홀러웨이, 갈무리, 2013)
「화폐체제 및 신용체제에서의 사적 생산과 공동체에서의 인간적 생산」(Karl Marx, "Auszüge aus Mills Buch Éléments d'économie politique",『자음과 모음』 19호, 2013년 봄)

5. 논문, 평론, 시평, 서평, 단평

「한용운 시의 역설 연구」(서울대학교 대학원 석사논문, 1982)
「80년대 문예운동의 새로운 전망」(『서강』 제17호, 1987)
「문학성 이해의 제 경향과 문학적 현실주의의 문제」(『현상과 인식』 43호, 한국인문사회과학원, 1988)
「분단현실과 민중의 운명(이창동 소설집『燒紙』, 文學과 知性社, 1987, 이은식 소설집『땅거미』, 創作社, 1987)」(『창작과 비평』 59호, 1988년 봄)
「체험의 기록과 주체적 현실파악 ─『청년일기』,『79-80 겨울에서 봄사이』」(『실천문학』 10호, 1988년 여름)
「현대 한국 민중문학의 방법문제에 대한 연구 (I) ─ '제3세계 리얼리즘론'의 방법론적 원리 비

판」(『실천문학』 11호, 1988년 가을)
「민주주의 민족문학의 현단계와 문학적 현실주의의 전망」(『창작과 비평』 61호, 1988년 가을)
「민주주의 민족문화론에 대한 자기비판과 〈노동해방문학론〉의 제창」(『노동해방문학』 1호, 1989년 4월)
「'민족문학 주체논쟁'의 종식과 노동해방문학운동의 출발점」(『노동해방문학』 3호, 1989년 6/7월)
「「노동의 새벽」과 박노해 시의 변모를 둘러싼 쟁점비판」(『노동해방문학』 5호, 1989년 9월)
「백무산 시의 두 '가지'와 하나의 '뿌리' : 현실주의적 지향과 상징주의적 경향」(『노동해방문학』 6호, 1989년 10월)
「문학가의 전선이탈과 창작의 침체를 돌파하는 노동자계급의 문예운동전술 : 보고 문학창작단 조직을 제안하다」(『노동해방문학』 7호, 1989년 11월)
「긴급서한 : 원로시인께 드리는 한 청년 「노동해방」 문학가의 편지 : 고은 시인의 '신세대' 비판에 대한 답신」(『노동해방문학』 8호, 1989년 12월)
「맑스주의 철학에서 헤겔주의 대 반헤겔주의」(『이론』 12호, 진보평론, 1995년 가을)
「서평 : 에티엔 발리바르 지음, 윤소영 옮김 『마르크스의 철학, 마르크스의 정치』 문화과학사, 1995」(『이론』 14호, 진보평론, 1996년 봄)
「사회주의 리얼리즘의 종말 이후의 노동문학」(『실천문학』 57호, 2000년 봄)
「1990년대 이후 한국 사회주의자들의 슬픈 초상」(『말』 168호, 2000년 6월)
「비장의 무덤 위에 핀 비애와 익살의 시(김명환 시집, 『어색한 휴식』(갈무리, 2000)/이한주 시집, 『평화시장』(갈무리, 2000))」(『당대비평』 11호, 생각의나무, 2000년 여름)
「자유인 : 지식인의 죽음 이후의 지식인」(『당대비평』 13호, 생각의나무, 2000년 겨울)
「조정환의 문화시평 : 지식인의 죽음, 그 장례행렬 속의 안티조선 운동」(『말』 175호, 2001년 1월)
「조정환의 문화시평 : 서정주의 죽음에 부쳐」(『말』 176호, 2001년 2월)
「조정환의 문화시평 : 정과리의 '안티 대중' 디지털 항해」(『말』 177호, 2001년 3월)
「조정환의 문화시평 : 백낙청과 '지혜의 시대'의 비밀」(『말』 178호, 2001년 4월)
「조정환의 문화시평 : 신자유주의 시대의 파시즘」(『말』 179호, 2001년 5월)
「조정환의 문화시평 : 신화, 사파티스타가 든 언어적 무기」(『말』 180호, 2001년 6월)
「조정환의 문화시평 : 김지하 '생명론'은 역사로부터의 탈주」(『말』 181호, 2001년 7월)
「조정환의 문화시평 : 성적 보수주의와 자유주의를 넘어서」(『말』 182호, 2001년 8월)
「서평 : 『데모크리토스와 에피쿠로스 자연철학의 차이』」(『말』 182호, 2001년 8월)
「조정환의 문화시평 : 안티조선을 넘어 제로매스컴으로」(『말』 183호, 2001년 9월)
「조정환의 문화시평 : 국가권력을 통해 세상을 바꿀 수 있는가」(『말』 184호, 2001년 10월)
「조정환의 문화시평 : 9 · 11, 빗나간 반세계화운동의 좌표」(『말』 185호, 2001년 11월)
「조정환의 문화시평 : 집속탄과 탄저균 사이에서」(『말』 186호, 2001년 12월)
「테러와 전쟁은 제국적 내전이다」(『당대비평』 17호, 생각의나무, 2001년 겨울)
「오늘날의 코뮨주의」(『문학과경계』 3호, 2001년 겨울)
「역(逆) 지구화를 위한 문학적 주체성의 재구성」(『문예미학』 제9호, 문예미학회, 2002년 2월)
「종말과 도약 사이의 좌파」(『사회비평』 31호, 나남출판사, 2002년 봄)
「정보화와 덕(德) — 저항의 진리모델, 규범모델, 그리고 욕망모델을 넘어서」(『문화과학』 30

호, 2002년 여름)
「신자유주의적 사유화 속에서 사회의 공적 재구축의 전망」(『자율평론』 1호, 2002년 여름)
「존 홀러웨이와 열린 맑스주의 전통」(『자율평론』 1호, 2002년 여름)
「사회주의는 자본주의적 발전의 국가주의적 주권형태이다」(『자율평론』 1호, 2002년 여름)
「조정환이 권하는 이달의 책 : 『한국 노동계급의 형성』 — "90년대를 비관하는 좌파에게 일독을 권한다"」(『말』 195호, 2002년 9월)
「활력의 윤리와 폭력 : '우리 안의 폭력' 논쟁에 부쳐」(『경제와사회』 제55권, 2002년 가을)
「세상의 산문 — '다크 시티'에서」(『사회비평』 33호, 나남출판사, 2002년 가을)
「안또니오 네그리와 아우또노미아의 정치철학」(『자율평론』 2호, 2002년 가을)
「'제국' 논쟁에 부쳐」(『자율평론』 2호, 2002년 가을)
「'붉은악마' 현상 속의 근대성과 탈근대성」(『자율평론』 2호, 2002년 가을)
「형성의 측면에서 바라본 한국 노동계급」(『자율평론』 2호, 2002년 가을)
「오늘날의 문학상황과 버츄얼리즘」(계간 『시작』 제1권 제3호, 천년의시작, 2002년 겨울)
「'우리 안의 폭력'에서 '우리 안의 활력'으로」(『황해문화』 37호, 새얼문화재단, 2002년 겨울)
「폭력에 대한 실천적 비판 — 네그리와 하트」(『자율평론』 3호, 2002년 겨울)
「삶정치(biopolitics)의 관점에서 본 이른바 '과거청산' 운동」(『자율평론』 3호, 2002년 겨울)
「버츄얼리즘(virtualism) : 리얼리즘과 모더니즘의 외부」(『자율평론』 3호, 2002년 겨울)
「탈근대의 사회운동과 사회이론 세미나 계획」(『자율평론』 3호, 2002년 겨울)
「탈근대성에 관한 열 개의 테제」(『자율평론』 3호, 2002년 겨울)
「제국의 석양은 시작되는가?」(『자율평론』 4호, 2003년 봄)
「전쟁이 우리에게 가리키는 것과 가르치는 것」(『자율평론』 4호, 2003년 봄)
「촛불시위는 '순수주의'의 포로가 되고 말 것인가?」(『자율평론』 4호, 2003년 봄)
「변혁의 실험실, 라틴 아메리카」(『자율평론』 4호, 2003년 봄)
「신자유주의적 경제위기 이후 한국에서의 계급구성」(『자율평론』 4호, 2003년 봄)
「권위주의적 당 개념에서 자율성의 대상화」(『자율평론』 4호, 2003년 봄)
「〈오아시스〉의 눈(眼)」(『자율평론』 4호, 2003년 봄)
「주변부의 반란 : 이슬람, 아프리카, 남미」(『정치비평』 제10권, 한국정치연구회, 2003년 상반기)
「진보란 무엇인가? : 척도의 시간에서 구성의 시간으로」(『황해문화』 39호, 새얼문화재단, 2003년 여름)
「정보사회의 형성과 주체성의 재구성」(『자율평론』 5호, 2003년 여름)
「지구제국의 위기와 미국 일방주의」(『자율평론』 5호, 2003년 여름)
「21세기 진보운동과 자율주의」(『자율평론』 5호, 2003년 여름)
「비판이론과 마르쿠제에 대하여」(『자율평론』 5호, 2003년 여름)
「소통 이성의 삶 속으로의 전유를 위한 기획」(『자율평론』 5호, 2003년 여름)
「영화 〈오아시스〉를 바라보는 두 가지 시선 — 여성주의의 재현주의적 시선 비판」(『자율평론』 5호, 2003년 여름)
「우리가 버려야 할 것은 〈오아시스〉인가 〈'오브제 쁘띠 아'〉인가」(『자율평론』 5호, 2003년 여름)
「이달의 책 : 『사이버 맑스』 — 디지털 시대의 맑스」(『말』 205호, 2003년 7월)

「민중, 시민 그리고 다중 — 탈근대적 주체성의 계보」(『시민과세계』 4호, 2003년 하반기)
「싸이버스페이스와 민주주의」(『한국정치연구』 제12집 제2호, 서울대학교 한국정치연구소, 2003년 10월)
「제국인가 제국주의인가?」(『자율평론』 6호, 2003년 가을)
「정성진의 네그리 비판에 대한 리플형 반비판」(『자율평론』 6호, 2003년 가을)
「저항의 언어, 희망의 언어」(『자율평론』 6호, 2003년 가을)
「이탈리아 자율적 좌파 운동의 약사 — 방어위원회」(『자율평론』 6호, 2003년 가을)
「네그리의 저작 목록」(『자율평론』 6호, 2003년 가을)
「자율주의 경향의 웹사이트들」(『자율평론』 6호, 2003년 가을)
「사빠띠스따의 '민족 프로젝트'에서 무엇이 새로운가?」(『자율평론』 7호, 2003년 겨울)
「『아우또노미아』 출간보고 및 그 이후」(『자율평론』 7호, 2003년 겨울)
「한국에서 근대와 탈근대3 — 1997년 이후 한국에서의 계급구성」(『자율평론』 7호, 2003년 겨울)
「동북아 중심 정책 및 담론 비판을 위한 예비적 작업가설」(『자율평론』 8호, 2004년 봄)
「선거와 삶 — 선거 이데올로기 비판」(『자율평론』 8호, 2004년 봄)
「제국인가 제국주의인가」(『마르크스주의 연구』 제1권 제1호, 경상대학교 사회과학연구원, 2004년 5월)
「대의민주주의 속에 민주주의는 없다」(『자율평론』 9호, 2004년 여름)
「마키아벨리적 계기로서의 '새로운 마그나 카르타'」(『자율평론』 9호, 2004년 여름)
「김세균, '계급 그리고 민중, 시민, 다중'에 대한 비판적 논평(1)」(『자율평론』 10호, 2004년 가을)
「자율주의에 대한 비판의 유형과 반비판」(『자율평론』 10호, 2004년 가을)
「바람의 시간, 존재의 노래」(『자율평론』 10호, 2004년 가을)
「계급, 계급구성, 그리고 다중에 대한 잠정 테제」(『자율평론』 10호, 2004년 가을)
「들뢰즈의 「문학과 삶」 요약」(『자율평론』 10호, 2004년 가을)
「마이클 하트의 문학해석, 문학비평에 대한 개념」(『자율평론』 10호, 2004년 가을)
「레닌의 카이로스」(『마르크스주의 연구』 제1권 제2호, 경상대학교 사회과학연구원, 2004년 11월)
「부안포럼을 위한 간단한 토론문」(『자율평론』 11호, 2004년 겨울)
「이탈리아 자율주의 운동의 흐름과 전망」(『자율평론』 11호, 2004년 겨울)
「기계에 대한 탈근대적 단상」(『자율평론』 11호, 2004년 겨울)
「사회주의 붕괴 이후의 코뮤니즘」(『자율평론』 12호, 2005년 봄)
「『제국기계 비판』과 다중의 삶정치학」(『자율평론』 12호, 2005년 봄)
「조기조 시와 기계적 상상력」(『자율평론』 12호, 2005년 봄)
「안또니오 네그리와 "혁신의 정치철학"」(『기억과 전망』 11호, 민주화운동기념사업회, 2005년 여름)
「당인가 네트워크인가 — 왜 네트워크인가?」(『자율평론』 13호, 2005년 여름)
「21세기 맑스주의 : 당인가 자율적 네트워크인가 — 권력, 조직, 운동」(『자율평론』 13호, 2005년 여름)
「민중이 없는 시대의 정치와 정치학」(『자율평론』 14호, 2005년 가을)

「'고역의 삶'/'헐벗은 삶'에서 '독특한 삶'으로」(『자율평론』 14호, 2005년 가을)
「오길영 교수의 「들뢰즈를 어떻게 '이용'할 것인가」에 대한 반론」(『비평과이론』 제10권 제2호, 2005년 12월)
「들뢰즈의 소수정치와 네그리의 삶정치」(『비평과이론』 제10권 제2호, 2005년 12월)
「특집 '우리는 『제국』과 『다중』을 어떻게 읽는가?' 서문」(『자율평론』 15호, 2005년 겨울)
「월간 『노동해방문학』의 탄생」(웹진 『대산문화』 7호, 2002년 11월; 『자율평론』 15호, 2005년 겨울)
「맑스주의의 형성」(『자율평론』 16호, 2006년 봄)
「1968 혁명과 우리 시대」(『자율평론』 16호, 2006년 봄)
「소통적 '서비스 정신'은 어떻게 단련되는가?」(『자율평론』 17호, 2006년 여름)
「나의 문학의 로두스 섬」(『내일을 여는 작가』 44호, 2006년 가을)
「생태적 문화사회론의 탈노동의 문화관 및 도식적 사회론의 문제점 비판(논평)」(『자율평론』 18호, 2006년 가을)
「제38차 한국에스페란토대회 참가후기 — Post partopreni en 38a KKE」(『자율평론』 18호, 2006년 가을)
「Ne nuklea armilo sed multitudo … (핵이 아니라 다중이 …)」(『자율평론』 18호, 2006년 가을)
「『미-래의 맑스주의』와 외부성의 정치철학」(『안과 밖』 제21호, 영미문학연구회, 2006년 하반기)
「세계화는 지금 우리에게 무엇으로 나타나는가?」(『비평』 13호, 2006년 겨울)
「문화에서 다시 삶-노동으로」(『자율평론』 19호, 2006년 겨울)
「들뢰즈의 의미론」(『자율평론』 19호, 2006년 겨울)
「생존의 감옥을 깨고 삶의 창조성을 회복하기」(『자율평론』 19호, 2006년 겨울)
「민족문학과 세계문학을 넘는 삶문학」(『작가와 비평』 7호, 2007년 상반기)
「세계화의 기원과 동력을 찾아서」(『비평』 14호, 2007년 봄)
「지젝의 혁명적 문화정치에 대하여」(『자율평론』 20호, 2007년 봄)
「근대성을 둘러싼 논쟁 — Maljuna Kavaliro kaptita en Moderneco」(『자율평론』 20호, 2007년 봄)
「1987년 이후 계급 재구성과 문학의 진화」(『마르크스주의 연구』 제4권 제1호, 경상대학교 사회과학연구원, 2007년 5월)
「경계-넘기를 넘어 인류인-되기로」(『문학수첩』 18호, 2007년 여름)
「에스페란토-레토 HKMKN 취지문」(『자율평론』 21호, 2007년 여름)
「에스페란토-레토 HKMKN 규약」(『자율평론』 21호, 2007년 여름)
「공통어 문제와 에스페란토」(『자율평론』 21호, 2007년 여름)
「들뢰즈의 시간론 서설」(『자율평론』 21호, 2007년 여름)
「철도, 두 길의 교차로 — 『47, 그들이 온다』(갈무리, 2007) 서평」(『자율평론』 21호, 2007년 여름)
「국가 자율성인가 노동 자율성인가」(『자율평론』 21호, 2007년 여름)
「1987년 이후 문학의 진화와 삶문학으로의 길」(『실천문학』 87호, 2007년 가을)
「권정생의 자연주의적 생태문학과 "바보-하느님"」(『내일을여는작가』 48호, 2007년 가을)
「다중지성의 정원 취지문」(『자율평론』 22호, 2007년 가을)

「왜 제국인가」(『자율평론』 22호, 2007년 가을)
「'국가권력을 통한 이행'인가 '다중의 정치적 생성'인가?」(『진보평론』 34호, 2007년 겨울)
「삶정치적 비평의 시간」(『오늘의 문예비평』 67호, 2007년 겨울)
「2008년 촛불봉기 : 다중이 그려내는 새로운 유형의 혁명」(『자율평론』 25호, 2008년 가을)
「다중의 집단지성은 우리에게 무엇을 말하는가?」(『자율평론』 25호, 2008년 가을)
「〈촛불과 자율〉 강좌 강의원고 – 1. 총론 : 촛불을 검토하기 위해 권력과 활력의 구분을 제시함」(『자율평론』 26호, 2008년 겨울)
「〈촛불과 자율〉 강좌 강의원고 – 2. 촛불과 민족(국민), 애국의 문제」(『자율평론』 26호, 2008년 겨울)
「〈촛불과 자율〉 강좌 강의원고 – 3. 촛불과 민주주의의 문제」(『자율평론』 26호, 2008년 겨울)
「〈촛불과 자율〉 강좌 강의원고 – 4. 촛불과 폭력의 문제」(『자율평론』 26호, 2008년 겨울)
「〈촛불과 자율〉 강좌 강의원고 – 5. 결어 : 촛불의 존재론적 힘에 대하여」(『자율평론』 26호, 2008년 겨울)
「네그리, 협력을 생산하는 해방의 힘, 삶능력」(『자율평론』 26호, 2008년 겨울)
「파시즘(론)의 현재적 의미」(『자율평론』 27호, 2009년 봄)
「자율광장의 위상과 역할, 그리고 전망에 대한 단상」(『자율평론』 27호, 2009년 봄)
「세계화의 이중성과 대안세계화의 길」(『비평』 23호, 2009년 여름)
「촛불과 다중 : 하나의 사유실험」(『자율평론』 28호, 2009년 여름)
「세계자본주의의 금융적 변동과 다중의 삶」(『오늘의 문예비평』 74호, 2009년 가을)
「인문학에서 다중지성으로」(『자율평론』 29호, 2009년 가을)
「백무산 시의 여정과 위대한 리얼리즘의 문제」(『실천문학』 96호, 2009년 겨울)
「혁명이 사라진 시대의 혁명」(『자율평론』 30호, 2009년 겨울)
「예술인류학에 대한 세 가지 질문에 대한 응답」(『자율평론』 30호, 2009년 겨울)
「다중이 실패했다고?」(『자율평론』 30호, 2009년 겨울)
「사랑의 트레이닝을 위한 어떤 인터뷰(1)」(『자율평론』 30호, 2009년 겨울)
「사랑의 트레이닝을 위한 어떤 인터뷰(2)」(『자율평론』 30호, 2009년 겨울)
「균열들의 네트워크를 향하여」(『자율평론』 31호[아우또노마M 5호], 2010년 봄)
「관점을 바꾸자」(『자율평론』 31호[아우또노마M 5호], 2010년 봄)
「사회주의의 종말로서의 신자유주의의 파탄」(『자율평론』 31호[아우또노마M 5호], 2010년 봄)
「선거를 통한/넘은 공통도시의 길」(『자율평론』 32호[아우또노마M 6호], 2010년 여름)
「공통도시를 구축하자」(『자율평론』 32호[아우또노마M 6호], 2010년 여름)
「2010 겨울생명평화학교 기조강연, 내 몸에 자유를 허하라」(『자율평론』 32호[아우또노마M 6호], 2010년 여름)
「다중과 제헌권력을 분리시킬 것인가 연결시킬 것인가 – 『공통도시』의 두 가지 의문점(조원광)에 대한 응답」(『자율평론』 32호[아우또노마M 6호], 2010년 여름)
「노동의 재구성과 프리터」(『작가와 비평』 12호, 2010년 하반기)
「'권태'를 깨고 '열정의 삶'을 창조하라」(『경향신문』, 2006.10.27)
「4대강 사업에 대한 10가지 테제」(『자율평론』 33호[아우또노마M 7호], 2010년 가을)
「지젝의 '공산주의'와 반역사적 주의주의 비판」(『자율평론』 33호[아우또노마M 7호], 2010년

가을)

「공통되기의 존재론과 가치론을 위한 가설적 테제」(『자율평론』 33호[아우또노마M 7호], 2010년 가을)

「'잉여가치 법'에서 '공통되기 법'으로의 대체를 위한 단상」(『자율평론』 33호[아우또노마M 7호], 2010년 가을)

「신자유주의 제국의 사회민주주의적 메커니즘」(『자율평론』 33호[아우또노마M 7호], 2010년 가을)

「내 몸에 자유를 허하라」(『자율평론』 33호[아우또노마M 7호], 2010년 가을)

「『예술과 다중』에 대한 교수대 님의 서평에 대한 응답」(『자율평론』 33호[아우또노마M 7호], 2010년 가을)

「'적극적이고 강한 의미'에서 시의 자율성과 시적 노동의 헤게모니」(『신생』 44호, 2010년 겨울)

「다중지성 시대의 인문학과 고전의 문제」(『오늘의 문예비평』 79호, 2010년 겨울)

「인지자본주의에서 가치화와 착취의 문제 : 자율주의의 관점」(『문화과학』 64호, 2010년 겨울)

「인지자본주의 하에서 다중의 공통되기와 "정동"의 문제」(『석당논총』 제49집, 동아대학교 석당학술원, 2011년 3월)

「'정치적인 것'의 주체로서의 다중」(『진보평론』 47호, 2011년 봄)

「튀니지에서 부는 바람 (2011년 1월 25일)」(『자율평론』 34호, 2011년 봄)

「다중의 전지구적 대장정 한 가운데의 이집트 (2011년 1월 31일)」(『자율평론』 34호, 2011년 봄)

「우리가 아랍, 아프리카, 중동 혁명에 관심을 가져야 하는 이유 (2011년 2월 2일)」(『자율평론』 34호, 2011년 봄)

「이집트의 정부깡패 만행을 보며 경찰에 대해 생각한다 (2011년 2월 3일)」(『자율평론』 34호, 2011년 봄)

「당근 전술도 혼란 전술도 협박 전술도 이겨내고 있는 이집트 다중코뮌 (2011년 2월 5일)」(『자율평론』 34호, 2011년 봄)

「술레이만 주도의 개혁 방파제를 넘어서 (2011년 2월 5일)」(『자율평론』 34호, 2011년 봄)

「다중의 혁명적 다이어그램에 대한 속기 (2011년 2월 6일)」(『자율평론』 34호, 2011년 봄)

「이집트 혁명의 첫 고비 : 새 술은 새 부대에! (2011년 2월 8일)」(『자율평론』 34호, 2011년 봄)

「SNS와 혁명에 대하여 (2011년 2월 13일)」(『자율평론』 34호, 2011년 봄)

「사살된 '해적들'을 생각하며」(『자율평론』 34호, 2011년 봄)

「백남준과 플럭서스」(『자율평론』 34호, 2011년 봄)

「『인지자본주의』와 나의 편력시대」(『자율평론』 35호, 2011년 여름)

「시인 이상(李箱)을 위하여」(『자율평론』 35호, 2011년 여름)

「아랍혁명, 존엄의 카라반, 그리고 다중의 전지구적 대장정」(『오늘의 문예비평』 81호, 2011년 여름)

「상상의 두 체제와 상상력 전환 – 우리 시대 문학이 요구하는 상상력에 대하여」(『작가와 사회』 47호, 2012년 여름)

「마르크스주의 진화를 가로막는 진짜 '적'은? – [나는 반론한다] 『인지자본주의』 서동진의 서평에 답한다」(『프레시안』, 2011년 6월 3일)

「인지자본주의에서 가치법칙의 위기와 변형은 가치론의 탈경제학적 · 정치적 해석을 요구한다 : 전희상의 『인지자본주의』 서평에 대한 반론」(『마르크스주의 연구』 제9권 제1호, 경상대학교 사회과학연구원, 2012년 봄호)
「'액체근대'에서 개인과 공동체의 문제」(『오늘의 문예비평』 86호, 2012년 가을)
「신용과 노동 — 화폐적 시초축적으로서의 부채체제와 노동의 이중화」(『진보평론』 54호, 2012년 겨울)
「〈무한히 정치적인 외로움〉 논평문 : 실재하는 것으로부터의 다른 공동체 구성에 관하여」(『자율평론』 37호, 2013년 1월 29일)
「인지자본주의 시대의 감성혁명과 삶미학의 가능성(1) — 예술종말인가 예술진화인가」(『신생』 54호, 2013년 봄)
「나의 미술관은 어디에?」(『환경과조경』 299호, 2013년 3월)
「네그리 가상 인터뷰」(『경향 아티클』, 2013년 3월)
「네그리의 삶정치적 예술론과 미술관으로서의 메트로폴리스」(『미술세계』 340호, 2013년 3월호)
「인지자본주의 시대의 감성혁명과 삶미학의 가능성(2) — 현대의 예술종말론들」(『신생』 55호, 2013년 여름)
「메세나폴리스의 밤」(『환경과조경』 304호, 2013년 8월)
「인지자본주의 시대의 감성혁명과 삶미학의 가능성(3) — 예술종말론에서 예술진화론의 전환」(『신생』 56호, 2013년 가을)
「풍경의 반전(REVERSCAPE) : 공장공간의 심미화」(『환경과조경』 307호, 2013년 11월)
「인지자본주의 시대의 감성혁명과 삶미학의 가능성(4) — 예술진화에서 상황창조와 관계구축의 문제」(『신생』 57호, 2013년 겨울)
「존재의 모험」(『작가』 김남주 사후 20년 특집호, 2014 상반기)
「'소유공화국'을 넘어 공통체의 세계로」(『경향신문』, 2014년 1월 3일)
「네그리와 하트의 내재적 장치론과 혁명의 제도화 문제」(안토니오 네그리 · 마이클 하트 지음, 『공통체』 해제, 2014년 1월)
「내재적 리얼리즘 — 리얼리즘의 폐허에서 생각하는 대안리얼리즘의 잠재력」(『오늘의 문예비평』 92호, 2014년 봄)
「인지자본주의 시대의 감성혁명과 삶미학의 가능성(5) — 예술진화론의 심화와 삶정치적 예술」(『신생』 58호, 2014년 봄)
「인지자본주의 시대의 감성혁명과 삶미학의 가능성(6) — 아감벤 미학에서 삶과 예술의 일치 문제」(『신생』 59호, 2014년 여름)
「필요하고 가능한 것은 어떤 공동체인가 — 조르조 아감벤의 『도래하는 공동체』」(『포지션』 6호, 2014년 여름)
「『자본론』의 현재적 의미」(『문학들』 38호, 2014년 겨울)
「노동과 행동 사이의 예술」(『리얼리스트 100』 12호, 2015년 상반기)
「인지혁명과 예술진화의 새로운 주체성을 찾아서」(『자율평론』 43호, 2015년 2월 26일)
「인지자본주의의 현단계와 '복고'의 정치경제학」(『오늘의 문예비평』 97호, 2015년 여름)
「문제는 실재다 : 『맑스와 마음의 정치학』의 세 가지 개념 장치에 대해」(『문화과학』 83호, 2015년 가을)

「‘예술가’의 ‘예술인간 되기’」(『2015 예술로 가로지르기 : 술수』, 2015년 11월)
「‘만보’의 두 이미지 문제」(『자율평론』 49호, 2016년 8월 15일)
「들뢰즈의 정동이론」(『파란』 3호, 2016년 가을)
「들뢰즈의 affection/affect에 대한 기원론적 접근에 대해」(『자율평론』 52호, 2017년 5월)

6. 좌담

「국가, 자본주의, 코뮌주의」(곽노완, 이진경, 정성진, 조정환, 심광현, 『문화과학』 54호, 2008년 여름)
「자본주의 위기와 격변하는 운동, 그리고 주체를 논(論)하다」(김정주, 박승호, 서영표, 조정환, 지주형, 『진보평론』 51호, 2012년 봄)
「지성의 정원을 가꾸는 조경가, 조정환」(『문학의오늘』 4호, 2012년 가을)

7. 기사

「제국에 대항해 할 일」(『중앙대대학원신문』 194호, 2003년 12월 5일)
「우리 시대의 형상, 다중지성」(『이코노미인사이트』 14호, 2011년 6월 1일)
「공부는 사랑의 정치다」(『르몽드 디플로마티크』 [43호] 2012년 04월 14일)
「네그리의 제국 · 다중 · 공통체, 그리고 한국사회」(『르몽드 디플로마티크』 66호, 2014년 3월 3일)
「한병철 철학이 신자유주의 옹호로 귀결되는 이유」(『프레시안』, 2015년 5월 8일)

8. 심포지엄, 세미나, 워크숍, 콜로키움, 컨퍼런스

〈한국에서 제국적 주권의 양상〉(동경외대 워크숍 ‘글로바리제이션의 폭력을 가시화하기 위해’, 2002년 2월 15일)
〈1987년 이후 한국에서 주권합성과 계급구성〉(제1회 맑스코뮤날레 ‘지구화 시대, 맑스의 현재성’, 2003년 5월 25일)
〈오늘날의 코뮤니즘과 삶정치〉(제2회 맑스코뮤날레 ‘맑스, 왜 희망인가?’, 2005년 5월 28일)
〈화엄 존재론을 통해 다시 생각하는 리얼리즘〉(민족문학작가회의 비평분과위원회 학술심포지엄 ‘한국현대작가와 불교’, 2007년 미상월)
〈들뢰즈의 시간론 서설〉(제3회 맑스코뮤날레 ‘21세기 자본주의와 대안적 세계화’, 2007년 6월 28일)
〈2008년 촛불봉기 : 다중이 그려내는 새로운 유형의 혁명〉(맑스코뮤날레 제3차워크샵 ‘촛불집회를 보는 두 가지 시각’, 2008년 6월 27일)
〈금융위기와 다중지성의 코뮌〉(제4회 맑스코뮤날레 ‘맑스주의와 정치’, 2009년 6월 25일)
〈백남준의 예술실천과 우리 시대의 혁명〉(백남준아트센터 제2회국제세미나 “고르디아스의 매듭을 다시 묶기 — 백남준의 선물 2”, 2009년 9월 3일)
〈자율주의와 한국사회운동〉(2009년 백남준아트센터 워크숍 ‘아우또노미아를 통해 재인식하는 백남준의 예술 세계’, 2009년 11월 27일)
〈‘이상의 집’은 기념의 공간이 아니라 갈등의 공간이어야〉(통인동 이상의 집 라운드 테이블 토론 : 죽은 자의 무게, 2011년 4월 17일)
〈생명과 혁명 : 생명에 대한 정치철학적 사유를 위한 서설〉(제5회 맑스코뮤날레 ‘현대자본주의

와 생명', 2011년 6월 3일)
〈세계자본주의 위기와 대안갈등〉("2011 : 접속의 정치학 2" 심포지엄, 니혼대학, 2011년 12월 10일)
〈인지자본주의에서 '가치'와 '주체'의 문제〉(『문화/과학』 북 클럽 '논쟁' 첫 번째 이야기, 2012년 6월 20일)
〈예술과 공통되기〉(문래공간네트워크 커먼그라운드 프로젝트 대안예술공간 이포 2012년 7월 12일)
〈예술 : 인간 인식의 변화를 위한 과정의 기획〉(국립현대미술관 올해의 작가상 2012 : 전준호 문경원 작가와의 대화, 2012년 9월 26일)
〈맑스의 화폐론과 신용론〉(제6회 맑스코뮤날레 '세계자본주의 위기와 좌파의 대안', 2013년 5월 11일)
〈인지자본과 Copyfarleft〉(서울과학기술대학교 IT정책전문대학원 디지털문화정책전공 저작권 콜로키움, 서울과학기술대학교, 2013년 11월 21일)
〈노동의 비물질화와 예술의 노동화〉(두산큐레이터 기획전 '본업 : 생활하는 예술가' 주제연구워크숍, 두산 갤러리, 2013년 11월 7일)
〈잉여로서의 옥상〉(옥상의 정치_지역연계프로젝트 '접경', 광주 미테우그로 갤러리, 2014년 3월 21일)
〈인지자본주의와 대안지성공간 : 다지원의 경우〉(경희사이버대 2차 컨퍼런스 '사유와 장소 : 대안연구공간을 찾아서', 2014년 4월 17일)
〈국가진실과 생명진실 사이의 세월호〉(열린 토론회 제1회_세월호가 던진 시대적 물음들 '가만히 있으라구? 4 · 16이후, 기억 · 담론 · 실천', 학습공동체 가장자리 / 격월간 『말과활』 + 인문학협동조합 주최, 2014년 6월 28일)
〈'예술인간-예술체제'와 미래의 예술〉(제7회 맑스코뮤날레 다중지성의 정원 세션 '예술인간의 탄생', 2015년 5월 17일)
〈다중의 '명인'되기와 예술인간-예술체제〉(전남대학교 호남학연구원 제7회 감성연구 국내학술대회 '오래된 새로움, 익숙한 낯섬', 2015년 10월 23일)
〈노동과 활동 사이〉(청년교육포럼 오픈클래스 '전환기시대, 새로운 사회를 열어나갈 힘으로서의 '활동'', 2015년 10월 27일)
〈'예술가'의 '예술인간 되기'〉(2015 노마딕 아트 페스타 '예술로 가로지르기 : 술수', 양평 두물머리, 2015년 11월 5일)
〈들뢰즈의 탈주체적 주체되기의 형상들 : 분열자, 소수자, 유목민 그리고 장인〉(한국프랑스철학회 추계학술대회 '들뢰즈 20년', 2015년 11월 28일)
〈'누구나 예술가이기를 요구 받는 시대에 예술과 예술가 그리고 인간의 운명은 무엇인가?'〉(베니스 비엔날레 한국관 전시 〈축지법과 비행술〉 보고 심포지움, 2015년 12월 9일)
〈들뢰즈와 가속주의 정치〉(경희사이버대 콜로키움 '들뢰즈와 21세기', 2015년 12월 28일)
〈예술인간의 탄생과 미래의 예술〉(문래아카이브 집담회 '예술과 기술의 마을', 2017년 4월 15일)
〈예술인간의 탄생과 반자본주의적 공통도시의 전망〉(한국공간환경학회 서울연구원 주최 심포지엄 '위기의 도시, 희망의 도시', 2016년 6월 24일)
〈브렉시트와 예술인간〉(연구모임 〈사회비판과 대안〉 월례콜로키엄, 2016년 7월 8일)

〈삶문학의 관점에서 본 한국문학의 근대성과 탈근대성〉(상허학회 2006 가을 심포지엄 '한국근대문학연구의 역사적 전환과 창조적 모색, 2016년 11월 4일)
〈2016 촛불다중혁명과 민주주의의 민주화〉(제8회 맑스코뮤날레 다중지성의 정원 세션 '2016 촛불다중혁명과 한국사회의 이행', 2017년 5월 13일)

9. 외국어 논문

"Class Composition in South Korea since the Neoliberal Economic Crisis," *Multitudes*, December 2003, http://www.multitudes.net/Class-composition-in-South-Korea/
「韓国における帝国的主権の様相」(金美恵 譯,『現代思想』 2003年 2月)
「マルクスの包摂論と現代:仮想実効的な包摂」(浅羽祐樹 譯,『現代思想』 2004年 4月 臨時增刊號)
"Fragmentoj pri la sekso-laboristo movado", *Sennaciulo*, januaro 2007, http://www.satesperanto.org/Fragmentoj-pri-la-sekso-laboristo.html
"Between Cognitive Capitalism & Disaster Capitalism : Fukushima", *News from Nowhere*, workroom press, 2012
「世界資本主義の危機と代案をめぐる葛藤 緊縮, 福祉, 占拠という三つ の岐路に立って」(金誾愛 譯,『現代思想』 2012年 2月).

:: 인명 찾아보기

:: 용어 찾아보기

ㅇ

ㅈ

ㅎ

기타